ÉTUDES

POUR SERVIR A UN GLOSSAIRE ÉTYMOLOGIQUE

DU

PATOIS PICARD

PAR

M. J.-B. JOUANCOUX

Membre correspondant de la Société d'Émulation d'Abbeville et de l'Académie d'Amiens

ET

M. DEVAUCHELLE

Juge de Paix

DEUXIÈME PARTIE

G — M

AMIENS

IMPRIMERIE DE T. JEUNET

RUE DES CAPUCINS, 45

—

1890

ÉTUDES

POUR SERVIR A UN GLOSSAIRE ÉTYMOLOGIQUE

DU PATOIS PICARD

Par M. J.-B. JOUANCOUX

et M. DEVAUCHELLE.

DEUXIÈME PARTIE G — M.

ÉTUDES

POUR SERVIR A UN GLOSSAIRE ÉTYMOLOGIQUE

DU

PATOIS PICARD

PAR

M. J.-B. JOUANCOUX

Membre correspondant de la Société d'Émulation d'Abbeville et de l'Académie d'Amiens

ET

M. DEVAUCHELLE

Juge de Paix

DEUXIÈME PARTIE

G — M

AMIENS

IMPRIMERIE DE T. JEUNET

RUE DES CAPUCINS, 15

1890

AVERTISSEMENT

Je publie aujourd'hui le second volume de mes Etudes pour servir à un glossaire étymologique du patois picard.

Je donne, comme dans le premier, le mot et ses différentes formes, sa signification et ses acceptions, son historique et enfin son étymologie : c'est le plan qu'a suivi Littré dans son Dictionnaire de la langue française.

Depuis la publication de mon premier volume, il s'est formé une nouvelle école philologique qui n'approuve pas cette manière de procéder. Cette école veut qu'on fasse la topographie des patois, en d'autres termes, qu'on étudie le patois de trois ou quatre mille localités disséminées sur la surface de la France et qu'on y relève, pour les lui fournir, des formes, toujours des formes, rien que des formes. A ses yeux, l'historique des mots est, pour le moment, inutile, toute recherche étymologique prématurée et l'orthographe phonétique obligatoire.

Bien que cette école soit toute puissante et distribue dans ses revues et comptes-rendus la louange ou le blâme, selon qu'on se soumet ou résiste à ses exigences, je n'ai pu me résoudre à la suivre dans la voie qu'elle a tracée. J'ai sous les yeux deux spécimens des travaux qu'elle prône et recommande. L'un est une simple et sèche liste de mots rangés par ordre alphabétique, une véritable et ennuyeuse litanie bien plutôt qu'une étude. L'autre est la monographie très savante et très remarquable d'un patois local, calquée en grande partie sur le plan suivi par les Allemands dans certaines de leurs éditions de nos vieux poëmes. Ce n'est pas que des listes de mots ou des monographies demandent beaucoup de temps et de recherches, — on peut faire les premières en quinze jours, les autres en trois ou quatre mois, —

mais je pense que le relevé de toutes les formes locales, même en le
supposant possible, est un travail absolument insuffisant et que, dans l'étude
des patois, trois choses doivent être menées de front, la forme, l'historique
et l'étymologie, parce que, sans elles, cette étude manque de vie et d'intérêt,
tandis que réunies, rapprochées et comparées, elles se complètent et surtout
s'éclairent l'une par l'autre. Je puis me tromper dans ces vues, je m'en
consolerai facilement en pensant que j'ai pour moi l'exemple et l'autorité de
Littré.

Encore deux mots.

La publication de ce volume a été retardée par l'affaiblissement de ma
vue qui m'a rendu, pendant plusieurs années, tout travail impossible.
Heureusement mon ami et collaborateur, M. Devauchelle, m'a prêté un
concours très actif et fourni un contigent considérable de documents e.
d'observations personnelles. Je dois donc — et je le fais avec reconnaissance,
— associer son nom au mien dans l'œuvre commune de nos Etudes sur le
patois picard.

J.-B. JOUANCOUX.

Cachy, le 1er Décembre 1890.

G

GAS, luron. Apocope de *gars*, radical de *garçon*, pic. *garchon*. Ce mot ne s'applique jamais à un sujet féminin.

GABEGIS, embrouillement, confusion; menée secrète; grabuge. La finale *ie* que Corblet donne à ce mot est bonne pour le parler de Paris dans lequel il est féminin : « Il y a là de *la gabegie*. » Notre forme picarde est du masculin et nous disons : « Vlò (voilà) *un bieu* (beau) *gabegis*. On lit dans Crinon :

« Puise eq (puisque) nous s'rons aussi riches
| l'un q' l'ente (autre)
En (on) n' voura pus (plus) foire (faire) rien l'un
| pour l'eute.
Vous convarez (conviendrez) q' cha fra (fera) du
| bieu gabgi,
Si, comme en (on) dit, en va tout partagi » (par-
| tager).

(SATYRE I.)

Le radical de ce mot est l'ancien français *gab*, moquerie, lequel est d'origine noroise : suédois *gabb*, moquerie. On trouve, en vieux français, un verbe *gabuzer*, au sens de *moquer* :

« Ainsi lejouvencel gabuzé... »
(LE JOUVENCEL dans **Lacurne**.)

D'un autre côté, le provençal a l'adjectif *gabejaïre*, rusé, trompeur.

C'est à ces formes que se rattache le substantif *gabegie*, *gabegis*.

GADRICHE, sub. fém. Mot composé. Il y a là le préfixe péjoratif *ca* adouci en *ga* ou le préfixe intensitif *ga* pour *gar* que l'on retrouve dans le français *galoper* (formé de *hlaupan*, courir, et de *ga* pour *gar*, tout-à-fait, entièrement) et le substantif *driche*. L'éditeur de Crinon donne à *gadriche* le sens de *farce, bouillie* : c'est, on le verra tout à l'heure, quelque chose de pire que cela. Je cite notre poète picard :

« Quand en (ou) ervient dens (dans) l'éout tout
| à nage,
Qu'en (on) est sans cair (cœur), triste et
| découragl,
Manquant de forche et meu (mou) comme
| gadriche. »

(SATYRE XXIII.)

Je ferai observer en passant que *ol* du latin *mollis*, mol, mou, a donné *eu* dans le patois du Vermandois.

Venons au sens et à l'origine de *driche*.

Driche, substantif, a la même origine que le verbe *dricher*, avoir la diarrhée: la *driche* est la diarrhée et son produit. On a vu sous *Dringuer* que nous avons le verbe *drinsser* et le substantif *drinsse*. Ces derniers mots sont ils une déformation de *dringuer*, *dringue*, et *driche* est-il *drinsse* avec chute de *n* et changement de *ss* en *ch*? *Driche* et *dricher* se rattacheraient-ils plutôt à l'islandais *drît*, excrément, ou au néerlandais *drijten*, avoir la diarrhée? Des deux côtés il y a des difficultés, et il me semble difficile de se prononcer.

GADROU dans l'expression *Marie Gadrou*, femme peu soigneuse, négligente. Ce mot est une contraction, avec changement de *l* en *r*, de l'ancien néerlandais *gadelous*, négligent, nonchalant, peu soigneux. *Gadelous* est lui-même composé de *gade*, soin, et de *loos*, sans : c'est le *careless* anglais. Quant au nom de Marie, il précède d'ordinaire les épithètes plus ou moins malsonnantes employées pour qualifier la plus belle moitié du genre humain : *Marie bon bec, Marie drouillon, Marie toul touille*, etc., etc. Dans le Hainaut, *Marie* signifie *servante de curé*. De là le proverbe suivant relevé par le Dr Sigart : « C'qui goûte (ragoute, convient) à Marie, i (il) faut que l'cure l'mainge. » (mange)

Dérivés : *Gadrouiller*, gâter, gâcher, détériorer, mal executer un travail quelconque. La forme du Hainaut est *gadouiller*.
M. Devauchelle a relevé la forme *engadrouller* dans un document du XIVᵉ siècle :

« Item, que on ne puist, en le juridicion de le
« ville d'Amiens, vendre bians (blancs) draps
« ergadroullez par croye (craie) ne nulle blan-
« queur dechevable sur X solz d'amende... »
(**Ord. de l'Esch d'Amiens relat.
aux pareurs de draps, 1346.**)

Gadrouiller se dit au sens de dissiper , *dépenser folle-ment*.

. . . . . « En vot (on voit) tout déplômé
Ch'peuve (pauvre) ouvrier, bien souvent affamé,
En gadrouillant à maqui (manger) pis (et) à
        | boire... »
(Crinon, Satyre XI)

Je ferai observer en passant que le *au* du latin *pauper*, pauvre, a donné *eu* dans le patois du Vermandois.

Gadrouillis ou *Gadrouillage*, toute chose faite sans soin ; travail quelconque manqué ou mal exécuté. Par extension, ces mots s'employaient jadis au sens de *mets mal préparé, macédoine, ragoût*. On lit dans la *Suite du célèbre mariage de Jeannin*, (XVII° s.) tième siècle :

« Et pis (puis) de chamailler à deux mains, tique
        | toque,
Hecquant (coupant) tout par morchaux. Et de
        | foire (faire) pâtés,
Et de foire watieux et de foire lardée.
Tant de tartes, de flans et tant de rapaillie,
De cauchons, de vitiots et tant de gadrouillie »

Gadrouilleux, adj. au fém. *Gadrouilloire*, qui travaille mal, qui gâte l'ouvrage, qui dépense follement ou inutilement son argent.

Dans le nord du domaine picard, on emploie le mot *gadoule* au sens de *choses diverses mêlées d'une manière dégoûtante, mauvaise sauce, mauvaise boisson,* et *gadoulier* à celui de *remuer ce est au fond d'une eau troublée.* Nous avons ici *badroule* au sens de *mets mal préparé* et de *boue liquide.* Je suis porté à croire que *gadoule* est le même mot que *badroule* avec une permutation des lettres *b* en *g* dont on a plusieurs exemples en comparant le picard *glode*, blouse, et le provençal *blode*, le nom de localité *Saint Galmier* et le latin *Sanctus Baldomerus.* Cette permutation se retrouve dans le parler des environs de Corbie où les habitants disent *Riguemont* pour *Ribemont* (nom de village). De même *brongne*, tête, en picard, et *grongnée*, coup sur la tête, dans le dialecte de l'Ile de France, (V. *La Passion* d'Arnoul Gréban.)

GADRU, adj. On dit d'un tout jeune enfant qui est vif, éveillé, gaillard, bien portant, qu'*il est bien gadru*. *Gadru* est composé du préfixe intensitif *ga* pour *gar*, *gaer* (tout-à-fait, entièrement) qu'on a vu sous *gadriche* et de *dru* venu du celtique, gall. *druth*, gaillard, fringant, Kymr. *drud*, vigoureux.

J'ai donné sous *Dru* une citation dans laquelle ce dernier mot a le sens de *tout élevé, vigoureux.*

On verra plus loin que le préfixe *gar* est resté en entier dans *gargote, garloper.*

GAFÉE. Les femmes de mon village disent d'un petit enfant : « I rit à *gafées*, » il rit aux éclats. On emploie aussi ce mot au singulier et l'on dit d'un enfant qu'il a fait une *gafée de rire.* Nous avons, en français, la locution *rire à gorge déployée : gafée* serait-il un dérivé de *guve*, gosier, gorge, avec *f* pour *v*? Le changement de *v* en *f* (*cheve, chef, têt*) me paraît acceptable, et le sens de *gafée*, gorgée, n'est pas du tout mauvais.

GAFFER, manger avidement, bâfrer. Ce sens n'est pas le sens primitif, comme le montre l'origine de ce mot. En effet *gaffer* est le même mot que le provençal *gafar*, qui signifie *saisir, accrocher, attraper, déchirer, mordre.* Nos voisins de la Seine Inférieure ont le substantif *gaffée*, morsure de chien, et, comme nous, *gaffer*, manger en glouton, comme un chien.

L'origine de ce mot est *gaffe*, longue perche munie d'un *croc*, venu du celtique *gaf*, croc. *Gaffe* a donné *gaffer*, accrocher, mordre, et, par extension, happer, manger avidement.

GAFOUILLER. C'est , avec adoucissement de *c* dur en *g*, le même mot et le même sens que *cafouiller*. (V. ce mot.)

GAGA, subst. des deux genres. Ce mot signifie *enfant gâté*; on dit : « Ch'est « un grand *gaga* », c'est un grand gâté, en parlant d'un enfant.

Locution : *Parler gaga*, parler comme les enfants gâtés, en traînant la voix et sur un ton de complainte.

Ce mot est une apocope de *gaté* avec redoublement de la syllabe conservée, comme dans *pépère*, père, *mémère*, mère, *sœusœur*, sœur, etc.

GAGNAGE ou GAINGNAGE. Ce mot s'emploie au sens général de *gain, salaire*, mais spécialement, dans certaines localités, à celui de *portion de récolte due au moissonneur pour son travail.*

Gaignage se trouve dans Oudin (1679) au sens de *champ cultivé.* Un Vocabulaire du XIII° s. édité par le P. Labbé en 1661, porte : « *Agricultura*, gaingnage. »

Edouard Paris a relevé ce dicton burlesque en partie double :

« Ch'ti (celui) qui gaiogne an c'menchement
    I (il) perd à la fin :
Ch'est écrit dessus l' queue d'un lapin. »

Mais on répond :

« I (il) n'est que d' prende l'avanche :
Ch'est écrit d'zous (sous) s' panche. »

Gagnage est un dérivé de *gagner* qui correspond à l'ancien haut allemand *weidanjan*, faire paître, et, par extension, retirer un gain du pâturage, puis de la culture, et enfin, en général, retirer un gain.

GAI (*guai*, monos), geal. Cette forme est commune au picard et au vieux français :

« Si je vois (vais) là, je vous chastoierai
Del poing seneetre ; me ressemblez un gai
Qui aiet sor l'arbre où je volontiers trai. »
(RAOUL DE CAMBRAI.)
— « Ko un leu (lieu) avoit rossignlaus,
En l'autre, gais et estorniaus. »
(LA ROSE.)

Le mot *gai* est d'origine germanique, haut allemand *gahi*, vif, alerte. On a appelé cet oiseau *le vif*, *l'alerte*, comme on a appelé l'âne *le baud*. c'est-à-dire *le content*, h. all. *bald*, comme on a appelé le goupil, *le renard*, c'est-à-dire *le rusé*, all. *reginhart*, même sens. On voit que le substantif picard *gai*, le substantif français *geai*, et l'adjectif *gai* qui est commun au picard et au français, sont absolument le même mot. L'adjectif avait déjà donné au XII° siècle un substantif signifiant *fête*, *réjouissance*, *gaité*, comme le prouve la citation suivante :

« La nuit demainnent grant gabil :
Le vin queraut, les bestes tuent,
Assez boivent, assez menjuent. »
(Rom. du Rou, pass. rel. par LACURVE.)

On trouve en langue d'oïl le dérivé *gayerie*, au sens de *divertissement.* (Voyez Gloss. d'Hippeau.)

Aujourd'hui encore *gai* est le nom d'un divertissement d'une espèce particulière : c'est un tir au fusil dont les prix sont un fusil, une pendule, une montre, etc. Dans mon enfance, ou suspendait par le bec un dindon ou une oie ou un canard ; pour gagner le prix du *gai*, il fallait partir, les yeux bandés, d'une distance donnée, et, avec un sabre, couper le cou de l'animal. On enterrait aussi un coq ou un lapin de manière à ne laisser que la tête hors de terre : il fallait, pour gagner, tuer la bête en lançant, d'une distance donnée, soit une pierre, soit un de ces silex que les Picards nomment *cailleux* (cailloux) *cornus.* On appelait tout cela *tirer l' gai.* Cette coutume est ancienne : M. Devauchelle a relevé dans les *Coutumes* publiées par M. Bouthors :

« Si aucun se avancha sans licence
« d'icelluy seigneur (le Raincheval) ou
« de ses officiers (préposés) de mettre ou
« prendre, ès mettes (limites) d'icelle
« seignourie, aucun œstœuf, flaiches,
« boulle, pris (prix) ou *gay* pour raison
« et affin (à fin) d'aucuns jeux, esbatte-
« mens, pareillement oisons, anettes (ca-
« nards) ou autres volilles pour icelles
« ruer et abattre, il commet amende de
« LX solz parisis. »
(Cout. DE RAINCHEVAL, 1507.)

Je ne veux pas oublier de noter qu'à Noyon, comme en Normandie, on dit *gail* pour *gai*, geai, avec *l* adventice : cette forme doit être fort ancienne comme on le voit par la citation du Roman du Rou qui porte *gahil*, lequel devait alors se dire aussi bien au sens de l'oiseau appelé *geai* qu'à celui de *divertissement.*

Gai, geai, a donné le diminutif *gaïol*, fém. *gaïolle*, qui se dit des quadrupèdes, par exemple des moutons dont la toison est de plusieurs couleurs, comme le plumage des *gais*, geais.

Quand un homme dit : « *Tiens, j'ai unne (une) idée*, » il est rare que, jouant sur les mots, on ne lui réponde pas : « Un « nid d'ais (abeilles) n'est point un nid « d' *gai*. »

GAILLETTE, mérine. Je ne connaissais pas ce mot. M. Devauchelle m'écrit qu'il a été relevé par Edouard Paris à Cottenchy, localité située près d'Amiens.

Interrogée par moi ces jours derniers, une de mes voisines c'i est, comme dirent les Picards, *née native* de ce village, m'a confirmé le fait.

On a vu sous *Gadrou* que les lettres *b* et *g* permutent quelquefois : *Sanctus Baldomerus, Saint Galmier* ; provençal *blode*, blouse, picard *glode* ; français *bariolé* , picard *griolé*, etc. Je m'en tiens, on le voit, à des permutations de lettres initiales. Ces permutations, je le sais, sont insolites et on pourrait les appeler des corruptions. Quelles qu'elles soient, elles constituent un fait dont ou verra encore des exemples. Le *b* est-il descendu à *v* lequel devient facilement *g* comme le montre le mot français *venimeux*, devenu chez nous *vrimeux*, puis *grimeux* ? D'autres, plus compétents que moi, expliqueront sans doute ce phénomène. Quant à moi, j'en reste au fait que je signale.

Ceci dit, j'arrive à l'origine de *gaillette.*

La désinence *ette* indique clairement une diminutif.

Le primitif est donc *gaille.*

La mérise pouvant être considérée comme une baie, je crois que *gaille* correspond au latin *bacculu* réduit à *bacula*, lequel a pu, par le changement régulier de *acula* en *aille* — *macula*, *maille* — donner originairement *baille*, puis, par permutation ou corruption de *b* en *g*, *gaille*. primitif de *gaillette.*

Gaille se dit dans le nord du domaine picard, dans le Hainaut et le Brabant, mais au sens de *noix* : les Liégeois le prononcent *gueille*.

« *Gaille*, subst. fém. noix, fruit du *gailler*.

« *Gailler*, noyer. *Juglans regia.* »

(Gloss. Mont. par le Dr SIGART.)

M. Devauchelle a relevé dans l'*Armanaque* (almanach) *de Mons*, 1865 :

« .... On voit bé (bien) à vo mine,
« quand vos sortez de delà, que vos avez
« ramassé eute (autre) chose qu'eune
« pougnie (une pognée) d'sottises, ou
« be d'z (les) escatiotes (ecailles) de *gail*
« *les* . »

Le Dr Sigart fait venir *gaille* de *galgulus*. Je trouve ce dernier mot dans Quicherat au sens de *toute espèce de baie* ; mais je ne puis savoir si *galgulus* a pu

se transformer en *gaille* dans les environs de Mons : près d'Amiens, il eut donné *gaugle, gaule*. Ce dernier existe ici, mais au sens de *noix très grosse*, comme on le verra plus loin.

Je suis bien aise de citer ici Quicherat.

« *Galbulus, i,* M. Varr. Pomme de « cyprès ? Gloss. Isid. Toute espèce de « baie.

« ? *Galgulus*. Plin. Gloss. Isid. Voyez « *Galbulus*. »

Quicherat donne ces deux formes avec le point d'interrogation qui marque le doute ; mais elles n'en présentent pas moins *g* pour *b* comme dans *Saint Galmier, glode*, etc., signalés plus haut.

GAINGAUDE , GUIGAUDE, QUIGAUDE, GUIGAUDAINE *(aine* pour *inne, ine)*, GUIGANDAINE, QUICAUDAINE, QUINCAUDAINE, QUINCANDAINE, etc. « Telles sont les formes diverses, m'écrit M. Devauchelle, sous lesquelles se présente ce substantif féminin dont la signification précise, originaire, est encore à trouver. »

« Item, une payelle (poële) bachynoire, une « autre payelle coulloire, une **guingaude**, le « tout prisé ensemble XL solz. »

(Invent. à Amiens, 1557.)

— « Item, une **gaingaude** d'érain avec le « pendant de fer et une méquinette de fer pri « sés XL solz. »   (Ibid. 1575.)

— « Item, une **gaingaude** d'érain prisée XV « solz. »   (Ibid, 1576.)

Parmi les objets mobiliers dont la Coutume de Valenciennes (1619) réserve le choix au *maisné* (dernier né), figure une *guicaudaine* ; (édition de 1663) ; celle de 1703 porte *guigaudaine.*

Je n'ai jamais entendu prononcer le mot en question. Est-il encore en usage quelque part ? Je l'ignore. Je recevrai avec reconnaissance les renseignements, qu'on voudra bien m'adresser tant sur sa forme que sur sa signification actuelle.

GAIOLE, GUÉOLE, GAJOLE, GAYOLE, cage. Formes picardes du français *geole*, dont l'origine est le latin *caveola*.

La seconde forme s'emploie toujours dans le nord du domaine picard :

« Au plafond, men dogt (doigt) vous conduit
Pour vettier (regarder) deus s'petit' **guéole**
Un canarien (canari) qui s'réjouit. »

(DEROUSSEAUX. Lille, 1865.)

M. Devauchelle a retrouvé dans des Inventaires *guaiolle*, *gaiole* et *guéole* :

« Quatre guaiolles... Deux gaioles d'ozière... »
(**Amiens**, 1509.)

— « Quatre guéolles... »
(**Amiens**, 1596)

— « Un panier, une large essielle (planche
« mince) avec ung rondel, trois guéoles.
(**Ibid.**, 1619)

Cotgrave (1611) donne comme picarde
la forme *gaiole*, cage : il a relevé aussi :
« *Gaiole d'un moulin,* » cage d'en moulin.

GAJER, détériorer, gâter, donner une
moindre valeur à un objet, à un animal.
On dit d'un cheval qui a quelque imper-
fection ou quelque défaut, que cela le
gage, c'est à-dire lui ôte de sa valeur, de
son prix. Le sens primitif est *détériorer,
gâter* : *gajer* est la prononciation adoucie de *gâcher* qui correspond à l'ancien
haut allemand *washan*.

GALAFRER ou **GALAFER**, manger, boire avec avidité, goulûment. J'ai entendu
dire *garlafer*, non seulement au sens
propre ci-dessus indiqué, mais au sens
figuré de *dissiper* (son avoir) en ripailles.
Cette forme *garlafer* montre que nous
sommes en présence d'un mot composé :
il y a là le préfixe *ga*, comme dans *galoper*, ou *gar*, comme dans *gargote, gar-
goter*, et le verbe picard *lafrer*, manger
goulûment, c'est à dire en produisant
avec les *lèvres* ce bruit particulier qui
ressemble à un clapotage. *Lafrer* est lui-
même un dérivé de *lafre*, lèvre (du latin
labrum) qu'on a déjà vu sous *Broque* :

« Li leus (loup) besa le héricon
Et cil l'aert (attrape) à son grenon :
A ses lafres s'est atakiez... »
(Marie de Fr.)

Lafrer a donné les dérivés *lafrée* au
sens de *lippée*, et l'adjectif *lafreux*, gourmand, qui boit ou mange beaucoup, goinfre, coureur de lippes : aucun doute
n'est donc possible à l'égard du sens de
lafrer, dont la signification primitive a
dû être *jouer des lafres*, comme on dit
jouer des mâchoires.

Dans le Vermandois on dit *galafer* :
cette forme se rencontre dans Cainou :

..... « I n'est pau (pas) perdonnabe
Ed (de) gadrilli, comme un vrai corbengi (co-
[chonnes)

Ch'qu'in (on) a fait d'no' (nos) bien souvent à
[gag : i
Et d' **galafer** à part li ('ui) d' (dans) un' jour-
[née
D' quo (de quoi) leuz (leur) avoir et (la) matchi
[d'un' maunée. »
(**Satyre XI.**)

Dérivé : *Galafre* ou *Galafe*, subst. et
adj, Grand mangeur, gour-
mand, qui mange très-vite.

La langue d'oïl avait la forme *galifre* :

« **Galifre**, grand mangeur. »
(**Gloss.** d'Huppeau.)

Rabelais, dressant la généalogie de
Gargantua, n'a pas oublié de placer *Galafre* dans ses ancêtres :

. . . .
« Qui engendra Happemouche...
Qui engendra Maschefain
Qui engendra **Galafre**... »
(**Livre II, chap. I.**)

Le patois de Genève dit *galiaufre*. On
trouve dans Cotgrave *galaffre*, glouton,
galaffrerie, gloutonnerie ; dans Howel
(1660) *galaffre*, gourmand, *galaffrerie*,
mangerie. De même dans César Oudin :
« *galaffre*, goulu, *galaffrerie*, gourman-
dise. » (Communication de M. Devauchelle.)

Je termine par une observation :

Le patois saintongeais dit *galafre*
pour *balafre*. « Il y a ici encore le changement de *b* en *g* signalé plus haut, changement qu'on retrouve dans le picard
cbaloufrer et *egarloufrer* et dans *enguil-
bauder* pour *enbilbauter*. (V. ces
mots.)

J'insiste sur cette permutation afin de
rendre incontestable le fait qu'elle constitue et sur lequel je ne reviendrai
plus.

GALAPIAT, gamin, galopin, mauvais
sujet, polisson. On dit au même sens *galibier*. Ces mots paraissent n'être que des
déformations fantaisistes de *galopin*. Cependant *galibier* signifiant aussi *petit
garçon*, il pourrait se faire qu'il ne fût
qu'une corruption du substantif *va de-
pied*, domestique à pied, groom, laquais,
valet : le sens se serait conservé. Le
changement de *v* en *g* n'est pas une
difficulté.

GALATAS, [illegible] les
combles, [illegible]

est commune au picard et au vieux français dans lequel on trouve :

« Et beaus sauvoirs pour les poissons garder
Galatas grans et adroits
Et belle tour qui garde les détrois ».
(**E. Deschamps.**)

GALICE, moulin à foulon. Le radical de ce mot est l'ancien haut allemand *walchan*, fouler le drap, comme le montre le mot de la langue d'oïl *galcher*, fouler les draps, (V. Hippeau.) *Galice* est un dérivé de *galcher* avec un *i* adventice ajouté par raison d'euphonie comme dans *garipenne* pour *garpenne* qu'on verra plus loin.

GALICHON, subst. masc. Galette grossière sans beurre ni levain ; quelques grains de sel seulement en relèvent le goût. Ce mot s'emploie aussi comme diminutif de galette ordinaire.

GALIMAFRÉT. Ce mot n'a pas en picard le même sens qu'en français : il signifie chez nous *repas copieux*, bien que, dans certaines localités, il ait l'acception de *ragoût* fait de plusieurs sortes de viandes qui d'ordinaire ne vont pas ensemble.

Ce mot est, d'après Littré, d'origine inconnue.

Pour moi, je vois là un composé du préfixe intensitif *gal* pour *gar*, et le substantif participial *bâfrée* défiguré en *mafrée* : *galimafrée* serait donc, à mon avis, *un fort et copieux repas*, comme on en fait encore le lendemain d'un jour de fête avec un ragoût composé des restes des viandes de la veille. Le *i* de *galimafrée* n'est ici que par raison d'euphonie ; *m* pour *b* se retrouve dans *samedi* (*sabbati dies*), et le normand *carimalo* correspond au picard *caribari*, charivari.

Nous avons un exemple d'un mot composé du préfixe *gal* pour *gar* et d'un substantif, dans une ancienne expression picarde : c'est *galimachue*. Cotgrave dit : « *Galimachue*, as (comme) *massue* ; a « club. Pic. (Picard). » La *galimachue* était tout simplement une grande et forte massue, une vraie massue. *Galipenne* donnera un autre exemple de la même composition.

GALIPENNE ou **GARIPENNE**, pelouse, terre inculte, terre de mauvaise qualité.

Les Picards et les Provençaux sont partis de la même idée, celle de *fourrure*, pour exprimer le moelleux d'une surface *herbue*, d'une pelouse. On sait que *pelouse* vient du provençal *pelos*, fourré, épais, dru, d'où le sens de gazon, de verdure. Notre mot picard est composé de *penne* qui, en langue d'oïl, signifiait *fourrure, peau, étoffe* (V. Hippeau) et du préfixe intensitif *gar* plusieurs fois signalé plus haut ; une *garipenne* était originairement une *forte et épaisse fourrure* (d'herbe), d'où ensuite le sens de *terre inculte*, puis tout naturellement de *terre de mauvaise qualité*. Le *i* est adventice et n'a été ajouté que par raison d'euphonie. La forme *galipenne* pour *garipenne* s'explique par le changement de *r* en *l*. (Cf. *caïelle*, chaise, et *caïère* du vieux picard.)

Je suis bien aise de placer ici une observation.

M. Devauchelle croit, et c'est aussi mon avis, que le préfixe intensitif *gar* a donné *ga, gar, gal, gali, gari*, et, par changement de la douce *g* en la forte *c*, *cal, cali, cari*. Il me cite des exemples pris de tout côté, dont voici quelques-uns :

Picard et Français : *galimafrée*, rouchi : *carimafriache*.

Ancien français : *calibordes* (béquilles), mot formé de *cali* et de *borde*, forme féminine de *bordon*, bâton.

Picard : *Caliborgne* (très-borgne), *galipenne* ou *garipenne*.

Bourguignon : *calbalancer* (se), se balancer *très fort* sur la *calbalance* ou balançoire.

Normand : *cali muchette*, cligne-musette (jeu où l'on cherche à se *bien* mucher (cacher).

Id *Galigast*, dans la locution *jeter à la galigast*, livrer au pillage, à un pillage *entier, complet*.

Français : *califourchon*, que Ronsard et Cotgrave écrivent *calfourchon*.

De ce qui précède, je crois pouvoir tirer les conséquences suivantes :

1º L'origine des préfixes *ga, gar, gari, gali*, et de *ca, car, cari* n'est pas inconnue : elle est tudesque. *Ga* a pu devenir *ca* comme le vieux français *margotte* est devenu *marcotte*, comme le latin *pergamena* a donné originairement *parcamin* (parchemin), comme *gangrène* est devenu *cangrène* en picard, etc.

2° Dans les mots qui ont ce préfixe, il n'y a à rechercher que l'origine de ce qui suit le préfixe : *bari* ou *vari* dans le français *charivari* et dans le picard caribari ; *matias* dans le français *gallmatias* ; *vauder* dans *galvauder*, etc.

GALMITE, subst. des deux genres. Dans le Hainaut, ce mot signifie *marmot, vaurien;* chez nous, il a le sens de *gamin*. Les Normands ont la forme *galmin*, petit valet. Je crois que *galmite* est une déformation fantaisiste de *galmin :* c'est ainsi que nous disons *démite* (Voir ce mot) pour *démon.*

Gamin n'est entré dans la langue française que depuis environ cinquante ans : il est venu de Normandie et son origine est inconnue. Les marmots ennuyant souvent les gens de leurs cris et du tapage qu'ils font, le radical du *galmin* normand et du *galmite* picard serait-il le néerlandais *galm*, bruit, cri, flamand moderne *galmen*, résonner, chanter !

Notre poète Crinon a employé *galmite* au sens de *jeune, gamin*, dans un passage très-curieux :

« Nous sons (sommes) tertous du pain foit del
| mêm' pâte.
Malgré ch' bleu drap, ches terre' et pi l'argent,
Seuf (sauf) el mérite, i gn'a qu'un' sorte ed (de)
| gens.
Combien d' pourquis (porchers) ont brav'ment
| porté chape !
Six-Quint qu'étot, dit-on, bel et bon pape,
Etant galmite i wardot ches couchons. »
(Satyres III.)

GALOCHER, faire du bruit avec les chaussures en marchant. Dérivé de *galoche*, chaussure à semelles de bois qui font beaucoup de bruit. Nos appelons aussi *galoche* la masse de neige qui s'attache et se durcit sous la semelle du piéton ou sous le sabot du cheval.

GALONNER (se), se frotter réciproquement. Se dit surtout en parlant des chevaux. Cette forme est commune au picard et au vieux français. « *Galonner* et frotter fort en amignotant, » dit Robert Estienne (1549.) C'est un diminutif de l'ancienne expression *galer* (se), se frotter, qui, par extension, avait le sens de *battre* (Oudin.) La Fontaine l'a employé à celui de égratigner. Le radical est *gale.*

GALOPE, subst. fém. Ce mot a le sens de *descente*, en parlant d'un chemin, d'une route, parce que, quand une route descend, on va plus vite qu'on ne voudrait, ou qu'on peut, si l'on veut, aller plus vite qu'en chemin ordinaire.

GALOUBI, gamin, polisson. Ce mot est une déformation de *galibier* avec la finale wallo picarde *i* pour *ier, er*. (Cf. *gadrouilli* et *gadrouiller, alli* et *aller*, etc.).

GALURIAU, GALORIEU, GALORIAU, enjôleur, trompeur, séducteur, libertin, polisson, gamin. Cette forme est commune au picard actuel et au vieux français :

« N'y a si meschant fils de laboureur
« ou (au) village qui ne veuille faire du
« *galureau* (séducteur, coq de village).
« porte chausses et habits bigarrez et le
« grant plumas au chapeau. »
(La Nef des Fols dans La Curne.)

J'ignore si l'on a donné l'origine du picard *galuriau* et du vieux français *galureau*. Quant à moi, je vois là un mot composé du préfixe intensif *ga* et d'un dérivé du verbe *lurer*, leurrer, tromper : le sens est *fort trompeur, grand lureur*, si l'on peut se servir de cette dernière expression. C'est ainsi, à mon avis du moins, que le français *godelureau*, synonyme de *galureau*, serait composé de *lureau* et d'un préfixe *god, goed*, (bon, fort) venu du Nord, et signifierait aussi *grand trompeur, fort séducteur*. (Cf. *bon biberon, bon-bec, bonne lame*, et autres expressions triviales.)

Ce qui confirme mon opinion, relativement au préfixe *ga* de *galuriau*, c'est que le vieux picard disait *garlouriau* :

« Drière no courillet che garlouriau le
« rue... » (Enjol. de Colas, 1631)

Quant à *lureau*, on le retrouve dans le vieux français au sens de *luron*, bon compagnon, viveur, ce qui nous met bien près de *libertin, enjôleur, séducteur.* Ch. Nisard a relevé dans Pierre Faifeu :

« Tant seullement des bribes et lorreaux
Pour le souper des compaignons lureaux. »
(Curios. de l'Etym. fr. p. 79)

M Demanchebelle trouve à *lureau* une autre origine. Je me fais un devoir de donner son opinion.

Les uns près... du radical *lur, loure*, dit-l..., *flûte de berger, muse ou muselle*. Autrefois, point de berger sans pipeau, flûte, flageolet, etc.; point de bergère qui ne fut sensible aux airs de ces instruments. On verra plus loin que *lur* a reçu une acception un peu libre dans l'ancien français *turelureau* et le vieux picard *turelure*. Mais *lur*, détourné de son sens primitif, a servi à former des expressions répondant à *tromperie, séduction*, etc., comme *chant* a donné *enchanteur, pipeau pipeur, trompe trompeur*, etc.

Lur, loure vient du Nord : ancien islandais *lûdr*, flûte de berger, d'où, en argot o'ï, *loure* sorte de musette, *loureur*, joueur de musette, anc. fr. *lourelle*, petite musette, pat. norm. *lurelles, irelons*, etc.

Lure est entré en composition dans *turelureau, turelure* pris dans un sens libre. On trouve dans Cotgrave *turelureau* au sens de *bon coq*. L'ancien français nous donne l'expression *péché de turelure*, péché de la chair :

« La beauté a un grand pouvoir
Sur le péché de turelure. »
(L'Ancien, Th. fr. t. IX)

En picard ancien, *turelure* répond à *mentula*... la bonne femme présente à l'entrée du fils de Jehannin exprimant son admiration à la vue d'un aussi bel enfant :

« . . . . Hémi ! Qué (quel) gros badou,
Quel enfant, se dit-elle, woiiez (voyez) un peu
| tretou :
Qué gros moilon de flûte, il a deux doigts de
| cresse
Tout alentour du col ; qué dos, qué cul, qué
| fesse,
Qués épeules, qués bras, qués gambes, qués
| genou,
Qués pieds, qués mains, qué nez, qué menton!..
| Saint Ernoul
Qua robin turelure... »
(Suite du Célèbre mariage de Jehannin, 1648)

La traduction littérale de *robin turelure* serait *robinet flûte*

GALVEUDER F... picard du français *galvauder*. Ce mot signifie chez nous *travailler vite et mal, gâcher, gâter*. On l'emploie aussi au sens de *dissiper*, et l'on lit *galveuder son bien*, dissiper son avoir.

Dérivés : *Galveudeux*, mauvais ouvrier, mauvais sujet, propre à rien, paresseux.
Galveudis, travail mal exécuté. Se dit aussi au sens de *mélange*, en mauvaise part : « Ch'est du galveudis. »

D'après Littré et Brachet, *galvauder* est d'origine inconnue.

Littré dit : « On l'a tiré de *caballicare*; mais ce mot ne peut donner que *chevaucher*. On peut, par conjecture, le rapprocher de *galvardine* (Cape contre la pluie), bas-lat. *garnachia, galnape, gounape*, tous mots qui signifient *casaque*; de sorte que le sens serait porter la casaque, de là être vagabond, puis enfin, activement, gâter, mettre en désordre. »

Galvauder n'a pas d'historique ; c'est sans doute un de ces mots qui sont entrés tard dans la langue et qui sont venus des provinces.

Oudin, le premier, paraît il, qui ait relevé ce mot, le définit : *maltraiter*. Dans le Hainaut, il a le même sens. Tout près de nous, dans la vallée d'Yères (Seine-Inf.) on l'emploie à celui de *battre, menacer, presser vivement*. En français, l'une de ses acceptions — la primitive probablement — est *réprimander avec hauteur*.

Toutes ces acceptions semblent se rapporter, en définitive, à un point de départ commun, à l'idée d'*emportement, de colère*.

En conséquence, je pense que le mot en question est composé du préfixe *gal* et d'un radical d'origine germanique : goth. *vods*, fureur ; all. *wutu*, même sens ; néerl. *woede*, courroux, *woeden*, être en colère. Du sens primitif *être en colère*, on a passé facilement à celui de *maltraiter*, puis à celui de *travailler mal, gâcher, gâter*, et, dans certaines provinces, *être vagabond, vaurien*.

Si *galvauder* du français vient du préfixe *gal* et de *woeden*, être en colère, il sera montré une fois de plus que l'étude des patois n'est pas inutile à celle de la langue française.

GAMBARDE. Se dit dans le Vimeu de *l'échasse*, oiseau de mer assez petit, bien que ses pattes mesurent trente-trois centimètres. Cette dénomination est venue à cet oiseau de la longueur disproportionnée de ses jambes, en picard *gambes*.

Dans nos environs, *gambe* s'est réduit à *game*, comme *chambre*, *chambe*, à *chame*, comme *ombre*, *ombe* à *ome*, etc.

Il en est de même dans le Vermandois. Notre poète Crinon dit dans sa Satyre XXII qu'on ne doit pas se moquer

« D'ches nez d'travers, d'ches gammes tortuses. »

La forme *gambe* est commune au picard et au vieux français :

« Pieds a copiez et les gambes a plates. »
(Ch. de Rol.)

— « Si lor tranche les têtes et les bras et les pis
Les gambes et les piés... » (Ch. d'Ant.)

— « Dedens cnele capelle si trouva on de « moult rikes (riches) saintuaires que on i (y) « trouva II (deux) pièches de le vraie crois aussi « grosses que le gambe d'un homme. »
(Li Estoires, par ROBERT DE CLARI.)

J'ai cité sous *couquer* un jugement des Maire et Eschevins d'Abbeville par lequel un *pourchel* qui avait étranglé un enfant, fut en l'an de grâce 1414, condamné à être pendu par les *gambes* de derrière...

Dans le Vermandois, on dit *gaimbe*, ce qui nous fournit un nouvel exemple de *am* latin donnant *ain* :

« En (on) délicote leu gaimbes... »
(Nouvelles Lettres picardes, Saint-Quentin, 1847.)

Dérivés : *Gambin*, boiteux.

Gambier, cheminer, marcher. Cette expression est fort ancienne. On la retrouve dans Froissart qui était picard et qui écrit : « Après tout ce, « et en *gambiant* luy et moy « ès aliées à l'issue de la « chambre du roy, je luy « demandai... »

Gambet, croc-en-jambe.

Gambette, petite jambe, jolie jambe. On rencontre ce diminutif dans *Aucassin et Nicolette* :

« Si souleva 'on traïn
« Et ton pelichon ermin,

« Ta quèmise de blanc l'n
« Tant que ta gambette vit. »

Ce mot signifie aussi *jambage de porte* et *petite jambe de force*.

Gambiller, agiter les jambes. Cotgrave donne ce mot comme picard : il a passé dans le français et y a conservé le *g* dur picard. A donné le diminutif *gambillonner*.

Gambon, jambon, qui est toujours en usage et qu'on rencontre souvent dans les Inventaires :

« Une floque de lart avec deux gambens. »
(Amiens, 1619.)

GANDOISES. Subst. fém. pl. Détours, subterfuges, mensonges. Je ne connaissais pas ce mot. Il m'est transmis par M. Devauchelle, et je ne puis mieux faire que de copier sa note.

Dans le passage suivant, *Bailler des gandoises* répond à *donner le change, tromper* :

« I (il — on parle de Léonard Gay de Vernon, « ancien évêque de Tulle, alors commissaire du « gouvernement à Amiens—) nous baille lò (là) « des gandoises : i n'est point pus (plus) philo- « sophe qu' (que) men quien... l parle aussi « d'huménité (humanité)! I n'o point pus d'hu- « ménité qu'un kot (chat) qu'(qui) étranne ses « p'kiots. »
(Colo-Pierrot à ch' l'obrieux d'Evêque Gueuvernon, Amiens 1799)

Cette expression figurée est un dérivé de l'ancien verbe de la langue d'oïl *gandir*, tourner, se détourner, et, par extension fuir, s'échapper, qui avait donné le diminutif *gandiller*.

« Ne or ne set (sait) il mais ù (où) gandir. »
(Chron. des Ducs de Norm.)

Les éditeurs de La Curne ont relevé l'ancien substantif *gandie*, tromperie.

Ce mot est d'origine germanique, goth. *vandia*, tourner, détourner, anc. all. *wantjan*, néerl., *wenden*, même sens.

Le patois de Genève a le mot *gandoises* au sens de fleurettes, sornettes, et les Provençaux disent *gandouaso* à celui de plaisanterie, attrape.

GANNE. Forme picarde du français *jaune* (du latin *galbinus*, jaune, verdâtre.) On la retrouve en vieux français :

« Si cuevel (ses cheveux) sont plus ganes »
(LE BAST DE BOUILLON.)

Et dans les Inventaires :

« Une gouttière (ornement de tour de lit) de
« satin rouge et ganne. »

(Amiens, 1576.)

— « Une courtine ganne et bleue. »

(Ibid. 1583.)

Loc. *Ganne* comme unne (une) chire
(cire).

Dérivés : *Gannâte*, jaunâtre.

Gannir, jaunir.

On retrouve cette dernière forme dans
la Vie de sainte Ulphe :

« Les poures malheureuses s'esforçoient,
« pour complaire au monde, de mettre leurs
« cheveulx appoint et de les gannir... »

(V. **Boves et ses Seigneurs**, par
M. JANVIER.)

C'était, paraît il, la mode au XVe
siècle.

Gannet, sorte de plante à fleur jaune
ressemblant au souci simple : une autre
sorte à peu près semblable porte le nom
de *mirliton*.

GANTE. Forme picarde du mot français *jante*. On la rencontre dans les inventaires :

« Deux cens (cent) de gantes servent au
« meatier de charon. »   (Amiens, 1666.)

On appelle encore ici *gantes* les côtés
d'une cheminée formés par une maçonnerie ou par deux supports en bois. De là
le dérivé *enganter* (s') qui signifie *rester
dans les gantes* de la cheminée, et, par
extension, *rester à rien faire, être paresseux*.

GANTIER, chantier de cellier ou de
cave; *trépied* des cuviers à lessive, et,
dans plusieurs localités, *élimier* (V. ce
mot), sorte d'étagère de village où l'on
range la vaisselle.

On le rencontre dans notre dialecte au
sens de *pièce de bois, planches*.

« Vos en ires (irez) el haut conquest
O forbatus m'est li sentiers ;
Deus set qui buns pelerins est
Qui s'aïwe à l'ame me prest (prête),
Quar (car) li cors gist sor les gantiers. »

(**Les Congés de Bodel**, édités par M. G.
RAYNAUD, 1880.)

M. Devauchelle a relevé *gantier* à ses
différents sens indiqués plus haut :

« Le seigneur a le vin pour le pris (prix) que
« a le bourgeoys (le marchand de la localité)
» prins sur les gantiers... »

(Traduction (1548) de la **Charte de Ga-
maches** dans **Bouthors**, T. I.)

— « Item les gantiers sur lesquels ont esté
« trouvez les XIIII pièces de vin prisés X
« solz. »

(**Inv. Amiens**, 1557.)

— « Item deux cuvier avec deux petit gan-
« tier prisé V solz. »

(**Ibid. 1576.**)

— « Deux tables, un gantier et une potière,
« le tout estimé neuf livres. »

(**Villers-Bocage**, 1776.)

GÂQUIÈRE. Forme picarde de *jachère*.
On la rencontre dans Beaumanoir :

« Se (si) fussent gasquières desqueles il n'eust
« encore rien levé... »

(**XIIIe s.**)

Cotgrave la signale comme picarde. Le
s du radical figure encore au XVIe siècle
dans les actes passés à Boves :

« ... Pour en jouir l'espace de nœuf ans et
« nœuf despouilles continuelles commenchans
« à biuoter les terres, celles qui sont en gas-
« quières... »

(**Bail de 1568**)

Dérivés : *Gâquerer*, donner un labour à
une jachère.

Gâquerison, labour ou époque
du labour des jachères.

Gâquerage, action de donner ce
labour.

Loc. pic. : *Etre dcis ches gâquières*,
battre la campagne, perdre la tramon-
tane. L'origine de cette locution doit être
reportée au temps où il y avait de grandes soles de jachères. On devait alors
éprouver quelque difficulté à reconnaître
à première vue son champ parmi ceux
qui composaient la sole, les points de re-
père faisant défaut dans une plaine inculte.

Littré parlant de *jachère*, écrit : « Ori-
« gine inconnue. On ne sait même pas,
« vû la divergence des orthographes, si
« l's est primitive ou accidentelle, et,
« par conséquent, si le latin *jacere*, gé-
« sir, y est pour quelque chose. »

On trouve dans notre contrée, au XIIe
siècle, la latinisation *gascaria* que Du
Cange a relevée dans un Cartulaire de
l'Eglise d'Amiens. On a vu sous *Ferqueu*
et ailleurs que le suffixe *aria* répond à :
*lieu rempli de... réunion de choses de
même nature*, etc. Le radical du mot
qui nous occupe, est évidemment
gasch... gasq, qui n'est autre que l'ancien
tudesque *wasicht*, herbeux, ou *waso*,
gazon. Ces formes n'existent plus dans

— 11 —

l'allemand moderne, mais elles figurent encore dans le dictionnaire de *Francfort* (1714) qui dit : « *Wasc*, gazon, *wasicht*, « plein de gazon ».

Si l'origine du *gaquière* picard et du français *jachère* est celle que j'indique, il sera prouvé encore une fois de plus que l'étude des patois n'est pas sans utilité pour celle de la langue française.

GARBE ou **GAIRBE**. La première forme est commune au picard et au vieux français :

« Cil ne fet (fait) pas de son camp ce qu'il « doit qui emporte ses garbes anchois (avant) « qu'elles soient campartées. »
(**Beaumanoir.**)

Le picard dit *garbée* ou *gairbée*, gerbée.

GARCHON ou **GAIRCHON**, garçon. La première forme est commune au picard et au vieux français :

« Fi ! Or ai je trop vescu quand li **garchons** « de France, flus (fils) au mauvais roi, m'est « venu courre sus. »
(**Chron. de Rains.**)

Garchon a donné les dérivés *garchonnaille*, réunion turbulente de jeunes garçons, et *garchonnière*, jeune fille qui aime à jouer avec les jeunes garçons. *Garchonnaille* se retrouve en vieux français au sens de réunion des domestiques d'une grande maison.

« Moult trova qui li fist ennui
Garchonnaille, male mesnie. »
(**Vie de S: Alexis, XI° s.**)

Ici les paysans emploient ce mot au pluriel et disent *ches gairchonneilles*, pour *les jeunes garçons*, mais dans un sens légèrement péjoratif.

L'origine de *gars*, radical de *garçon* (autrefois *garson*) étant, pour les uns, inconnue, pour les autres incertaine, le champ des investigations reste ouvert.

Voici quelle est l'opinion de M. Devauchelle à laquelle je me rallie complétement.

Le radical du diminutif *garçon* est *gars*. C'est ce même radical, évidemment, qu'on retrouve dans le composé *loup-garou*, en anglais du XIII° siècle *were wolf*, homme-loup, en néerlandais *were-wolf*, même sens, *weer wolf* en ancien allemand. « *Wârh* pour *wer*, dit Eichhoff, en composition dans *wahr-wolf*, « loup-garou. » *Gar* ou *gars* répondent donc à *homme* : le diminutif *garson* ou *garçon* à *petit jeune homme*.

L'expression vient du Nord, gothiq. *Wair* ou *vair*, mâle, homme.

Au X° siècle, on trouve dans une Loi d'Edmond, roi d'Angleterre, le terme *wer hades*, personne du sexe masculin, opposé à *uif-hades*, personne du sexe féminin. Du Cange qui l'a relevé, s'exprime ainsi : « *Wer hades*, virilis sexus, « ex Saxon. *Wer*, homo, vir. » Il a dû recevoir ailleurs le sens de *mâle* quelconque. On trouve en langue d'oïl (V. Burguy) *gar*, *gars* et *gers*, mâle de l'oie ; de même en picard : le néerlandais a *varr*, *var*, *ver*, taureau, *varse*, *verse*, génisse.

On peut rapprocher du gothique *wair* ou *vair*, de l'anglais *were*, de l'allemand *warhr*, le latin *vir*, *virago*, le sanscrit *vir*, signifiant *homme*, *homme fort*, et le celtique *fear*, homme, *ver*, fort, puissant, qu'on retrouve en composition dans *Ver gobretus*, *Ver cingetorix*, etc.

GARD-CUL (gar-cu), subst. masc. Jupe, jupon. On dit *gartiu* dans certaines localités, dans d'autres *gaird cul*. M. Devauchelle a relevé dans un Inventaire dressé à Amiens en 1596 : « *Ung garde quieu.* » L'expression n'est donc pas nouvelle. On trouve d'ailleurs à la fin du XVI° siècle *gardecul* dans les *Serées* du libraire Guillaume Du Bouchet. Quant à l'affirmation de Corblet : « *De même en ro-man*, » il ne lui manque qu'une chose : un exemple pour la justifier.

On a vu sous *Airniquer* que, dans mon enfance, on chantait encore une chanson picarde dans laquelle se trouve le mot *gardcul*, jupon de travail :

« Catleine (Catherine), déairnique ten **gardcul**,
V'lò (voilà) Charlot qui vient t' vir…»(te voir).

Un bon picard du siècle dernier, émerveillé des riches atours des dames de la ville, n'a pas oublié, dans sa description, leurs *biaux gard-culs* :

« Alles (elles) ont des colifichets et des gar-
« dins (fleurs et feuilles artificielles) sus (sur)
« leu (leur) coifion (petite coiffe, bonnet) ; alles
« ont des bieux gard-culs tout peinturlurés
« (à ramages) aveuc des péquiotes (petites) ber-
« liques (breloques) ahoquées (accrochées) de-

« vant leu panche qui terluitent (reluisent
« comme de l'oir... »
                    (Dial. de deux paysans sur la ville
                    d'Amiens.)

Notre poète Crinon a employé la forme
gaird-cul qui est en usage dans le Vermandois :

« Edzous ch' coutron d' peuvresse ou bien d'
      | rentière
Dzous l' robe ed (de) soie ou bien padzous ch'
      | gaird-cul,
En vut (on veut) souvent tousser pus (plus) heut
      | qu'sen cul,
Et foir' (faire) du fien bien pus qu'en a d'li-
      | tière. »

L'origine de ce mot est assez claire pour
qu'il soit nécessaire de l'indiquer. *Garde*
se retrouve dans deux mots qui n'avaient
pas, dans l'ancien picard, le sens qu'ils
ont en français.

Garde-nappe, plateau de métal, à petits
rebords, sur lequel on posait, à table, le
vin, etc., de manière à préserver la nappe
de taches :

« Trois garde nappes de tierchain »
                    (Inv. Amiens, 1557.)

— « XXVI assiettes, I sausseron, I esgoutoir,
I garde-nappe »
                    (Ibid. 1598.)

Garde-robe ne signifiait pas *tablier*,
pic. *chinoir*, mais *sarrau*, *souquenille* :

« Ung garde-robbe de thoille noire, avec ung
petit chinoir de thoille d'estouppe. »
                    (Inv. à Amiens, 1583.)

— « Ung garde-robbe, ung corset et ung
chinoir de serge noir. »
                    (Ibid. 1617.)

GARDE, peigne à carder. C'est le *carde*
du français avec adoucissement de *c* dur
en *g*. Cet adoucissement est déjà ancien.
M. Devauchelle a relevé dans des Inventaires les formes *garde*, *carde*, et *garder*,
carder.

« Une paire de gardes. »
                    (Amiens, chez un foulon, 1575.)

— « Deux paires de gardes à garder layne. »
                    (Ibid, 1599.)

GARDIN ou GAIRDIN, jardin. La
première forme est commune au picard
et au vieux français :

« Nicole jut (se coucha) une nuit en son
« lit, si vit la lune luire cler par une fenestre et
« oŸ le lorseilnol (rossignol) canter en gar-
« ding... »
                    (Aucass. et Nicol.)

— « Je suis chelle qui sans fouir (la Paresse)
Fais ès gardins cardons venir,
Ronches et orties lever. »
                    (Du Cange sous Cauda.)

Dérivés : *Gardinage*, suite de plusieurs
jardins non clos ou mal clos.
On l'emploie le plus souvent
au pluriel : *Ches gardi-
nages*.
Gardinet, jardinet.
Gardiner, travailler au jardin. Signifie aussi marau-
der, commettre des vols
dans les jardins.
Gardineux, maraudeur, qui
dérobe des fruits dans un
jardin.

Ce dernier dérivé est d'un usage très-
fréquent. La paroisse de Messire Grégoire
avait ses *voleux*, ses *hocheux*, ses *gardineux*. Aussi avec quelle chaleur s'éle-
vait-il dans son *Sermon* contre cette en-
geance : « Mais qu'est-che qu'o prins et
« volé dans l' gardin de no clerc chelle
« carotte qu'étoit si bien montée en se-
« menche! Che pauvre homme ! L' velò
« (le voilà) bien décarotté... Rapportez
« ches gambons, voleux; rendez chelle
« carotte, *gairdineux*; rapportez ches
« poires, pendeux et hocheux. »

GARET ou GAIRET, jarret. On connaît
l'origine de ce diminutif dont le radical
est le celtique *gar*, jambe. Nos deux formes sont communes au picard actuel et
au vieux français.

« Prist de ses chevaliers mil et set cenz et vint
« mille de gelde, trenchad les garez des che-
« vals. »
                    (Liv. des Rois, XII° s.)

— « . . . . . . ont pris le Sarrasin felon
En crois l'ont estendu sor la table à ban-
      | don,
Les bras li ont loiès et les piès environ
Les garés li ont quis (cuits) à fu et à char-
      | bon.
                    (Ch. d'Ant. XIII° s.).

— « Prens, fel la reine (grenouille), cel filet ;
Sil (si le) lie fort a son gairet. »
                    (Marie de Fr. XIII° s.).

Garet avait donné dans l'ancien picard le dérivé *esgareter*, couper le jarret. On lit dans le *Triumphe des IX
Preux*, imprimé à Abbeville en 1487 :

« Il fist esgareter tous les chevaux qui me-
« noient leurs charrios. »
                    (Pass. cité par LA CURNE.)

C'était aussi une sorte de peine infligée
à certains animaux! M. Janvier, secré-

taire-greffier de la Mairie d'Amiens au siècle dernier, a relevé ce passage d'une ordonnance de l'Echevinage du 2 août 1413 : « Est ordonné que les pourchiaus « qui seront trouvé aians parmi la ville, « pour la première fois seront *esgareté* « d'un pié. » M. Janvier a lu *esgaieté* ; M. A. Dubois (*Justice et Bourgeoisie d'Amiens*) a lu *esgaeite* : il est possible que le parchemin du Registre T ait été altéré en cet endroit, mais il est évident que ni *esgaieté* ni *esgaeite d'un pié* n'offrent aucun sens et qu'il faut lire *esga-reté*.

Au radical celtique qui, en langue d'oïl, avait donné *gare*, jarret, *garet* et *garrel*, jarret, *garr*, jambe, se rattachent les dérivés suivants.

Garelle, osselet ou rotule de mouton avec laquelle jouent les enfants.

L'ancien français avait au même sens *garinon*, *garignon* : Piautin (1573) dit : « Osselet de quoi on joue au lieu de « dez = *garignon*. » On verra plus loin que ce dernier mot est resté dans le patois picard.

Garelle est un diminutif. L'ancien picard avait *garelon* au sens de *jambe*. M. Devauchelle a relevé dans les *Coutumes* de M. Bouthors : « Est de droit au « dit jour que est deub (dû) aus dis esche- « vins... et que leur doit payer le sei- « gneur un pourcel cras vailiant (valant) « XL solz, que font tuer les eschevins en « leur présence, et les *garlons* (lisons « *garelons*) les pieds y tenans avec les « hinguez (tripes) et les corées (fressure) « sont pour eulx desjeuner le dit jour, et « le résidu du dit pourcheau pour soup- « per. »

(Cout. de Fonquevillers, prév. de Beauquesne, 1567.)

GARETIER ou GARTIER, GAIRQUIER ou GAIRQUI dans le Vermandois, jarretière.

Ce mot est du genre masculin chez nous, et cela depuis plusieurs siècles ; on lit dans les *Evangiles des quenouilles* :

« Sachiez pour vray comme Euvangile que si « la chausse (le bas) d'une femme ou fille se « desloie emmy la rue et qu'elle la perde, c'est « signe et n'y a jamais faulte que son mari ou « amy (amant) ne se desvoye. A ce mot laissa « le filler (c'est à dire : cessa de filer sa que- « nouille) une nommée Transie d'Amours, jone « (âgée) de XVII ans, et dist qu'il n'estoit chose « plus vraye que ceste Euvangile, car dès mer- « credy derrain passé, dist-elle, je ne vay (vois) « mon ami Julict, pource que en ce même jour « je perdis mon gartier en la rue. »

— « V'là (voilà) elne (une) triste affoire qu'a « m'assoterait coire assez : cha seroit d' prende « les guertiers del tiote (petite) reine d'Aingle- « terre... »

(Nouv. Lett. pic. St-Quentin, 1847.)

GARIGNON, jambe. On dit : « Allonge tes *garignons* », allonge tes jambes.

Dans certaines localités, le mot s'est contracté, et l'on dit *grignon*, *guerignon* (g'rignon).

Nous avons aussi les dérivés *garigner*, *gariner*, *gueriner*, piétiner incessamment comme le fait un animal qui veut mettre bas, et, par extension, s'agiter, s'impatienter.

A Gentelles (canton de Boves) les paysans nomment *garignons* les *petits galets* que les Picards appellent gaus (v. *Caucl*) et avec lesquels les enfants jouent comme avec des osselets. On a trouvé dernièrement dans un champ situé près de ce village, une meule gallo-romaine parfaitement conservée et formée d'un *pudding* comme on en trouve dans le département de l'Aisne. Quand je suis allé voir cette meule, les paysans me disaient qu'elle était composée de chaux et de *garignons*.

GARGANTOINE, ivrogne. Ce mot est un dérivé de *gargate*, gosier, et paraît être une simple altération du vieux français *garganton*, gourmand, glouton, goulu.

Au même radical se rattachent :

Gargaton, grand parleur.
Gargatier, ribotteur, ivrogne.
Egargater (s'), s'égosiller.

Ce dernier dérivé est d'un fréquent usage dans nos contrées. Il se disait jadis des oiseaux qui chantent à gorge déployée :

« .... l'alouete
Chante si g.y et s'esgarguete. »
(Hist. des III Maries dans La Curne).

On la rencontre à la fin de l'exorde du *Sermon de Messire* Grégoire :

« I feut (il faut) enhui que j' vos prêque et « que j' vos retire del raque et que j' vos re- « boute dans vo dreut (droit) quemin. Dé- « toupez (détouchez) vos érailles (oreilles) pour

« bien souïr l'parole d'Dieu : **égargatez** vous
« tertous d' canter à le benoîte Vierge . **Ave**
« **Maria.** »

GARGOUILLEUX , au fém. GAR
GOUILLOIRE, qui parle en gazouil-
lant. Dérivé de *gargouiller* qui, en picard, a le sens de *clapoter* et de *barbo-
ter*. Le Dr Goze a relevé l'épithète de
gargouilleux appliquée aux habitants de
Fouencamps (canton de Boves), par ceux
des villages voisins.

  « Ches gargouilleux.
Leu (leur) bouque a che broc,
Leus (leurs) pieds das (dans) l'leue. » (eau.)

GARLOPER, bouillir trop vite. Dans
mon village, ce mot s'emploie à l'actif et
l'on dit, au figuré, *garloper* au sens de
*faire quelque chose d'une façon peu soi-
gneuse*. C'est une extension naturelle du
sens *bouillir trop vite*.

Garloper est le même mot, mieux conservé toutefois que le verbe français *galoper*, dont le sens littéral est *aller fort
vite*. C'est un composé dont les éléments
viennent du Nord : *Gar*, préfixe intensitif déjà plusieurs fois signalé, et le radical *lop*, course, gothique, *hlaupan*, courir.

Dérivé : *Garlopis*, bruit produit par une
    masse liquide versée d'un seul
    jet.
    Garlopage, mauvaise cuisine,
    mauvais ragoût, au fig. action
    de mal faire quelque chose.

Dans bien des localités on dit *gairlo-
per*, *gairlopis*, *gairlopage*.

GARNIER ou GAIRNIER. Formes picardes de *grenier*. Dans bien des localités, on dit *garyni*, *gairyni*, comme on dit
alli, aller, *aimi*, aimer, *dangi*, danger,
etc : c'est la finale wallo-picarde.

GARNU ou GAIRNU, rempli de grain.
Dérivé de *grain* : il y a eu métathèse
comme dans *garnier*, grenier.

GAROULE, jambe. De là le dérivé
égarouiller (s'), écarter beaucoup les
jambes l'une de l'autre, d'où l'expression
marcher à l égarouillette, marcher les
jambes fort écartées.

GARS, mâle de l'oie. Cette forme est
commune au picard et au vieux français :

  « Convient que cinq owes (oies) aient un
« garce et cinq gelines (poules) un cok. »
        (Econ. rur. Bibl. des Ch. XIIIᵉ s.)
Ce mot a probablement la même ori-
gine que *gars*, *garson*, aujourd'hui *garçon*. (V. *Garchon*.)

GASIOT (gazio), gosier. C'est le même
mot que *gaviot* dont il me semble n'être
qu'une déformation. *Gaviot* est de la
langue d'oïl : c'est un diminutif de *gave*.
Dérivé : *Egasioter*, égorger. S'emploie
       aussi au sens de *se rompre la
       gorge à pousser des cris,
       faire de grands efforts pour
       crier*. On dit : « Je m' ens
       égasioté à huquer (appeler)
       ten (ton) père. »
Je ferai observer que, dans les environs de Corbie, on dit *gasiout*, comme
on dit *Pierrout*, Pierrot, *mout*, mot,
bientout, bientôt, etc.

GASOU (gazou), bredouilleur. Se dit
ici au sens de *un peu ivre*, probablement
parce qu'un homme un peu ivre bredouille. Ce mot est un dérivé du vieux
verbe *gaser*, jaser. « *Gaser*, m'écrit M.
Devauchelle, se disait en Picardie pour
jaser, encore sous Louis XIV, au rapport
du Père Labbe : « *Jaser* ou en picard *Gaser*. » (*Etym. fr.* 1661.) J'ignore si cette
forme est encore usitée dans quelque
coin de la Picardie. M. Brachet fait erreur en avançant que *jaser* est récent
dans la langue : il y a toujours existé
sous la forme *gaser* ou sous celle : *Jaser*.
Ce mot a sa famille dans Robert Estienne
(1549) : « *Jaser, jaseur, jaserie.* » En 1533,
les deux formes étaient encore en usage :
« *Jaser ou gaser.* » dit Ch. de Bovelles.
(*De diff. ling. vulg. p. 63*). *Gaser* est de
la langue d'oïl : « *Gaser*, diminutif *gazil-
ler*, jaser, babiller, » disent Borgny et
Hippeau. Ce mot est d'origine germanique, scandinave *gassi*, babillard, ca-
queteur.

GASPIOT ou GASPIOUT, gamin. Je ne
puis, sur ce mot, qui est un diminutif,
que faire des conjectures. Vient-il du provençal *guespillar*, tracasser, taquiner ?
Se rattache-t-il à l'ancien haut allemand
gaspillan, prodiguer ? J'incline pour la
première conjecture.

Corblet écrit *gaspiaud*. Cette orthographe est fautive : la finale française *aud* periste ou se change en *eud : lourdeud*, lourdaud, *badeud*, badaud, etc., tandis que *out* est l'adoucissement d'un finale *ot*.

GASSOUILLER, gâter. L'ancien français disait *garsouiller*. « Garsouiller la femme d'autrui, » écrit Cotgrave (1611). On voit que ce mot vient du préfixe intensitif *gar* et du verbe *souiller :* le *r* du préfixe *gar* s'est, par assimilation regressive, transformé en *s* dans le patois picard.

Dérivé : *Gassouille* ou *Gassoule*, adj. qui gâte, qui perd, qui prodigue, qui gaspille, vaurien, polisson.

Le mot de la langue verte *arsouille*, vaurien, canaille, serait-il un dérivé de *garsouiller* avec chute de la lettre initiale ?

GATOUILLER. Forme picarde de *cha touiller*. La forme de l'Artois est *gastiller*, celle du Vermandois *galouilli*. A Amiens et dans nos environs, le peuple dit *dégatouiller* : le préfixe *dé* est purement explétif.

Etymologie connue : lat. *calullire*.

GATTE ou GATE, jatte. L'étymologie de ce mot est connue : lat. *gabata*. Il est commun au picard et au vieux français :

« Une grand gate il demanda,
Sur une taule (table) il l'adenta. »
(**Marie**. Fabl. XIII° S.)

Dérivés : GATELOT (masc.) GATELETTE (fém.) petite jatte, écuelle, assiette grossière.

Toutes ces formes qui sont toujours en usage, se rencontrent souvent dans les vieux Inventaires : M. Devauchelle a relevé :

« Trois petites gattes d'estain. »
(**Amiens**, 1557.)
— « Une gatte, six plats, deulx gattelettes. »
(**Id.** 1610.)

La forme *jattelot* est admise dans certains inventaires modernes :

« Un jattelot, cinq pots, quatre tasses. »
(**Aumâtre**, 1860.)

Autres dérivés :
GATÉE, contenu d'une jatt .
GATELÉE, même sens.

GAU ou GUEU, galet de mer avec lequel les enfants s'amusent et jouent à différents jeux. Ce mot est probablement d'origine celtique : gaëllque *gal*, caillou, qui, d'après Littré, est resté dans l'ancien français (V. *Galet*). J'ai relevé dans Du Cange : « Collav print un *gal* de mer». Le patois a changé *al* en *au, eu.*

GAUDE, oie marine ou pingouin. Se dit dans les localités situées sur le bord de la mer, à Cayeux, Saint-Valery, etc. Le mot *gaud* signifiant, chez nos voisins normands, *niais, nigaud*, il est probable que l'appellation de *gaude* appliquée à l'oie nous est venue de Normandie. Cette appellation semble d'autant plus naturelle qu'on dit : *bête comme une oie*, et qu'on appelle aussi *nigaud*, en français, une espèce de petit cormoran.

J'ignore l'origine de *gaud* qui n'est peut-être qu'une aphérèse de *nigaud*.

GAUETTE, subs*. fém. Ce mot est la féminisation de *cauet*, et signifie comme lui *haricot* : il se dit dans les environs de Corbie, Villers-Bretonneux, Moreuil. etc., et a la même origine que *cauet* (V. ce mot) avec adoucissement de *c* dur en *g*.

GAUGE ou GUEUGE, jauge, capacité. Quand nos paysans comparent une quantité déterminée d'aliments à la capacité ordinaire de leur estomac, ils ne disent pas : « C'est tout ce que mon estomac « peut contenir », mais simplement : « Ch'est me (ma) *gueuge*. »

Gauge est commun au picard et au vieux français :

« A (il y a) moult de viles qui prennent et « mesurent lor (leur) vin à gauge et à le mesure de Castenoi. »
(**Beaumanoir**, XIII° s.)

D'après Brachet l'origine de *jauge* (pic. *gauge*) est inconnue. Littré rapporte l'opinion de Diez et ne donne que des conjectures. Mon savant collaborateur, M. Devauchelle, m'écrit ce qui suit :

« Les définitions essentielles du mot « *jauge* relevées par l'Académie sont : « *Capacité, espace vide* ». En patois « bourguignon, *gauge* signifie *carité* ou « *fosse préparée pour y planter un* « *arbre*. Or, si l'on veut bien comparer « le gallois *gwag*, vide, *gwac*, cavité,

« *gwagan*, vider, *gwagedd*, espace vide,
« on admettra sans difficulté une origine
« gauloise au substantif *gauge*, franç.
« mot. *jauge*. On sait d'ailleurs que la
« futaille est d'invention gauloise. Il n'est
« donc pas étonnant que nous tenions de
« la même source l'expression qui dési-
« gne son caractère propre : la *capacité*,
« terme dont le sens est inséparable de
« l'idée primordiale et essentielle du
« *ride*. »

GAUGUE ou GUEUGUE, noix, particulièrement celle de la plus grosse espèce. Dans mon village et dans beaucoup
d'autres aux environs, on dit *gueule*.
Gaugue est commun au picard et au
vieux français (V. Hippeau) ; il a donné
le dérivé *gauguier* ou *gueuguier* : ici et
dans les environs, l'on dit *gueudier* pour
toute espèce de *noyer*. Dans le Nord du
domaine picard, la finale est dure depuis
bien longtemps :

« Castaignes et nois gaukes, prounier, fighier,
« gaukier. »

(Dial. flam. pic. 1340.)

Les *Coutumes de la Chastellenie de
Saint Pol* portent *gausquier* avec *s* :
« Un *gausquier* en la cour (1565). »

Louis d'Arsy écrit encore *gausche* en
1613.

On rencontre la forme *gueuguier* dans
une invocation burlesque, sans doute fort
ancienne, à l'adresse d'un saint dont la
statue avait été taillée par le fils de la
suppliante en bois de noyer provenant de
leur *gueuguier* :

« Grand Salut d'no **gueuguier**,
Frère de m' (ma) grande écuelle,
Men fiu (fils) vous o (a) foit (fait),
Mi (moi) j'ai fo.t men fiu.
Est-jou donc point vrai
Que j'sus (suis) vo grand mère ? »

(*Recueilli en 1866 par M. Ed. Paris,
à Creuse, Canton de Molliens-Vidame et
communiqué par M. Decauchelle.*)

Des deux formes, l'une sans *s* — *gaugue*, — l'autre avec *s* — *gausgue*, — quelle
est la seule bonne ? Il est difficile de se
prononcer sur ce point, et, comme conséquence, de découvrir la véritable origine du mot qui nous occupe.

Si la meilleure forme est *gaugue* (en
langue d'oïl *galgue*) on pourrait rapporter ce mot à *calculus*, que nous avons vu
adouci en *galgulus*, avec le sens de *noyau*
(Voy. sous *Gaillette*.)

Si, au contraire, la préférence doit
être donnée à *gausche*, *gausque*, le mot
serait d'origine tudesque ; car, d'une
part, il répond, lettre pour lettre, à
walsch, *welsch*, gaulois, originaire
de Gaule, et, d'autre part, c'est précisément de cette épithète qu'on qualifiait
autrefois la grosse noix dite *juglans* :
« Alamanicè *welschnuss*, » dit Junius
(1567).

GAUNE, jaune. Cet adjectif qui est de
la langue d'oïl, est toujours en usage de
la Normandie au Hainaut, et jusques
dans les environs de Compiègne. Je lis
dans une *Lettre de M. Lescot sur le
Concours de Compiègne* :

« Porquoi rebayer (regarder) des gens
« (il s'agit des pompiers) qu'avont (qui
« ont) des castroles GAUNES (des casques)
« su (sur) leu (leur) tête aveuc des ke-
« neilles ? »

(**Progrès de l'Oise**, 1877.)

On sait que *gaune* vient, comme *ganne*,
du latin *galbinus*.

GAVEL, sarment. C'est le *gavel* du
Midi, le *gabel* (sarment de vigne) de la
langue d'oïl que Corblet écrit à tort
gavele, puisque ce mot est masculin et
qu'on trouve, dans Hippeau, la forme
gaveu.

GAVELLE, javelle. D'une forme latine
capella (poignée) dérivée du même radical que *capulus*. Cette forme est commune au picard et au vieux français.
« Bien gavelles ou en garbes. »

(**Beaumanoir**).

— « Et si le soit gleneres (glaneur) ne
« gleneresse qui glenne en autrui ga-
« velles .. »

(**Taillar, Recueil**.)

Loc. pic. « *Chercher garelle touillée*, »
littér. *Chercher javelle mêlée*, susciter
une mauvaise querelle, élever une pré-
tention mal fondée.

Expression pic. « *Feuquer* (faucher)
en garelle, » jeter ou coucher en ligne,
du même coup qui les fauche et sans
l'aide d'aucune main, l'avoine, le fourrage, etc.

Dérivés : *Gavelot*, quantité de récolte
rassemblée et répandant au
tiers ou à la moitié d'une
botte. On l'appelle aussi *hoveau*, *hourieu*, petit monceau.

Notre poète Crinon emploie cette forme dans sa *Satyre X : Misères des paysans*.

« Mais qué (quel) guignon quand i lut (il pleut)
    | dans l'éci',
Qu'on s'laisse erjoindre embernoté d'gavelots ! »

De même *garelle* :

« Ch' bieu temps qui r' vient, en ressuant ches
                    gavelles,
Accoise aussi du mêm' coup (coup) ches
                    querel'es. »
                    (Ibid).

Engareler, former les gavelots.
Engareloire, femme qui les forme.

On rencontre la forme *garelle* dans le *Sermon de Messire Grégoire* (XVIIe s.) : c'est un curieux souvenir de l'ancien système des rimes :

« Ah cha ! Reddite donc quæ sunt Cœsaris
« Cœsari et quæ sunt Dei Deo. Payez mé on
« peu m' dîme ch'l'année chi. Vos z' pouvez,
« vos av-z fauqué vos prés, vos avez engrangé
« vos gavelles ; vos avez des coquelets et des
« coquelettes, et si (pourtant) n' m'a-t-on point
« poyé l' dîme. Acoutez ; i gn'y a pu rien dans
« mon gatinier, et n' cave est sèque : étapen-
« dant f-ut (il faut) que j' vieche (vive) Red-
« dite quæ sunt Cœsaris Cœsari, et nos s. rons
« bons amis. Ainsi soit i'. »
                    (Comm. de M. Pevatchelle)

GAVU, qui a un gros *gave*. On dit : *Coulon garu*, pigeon qui a une grosse gorge. Ce mot est un dérivé de *gare* qui désigne, en picard, l'espèce de poche que certains oiseaux ont sous la gorge et dans laquelle séjourne leur nourriture avant de passer dans l'estomac.

Dérivés : *Gariot*, gosier. Diminutif de *gare*.
    Garée, quantité considérable d'aliments ingérée dans l'estomac. Se dit ici au sens de *repas copieux* : « I (il) n'o « prins uane (une) boica ga- « rée. »

Egarioter (s'), s'égosiller.

On rencontre cette forme dans le *Coq à l'âne nouveau* imprimé à Amiens vers 1812 :

« Ii o fait (a fait) trop d'certes
Trop waré (aré) d' gardins.
Il é·o (aré) bien vouloir canter
Ches glaingnes n' voudroit l'acouter :
I n' séroit (il ne saurait) mieux foire (faire)
Que d' s'égarioter. »

L'origine de *gare* est le latin *carus*, trou, cavité.

Etre gavé signifie chez nous *être repu*.

Notre poète Crinon emploie *gave*, au sens *gosier*, appliqué à un homme.

« Comme echti-là qui vous invite à s' lave
Qui vous fait (fait) nier à vous crever vo gave,
Et, l' dous (lor) tourné, i (il) vous traite ed
                    | gourmand. »
                    (Satyre XX)

GAZILLON. Subst. masc. Gaze et toute espèce d'étoffe beaucoup trop faible pour l'usage auquel elle paraît destinée. Dans ce dernier cas, l'expression s'emploie en mauvaise part.

Ce diminutif vient de *gaze* : il n'est pas nouveau.

« Quatre paires de manchettes de femme ;
« trois mouchoirs de gazillon, un cravate de
« mousseline »
                    (Scellés à Cempuis, 1783).

GENCHIVE (ginchiv·). Forme picarde de *gencive*, du latin *gingiva*. Dans mon village et dans beaucoup d'autres, les paysans disent *cencive* (cincive) : le *g* a pris le son de *c* doux ou de *s*. C'est ainsi que j'ai entendu dire cent fois *relizion*, *céruzien*, pour *religion*, *chirurgien*. On rencontre, au contraire, *g* dur dans les *Diologues flam. pic.* déjà plusieurs fois cités ;

« Et puis lavés vos mains, vo front, vos sour-
« chieus, vos lèvres, vos dents, vos guenchives,
« vo langhe (langue), vo gargate... »

GENELLE (g'nelle). Subst. fém. Soupirail de cave. Cette forme qui n'est pas d'un usage général — la forme *venelle* s'emploie à Amiens et ailleurs — nous offre une corruption de lettre initiale tout à fait opposée à celle qui de *géniche* (genisse) a fait *c·niche*. J'ajoute qu'ici et dans les environs, on dit *créniche* (àvniche), comme on dit ailleurs *équemise* (équmis) chemise, etc. Ici, les paysans disent *crenelle* (avnelle) comme ils disent *elman, detusin*, au commencement d'une phrase, *ed* pour *de* : *pommes ed terre*.

GENIAU ou GENIOT. Subst. masc. Genet. Notre forme paraît être un diminutif de *genet*.

GENICHON et GENICHARD, génisse d'un à deux ans. Dérivés de *géniche*, génisse, dont l'origine est connue : lat. *junicem*. Ce mot a donné, à Villers-Bocage et peut être ailleurs, un autre dérivé dans lequel on trouve *v* pour *g* : c'est *vénichailles* (subst. fém. pl.) qui si- gnifie *petit troupeau de génisses*. On vient de voir qu'on dit *réniche*, *graisse*, dans certaines localités.

La forme *géniche* se rencontre souvent dans les Inventaires ; M. Devauchelle a relevé :

« Cinq geniches de divers poilz.

(**Amiens**, 1622).

— « Une geniche d'un an estimée quinze livres. »

(**Flesselles**, 1751).

GÉNIE COURT. Subst. masc. Personne sans jugement, à courtes vues.

GENNETON (jenneton). Se dit ici et ailleurs pour *hanneton, hennelon*.

GENOIFE. Subst. masc. C'est le *genoivre* (genévrier) de la largeu d'oïl, avec chute, ordinaire en picard, de l'*r* en finale : *morde*, mordre, *moile*, maître, etc. C'est donc à tort que Corblet orthographie *genoaf*.

GENOUILLIS. Subst. masc. Plante qui se produit avec abondance dans les jardins peu soignés, surtout dans les plants de pomme de terre. J'ignore son nom technique. Ici, les paysans emploient ce mot au pluriel, disant : « *Ches genouillis* « sont pus hauts (plus hauts) qu' ches « pommes ed (le) terre ».

Il est probable que ce mot se rattache à *genou*, vi. fr. *genouil*. En effet, les tiges de la plante dite *genouillis* sont fort noueuses au point de départ des petites branches. Ces nodosités, hors de proportion avec la grosseur de la tige, ressemblent d'ailleurs exactement au *genou* du cheval. On sait qu'un nombre influent de plantes tirent leur nom vulgaire de la forme qu'elles affectent dans quelqu'une de leurs parties principales ou de certaines particularités communes à d'autres objets.

GENS (jain). Subst. masc. pl. Proches parents ; famille. On appelle *bieux gens* le beau-père, la belle-mère, le beau-frère, la belle sœur.

Loc. pic. « *Ch'est des gens de nos gens* », ce sont des amis de nos parents.

Gent se rencontre dans une locution singulière et fort usitée dans mon village et dans bien d'autres. Parlant d'un enfant difficile, entêté, indomptable, les paysans disent : « *I n'y o point d'gent d'en venir* « *à bout ;* » ils sous-entendent le mot capable : « Il n'y a point d'individu (le « *gent*) capable d'en venir à bout. »

Gent est donc, au singulier, un substantif féminin qui signifie *individu, personne quelconque*. On dit : « *J sus unne gent* « *perdue* », je suis un homme perdu.

On rencontre cette expression dans le dernier couplet d'un *Compliment pour la fête d'une Dame* dont je dois communication à l'obligeance de M. Devauchelle :

« Mi (moi) qui n'voit qu'un qu'min (chemin) à [prende,

Sinon j' sus unne' gent perdu :
C'est d'm'en aller tout droit m' ponde !
Oui, j'aim' mieux mourir pendu.
Mais, pour épargner l' dépense,
J' veux cère y gazner ch' lieo ;
Peut qu'on m' servéche (servi ?) ed potence :
J' morrai pendu à vo (votre) col. »

GERBELET (gerblet). Subst. masc. Sorte de petite truffe peu appétissante, ronde, à peleure noire et à chair blanche : on la nomme aussi *calaingne* (châ'aigne) *de terre*. Ce mot est un synonyme de *gernotte* qu'on verra ci-après : c'est un diminutif.

L'origine de *gerbelet* est germanique, anc. dan. *jord*, terre, et *barr*, baie, fruit, dont le *r* s'est changé en *l*, pour donner successivement *joriber*, *jorbel*, *gerbel*, fruit de terre, d'où le diminutif *gerbelet*, petit fruit, petite baie de terre. On verra sous *Gernotte* que le danois *jord*, terre, est devenu *jar* dans l'angl ais *jarnut* — jarnut — noix de terre.

GERBOT. Ce mot appartient à l'ancien picard ; mais peut-être est-il encore en usage dans quelque coin de la Picardie. On disait jadis : « *Cracher sen (son) gerbot*, » expression qui me semble signifier *mourir* dans une Épitaphe quelque peu rabelaisienne recueillie par notre compatriote, le savant bénédictin Dom Grenier :

« Chy giat le seigneur de Brangtot.
Li fa (il lui arrive) qu'i (il) cracha sen gerbot.
Le mal l'en prist le jour de Pasques.
Dont pis (depuis) sen ventre n'eust relache.
Ah ! Bon Dieu, combien il ch... !(cacavit)
Dites por li **Ave Maria.** »

(**Pouillé des Manuscrits de Dom Grenier**, par M. Ch. **Dufour**, 1839.)

La signification et l'origine de *Gerbot* me sont inconnues. J'ignore donc le sens propre de l'expression : *Cracher sen gerbot.*

GERGONNAGE. Parler inintelligible, mauvais langage. Dérivé de *gergon* (jargon) qui est commun au patois picard et à la langue d'oïl.

Au même mot se rattache l'adjectif *gergonneux*, au fém. *gergonnoire*, qui parle mal ou d'une façon inintelligible.

GERME ou GERNE. Subst. fém. Agneau femelle dans sa première année. Ce mot est commun au patois picard et à la langue d'oïl qui appelait *germe* la jeune brebis qui n'avait pas encore porté (V. Hippeau) : c'est le latin *germen* pris au sens de *rejeton*, *progéniture*, *enfant* (V. Quicherat).

Cette dénomination se rencontre dans les Inventaires.

— « Item huit agneaux marles (mâles), sept agneaux germes... »
(**Inv. à Vaux-lès-Amiens, 1733**).

— « Item la meilleur des agneaux mâles avec « une germe des moindres... Item deux agneaux « mâles avec la meilleure des germes »
(**Ibid. 1751**).

A leur sens ordinaire, les formes *gerne* et *gerner* sont d'un emploi plus fréquent que *germe* et *germer*. Dans le canton de Picquigny, *germer* signifie *avorter*, en parlant des brebis. *Germe* a donné le diminutif *germillon* ou *germion*, germe des graines, amandes, œufs, pousse des pommes de terre sous l'influence des chaleurs printanières, etc. *Germion*, à son tour, a donné, ici et dans plusieurs localités, le verbe *germionner*, jeter des petites pousses ou germes.

GERNOTTE, espèce de truffe (*bunium bulbocastanum*) qu'on nomme aussi *gerbelet* (V. ce mot.) On l'appelle en Bourgogne *arnole*, dans le Centre *anolte*, en Hainaut *ernolte*, en Normandie *génotte* ou *jarnotte* ; c'est la *noix de terre*. Le botaniste anglais Jean Ray (XVIIe s.) dénomme plusieurs de ces sortes de racines ou noix de terre ; *jor nut*, *jarnut*, *earth nut*, selon les différents dialectes de son pays. *Nut*, noix, et *earth*, terre, sont anglais ; mais *jor*, *jar*, terre, doit être rapporté au danois *jord*, terre. L'étymologie de *gernotte* est indiquée par ce qui précède ; c'est littéralement la *noix de terre*.

GIBELET (giblet), gésier. Ainsi nommé sans doute parce que le *gésier* res-

semble à une *bourse* qu'on appelait autrefois *gibecière*.

Le radical de *gibelet* est le bas-latin *giba*, coffre. Que dans le passage du latin au français, le sens de *coffre* ait chargé pour signifier *bourse*, rien d'étonnant ; ce fait s'était produit dans le passage du grec au latin : le bas-latin *giba*, coffre, n'est autre chose que le grec κίϐη, petit sac.

Quant au primitif *gibe*, il a été employé jadis dans nos contrées. On s'en servait pour indiquer ce mode de chargement particulier aux entrepreneurs de roulage et consistant à rembourrer fortement de paille ou de foin le dessus et les côtes de leur voiture et à les envelopper d'une bâche complètement close, de sorte que le chargement était absolument comme dans un coffre ou une vaste bourse. En cet état, la perception des droits de péage s'établissait, non sur la quantité des marchandises transportées, laquelle ne pouvait être vérifiée, mais à forfait sur la voiture ainsi chargée, comme le prouvent les documents suivants dont je dois communication à l'obligeance de M. Devauchelle :

« Item, tous avoirs (marchandises) menez sur « char ou charrete qui est par manière de gibe « du long du char ou charrete, soient draps, « pell-terie, chanvre, lin, etc.... doit XII soiz « parisis, et si les dis avoirs estaient en char ou « charrete estoient en fardeaux ou trousseaux, « chascun fardel ou troussel paieroit II sols pa- « risis »
(**Péage de Crespy en-Valois, 1393**)

— « Tous les chars de Flandres ou d'aultres « pays, s'ils mainent en gibbe... »
(**Travers et Péage du Marquisat de de Nesle, 1581.**)

— « Item, d'un car (char) qui maine toile en « gibe III soiz. »
(**Travers du pont de Theunes, 1425**).

Mener en gibe était, on le voit, mener (les marchandises) sous bâche complètement close : enveloppe fermée, bourse, coffre, gésier, rappellent et expriment donc tous la même idée, sont de la même famille et se rattachent au même radical.

De la même famille encore est *gibelot* ou *gibelout* dans cette expression ironique : « Être comme Notre-Dame de « Gibelout, entortillée de chiffons, » en parlant d'une femme qui a un trop grand nombre de vêtements, ou dont les vêtements sont de mauvais goût. On a vu que l s Picaris disent : « *Arriver à Notre Dame Belle-heure,* » arriver tard ; ici *être comme Notre Dame de Gibelout,* signifie *être empaqueté, enfermé* pour ainsi dire *dans les vêtements,* comme marchandises *en gibe.* On sait avec quel mauvais goût, dans nos campagnes, les statues de la Vierge sont attifées : on les charge d'une masse d'étoffes, dentelles, clinquants, nœuds, bouffants, etc., dans lesquels elles disparaissent.

La locution qui précède a cours dans le Nord du domaine picard.

GIFE. Forme picarde de *giffle :* l'*l* est tombée comme dans *meube,* meuble, *admirabe,* admirable, bien qu'on dise *gifler,* meubler. On trouve en langue d'oïl les formes *giffe,* joue, soufflet sur la joue, *giffard,* qui a de grosses joues, de grosses mâchoires. La dernière avait cours en Picardie au XIIIe siècle :

« Fame (femme) bien doit, c'en la somme,
Puir (puer) à D.eu et à homme
Qui vis (visage) a paint, taint et doré...
Chascune se paint mais et farde :
N'i a torchepot ne gifarde,
Tant ait desouz povre fardel,...
... Qui ne veille (veuille) être fardée
Por plus souvent estre esgardée. »
(Les **Miracles** de **N. D.** par Gautier de Coincy.)

L'origine de *gife,* franç. *giffe,* est tudesque. L'auteur des *Gloses de Cassel* (VIIIe s.) voulant exprimer dans sa langue le mot latin *tempora,* tempe, s'est servi des deux expressions synonymes suivantes : *chinnapahlun, hiuffilun,* lesquelles sont devenues, savoir : la première *kinrebaken* (mâchoire) en néerlandais, *kinneback,* même sens, en allemand ; la seconde — la seule qui nous intéresse — *kiffel* (mâchoire) en ancien allemand, *kiffeln,* mâcher, ronger. L'*l* est tombée dans l'allemand moderne *kiefe,* mâchoire, absolument comme dans notre forme picarde *gife.* Quant à l'adoucissement du *k* germanique en *g* (j), il n'a rien d'étonnant si l'on compare *gerbe* et l'ancien haut allemand *garba, jasir* et l'ancien scand. *gassi,* etc. On verra plus loin qu'à côté de la forme douce *gife,* nous avons, en picard, la forme semi-dure *guife,* bouche (en mauvaise part) et le dérivé *guifer,* manger en glouton.

GIGIER ou GIGER. Formes picardes de *gésier* lequel vient du latin *gigerium.*

On voit que nous sommes restés plus près du latin en picard qu'en français, puisque nous avons encore le *g* de la seconde syllabe lequel est devenu *s* dans *gésier.* Ce fait est d'autant plus curieux que le phénomène contraire s'est produit dans *cérusien* pour *chirurgien* et dans plusieurs autres mots.

GIGOTEAU. Ce mot a été relevé par M. Devauchelle dans un Inventaire dressé à Amiens, chez un couvreur, en l'année 1621 :

« Trois marteaux avecq un gigoteau. »

J'ignore si ce mot s'emploie encore dans quelque localité. M. Devauchelle suppose que le *gigoteau* était l'espèce d'enclume dont se servent les couvreurs en ardoises et qu'on appelle *chantier* dans plusieurs de nos villages. Dans Cotgrave, *gigoteau* signifie *nœud* ou *extrémité osseuse de la cuisse :* a-t-on assimilé le *chantier* ou *gigoteau* à l'os de la cuisse des quadrupèdes encore adhérent à celui de la hanche? Quoiqu'il en soit, il est certain que le mot en question est un diminutif de *gigot* lequel est lui-même un diminutif de *gigue* qui signifiait jadis *cuisse,* et qui a reçu, par extension le sens de *jambe.*

GILLETTE (gyette). Je reçois, sur ce mot, de mon collaborateur, M. Devauchelle, une note très-étudiée et très-complète : je ne puis mieux faire que la copier.

Je crois qu'il conviendrait d'orthographier *gyette,* ainsi qu'on le verra plus loin. Prenons d'abord une citation dans laquelle on rencontre ce mot peu connu à Amiens, mais en usage dans le Vermandois. Dans sa *Satyre XIII,* notre poëte Crinon, parlant des riches qui sont avares au point de se refuser un bon feu en hiver, écrit :

« D'vant leus (leurs) qu'minons en (on) les voit
| l' poil hircheux
Tout ramonch'lés, trannants et tout gricheux
N'ayant dens ch' fu pour cauffer leus gillettes
Q' des turets d' choux, pis (et) des harats
| d'ouillettes. »

Gillette ou plutôt *gyette* est, comme l'indique la finale, un diminutif dont le sens répond à : *petite gïe, maigre gïe* ou *gye ;* j'ignore si le radical *gye* est employé seul quelque part en France : sa signification est *cuisse,* c'est-à-dire la même que celle de *gigue* dont *gigot* n'est qu'un diminutif.

Sous ces deux formes, au surplus, — *Gigue* et *Gye* — il ne faut voir qu'un seul et même mot, car la dernière est le résultat d'une apocope ; et, circonstance fort remarquable, cette apocope s'est produite également en flamand et en anglais, comme on le verra tout à l'heure.

Littré dit : « *Gigue*, jambe. Origine in-« connue. » Et il ajoute : « Diez pense « que *gigot* (et par conséquen *gigue*) a « été, par ressemblance de forme, dit « ainsi de *gigue* qui a signifié un instru-« ment de musique à cordes. »

L'origine de *gigue* est néerlandaise : *Dighe*, cuisse.

Pour le changement du *d* néerlandais en *g*, comparez le *dia* des charretiers devenant *gia, igia*.

A part le changement d'initiale, l'expression n'a pas subi d'autre vicissitude qui mérite d'être relevée que l'apocope signalée plus haut. On en jugera par l'exposé qui suit :

1° Néerlandais : *Dighe*, cuisse. (V. *L. D'Arly.*)

Flam. mod. (par apocope) : *Dye*, cuisse.

2° Anc. anglais : *Thicke*, cuisse. (V. *Palsgrave.*)

Angl. mod. (par apocope) : *Thigh*, cuisse. (Le groupe *gh* final est muet.)

3° Anc. fr. et picard : *Gigue*, cuisse. Picard mod. : *Gyette*, diminutif de *gye*, apoc. de *gigue*.

C'est par métaphore que le nom de *gigue* fut donné à l'ancien instrument de musique dont la forme allongée et renflée ressemblait à une cuisse ou plutôt à la moitié d'une cuisse considérée dans la largeur. (V. *Magasin pitt.* 1849, p. 155.)

Au Moyen-Age, *gigue* (instrument) est passé en Italie sous la forme *giga* ; en Allemagne, sous la forme de la langue d'oïl *gige* ou *gigh* (V. Hippeau) ; dans les Pays-Bas sous celle de *ghijghe*. Je sais bien que Burguy et Brachet font faire à ce mot le voyage dans le sens contraire ; mais il est certain, pour moi, qu'ils se trompent : l'erreur, de leur part, vient de ce que le premier fait venir *gigue* (cuisse) de *gigue* (instrument) tandis que c'est le contraire qui est maintenant établi, je l'espère, par l'historique du mot exposé ci-dessus.

GIN (jain), subst. masc. Ligne de récoltes abattue par la faulx ; bande de terrain sarclée ou binée : chaque ligne ou bande s'appelle *gin*. Au second sens, le *gin* est plus ou moins large, selon qu'il y a un ou plusieurs ouvriers.

On trouve ce mot en langue d'oïl. Hippeau donne : « *Gin*, racine, sillon ; *Ginel*, peu à peu. » Son origine me paraît obscure. Faut-il le rattacher aux langues du Nord, dans lesquelles on le rencontre en composition, suédois : *be ginna*, commencer ; néerl. *be gin* (subst.) commencement ; flam. mod. *be gin*, commencement, principe, ouverture ; angl. *to be gin*, commencer ? Le sens primitif, dans cette hypothèse, aurait été *commencement* : de là, en langue d'oïl, celui de *racine*. Au sens de *sillon* ou *ligne de travail*, c'est bien notre *gin* de la Picardie et du Hainaut. Proprement, le premier sillon ou la première ligne devraient seuls porter ce nom ; mais on a pu s'accoutumer à appeler chaque ligne un *gin*, quand le souvenir de la signification primitive s'est peu à peu affaibli, puis complétement perdu.

GINGEOLE (La). Sobriquet qu'on donne à l'individu de peu de mérite, un peu niais, qui néanmoins veut faire l'entendu. On appelle *gingeolet, gingeolette*, un jeune garçon ou une jeune fille de frêle constitution. Dans le nord du domaine picard, on emploie l'adjectif *gingeot* au sens de *mesquin jusqu'au ridicule* : « Tout son accoutrement est *gengeot* » dit Hécart : de là, à Lille, le dérivé *gingeolerie*, objet quelconque de peu de valeur. Celui dont les vêtements sont trop courts ou trop serrés, c'est-à-dire *gingeot*, n'a jamais bien chaud : de là l'expression *gingeot* relevée par Corblet au sens de *qui se tient tout ramoncelé, comme celui qui a froid*.

En langue d'oïl, la *jujube* était appelée *gingeole* (V. Hippeau.) A-t-elle été autrefois, sous ce dernier nom, décriée et ridiculisée comme plante alimentaire ou médicinale ? Au cas d'affirmation, nous aurions là l'explication des mots en question.

De l'ancienne expression *gingeole* (jujube) on a formé le dérivé *gingeolin* orthographié dans nos vieux Inventaires
ginjolin : couleur jaune-rougeâtre, qui
est celle de la jujube à l'époque de sa maturité.

« Quinze douzaines et demye de ruban de
« couleur tant fœule-morte, gris, que **ginjolin**
« estimé trente solz la douzaine. »
(**Inv.** chez un passementier, Amiens, 1614).

GINGOIS. GUINGOIN (de), adv. De
biais, de travers, de guingois. Ce mot est
aussi substantif. La seconde forme est
dans Corblet ; la première a été relevée
par Ed. Paris qui l'a consignée sous l'i-
nitiale J dans son petit *Vocabulaire manuscrit* existant à la Bibliothèque d'A-
miens.

Gingois est commun au picard et au
vieux français.

« L'un des trois me répondit :
Hé ! Rolin, revenez lundy ;
Ung riz (ris) gecta tout de gingois, (côté)
Fist ung signe que j'entendy :
C'estoit la plus belle des trois. »
(**Chaots du XV° s.** publ. par
M. G. Paris)

Guingois est d'origine germanique,
anc. h. all. *winchan*, loucher, regarder
de travers ; neerl. *winchen*, faire signe
des yeux. Pour la désinence en *ois*, comparez l'ancien adverbe et substantif *lourdois*, lourdement et lourdaud.

« Ma foy, voylà un grant **lourdois**,
Il a moins d'esprit qu'un thoreau... »
(**Anc. Th. fr. Farce du Badin, XVI° s.**)

Le radical germanique *winc* a produit,
en vieux français, le substantif *guin*
qu'on ne rencontre que dans L. d'Arsy
(1643) où l'on trouve : *Guin d'œil*, clin
d'œil. A cette forme se rapporte sans
doute celle de *guinois* — au lieu de *guin-
guois* — donnée par Oudin (1675) qui dit :
« *De guinois*, de biais, de travers. »

GINGUELER (jingler), ruer des pieds,
sauter, danser. Fréquentatif du vieux
verbe français *ginguer*, ruer des pieds.
(V. Ménage.) Nous avons, en picard, un
certain nombre de ces fréquentatifs :
écraseler, écraser, *friseler*, friser, *griseler* (dérivé de *gris*), grisonner, *appâ-
teler*, appâter, etc.

GINOFRÉE. Forme picarde de *giroflée*.
On voit que le picard a opéré deux chan-

gements de liquides en remplaçant *r* par
n et *l* par *r*.

GIPECIÈRE (gipcière). Forme picarde
de *gibecière* dans laquelle la douce *b* est
remontée à la forte *p*. Cette forme est
déjà ancienne ; on lit dans l'*Histoire de
Jehan d'Avesnes, comte de Ponthieu*
(XV° s.) :

« Elle le congédia en lui faisant cadeau d'une
« chainture et d'une **gipecière** pour l'amour de
« la dame. »

Ici *gipecière* signifie *bourse*.

— « Item, un fusil de maître avec la **gipe-**
« **cière**... »
(**Invent. à Amiens, 1774.**)

GIRIE, tromperie, ruse, mauvais tour.
Ce mot s'emploie au pluriel dans le patois
de Paris où, au sens propre, il signifie
tours de bâteleurs, farces, et, au figuré,
grimace, douleur feinte, hypocrisie.
Dans le Hainaut, il répond, au singulier,
à : *mauvais tour, mauvaise plaisanterie, conte en l'air*. C'est un dérivé de
l'ancien français *girer*, tourner, ou une
contraction du v. fr. *guillerie*.

GITE. Nous appelons *gîtes* les deux
longues pièces de bois d'un tombereau
ou d'une charrette dont le prolongement
en avant forme les brancards ou timons :
ces pièces reposent sur l'essieu et sup-
portent les ridelles.

Ce mot n'est pas nouveau : on le rencontre dans les vieux inventaires.

« Item, ung hernas, ung binot, une herche,
deux **gittes**...
(**Amiens, 1622**).

On l'a employé aussi pour le *corps*
même d'une charrette.

« Le **gite** d'une charrette garny de planches.»
(**Vers-Hébécourt, inv. 1624**).

Evidemment ce mot se rapporte au
français *gésir*, parce que les pièces de
bois dites *gîtes* sont, non pas debout,
mais toujours couchées, *gisantes*.

GLACHER. Forme picarde de *glisser*.
Cette forme est fort ancienne : on trouve
dans le *Vocabulaire de Douai* (XIV° s.),
glachier, glisser (*collabi*) ; *glachant*,
glissant (*lubricus*). De même dans *Li
Bastars de Buillon* (XIV° s.).

« Quant elle vint au lit, le roi dormant trouva :
Sans dire nesun (aucun) mot delès lui se
[glacha... »

Toutefois on employait aussi la forme *glicher*. Celle-ci a donné les dérivés suivants :

Glichade, glissade.

Glichet, petit guichet à coulisses horizontales, ainsi nommé parce qu'au lieu de s'ouvrir sur charnières, il *glisse* dans les coulisses.

Déglicher, glisser, incliner. On dit *en déglichant* pour *en pente douce*. Le préfixe *de* est ici purement explétif.

Gliant, glissant ; onctueux : c'est une contraction de *glichant*.

C'est du Nord que nous est venu le verbe *glicher* ou *glacher*.

GLACHON. Subst. masc. Vaissel., et poterie grossière non vernissée. Par extension, on donne aussi ce nom aux débris de poterie.

Cette expression ne doit pas être confondue avec *glachon*, (glaçon) dérivé de *glache* (glace) et a une autre origine. Elle est de la même famille que l'ancien français *glaze*, *gleisse*, *glise*, venu du latin *glis*, glaise, argile. On rencontre la forme *glaze* dans un passage du *Ménagier* donné par La Curne :

« Estoupez le tout de terre glaze… »

Glachon est un diminutif.

On l'employait jadis dans les Inventaires :

« Item un pot et deux plats… Item un coul-
« loir et autres mauvais glachons adjugés un
« sol. »

(Vente mobil. à Cardonnette, 1777.)

Dans nos environs, il a surtout le sens de *petite jatte*, *écuelle*.

GLAIE, dans le composé *Rose-glaie*, iris des jardins. Ce mot nous vient de la langue d'oïl dans laquelle *glaie*, *glay* sont synonymes de *glaïeul*. (V. Hippeau.)

GLAIRINEUX, GLEURINEUX ou GLORINEUX. Adj. Gluant, visqueux, glaireux. Diminutif de *glaireux*.

GLAJEU ou GLAJU dans le Noyonnais, glaïeul, du latin *gladiolus*. Ces formes picardes par *j* doivent être fort anciennes puisqu'on trouve, en langue d'oïl, le verbe *glager*, joncher, couvrir le sol d'herbes et de fleurs. (V. Hippeau et Du Cange.)

GLAVE. On a vu sous *Dague* que le picard dit : « Il pleut à *dagues* », c'est-à-dire à verse, à torrents, littéralement *à poignards* : il assimile une pluie intense et violente à la chute d'une multitude poignards. C'est par la même métaphore qu'il dit : « Il pleut à *glaves* » ; *glave* est le latin *gladiu*, épée : il avait, au Moyen-Age, le sens de *lance*, ce qui nous ramène près de l'expression : « Il tombe des hallebardes », en parlant d'une pluie violente.

Glave a donné le dérivé *aglaver*.

On dit, selon les localités, *aglaver* ou *être aglavé de soif*, avoir très-soif, souffrir d'une soif extrême.

On dit, en temps d'épidémie, qu'*on meurt à glaves*, c'est-à-dire *en masse*.

GLEISES ou GLAISES. Subst. fém. pl. Testicules. L'un des synonymes est *pelotes*. Or, *peloton*, diminutif de *pelote*, pris au sens propre, se disait *glisseau*, *gliçeau*, en langue d'oïl. (Voyez Hippeau et Cotgrave.) Du radical *glisse* à *gleise* il n'y a pas loin aux deux points de vue de la forme et du sens : c'est un rapprochement que je fais, non une affirmation que je donne. Du reste, origine parfaitement inconnue pour l'un comme pour l'autre mot.

GLÉNIS. Subst. masc. Produit du *glanage*. Dérivé de *gléner*, forme commune au picard et à langue d'oïl.

Les *gléneus* et les *glénoires* (ailleurs *gléneuses*) ne se contentent pas toujours de ramasser les épis : ils *tirent* aux bottes et aux javelles. C'est ce qui fait dire à certains cultivateurs qu'ils aiment mieux *vir* (voir) *un leu* (loup) *qu'un gléneux*.

Du Cange a relevé la forme *glenatores* dans une charte de 1283. La plus ancienne qui a aussi *e* est du VI⁰ siècle : « Si
« quis in messem alienam *glenaverit*. »
(Add. à la Loi Sal.)

GLEUDE, Claude, niais : le *c* s'est adouci en *g*. De même *Reine-Gleude*, pour Reine Claude.

GLIMONAGE. Subst. masc. Viscosité, état d'une chose gluante. Dans le nord du domaine picard (Hainaut) on dit *glimant*, gluant, *glumiant*, glaireux, à Liége *limiant*, glissant.

Ce mot vient du Nord, néerl, *lym*, colle ou glu ; *lymen*, coller, gluer. Le *g* initial des formes ci-dessus est dû à l'influence du verbe qui, au participe passé et à d'autres temps, prend le préfixe *ge* : « *Gelymt*, collé, glué.

GLINETTE. Dénomination p'carde de la coccinelle ou bête à Bon Dieu. Je me demande pourquoi on a donné à cet insecte ce nom qui paraît répondre au diminutif *gelinette*, petite poule.

« Glinette de Diu, s'il est midi erpos' t' (repose-toi)
« S'il est remontée d' carue, envol' t'. »
(La Coccinelle. Mélopée picarde.)

GLINNE (Glainne) GLINGNE ou GUELINNE. Subst. fém. Geline, poule ; lat. *gallina*. La forme *glingne* est particulière au patois d'Amiens.

On dit d'un individu qui ne soigne pas ses intérêts qu'*il est à sen profit comme une glinne qui perd s'n (son) œuf.*

Dans nos campagnes et dans celles de la Normandie, la superstition veut qu'*une glinne qui cante le coq*, possède le pouvoir le noir aux gens de la maison qu'elle habite, en attirant sur eux toutes sortes de malheurs. Aussi s'empresse-t-on, le cas échéant, de lui couper le cou.

Glinne se trouve dans le substantif composé *palle de-glinne*, herbe nommée *labourot*, *bourse à pasteur*. Son nom picard lui vient de ce que la gousse qui renferme la graine, offre une certaine ressemblance avec les doigts semi-palmés de la poule.

GLIOT ou GLIOUT. Subst. masc. Glui ; pailles de seigle nettoyées de toutes herbes étrangères ; botte de paille de seigle ainsi nettoyée ; lien préparé avec cette sorte de paille.

La langue d'oïl avait le diminutif *gluiot*, chaume, paille, dont notre *gliot* actuel n'est qu'une contraction.

Dérivés : *Glier*, nettoyer la paille de seigle.
    Glière, ensemble des pailles tombées sur le sol en débarrassant une voiture de son chargement ; partie du sol ainsi recouverte de menues pailles.
    Gliures, subst. fém. pl. Herbes et plantes sèches retirées par l'action de *glier* ou qui, fauchées avec le grain, restent dans le pied de la butte.
Eglier, faire du gliot.

Dans l'Aisne, on dit *gluten* ou plutôt *gluyin* pour *gliot*. Corblet a relevé la forme *égluyure* au sens de *seigle coupé* ou *en paille*.

Dans le canton de Picquigdy, on dit *gouyot*. Cette forme qui est une altération de *gliot* par la chute de l'*l*, y a donné le dérivé *égouyer*, qui a le même sens que *glier*. Notre *gliot* actuel n'est, du reste, qu'une altération de *gluiot* de la langue d'oïl ; dans l'Aisne on dit encore *gluier* : le *u* y a persisté.

Le radical *glui* signifiait aussi *roseau*. On lit dans les *Dialogues pic. - flam.* (1340) :

« Jacques, le couvreur d'estrain, doit couvrir
« bien et bel mes maisonchielles (maisonnettes)
« d'estrain (chaume) et de glui (glèye — paille
« de roseau). »

Etymologie incertaine. L'ancien néerlandais possédait bien, comme on vient de le voir, les mots *gleye*, *gluye* ; mais ces mots sont sans famille et ont disparu du flamand moderne.

GLOE (glo). Subst. fém. Bûche. La forme *gloe* (*glau* dans Corblet) a été relevée sous *Gloa*, par les continuateurs de Du Cange). Mais, bien longtemps avant eux, Cotgrave l'avait signalée comme appartenant au patois normand : elle nous est donc commune avec ce dernier patois. La signification donnée par Cotgrave est *pièce de bois fendu*.

Ce mot vient du Nord, néerl. *kloven*, fendre, all. *kloben*, fendre du bois : le *k* est descendu à *g* dur et la labiale est tombée.

GLOUCHE, gourmand ; GLOUT, gourmand. La langue d'oïl avait *glous*, *glouz*, glouton : de là notre *glouche* à forme chuintante.

Glouche est aussi la dénomination d'une sorte de mets dont parle Crinon dans sa VIᵉ Satyre. Les premiers éditeurs de notre poète lui donnent la signification suivante : *petits gruaux de farine qu'on fait cuire dans du lait.* Je cite :

« Pour tout régal nous n'avons q' del flamique,
  Du pain deussé.....
  Pis des gouëts, des glouches..... »

Ce n. t est-il masculin ou féminin ? La chose qu'il désigne constitue-t-elle un mets friand ? Selon le cas, on peut conférer l'expression du Hainaut : *glout mor-*

ceau, signifiant *morceau* ou *mets déli-cat*, *friand*, expression déjà ancienne puisqu'on trouve *glous morseauls* dans Froissart. L'origine serait donc la même que pour le mot précédent, mais avec une déviation de sens.

GLOUGLOU, subst. masc. Hoquet. Ce mot est une onomatopée. Dans des localités, on dit simplement *glou* : « J'ai l' *glou*. »

GLUIE. Subst. fém. J'ignore si ce mot est encore usité. Il l'était à la fin du siècle dernier : les *Affiches de Picardie* de 1770 disent que l'on donne ce nom, à Amiens, à une espèce de vase calcaire fine et très-gluante qui se trouve au-dessous des bancs de tourbe de la basse ville.

Ce mot se rattache au radical *glu*.

GNAF (gniaf). Ce terme, de bas langage en français, nous est commun avec presque tous les patois. Littré dit : « *Gnaf*, « savetier ambulant, et, par extension, « mauvais cordonnier ; au figuré, un gâ-« cheur, un maladroit. » Chez nous, il signi-fie aussi *savetier, mauvais ouvrier*, mais il a en outre le sens de *grossier, qui a de vilaines manières*.

Ce mot est déjà ancien : il a été relevé par La Curne.

> « Qui d'autre pesance
> Veut faire bombance,
> On en dit gnaf. »
>
> (Poés. manusc. av. 1300.)

Quel est le sens primitif ? Est-ce *save-tier* ? Est-ce *maladroit, homme de mau-vaises manières* ? Dans le premier cas, l'origine est inconnue. Dans le second, on peut songer au latin *ignavus*, mou, sans courage, et, par extension, mauvais ouvrier. Cette origine n'est peut-être pas impossible ; mais je n'affirme rien, bien que cette conjecture soit appuyée sur le fait que l'italien a le mot *gnaffa*, vilainie, et que le patois de Genève dit *niaffe* au sens de *mou, abattu, énervé*, sens qui est précisément celui du latin *ignavus*.

GNAFRÉE. Subst. fém. Grande quan-tité, en parlant d'une assiettée d'aliments, soupe, ragoût, etc. C'est le même mot que *lafrée* que, dans certaines localités, on prononce *tafrée*, d'où, par une seconde altération, *gnafrée*. Un de mes voisins, originaire de Villers-Bocage, disait tou-jours *iapin*, pour *lapin* ; ce qui faisait bien rire les gens de mon village.

Dans le mot *gnafrée* et ceux qui suivent, le *gn* est mouillé.

GNAGNA. Forme mouillée de *nana*, niais, niaise.

GNAIN, nain. Dans beaucoup de pro-vinces, le *n* initial devient *gn* en nombre de cas. C'est ainsi qu'on ait *gnais* pour *niais, gnieuche* pour *nièce*, et, dans cer-taines localités, *gneiges* (plur.) pour *neiges*.

GNIF. Rusé, fin, articieux. Cet adjectif, dans le canton de Villers-Bocage, s'em-ploie comme substantif, et signifie *un élégant, un homme dont la mise est soi-gnée*. J'ignore l'origine de ce mot, je ferai seulement remarquer qu'il existe dans l'argot parisien au sens de *clair* : on dit, en parlant d'un vin, qu'il n'est pas *gnif*, clair, beau à la vue.

GNIFE. Subst. fém. Soufflet, coup sur le visage ; moustache. On sait que *bafe*, soufflet, coup sur la joue, se rapporte à un radical allemand *bappe*, muffle, et que *gifle* vient de l'allemand *kiffel*, mâchoire : on a passé du sens de *muffle, machoire, joue*, à celui de *coup sur la figure, souf-flet*. Les paysans de mon village disent : « Donne li une bafe su s'nife », donne lui un soufflet sur son nez. Ils emploient donc *nife* pour *nez*. Il est fort probable qu'on a, comme dans les deux cas précé-dents, passé du sens de *nife*, nez, à celui de *coup sur le nez ;* le *g* initial est adven-tice comme dans *gnais, gnieuche*, etc. On sait que nous avons, en picard, le verbe *nifler*, dont le radical est le même que celui de *nife*, nez.

GNINGNIN. (Orthog. incert.) Se dit de quelque chose de mince valeur ou de peu de mérite.

Ce mot serait-il un redoublement de l'ancien *nient*, néant, rien ou peu de chose ?

GNIOGNIOTERIE et GNUGNOTERIE, niaiserie, bagatelle. Ce mot s'emploie souvent au pluriel : c'est un dérivé de *gnognote*, terme populaire qui signifie, d'après Littré, *chose de peu de valeur*. Chez nous cette expression signifie de plus *niaise, crédule*. Dans d'autres patois,

le mot est masculin : le berrichon dit
gniogniot, niais.

« Cette orthographe par *i*, m'écrit M.
« Davauchelle, est assurément la meil-
« leure; car le mot n'est qu'un redouble-
« ment de *gniot*, niais, que l'on emploie
« seul ailleurs, notamment en Norman-
« die. Et *gniot*, dans son sens propre, est
« le même que *niot, nichot, nijot*, etc.,
« toutes expressions par lesquelles on
« désigne, dans divers patois, le *nichot*,
« l'œuf factice ou couvé qu'on laisse
« dans le nid pour exciter les poules à y
« pondre. »

GNIOLE ou NIOLE. Subst. fém. Coup,
tape, soufflet. Dans le Hainaut, on dit
gniolle et *nieule*, soufflet appliqué sur la
joue du bout des doigts. Ce mot est commun au picard et au français; on le
trouve dans Littré, mais sans étymologie : le champ reste donc ouvert aux investigations.

La langue d'oïl avait *nieule, niule*, signifiant une sorte de pâtisserie fort légère dans le genre de l'*oublie* ou *plaisir*.
On la criait dans les rues : « Præcones
« *nebularum* et *guafrarum* pronuntiant
« de nocte guafras et *nebulas* », dit au
douzième siècle Jean de Garlande. Un
ancien commentateur explique que ce
nom de *nebula* (nieule) lui fut donné à
cause de son extreme legèreté. Aujour-
d'hui, dans le Hainaut, outre le sens de
soufflet, nieule a conservé celui de *oublie, pain à cacheter, hostie non consacrée.*

L'écrivain qui traduisait *nieule* par *nebula* avait-il conscience de l'origine latine de *nieule*, pic. *niole* ou *gniole?* Je
l'ignore. Je constate seulement que le
patois génevois, qui a tant d'analogie
avec le nôtre, a le mot *niolle* au sens
propre de *nuage*, et qu'au figuré, il dit
d'un homme *un peu fou* ou seulement
léger, qu'il donne dans les niolles. J'a-
joute que notre compatriote Calvin s'est
servi du mot *niolle* au sens de *brouillard*,
pris au figuré : « Satan l'a premièrement
« obscurcie (l'Eglise) de *niolles* et brouées
« et après par des ténèbres fort espais-
« ses... » (*Instit. Chrét.*)

Que *niolle*, nuage, brouillard, vienne
du latin *nebula*, aucun doute, je crois,
n'est possible. Mais comment a-t-on pu
passer, dira-t-on, du sens de *nuage*, à celui de *pâtisserie*, puis de *soufflet ?*

Je ferai observer tout d'abord que le
latin *nebula* signifiait non - seulement
nuage, brouillard, mais aussi, par métaphore, une *chose fort légère*, une *bagatelle*, un *rien* Or, il est très-remarquable
que *niolle* ait précisément cette dernière
acception dans plusieurs patois : le normand, pour n'en citer qu'un seul, dit
gniolle ou *niolle*, niaiserie, au figuré *ta-
loche, tape*, d'où *gnioller*, niaiser, faire
ou dire des riens. (V. Du Bois.)

Quant au sens de *soufflet* auquel il
faut enfin arriver, il y a tout lieu de
croire que *niole* désignait originairement
et spécialement un coup *fort léger*, un
rien en fait de coup: la définition donnée
par Hécart « soufflet sur la joue appliqué
du bout des doigts, » c'est-à-dire un *très-
léger soufflet*, autorise suffisamment
cette supposition.

En résume, je pense — jusqu'à preuve
contraire — que c'est la nature de ce
genre de coup et son caractère presque
inoffensif, *léger*, qui lui a valu son nom
de *niole*. La métaphore qui existait dans
le latin, a persisté dans le patois normand ; elle explique le sens de *pâtisserie
légère* qu'avait *nieule* en langue d'oïl et
celui de *gniole. niole, nieule* signifiant
en picard *soufflet, tape*.

Encore une observation.

Les paysans de mon village et de bien
d'autres localités voisines, disent en parlant d'une femme : « Ch'est une vraie
« *gniole*, » c'est-à-dire une femme sans
caractère, sans consistance, sans vigueur.
Ici encore il y a métaphore, les paysans
comparent cette femme à une pâtisserie
peu substantielle, et notre *gniole* du patois n'est, dans le cas qui nous occupe,
autre chose que le *nieule* de la langue
d'oïl pris au figuré. C'est ainsi que les
Picards disent d'un individu sans énergie : « Ch'est une vraie flamique. »

GNOUF. Se dit d'un individu d'une
intelligence bornée. Ce mot vient probablement du néerlandais *nuf* qui ne se
disait que des personnes du sexe et signifiait *sotte, innocente.*

GOBE. Subst. fém. Grande tasse ou
bol à prendre du lait ou du café au lait.
Ce mot est très-usité : on le rencontre
même dans des Inventaires modernes.

« Deux verres, deux gobes, un plat... »
(**Doullens**, 1799.)

Le notaire de Boves l'emploie dans un Inventaire du 20 avril 1809.

L'ancien français avait le diminutif *gobeau*, petite coupe, tasse, gobelet, venu du bas latin *gubellus*, diminutif de *cupa*: *gobe* se rattache au même radical.

Dérivé: *Gobeux*, gourmand, grand mangeur, grand buveur.

GOBELINER, baguenauder, perdre son temps. Ce mot existait dans le vieux français au sens de *faire le gobelin*, *faire le lutin*: c'est un dérivé de *gobelin*, esprit follet, farfadet,

GOBENILLEUX (gobnieu). Se dit d'un individu *qui perd son temps*. C'est probablement un dérivé de *gobeliner* avec métathèse des liquides *l*, *n*. (Cf. *ginofrée*, giroflée, *paralis*, panaris, etc.)

GOBILLE. Terme de badestamier employé à Villers Bretonneux, Moreuil, et dans toutes les localités où se trouvent des fabriques de bonneterie. La *gobille* est une aiguille qui a une pointe recourbée et qui est emmanchée dans un petit morceau de bois de la grosseur d'un tuyau de plume: l'ouvrier s'en sert pour passer l'une dans l'autre les mailles de la dernière rangée de son travail et les empêcher ainsi de se défiler: c'est ce qu'on appelle *gobiller*.

Gobille me semble être une altération de *goupille* dont l'origine est le latin *cuspicula*, petite pointe.

GODAILLEUX, adj. Qui aime à boire, fricoteur. Dérivé de *goudale*, bonne bière, bière douce, bière, venu du néerlandais *goed ael* qui se prononçait *goudale*. Le vieux picard disait *goudaleux* au XIVe siècle.

« Le XVe jour du mois de février 1393 fu fait « cambre (chambre au sens d'Assemblée) et « fut le cas sur ce que sf. le Maire dist et ex- « posa comment il estoit (il y avait) un homme « de le ville lequel estant avec plusieurs gens « avoit dit que le maire avoit esté fait par les « Jacqs (Jacques) de le ville; que c'estoit un « vieux caurneux (corno) et un maingueux « (mangeur) de tripes et un goudalleux. »
(De Lafons, Une Cité pic. Noyon.)

GODANT, hâbleur. Je n'ai jamais entendu prononcer ce mot; mais je le trouve dans Corblet qui n'a pu le donner qu'à bon escient. Il me paraît être de la famille de *gaudir*, du latin *gaudere* et devrait en conséquence s'orthographier *gaudant*. Comparez le patois normand qui dit *godances* ou plutôt *gaudances*, contes improvisés pour amuser. (V. Duméril.)

GODARD. Mari dont la femme est en couches. Cette expression populaire a cours dans plusieurs provinces. C'est un débris de l'ancien proverbe: « Servez Godard, sa femme est en couches, » recueilli par Oudin dans ses *Curiosités françaises* (1640) et qu'il définit ainsi: «*Façon de parler vulgaire pour refuser quelque chose à un impertinent qui se veut faire servir en maître ou bien à un impatient.* »

GODELER. Se dit d'une étoffe qui fait des boursouflements, d'une corde qui se replie sur elle-même en formant une sorte de faux nœud. Ce mot est un fréquentatif de *goder*. Nous avons en picard, comme je l'ai déjà fait observer, un assez grand nombre de ces fréquentatifs qui ont absolument le même sens que les primitifs: *apâteler*, appâter, *écraseler*, écraser, *friseler*, friser, etc., etc.

Le radical de *goder* est le celtique *god*, pli, qui a persisté dans le bas breton *godd*, fronce, *goden*, faire des plis.

GODET, cahot. Des paysans voyageant en voiture et surtout en charrette disent ici et dans les environs: « Oz avons ieu « des fameux *godets* das ch'qemin lô, » c'est-à-dire: Nous avons eu de fameux *cahots* dans ce chemin là. Les paysans donnent à l'effet le nom de la cause: les *cahots* sont produits par les *godets*, c'est-à-dire par les trous ou enfoncements qui se trouvent dans les ornières des mauvais chemins. On sait que *godet* a le sens du *petit vase*, *entonnoir*, *réservoir*.

GODICHON, adj. et subst. Niais; ridicule; bon jusqu'à l'extrême faiblesse. C'est un diminutif de *godiche*, mot qui est encore du patois, puisque l'Académie ne l'a pas reçu jusqu'à présent.

L'on dit que *godiche* est une altération populaire de *claude* qui se dit aussi pour *nigaud*. J'avoue que cette origine ne me paraît pas satisfaisante: ni l'altération n'est justifiée, ni la finale *iche* n'est expliquée.

Pour moi, l'origine de *godiche* est néerlandaise: « *goet* ou *goedisch*, bon » (V. L. D'Arsy).

La désinence adjectivale saxonne *ich*
est devenue chez nous *iche* et chez les
Anglais *ish*. Conférer l'ancien anglais
waterisch, aqueux et le picard *teuiche*,
aqueux. Nous disons de même *tourniche*.
Quant au sens de *niais* que comporte
godiche, il n'y a là rien qui puisse étonner, puisque l'adjectif français *bon* signifie également *simple*.

GOGETTE, fente ou ouverture de la
poche d'une robe. C'est probablement
une altération de gorgette, diminutif de
gorge pris au sens d'*entrée, ouverture*.

GOGNER ou GONGNER, loucher, bi-
gler.

Dérivés : *Gognot*, au fém. *Gognote* ou
   Gognoire, adj. qui louche.
   Gogneux ou *Gigogneux*, adj.
   même sens. Ce dernier a en
   outre le sens de *difficile, re-
   gardant, vétilleux*, un peu
   dégoûté.
   Gigogner, jeter des regards fur-
   tifs, indiscrets, regarder de
   très-près.

Toutes ces expressions paraissent être
particulières au patois picard.

L'origine de *gogner* est probablement
l'ancien norois *guna*, que Burgny traduit
par les deux mots latins *intentus spec-
tare* (qui regarde avec attention.)

L'abbé Corblet, après avoir consigné
le terme picard *gogno*, ajoute bravement:
Congénère, Bas Limousin, *gognoue* » Ses
lecteurs, en particulier la Commission
des Antiquaires de Picardie chargée
d'examiner son Glossaire, ont dû penser
que le Bas Limousin *gognoue* avait un
rapport étroit avec *quelqu'un qui louche*.
Pas du tout : il n'y a pas plus de relation
qu'entre *trident* et *ficheu*. Si l'on se re-
porte à l'ouvrage que l'abbé Corblet avait
sous les yeux lorsqu'il y relevait *gognoue*,
on y trouve ce qui suit ?

« *Gognou* , cochon, porc, pourceau.
« *Gaignou*, en vieux français, signifie les
« petits des quadrupèdes. Si un avocat
« plaide mal, si un prêtre n'a pas bien
« prêché, on dit populairement : « O
« (il a) pleida (plaidé), o pretsa (prêché)
« coumo (comme) un *gognou*. »

(Dict. du patois Bas-Limousin,
par l'abbé BÉRONIE.)

L'abbé Béronie se trompait en attri-
buant *gaignou* au lieu de *gaignon* au
vieux français. Mais l'abbé Corblet, on
le voit, s'est bien plus lourdement mépris,
alors qu'il lui suffisait de lire pour éviter une pareille mésaventure.

Une observation.

Littré, cherchant l'étymologie de *guigner*, dit : « Picard : gogner. *Guigner* et
gogner ne sont pas, chez nous, deux
formes d'un même mot : le premier a, en
picard, le même sens qu'en français,
tandis que le second a celui de *loucher*.
Diez, pour l'origine de *guigner*, rejette
l'ancien haut allemand *winchan* ou *win-
ken*, parce que le *n*, dit-il, ne peut disparaître. Je suis bien aise de faire observer que cet *n* a persisté dans un mot
qu'on a vu plus haut : c'est *guingois* (de),
adverbe qui signifie *de travers, de côté*,
venu à mon avis, de *winchan* ou *win-
ken*, faire signe des yeux. On a même pu
voir et remarquer sous *Gingois* qu'on
trouve un substantif qui a aussi cet *n* :
c'est *guin*. « Guin d'œil=clin d'œil, » lit-
on dans L. D'Arsy (1643) Là se trouve,
je crois, l'origine de *guigner* et elle est la
même que celle de *guingois*.

GOGUELIN, esprit ou diable qui se
cache dans les endroits les plus reculés
d'un bâtiment. Ce mot qui n'est qu'une
altération de *gobelin*, nous offre un nouvel exemple du changement de *b* en *g*
déjà plusieurs fois signalé.

GOGUELU. Subst. et adj. Présomp-
tueux. En Hainaut, ce mot signifie *fier,
glorieux de ce qu'on a*. A Lille, on dit
gogu, fier, joyeux. Les Normands ont
hogu, hautain, arrogant. « Comme nos
« mots *hogue, hougue*, dit Louis Dubois,
« *hogu* vient du *haug* des langues du
« Nord et signifie *pointe, élévation*. »
L'étymologie du mot qui nous occupe est
toute indiquée par le passage que je viens
de citer. Le radical de *goguelu* est le
néerlandais *hooge*, haut, élevé, suéd. *hog*,
haut : la lettre *h* fortement aspirée dans
les langues du Nord, s'est changée en *g*.

On rencontre en vieux picard, sans
doute pour les besoins de la mesure, la
contraction *goglu* :

« Chant (ce) qui fut dit futfoit : Jennain trousse
] ses quille
Sans parler davantage, et soubit il engille (s'é-
[lance),

Brave comme un lapin, bien joyeux, bien
| gogiu,
— Et tandis que Prignon, foisoit là le huhu —
Avertir ses amis, ses voisine, ses voisinue
Qu'il avoit un gros fiu... »
(Suite du Cél. Mar. de Jeanin, 1642.)

GOHET ou COHET. Subst. masc.
GOHETTE ou COHETTE. Subst. fém.
Haricot (sans distinction d'espèce.) Cette
orthographe est celle de l'abbé Corblet
qui n'a pas même essayé de la justifier.
C'est aussi celle de M. Devauchelle qui
n'admet pas l'origine que j'ai donnée à ce
mot, ni par conséquent mon orthographe
gauette. (Voy. *Cauet* et *Gauette.*) Je me
fais un devoir de donner l'opinion de
mon savant et dévoué collaborateur.

« A mes yeux, m'écrit-il, *coet* ou *goet*
« n'est que le résultat d'une aphérèse,
« sans doute enfantine, de *haricot* et de
« l'addition du suffixe diminutif *et.* Con-
« férer, à ce second point de vue, les ex-
« pressions du Hainaut *gode*, vieille bre-
« bis et *goete*, vieille brebis : les den-
« tales sont tombées dans les deux cas. »

Le lecteur me permettra ici une petite
digression et me la pardonnera, je l'espère, en raison de l'intérêt qu'elle me
semble présenter.

Si l'origine de la dénomination du légume appelé chez nous *cauet* ou *gauette*
est controversée, celle de sa dénomination française ne l'est pas moins. Selon
Brachet, *haricot* est d'origine inconnue.
Celle que lui donne Ménage est tout simplement ridicule ; enfin Genin et Littré
l'ont cherchée plutôt que trouvée et établie. Le champ restant ouvert aux investigations, je suis bien aise d'exposer ici
l'opinion de M. Devauchelle à laquelle
je donne mon plein et entier assenti-
ment.

« Le mot *haricot*, pris au sens qui nous
« occupe, m'écrit-il, n'est pas ancien :
« c'est Ménage, je crois, qui le premier
« l'a relevé, et il n'a pas d'historique dans
« Littré.
« Le mystère de cette étymologie ré-
« side dans un simple jeu de mots inspiré
« par cet esprit gaulois — un peu sale,
« je l'avoue — qui, de nos jours, a donné
« le nom de *musicien* au légume en ques-
« tion. *Haricot* est le nom altéré de l'an-
« cien instrument de musique appelé *ha-*
« *rigot.*

« *Harigot*, flûte, flageolet. » (V. Hippeau.)
« *Harigot*, instrument musical de ber-
« ger. » (Relevé dans les œuvres du poëte
Ronsard. *Dict. de Nicod*, 1614.)
« *Harigot*, instrument à jouer. » (Gr.
Dict. des Rimes fr. 1624.)
Encore deux mots.
On pourrait croire que *flageolet*, autre
dénomination du haricot (de petite grosseur), est aussi le résultat d'un jeu de
mots : il n'en est rien. *Flageolet* est un
barbarisme ; car on devrait dire *fageolet*,
diminutif de *fageole* venu du latin *pha-
seolus*, haricot.

GOIRET (goué ret.) Forme picarde
(dans le Vermandois) du français *goret*,
petit porc : on l'emploie au sens de *porc*,
viande porc.

« Qui est ch' qu'est le pus sage, entre nous
| d'ches deux gents :
De ch' grous censier avec du bien qui s' gêne
Et qui n'engraisse un bieu couchon q' pou
—l' veinne (ventre)
Ou bien de ch' peuve (pauvre).....
Qui mainge à m'sure un tchiout mourcheu
| d' goiret ? »
(Crinon, Sat. XIII.)

On sait que les diminutifs *goret*, *yorin*
sont restés des noms propres dans un
assez grand nombre de localités.

GOLETTE, gorge, cou. Diminutif de
l'ancien français *gole*, gorge, venu du latin *gula.*

« Mais quand vous serez prins par vo bedaine
« ou bien par vo golette et claqués (jetés, préci-
« pités) dans chelle fournaise (l'Enfer) aveu tous
« ches Diables, il ne sera pas temps de dire :
« Holà ! holà ! Je m'en veux raler. »
(Disc. du curé de Bersy, XVIᵉ s.)

GOMER. Subst. masc. Buire, broc,
pot à anse. Ce mot est en usage dans le
Beauvaisis et sans doute encore ailleurs :
il est fort ancien :

« Quar il boivent à granz gomers. »
(Bat. des VII Ars.)
— « Ne les prise pas deux gomers. »
(La Rose.)

On le rencontre souvent dans les vieux
Inventaires sous les formes *gomer*, *gomel*,
gomet.

« Un gommer de tierchain. »
(Amiens, 1576.)
— « Ung gomel à becq. » (Ibid. 1596.)
— « Ung gomet prisé deux solz. »
(Mirvaux, 1594.)

L'origine de ce mot est le néerlandais *goomer*, garde, gardien, venu de *goomen*, garder, radic. *goem* (prononcé *goum*) garde. A l'origine, le *gomer* a dû être un vase dans lequel on tenait la boisson en réserve, une espèce de cruche. Le patois champenois vient confirmer cette opinion. Il a en effet *gomer* signifiant *citerne*. Qu'est une citerne, sinon un récipient, un vaisseau pour *garder* l'eau ?

(Communic. de **M. Devauchelle**.)

GOMIR, vomir. Cette forme existait en langue d'oïl et postérieurement. On trouve dans Hippeau *gomir* et *gomissement* ; et dans Ch. de Bovelles : « *Vomir*, alii dicunt *gomir*.

L'étymologie est le latin *vomere* dont le *v* est devenu *g* comme dans *guêpe* de *vespa*, *gaîne* de *vagina*, etc.

Ici et dans les environs, le *g* est tombé et a été remplacé par *h* aspirée, de sorte qu'on dit *homir*.

Le synonyme de *gomir*, *homir* est *dégobiller*.

Littré dit que *dégobiller* vient du préfixe *de* et de *gober*.

Je ne suis pas de son avis.

L'origine de *dégobiller* est, je crois, le néerlandaise : *guebelen*, *geubelen*, vomir, *guebeler*, vomisseur. *guebelinghe*, vomissement (Plantin) ; *gobelen*, vomir (E. D'Arsy). Le radical du néerlandais *guebelen* est l'allemand *geben*, rendre, donner.

Le *de* préfixe de *dégobiller* est ici, comme dans beaucoup d'autres mots, purement explétif.

En pays Montois, on dit *dégoviller*.

GONDOLE. Subst. fém. Sorte de bouteille en grès à l'usage des moissonneurs, bineurs, bûcherons, etc. Sa forme circulaire et méplate rappelle celle d'un petit pain, ce qui lui a fait donner en beaucoup de localités le nom de *paingnon*. On l'appelle aussi *crapaud* à cause de sa forme et surtout de sa couleur brune. J'ignore ce qui lui a valu le nom de *gondole*.

GORELIER, et, par contraction, GORLIER, GORIER, GOURIER. Subst. masc. Bourrelier. C'est un dérivé de *gorel*, fort collier des chevaux de trait.

« Que nul ouvrier dudit mestier ne puist ralonger nul *gorel* s'il n'y a du cuir dessus. »

(Cout. de **Mézerolles**, xiv° s.)

Gorel est devenu de bonne heure *goreau*, *gorlau*, *gorreau* (collier de cheval) en langue d'oïl. (V. Hippeau.)

Les *gorreliers* avaient partout, au moyen-âge, leurs Statuts. Ainsi en était-il à Amiens, Abbeville, Arras, Mons, etc. où ils s'appelaient parfois *gorliers*.

Notre poëte Crinon emploie la forme *gourier* :

« Si ch' laboureux n'ertire errien (rien) d' sen
| bien,
Ch' n'est pau (pas) que l' terre en' (ne) li rap-
| porte rien ;
Mais i (il) n'o point pus tôt s' n'a ʼgent dens
| s' bourse,
Qu'i feut l'enn'main bien à r'gros qu'i l' dé-
| bourse,
Et quand il a payi (payé) ch' persécuteux (per-
| cepteur)
Ch' cairon, ch' gourier, éch marichau, ch'
| batteux
Ch' valet, ch' bergi, ch.' parcourt et pis l' mé-
| quainne,
Ch' propriétaire i tombe edsus (sur) s' n'é-
| quainne (échine)
Et bien souvent n' reste rien pou (pour) ch'
| compteux. »

(Satyre XIV.)

Les *Dialogues pic. fl.* portent :

« David le lormier est un boin ouvrier de
« faire seelles, fraius et esperons et chou qu'il
« y faut : car i fait **goriaus** (Ghoreelen, pluriel
« de ghoreel ; collier de cheval) et sommes et
« chengles. »

Cette citation montre que *gorel* vient du néerlandais *gareel*, collier à chevaux, forme qui est restée dans le flamand moderne.

Gorlier est resté un nom propre dans plusieurs localités de nos environs.

GORETTE et GORGETTE, collerette. Ces mots sont des contractions de *gorgerette*. (Cf. *gorelier* et *gorier*, *corrette* et *collerette*, etc.).

« Une **gorgette** de craspe... »

(Invent. à Amiens, 1571.)

— « Item, dix huict pièces tant coiffa, bonnet, **gorgerette**... »

(Inv. à Fouencamps, 1704.)

L'ancien picard avait, au même sens, les formes *gorgeas*, *gorgial*, qui ont, je crois, disparu.

« Deulx **gorgias** de drap noir. »

(Inv. à Amiens, 1583.)

— « Un **gorgeas** de velours. »

(Ibid., 1583.)

— « Ung coteron de drapt rouge, un **gorgia**
« de satin de soye. »

(Ibid., 1589.)

Toutes ces formes sont des dérivés de *gorge*.

GORGELINNE. Subst. fém. Bourrelet de graisse à la partie antérieure du cou des personnes chargées d'embonpoint et de certains animaux gras ; le devant du cou et la partie supérieure de la poitrine des volailles.

Ce mot est encore un dérivé de *gorge*.

GORGINE. Ce mot se prononce *gorgeainne*, comme *poitrine* se prononce *poitrainne*, etc. C'est le nom que les paysannes de mon village et des environs donnent aux *brides* de leur bonnet, de leur *calipette*, etc.

Ce mot est un dérivé de *gorge* : les brides, on le sait, se rejoignent et s'attachent sur la gorge.

GORON et GORONNIÈRE, sorte de li* cou ou faux collier en cuir de buffle, large, épais, ayant à sa partie inférieure un fort crochet auquel s'adapte la chaîne de l'extrémité libre du timon d'un chariot. Chacun des deux timoniers en porte un, outre le collier de trait : les *gorons* ou *goronnières* ont pour effet de maintenir les chevaux à la distance convenable du timon et de faciliter la traction à droite et à gauche dans les tournants. Le primitif a dû être *gorelon* dont *goron* est une contraction.

« Une cavale avec ses enharnachures et goron
« à charette. »
(Vente mob. à La Vacquerie, 1744).

— « Un cheval avec son collier, une bride avec
« des avaloires et une goronnière. »
(Inv. de Flesselles, 1754).

— « Item, deux gorons à chariot. »
(Vente mob. à Poulainville, 1782).

Ces mots se rattachent au même radical que *gorelier* qu'on a vu ci-dessus.

GORON ou GOURON, goulot. Ce mot est un dérivé de l'ancien français *gole*, *goule*, gueule, ouverture : la finale *on* indique un diminutif. *Gouron* est une contraction de *gouleron* autrefois en usage chez nous, comme on le voit dans Du Cange qui écrit : « *Gulerum*, idem « quod *gulæ* mantelli. Etiamnum Picardi « nostri *gouleron* vocant os lagenæ stric- « tius. »

On rencontre *gouron* dans une chanson burlesque que j'ai entendu chanter dans mon enfance à Cachy et à Villers-Bretonneux :

« Turlututu, capien pointu,
   Men père o (a) volu m' batte : (battre)
   Je li cop'rai i' gouron d' sen c...
   Pour m¹ foire (faire) un cravate. »

Les formes *goulot*, *gouleron*, sont fort anciennes. Le vieux français avait aussi, au même sens, le diminutif *golet*, *goulet*. (V. Trogny.)

Le *goret* (encrier) de l'abbé Corblet doit venir de cette ancienne forme *golet* par changement de *l* en *r*, supposition que l'on trouvera vraisemblable si l'on veut bien se rappeler qu'autrefois certains encriers offraient les mêmes dimensions qu'un *golet* ou *goulot* de bouteille.

« J'en ai eu un de cette forme dans les
« mains, m'écrit M. Devauchelle ; il pro-
« venait d'un notaire d'une petite ville
« de Picardie sous Louis XIV. Outre l'en-
« crier proprement dit, de forme allon-
« gée, qui occupait le centre d'une gaîne
« en cuir, celle-ci renfermait dans son
« pourtour un canif, un poinçon et une
« paire de petits ciseaux. Cette disposi-
« tion remontait, du reste, à une époque
« très ancienne. « Un encrier longuet de
« cuivre argenté dedans lequel a un ca-
« nivet, le manche de bois, un ciseaulx
« d'argent doré. »
(Invent. du Duc de Bourg. 1416 dans
De Lalaborde.)

« On l'appelait aussi *cornet*.

« Un petit *cornet* d'argent blanc à mettre
« encre. »
(Inv. de Charles V. 1380. Ibid.)

— « Un vieil *cornet* d'yvoire à mettre encre. »
(Ibid.)

« Ces sortes d'encriers se suspendaient
« à la ceinture, au pupitre de l'écrivain,
« etc. »

J'ai été à l'école avec un *cornet* en corne et laissé plus d'une fois l'encre s'échapper dans ma poche...

GOUETTE, corbeau de clocher, ainsi nommé par assimilation à la *chouette*. La bonne forme picarde devrait être *couette* ; mais ls *c* dur s'est adouci en *g*. L'origine de *chouette* est connue : c'est un diminutif du vieux français *choue*, lequel vient de l'ancien haut-allemand *chouch*. Le picard, comme le néerlandais, a, dans ce mot, transformé le *ch* en *c* dur. Louis d'Arsy (1643) écrit :

« Chouca. Chouette, fém. Een *Kauvve*.

« — Kauvve ; chuca ou chouca, masc.
« Chouette ou cavete, fem. Ce dernier
« est picart. »

Qu'on lise *cavete*, ou — ce qui est plus
probable — *cavvete*, — il n'en reste pas
moins ce fait que le *ch* est, dans les deux
cas, devenu *c* dur : le même fait se reproduit dans *méquainne*, servante, venu
de l'allemand *madchen*.

GOUGEARD, domestique de ferme. On
trouve, aux XVᵉ et XVIᵉ siècles, *goujard*,
valet de gendarme (homme de guerre),
valet de pied, serviteur, et, au même
sens, *gougeas*, d'où notre *goujat* français.
J'orthographie *gougeard*, parce que ce
mot est de la même famille que *gouge*,
jeune fille, servante.

D'après Brachet, *goujat* est d'origine
inconnue.

Quant à celle de *gouge*, Littré écrit :
« D'après Huet, suivi par Diez, ce mot
« est le mot juif *goje*, servante chré-
« tienne, de l'hébreu *goj*, peuple, *goïm*,
« les Gentils. Le Midi de la France ayant
« été beaucoup habité par les Juifs, il se-
« rait possible qu'un mot usité par eux
« pour désigner les servantes chrétiennes
« eût passé dans la langue vulgaire ; mais
« cette étymologie est contestée. »

Pour *goujat*, Littré dit : « *Gouge* et
« *goujat* sont deux formes d'un même
« mot ; ils paraissent gascons-languedo-
« ciens, et là ils signifient jeune fille,
« jeune homme. M. Léon Couture qui
« conteste l'étymologie de Huet pour
« *gouge*, pense que le sens propre est
« *jeune homme*; *jeune fille*, et que le sens
« de *servante* est dérivé, et, partant de
« là, il adopte l'avis de M. Lefèvre qui
« propose le latin *gaudium* par l'inter-
« médiaire du provençal *gau, gauch*, et du
« guyennais *goi, goye* : suivant lui, l'en-
« fant aurait été ainsi appelé comme don-
« nant la joie à la famille. »

Quand une étymologie est inconnue
pour l'un et contestée pour les autres, il
est permis à chacun de produire sa conjecture.

Voici la mienne.

L'expression *gouge* à laquelle se rattache *gougeard, goujat*, ne vient pas du
Midi, mais du Nord : néerl. *Volgen* = suivre. Le radical est entré dans les compo-

sés ci-après restés en flamand moderne :

« *Volg*-juffer : suivante (*juffer*, demoiselle, *volg*, suivante).

« *Volg*-dienaer : laquais (*dienaer*, serviteur, *volg*, suivant). »

Le sens de *goujat* s'est avili ; celui de
gougeard s'est modifié comme celui de
gouge ; mais, pour moi, *gouge* est d'origine néerlandaise : la transformation de *v*
en *g* et de *ol* en *ou* est parfaitement régulière. Si j'ai raison, il sera prouvé une
fois de plus encore que l'étude des patois
n'est pas inutile à celle des origines du
français.

GOULAFE, goulu, gourmand, grand
mangeur. Ce mot devrait s'orthographier
goulafre; mais le *r* ne se prononce pas en
picard à la fin des mots : *morde*, mordre, *vive*, vivre, etc. *Goulafre* est un
composé de *goule*, gueule, et de *lafres*,
lèvres.

D'une personne qui a un appétit vorace
le picard dit en proverbe :

> « Gueule et demie,
> Quarante-chonq dents. »

GOURADE, tromperie. Dérivé de *gourer*, tromper, filouter, induire en erreur
par quelque artifice ; malmener. Dans le
Hainaut, on emploie la forme *goure*
au sens de *tromperie, réprimande*. Nous
avons ici l'adjectif *goureur*, trompeur,
artificieux.

Gourer est commun au picard et au
français.

Littré cherchant l'origine du substantif français *goure*, le rapporte à l'arabe
ghar, tromper, *gharur*, tromperie.

Je ne suis pas de son opinion.

Gourer, à mon avis ne vient pas du
Midi, mais du Nord et son origine est
néerlandaise : *Voeren* (on sait que *oe* =
ou) mener, conduire (employé avec une
intention maligne), d'où, par extension,
induire en erreur, tromper.

« *Voeren*, mener, conduire, gouver-
ner », dit L. D'Arsy.

Mais depuis longtemps les Flamands
font précéder ce verbe de la particule in-
tensitive *ver*, lorsqu'ils l'emploient au
sens d'*abuser, tromper*.

« *Ver voeren*, séduire, mener de côté
« ça et là, » dit Plantin ; *ver voerer*, un
« séducteur. »

Historiquement parlant, l'origine néer·
landaise me paraît plus probable que
l'origine arabe. J ajoute que *gourer*, dont
goure est le substantif verbal, est ancien
dans la langue, puisqu'on le rencontre
dès le XIII° siècle sous la forme *hourer*,
« Et que tout le cresson qu'on vendera
« et qu'on tenra à vendage, que cascune
« manière (espèce) on mece (mette) par
« li (à part), et sans *hourer* »
(TAILLIAR, **Recueil**.)

On sait que le *v* devient facilement *g* :
voeren (vouren) a donc pu se transfor·
en *gourer*.

GOURDINES, filets. Ce mot est une
altération de *courtines* avec une exten·
sion de sens. En Hainaut, *gourdine* ou
gourdinne a le sens de *rideau*.

GOURGOUSSER, commencer à bouil·
lir. Ce mot est de la langue d'oïl dans la·
quelle il signifiait *murmurer, gronder :*
le sens qu'il a, en picard actuel, s'expli·
que par le fait que l'eau qui commence à
bouillir, fait entendre comme un léger
murmure.
Le radical est *gourgue* (du latin *gur-
ges*, gouffre) dont le sens était : *endroit
où tombe l'eau après avoir fait tour
ner la roue d'un moulin.*
Au même radical se rattache l'ancien
picard *gourguechon.* C'est aussi un nom de
famille fort répandu : ceux qui le portent
sauront qu'il signifiait autrefois *charan·
çon,* ou littéralement *petit gouffre,* au
figuré bien entendu. On lit dans le *Voca·
bulaire de Douai* (XIV° siècle.) :
« GURGURIO : *Gorgechons* ».

GOURMER, boire. Notre poëte Crinon
l'emploie dans le passage suivant en par·
lant des avares.

« Par charité, en leu (on leur) baill'rot des
| queuches
En les voyant pieds nuds dins (dans) leu cha-
| bouts...
Si n' recoulteint (recoltaient) leu pain pis leu
| boichon
Qui n' leu donn'rot un' croute et pis du ch·de
Dont i (ils) n'ous'reint en ~ourmer un cru-
| chon .. »
(**Sat. XIII.**)

Gourmer, boire (en picard), appar·
tient à la même famille que *gourmet* du
français, autrefois *groumet* (garçon, gar·
çon de marchand de vin), mot d'origine
germanique, néerl. *grom,* garçon.

GOUTTIÈRES. Ce mot appartient à
l'ancien picard ; il signifiait *pentes d'un
lit :* j'ignore s'il est encore usité dans
quelque coin de la Picardie. Son origine
n'a pas besoin d'être indiquée.
« Une **gouttière** de toile de lin. »
(**Inv à Amiens**, 1515.)
— « Une goutière de satin vert damassé »
(**Ibid.** 1575.)

GOUVION, goujon (poisson). Ce mot
est de la langue d'oïl : il vient du latin
gobio. On le rencontre au XIV° s. dans les
Dialogues flam. picards :
« Des rivières mangies (mangez) les carpes
« et les anguilles, les roches, les berbions et les
« gouvions... »
Prov. pic. D'un individu à qui tout
réussit, on dit qu'*il o* (a) *avalé ch' gou·
vion.*

GOUVION ou GOVION au sens de
longue et forte cheville de fer. Encore
un mot qui nous est resté de la langue
d'oïl.
« Cinq ans fut Ozier en la prison.
Tant a mengié car de porc et molton,
Gros a les poings et quarré le cahon ; (der·
| rière du cou)
Ne l' puet (peut) tenir aniaus ne govion. »
(**Ogier l'Ardennois**, XII° s.)
— « Un gouvion à brouette... »
(**Inv. à Flesselles**, 1745.)
— « Item, une vieille serpe, un marteau, un
| gouvion .. »
(**Inv. à Coisy**, 1782.)

En Hainaut, *gouvion* a le sens de *bro·
che en fer servant à joindre les planches
d'un parquet ou deux pièces de bois
quelconques.*
Gouvion est un diminutif dont le radi·
cal est le latin *guvia* d'où est venu *gouge,*
instrument en fer. On trouve au IX° s.
dans les *Gloses de Cassel* : *Gulvium —*
gouge d'artisan.

GOUZA. Subst. masc. Forme picarde
de *colza* (Vermandois). Notre poëte Cri·
non écrit :
« Foit (fait) i troup frod, ch'est ch' gouza
« qui s'engèle. » (**Satyre VI.**)
« L'étymologie de *colza* est connue,
« m'écrit M. Davauchelle, mais incom·
« plétement expliquée. *Colza* vient d'un
« composé néerlandais dont la significa-
« tion littérale est: *Graine de chou;*
« *Kool* (chou) *zaet* ou *s iet* (semence).
« **Koolsaet,** semence de chou. » (**Plantin.**)
« Comme on ne cultive le colza que

« pour sa *graine*, on comprend que ce
« nom lui ait été donné. »

GOVE ou GOFE. Subst. fém. Cave,
spécialement la cave non maçonnée, pra-
tiquée dans l'argile ou la craie.

Encore un mot de la langue d'oïl qui
disait *cauve*, *cove*, cave.

« En une gove se mucha. »
(Contin. de Du Cange sous *gruota*.)

On trouve encore au XVII° siècle *gou-
veau*, fosse, *gouve*, conserve de grain,
silo.

L'ancien picard avait le diminutif *go-
vel*, cave ou *placul*, expression que M.
Janvier, secrétaire-greffier de la Mairie
d'Amiens au siècle dernier, a lue *gonel*
dans un document du 24 janvier 1426
faisant partie des Archives de la Ville.

(Notes pour servir à un Glos. pic.
M. S. de la Bibl. d'Amiens)

Dérivés : *Engové*, enfoncé; perdu dans
ses vêtements.

Dégover (contraction de *des-
engover*) agrandir une
ouverture (à un vêtement).

Le radical primitif est le latin *cavea*,
cave, *cavus*, trou. On a vu, sous *Dégover*,
qu'on trouve dans Du Cange *cova*, cave.

GOYELLE (go-iel). Espèce de talmouse.
Dans le Nord du domaine picard, on dit
gohière qu'Hécart définit ainsi : « sorte de
« tarte dont la farce est faite de fromage
« mou mêlé avec un peu de fromage de
« Marolles. »

Ce mot est encore de la langue d'oïl.

« Gouere, gouière, gougère : sorte de patis-
serie. »
(Hippeau.)

— « Artotyra : tartre ou gouière. »
(Gloss. du XIII° s. édité par le P. Labbe.)

Cotgrave la définit : « sorte de talmouse, » et ajoute : « Mot picard. »

La talmouse ayant la forme d'une
boule, il est probable que le synonyme
goyelle, *gohière*, vient du néerlandais
kogel, globe, boule, all. *kugel*, sphère,
balle, boule : le *k* ou *c* dur s'est adouci
en *g*.

C'est du *kugel* qu'est venu le synonyme
ignoble du français *testitule*, synonyme
dans lequel le *c* dur germanique a persisté.

GRAFIGNER, gratter, égratigner, déchirer. C'est le même mot que *égrafigner*
lequel est d'origine germanique : all.
graven, entailler, creuser, néerl. *crabben*,
gratter, égratigner. *Grafigner* a eu, en
Picardie, le sens *de former sur une
pièce de satin diverses figures avec des
instruments faits à peu près comme des
canifs ébréchés.*

« Deux chaperons à vellour noir gaufrez et
« grafinez à usage de la deffuncte. »
(Invent. à Amiens, 1620.)

La finale *igner* indiquant un diminutif, il est évident que la forme primitive
a été *esgrafer*. Cette forme se retrouve,
du reste, dans le passage suivant relevé
par La Curne :

« Le suppléant mist icelui Quenvet soubz
« lui, et alors le dit Quenvet l'esgraffa au vi-
« sage. »

(Lett. de Remis.)

GRAIGNE. Ancien adjectif des deux
genres qui signifiait *écarlate*.

« Ung truffet de velours graigne. »
(Inv. à Amiens, 1575.)

Graingne était la forme picarde du
français *graine* (*d'écarlate*), laquelle,
nommée aussi Kermès, servait à teindre
en *vermillon*.

GRAIN. Adverbe de négation. M. Dévauchelle a entendu en 1878, à Villers-
Bocage, la phrase suivante : « Il fesoit
« un tel brouillard qu'o (on) n'y voyoit
« *grain* goutte. »

Grain nous offre exactement la même
métaphore que celle qui existe dans *mie*,
venu du latin *mica*, miette, grain de sel,
etc.

L'adverbe *grain* est de l'ancien français.

« Tel se tue de labourer
Sa vigne, mais il n'ose grain (pas)
Sa gorge de vin arrouser. »
(Farce Nouvelle, XV° s.)

GRAIND-GRAINDÈ SELLE (Porter à).
Littéralement : *Grande-grande selle*
(*selle* au sens de *petit siège sans dossier*.)

La réduplication de l'adjectif s'explique par l'habitude qu'ont les jeunes enfants de marquer ainsi le superlatif.

Je reçois, sur cette expression, de mon
ami et collaborateur M. Dévauchelle, une
note très étudiée et très-substantielle.

Je copie.

« Il paraît, d'après les expressions synonymes usitées dans le Nord du domaine picard, que la seule bonne orthographe est celle que nous proposons. L'Abbé Corblet écrit : « *Gringrin d'Ais..lle*; » mais il oublie de nous donner la définition de *gringrin* et de justifier la présence ici du mot *aisselle*. »

Dans la Flandre française :

« *Graind sielle*. Litter. Grande chaise.
« *Porter à graind sielle*. Deux enfants se
« donnent la main de manière à former
« un siège à un troisième qui s'y place
« et s'appuie sur les épaules des por-
« teurs : ceux-ci le promènent en chan-
« tant :

> « A graind sielle
> Tout le long du ciel
> Tout le long du paradis
> Saute petite soris ! » **(Vermesse.)**

Là, au surplus, où on dit *sielle*, selle, chaise, tabouret (du latin *sella*), *siellot* (dimin.) petit tabouret de bois.

En Hainaut :

« *Gran déciel* (rétablissons ainsi :
« *Grandè sielle*), sorte de jeu dans lequel
« deux enfants s'entrelacent les doigts de
« manière à former avec les mains un
« siège sur lequel se place un troisième
« enfant plus jeune qu'ils pramènent en
« chantant :

> « A grand dè ciel (grande sielle)
> A cul payelle. » **(Hécart.)**

Là aussi, on possède le diminutif *siellot*, petit tabouret de bois.

C'est par euphonie que le *e* final de *grande, grainde*, toujours muet en français, s'accentue en picard. On dit *grandé mains*, grandes mains : *bellé cerises*, belles cerises, etc.

GRAISSET. Lampe. Forme adoucie de *craisset*, crasset.

« Un graisset ou lampe... Un autre graisset... »
(Inv. à Mirvaux, 1599.)

Pour l'étymologie, voyez *Crasset*.

GRANCHE. Se dit pour *grange* dans beaucoup de localités. On le rencontre dans le dicton suivant dont je dois communication à l'obligeance de mon ami, M. Ed. Gand, l'éminent professeur de tissage de la Société industrielle d'Amiens.

« Un boin verre ed (de) vin dins (dans) unne
« (une) vielle (vieille) panche, ch'est un pôtieu
« (pôteau) neu (neuf) dins (dans) unne (une)
« vielle granche. »

GRANDIER — IÈRE. Adj. Fier, hautain, orgueilleux, qui a de la morgue.

Dérivé de *grand* qui a donné, en picard, le diminutif *grandelot*, grandelet.

GRAND'MÈRE, araignée des champs à longues pattes nommée aussi *fauqueu*. Cette dénomination lui a été appliquée sans doute à cause de la lenteur relative de son allure. On sait que le picard dit *grand'mère* et *grand-père* au sens de *vieillard* et que les vieillards marchent lentement.

GRANMENT ou GRAMENT (gramain). Adv. Grandement au sens de *beaucoup, extrêmement* : s'emploie aussi bien à propos du *volume* que du *nombre*.

Ce mot est le *grantment* de la langue d'oïl venu du latin *grandi mente.*

Je rencontre la forme *gramant* dans un passage d'un MS inédit du siècle dernier: c'est un trait de mœurs du temps passé qui ne manquera pas d'intérêt pour nos descendants.

« Je m'en sus (suis) en allé boisier
« (baiser) le chef d' Monsieur saint Jean
« [dans la Cathédrale d'Amiens.] Lò (là)
« tout près j'ai vu trois curés (prêtres)
« qu' étoient lò étampis tout droit. I (il)
« venoit *gramant* d' femmes s'ageaouiller
« devant eux ; i m' sane (semble) à vir
« (voir) qu' ch'étoit des mutinnes (mû-
« tines, méchantes) et qu' pour les ra-
« boinir (rendre bonnes) o (on) leu (leur)
« mettoit eine (une) grande baverette
« d'sus (sur) leu tête en leu disant ein
« (un) sais quoi (quelque chose, je ne sais
« quoi) tout bos (bas); et pour les punir
« i (ils—les prêtres) leu bailloient à ca-
« queine (chacune) eine quiote bafe, et
« pis (puis) ches femmes leu bailloient
« d' l'airgent dens leu bonnet. »
(Dialogue entre deux paysans picards).

GRATELLE, démangeaison. Dérivé de *gratter* qui vient du suédois *kratta*, gratter.

GRAU ou GREU, ongle, griffe, marque d'un coup d'ongle ou d'une déchirure de l'épiderme par des épines.

Grau est de la langue d'oïl qui l'orthographiait *grax* (plur.) qu'on prononçait *graux*. On trouve aussi la forme *groe* griffe.

« . . . . com (comme) pinson ou aloe
« Qu'espervier fameileus tient saisi en la groe.»
(**Barte**, xiii° s.)

En Hainaut, on emploie les deux formes *grau, greule. Graule* nous rapproche de l'étymologie du mot en question qui est d'origine germanique, all. *krauel*, ongle, *krauen,* déchirer avec le ongles.

Dérivé : *Égreuer* griffer.

Les Picards ont donné le nom de *grau de cat* à l'églantier à cause de ses épines.

GRAVEGNI ou **GRAVEGNIÉ** ? (Ancien terme).

Ca mot signifiait-il : *mis en culture ou en jardinage ?*

« Che sont li chens (cens) den à Vauls [sous
« Corbie] à II termes... Et doivent aucones
« terres gravegnies à ches deux termes est assa-
« voir : à la Saint Remy VI deniers, I poule,
« I setier d'avaine, au Noël IV deniers, II ca-
« pons. »
(**Cartul. de Corbie**, 1349, dans Cooberis **Doo**)

Ca mot viendrait-il du néerlandais *grave*, bêche, *graven,* fouir ? (V. D'Arsy et Plantin)

GRAVINCHON ou **CRAVINCHON** ou **GRIMICHON** ou (dans la vallée d'Yèrer) **GRINMINCHON**. Subst. masc. Sorte de prune fort aigre, un peu plus grosse que la cerise et dont la pelure est noire : elle ne parvient à maturité qu'en octobre.

Dérivé: *Gravinchonnier, grinminchonnier,* l'arbre qui produit les *gravinchons* ou *grinminchons.* Il y a peu de jardins de village qui ne possède cet arbre.

La désinence *on* des formes qui précèdent, indique un diminatif. Si nous retranchons de *inch* le *n* qui est le produit de notre prononciation nasale de l'*i*, il reste, comme type de *gravinchon : cravich*, et, comme type de *grinminchon : grinmich*, c'est-à-dire deux primitifs qu'il est facile de reconnaître pour d'anciens adjectifs tudesques.

Nos deux synonymes picards — *cravinchon* et *grinminchon* — sont en effet des épithètes formées d'éléments différents; mais, elles aussi, sont synonymes au fond. elles ont été données au fruit à cause de son âcreté singulière qui vous *gratte*, vous *égratigne* en quelque sorte le palais.

J'ai dit *anciens adjectifs* parce qu'en réalité ils n'existent plus ; toutefois, on trouve encore au XVII° siècle :

« Krauwich (radical de Cravinchon) dérivé du néerl. *krauwen,* au sens de *grattelons.* » (V. L. D'Arsy). Depuis il a disparu.

Quant à *krimmich* (radical de *grinminchon*), il est déjà *grimmich* dans Plantin, et est devenu, en flamand moderne, *grimmig*, au sens fort remarquable de *acariâtre*, acception figurée qui justifie surabondamment l'étymologie de *grimichon, grinminchon*.

On remarquera, du reste, que, dans tous les temps, bien d'autres fruits et plantes ont été désignés de même par une épithète tirée de leur caractère particulier ou de leur conformation. Nous disons : *Doucette, Toute bonne, aigriette,* etc.

C'est ainsi que la plus chétive et la plus mesquine des prunes, la prunelle que nous nommons *fordraine* (en langue d'oïl *fordine*), doit son nom à sa petitesse relative. *Fordine*, d'où notre *fordrine (fordrainne)* vient du néerlandais *vroedt* (prononcé *froud*), adjectif que Plantin traduit par *chiche* au XVI° siècle, mais qui a dû avoir, dans des temps plus reculés, le sens de *petit, chétif*.

(Communic. de M. Devauchelle).

GREINNE ou **GRINNE**. Subst. fém. grimace. De la même famille sont les mots suivants qu'il y a nécessité de réunir en un même article, afin de rendre plus évidente leur communauté d'origine.

Grignard et *grigneux*, pleurnicheur. On dit aussi *égrignard*.

Grigner, se moquer, pleurer; se plaindre.

Grignus, fém. *grignuse*, adj. et subst. Enfant grognon, morose, malingre. Se dit, par extension, d'un végétal rabougri.

Escrigné, renfrogné ; avorton, sujet d'une complexion délicate.

Ragrani, rechigné, racorni. La langue d'oïl avait le verbe *resgrigner* au sens de *rechigner, se fâcher.*

« Qui se corrouce ne (et) **resgrigne.** »
(**Dou Chevalier au léon**. XIII° s.)

Rengreigner (se) ou *Rengreingner* (se), se fâcher, faire la moue, se contrarier.

Grinchu, Grinchon, adj. De mauvaise humeur, maussade, revêche, grognon.

Grincher (se), faire mouvoir sur soi, par certains mouvements des épaules, le vêtement dont on est couvert, dans l'unique but, le plus souvent, de se gratter ainsi le dos, les reins, sans l'aide des mains. Les enfants, dans des accès d'impatience, exécutent aussi les mêmes contorsions.

Il est évident que l'adjectif français *grincheux* dont Littré n'a pas indiqué l'origine, est de la même famille que *grignu, grinchu.*

Notre poëte Crinon emploie la forme *gricheux* au sens de *maussade, qui a l'esprit chagrin.*

« Pa' ch' temps l' pus frod, pour ménager unn'
| (une) boise,
D'vant leus qu'minons, un (on) les vot (voit)
| l' poil hircheux
Tout ramouch'lés, tranants (tremblants) et
| tout gricheux. »
(Sat. XIII. Sur l'Avarice.)

La plupart des expressions qui précèdent sont de l'ancien français plus ou moins altéré.

On trouve, dans Hippeau, *grigner,* grimacer, *gringnieux,* méchant, hargneux, *greins,* fâché ; et, dans les additions au La Curne, *grigner* (se) se fâcher. De même *gringnos,* grincheux... »

« Mult est li diables gringnos. »
(Chron. des Ducs de Norm. XIe s.)

Et, dans Froissart, *grigneus,* fâché :

« Le duc Aubert fut tout grigneus. »

De même *grigne,* mauvaise humeur.

« Si se tint li rois d'Engleterre un petit (peu)
« plus durs contre les Flamens et leur montra
« grignes. »
(Ibid.)

Au XVIIe siècle, le français *criner* avait les trois sens de *crier, rechigner, crisser.* (V. C. Oudin.)

Toutes les expressions qui viennent de nous occuper sont d'origine germanique : anc. h. all. *grinan,* grincer des dents, all. mod. *greinen,* grimacer, néerl. *greynen,* pleurer, se lamenter, *greysen,* rechigner, angl. *to grin,* grincer les dents, grimacer, tordre la bouche.

GRÉMELER. Forme picarde de *grommeler.* On dit aussi *grumeler* et *groumeler.*

GRÉMIEU. Forme picarde de *grumeau.* On dit de même *grémeler* pour *grumeler. Grémeau* a été français : « Tant « à raison delaplaye qu'à raison des *gré-* « *meaux* de sang, » écrivait au XVIe siècle le célèbre médecin Ambroise Paré.

GRÉMILLER (grémi ier). Etre en très-grande quantité. On dit d'un enfant qui a beaucoup de vermine sur la tête, que cette tête *gremille de poux.*

Grémieu, grumeau vient du latin *grumellus* (diminutif de *grumus*) ; la forme primitive a été *grumel,* agglomération. Il est probable qu'il faut rapporter à *grumel* notre verbe *grémiller* dont le sens s'est modifié et étendu pour prendre, au figuré, celui de *fourmiller.*

GRÉNIOTIN. Subs. masc. Petit grenier. Ce diminutif, toujours en usage à Amiens, est fort ancien.

« Trouvé en un autre petit gréniotin au-dessus
de celui-ci... »
(Invent. à Amiens, 1557.)

GRÉSELEUX ou GRISELEUX. Adj. Rude, âpre au toucher. Ce mot est un dérivé de *grès* lequel est d'origine germanique, vieil-haut allemand *gries,* gravier, le grès étant formé de grains de sable. La forme *griseleux* s'explique par le fait que, dans beaucoup de localités, on dit *gris* pour *grès,* comme *dansi,* danser, *dangi,* danger, etc.

GREU. Subst. masc. Possibilité, pouvoir, faculté. On dit : « Si men frère avoit « l'*greu* de venir nous vir, » c'est-à-dire : « Si mon frère avait le *pouvoir* ou la *faculté...* »
Mot d'origine incertaine.
Greu est-il une altération de *gré,* bon vouloir, en langue d'oïl *grat* ? Viendrait-il plutôt de *gré,* degré, marche, gradin, que Froissart, qui était picard, employait, au figuré, avec le sens de *moyen* : « Le roy d'Angleterre pensoit comment « il vendroit (viendrait) par tous *grès* au « mariage de la jeune fille du roi de « France. » ?
Il est difficile de rien affirmer.

GREUET et GRUET. Subst. masc. Croc emmanché ; harpon à deux dents ;

fourche à dents recourbées avec laquelle on retire le fumier des étables. C'est un synonyme à *hoc à fien* : il est ancien.

« Une hallebarde, un **greuet** de fer... »
(Inv. à Amiens, 1576).

— « Une fourche, un **greuet** à fumier, une binette-**greuet**... »
(Descript, mob. à Montigny lès-Amiens, juin 1831.)

Greuet est un nom de famille dans plusieurs localités de la Picardie. Ce mot est de la même famille que *grau*, *greu* dont il est un diminutif : son origine est néerlandaise : *krauwel*, griffe, ongle, crochet, fourche.

GREUILLE (grœ ye) ou GROUILLE (grou ye). Subst. fém. Groseille à maquereau. On dit, selon sa couleur à l'état de maturité, *greuille verte*, *greuil rouge*, *greuille rose*, *greuille à cochon* : celle-ci est fort petite et jaune clair.

Dérivés : *Greuillier*. Subst. masc. L'arbrisseau qui produit les groseilles à maquereau.
Greuillette. Subst. fém. La petite groseille rouge ou blanche, en grappe.

M. Devauchelle m'adresse sur *greuille* une note très-étudiée et très-substantielle que je m'empresse de copier :
Le groseillier qui produit la *greuille* reçut, à une époque déjà ancienne, la dénomination latine de *uva crispa*. Or, cette épithète de *crispus* est celle-là même que les Germains lui ont donnée dans leur langue, où l'on trouve, avec ce sens, les formes suivantes : *Krul*, *krol*, (d'où notre *greuille*, *grouille* par adoucissement de *k* en *g*), *kroes*, *kraus*, dimin. *krusel*, *kraüsel*, lesquelles répondent toutes à *crispus*.

Voyons-en l'application.

NÉERLANDAIS. *Uva crispa*. Brab. *Cruysbesyen;* Gall. groseillier, dit Junius.
Kroesbesien : des groseilles ou groseillier : *uva crispa*, écrit Plantin. (*Besien*, dans ces deux composés, est le pluriel de *besie*, dont la signification est *baie* ou *fruit*.

ALLEMAND. *Uva spina ou uva crispa.*
Français : *groiselier*,
All. *kreulz beer* ou *krusel beer* (*Beer* — *baie*).

Justifions le sens de *crispus* des radicaux tudesques :

NÉERL. *Kroes*, *kruys*, *krol*, *krul*, crépu, frisé ; *krocsen*, *kroezelen*, se crèper.

ALLEM. *Kraus*, crépu, crêpé, frisé.

Ceux qui connaissent le groseillier en question, dont les tiges légères et flexibles se croisent et s'enchevêtrent naturellement, savent combien le buisson qu'il forme est inextricable : de là, sans doute, les noms qu'il reçut dans les langues tudesques. De *krul*, *krol*, nous avons fait *greuille*, *grouille* qui désignent son fruit, comme de *kroes*, *kroezel* ou *kraü sel*, le français a fait *groseille*.

Groseille se dit, en patois picard, *guerzeuille* ou *gaerzeule*. Le cassis s'appelle *guerzeuille noire*.

Un synonyme de *greuille* est *guerzeuille blette*.

GREUILLEAU ou GREUILLOT dans la location : *Etre en greuilleau*, être à bras nus, non pas toutefois de la manière dont certaines femmes aiment à se présenter dans un bal, mais en manches de chemise retroussées, repliées sur elles-mêmes au-dessus du coude, comme les ouvriers ont l'habitude de le faire.

L'étymolgie de ce mot est la même que celle de *greuille*, néerl. *krul*, *krol*. Etre en *greuilleau* ou *grouillot*, c'est littéralement, en parlant des manches de chemise relevées et roulées, être en *tortil* ou *tortis. Krol* signifie justement, d'après Halma, *entortillé*, *crêpé*, *roulé*, et se dit aussi de la frisure ou léger copeau de bois qu'enlève le rabot.

GREUTTER. Faire des trous dans la terre.
Ce verbe est de la même famille que *creute* (V. ce mot) ; il y a eu adoucissement de *c* en *g*.

GRÉVIÈRE. Subst. fém. On donne ce nom aux espèces de bottines dont on se sert pour protéger les jambes en se chauffant. En Hainaut, le mot *grévée*, qui est de la même famille que *grévière*, s'emploie au sens de *conlusion* ou *écorchure de la jambe aux endroits où le tibia n'est recouvert que de la peau.*

Ces deux mots sont des dérivés de *greve* qui se dit toujours dans l'Artois au sens de : *devant de la jambe*, et qui, dans l'ancien français, signifiait *jambe*.

D'après une note au crayon inscrite par M. De Lafous, en marge de *Grève* (Gloss. de l'abbé Corblet) je vois qu'à Béthune on dit *grévioure*, blessure à la jambe.

GRIAINNE. Subst. fém. Giboulée. Ce mot est probablement une altération de *grain* avec changement de genre, phénomène assez fréquent en picard. On sait que *grain* se dit au sens de *coup de vent, pluie subite de peu de durée.*

GRIBANIER ou GRIBENNIER. Subst. masc. Maître marinier d'une *gribane.*

Dérivé de *gribane*, dénomination, aujourd'hui française, d'un bateau de transport jadis particulier à la Basse-Somme.

Je vois dans Littré qu'on employait autrefois la forme *gabanne*, et cela en parlant des bateaux employés à l'embouchure de la Somme.

« Et après, iceux Anglois du Crotoy avoient
« deux bateaux nommés gabannes, par le
« moyen desquels ils travailloient souvent ceux
« d'Abbeville. »   (**Monstrelet.**)

Gabanne est-il une mauvaise leçon? Le mot a-t-il subi un changement? Je penche pour la première conjecture.

Son origine m'est inconnue.

GRIBE. Subst. masc. Crible. Altération de *crible* par adoucissement de *c* en *g* et chute de *l* en position finale.

On sait que *crible* vient du latin *cribrum.*

Cribrum a dû donner, dans le latin de l'Empire, le diminutif *cribellus;* car nous avions jadis, en picard, la forme *gribel*, crible, et, par métathèse, *guerbel, guerbeau.*

« ... Soy veoir ordonner à lui rendre un gre-
« bel qu'il luy a preté. »
(**Plaids de Villers-Bocage**, 1653. Comm.
de M. Devauchelle)

GRIBOUILLES. Subst. fém. pl. Groseilles à grappe. Se dit en Artois et peutêtre aussi ailleurs.

On trouve, en vieux français, *ribes*, *groseil'es* (V. Cotgrave et L. D'Arsy). *Gribouilles* viendrait-il de *ribes* par addition de *g* comme dans *grenouille* de *ranuncula?* Aurait-on dit d'abord *gribes*, puis, avec une finale péjorative, *gribouille?* En l'absence de tout document, le doute seul est permis.

GRIBOUILLIS. Subst. masc. Gribouillage, griffonnage; difficulté dans une affaire ; confusion, désaccord. Dérivé de *gribouiller* qui est d'origine germanique, neerl. *Krabbelen*, griffonner, de *Krabben*, gratter, même mot que le haut allemand *graben*, creuser.

GRIBOULER, dégringoler, rouler de haut en bas. On le rencontre dans Crinon.

« Veut (il vaut) mieux marcher à laisi (loisir)
            [l' long del crête
Que d' s'expouser, en courant su cl' l'airête,
A **gribouler** edqu'ou (jusqu'au) fond d'un
                    [royard. »
(**Satyre XIV.**)

Ce mot est sans doute composé du simple *bouler* qui, en picard, signifie *rouler* et du préfixe intensitif *gar* devenu *gri* par une métathèse et une forte altération : *garbouler, grabouler, grébouler*, enfin *gribouler.*

GRIEU. Subst. masc. Grêle, grê'on. On dit au même sens *gril* prononcé *gri*. Dans le canton de Villers-Bocage (Somme) on l'emploie au féminin, et, par suite, on fait entendre la lettre *l* : « I cait des « grilles ». *Grilles* y devient un substantif féminin pluriel.

La forme *gril* est probablement une contraction de *grisil* qui se disait au même sens en langue d'oïl (V. Hippeau). Quant à la forme *grieu*, elle est le résultat de la vocalisation de la finale *il*, comme dans *fleu*, fils.

A la forme *gril*, se rattache le diminutif *grillot*, gresil, qui est en usage dans le Doullennais.

Du *grisil* de la langue d'oïl, le picard par métathèse, a fait *guerzil*. De là le diminutif *guerzillot*, petit grêlon, et le verbe *guerziller* que l'on emploie aussi, au figuré, au sens de *jeter des pierres.*

On sait que *grêle* se dit vulgairement au sens figuré de *malheur, misère*. De là, à Amiens, le proverbe : « Ch'est la grêle

« en bas de soie, » qui se dit d'un commerce ou d'une affaire, qui, malgré certaines apparences contraires, ne peut donner qu'un pauvre résultat ou un maigre profit.

GRIEU ou GRIAU. Subst. masc. Recoupe, issues du blé moulu. Synonyme picard : *reflet*. On dit aussi *grui*. Dans mon village, on dit *gruyeu*.

Grui et *gruyau* sont de la langue d'oïl.

> « Tu sasses le grais chaque jour... »
> (Citat. dans La Curne, XIVᵉ s.)

> « — A Paris, les oyers engraissent les oies de
> « farine, non mie (pas) en la fleur ne le son,
> « mais ce qui est entre deux que l'on appelle
> « les grujaux ou recoupes. »
> (Le Ménagier, dans La Curne.)

Toutes les expressions ou formes diverses ci-dessus relevées, sont employées dans un sens figuré par assimilation des choses qu'elles désignent avec du *gravier* : elles sont d'origine germanique et se rattachent à l'ancien haut allemand *gries*, gravier, ou plutôt au néerlandais *gruys*, flam. mod. *gruis*, gravier, détritus, gravois, *griezel* (dimin.) miette.

C'est probablement à *gruis* qu'il faut rapporter le français *gruger* qui est, pour M. Brachet, d'origine inconnue : le néerlandais *gruizen*, écraser, broyer, confirme cette conjecture

GRIGNE ou GRINE. Subst. fém. Petite parcelle. On dit ici : « Donne li (lui) une « *grine* ed (de) burre, » donne lui un petit morceau, un peu de beurre ; et, au figuré : « I n'o point une *grine* ed boin « sens, » il n'a pas la moindre parcelle de bon sens.

Origine incertaine. *Grine*, *grigne* sont-ils tout simplement le mot *graine*, pris au sens de petite quantité, petite parcelle, chose très-petite ?

GRIGNET. Subst. masc. Ce mot est diminutif de *grigne* et me paraît confirmer la conjecture qui précède. Quand les ménagères de mon village font le beurre et que ce beurre, au lieu de former une pâte compacte et parfaitement liée, vient au contraire par petits grumeaux, elles disent : « Men burre est à *grignets* », c'est-à-dire en parcelles, en petits morceaux, pour ainsi dire en *grains* ou *grignes*. Elles appellent *grignets* les œufs des ha-

rengs, œufs qui ressemblent à une petite graine. J'ajoute qu'on dit *grignet* pour *grigne*, *grine* :« Prends un *grignet* d' viande, » prends un petit morceau, une petite quantité,un peu, un rien de viande.

GRIGNETTE, dans l'expression : *Grignette à grignette*, peu à peu, petit à petit, littér. grain à grain, parcelle à parcelle. Nous avons aussi le diminutif *grignotte* au sens de *petit morceau*.

Dans bien des localités, la croûte du pain s'appelle *grignette*, parce que cette croûte, quand elle est bien cuite, est graveleuse et produit, si on la manie ou la coupe, un assez grand nombre de *grignets* ou petites parcelles.

GRIGOU. Subst. masc. Homme d'une avarice sordide. Ce mot est français. Littré dit : « Origine incertaine. On l'a « fait venir de *grégeois* ou *grigois*, nom « des Grecs dans le moyen âge. On a in-« diqué aussi le bas-latin *griculosus*, « *grignolosus*, lépreux, rogneux, qui « paraît tenir de l'allemand *grind*, dar-« tre, croûte. »

L'origine de *grigou*, comme celle de *filou*, *matou*, est néerlandaise ; c'est une contraction de *gierig* ou *gierich* (le *g* initial est toujours dur en flamand) qu'on trouve dans Plantin (1573) au sens fort remarquable de *avaricieux*, et dont le radical est *gier*, vautour. Nous avons contracté *gierig* en *grig*, et ajouté la finale *ou*, comme dans *filou* de *fiel* (fil), gueux, mendiant, comme dans *matou*, de *maet* (mat), compagnon.

Si j'ai raison, il sera prouvé une fois de plus encore que l'étude des patois n'est pas inutile à celle de notre langue nationale.

GRILLIN dans l'expression : sentir *l' grillin*, sentir le brûlé, *le grillé*.

GRIMBELLE. Subst. fém. Fille ou femme de mœurs légères ou qui compromet sa réputation par de trop fréquentes allées et venues en mauvaise compagnie.

Ce mot est de la même famille que *Brimber* (V. ce mot.) lequel a donné *brimbette* au même sens : il y a eu changement de *b* initial en *g*, fait déjà plusieurs fois signalé.

GRIMEUX. Adj. Vénéneux ou venimeux ; car nos paysans expriment les
deux sens par un seul terme : *verimeux*
prononcé *vrimeux*, que plusieurs altèrent
en *grimeux*, fait qui se justifie par le
changement régulier de *v* en *g*, comme
dans *guêpe* de *respa*, *goupillon* de *vulpe
culionem*, etc.

GRIMOU. Subst. masc. Chiendent. Je
ne connais ce mot que par le Glossaire
de l'abbé Corblet qui n'a dû le donner
qu'à bon escient. Son origine est incertaine. Dans tous les cas, il n'y a pas
d'apparence qu'il vienne, comme le dit
l'abbé Corblet, du latin *gramen* qui n'a,
au surplus, rien donné à l'ancien français.

M. Devauchelle m'adresse sur ce mot
une note que je me fais un devoir de copier.

Grimou , m'écrit-il, n'est peut-être
qu'une expression figurée, dictée par l'a-
gacement, l'irritation que cause la présence du chiendent dans un jardin, ou la
difficulté qu'on éprouve pour l'en extir-
per complétement.

Remarquons, dans cet ordre d'idées,
qu'en style familier et au figuré, on emploie précisément le mot *chiendent* pour
désigner toute difficulté, le point irritant
ou l'obstacle qui se rencontre dans une
affaire ou au cours d'un travail : « *Quel
chiendent !* » dit-on alors, ou bien :
« *Voilà le chiendent !* »

Dans notre hypothèse, *grimou* appar-
tiendrait à la famille de *grimoucher*.

GRIMOUCHER (se), prendre de l'humeur, se fâcher. Sont de la même famille :

Grimouilleux, adj. maussade, grognon.

La langue d'oïl avait le verbe *gra-
moier*, *gremoier*, *gremier*, affliger, attrister.

Grimoucher, est d'origine germanique,
all. *gram*, fâché, néerl. *grimmen*, être
fort courroucé, *grimm*, fureur,

GRIOLÉ, adj. Bariolé, bigarré, mar-
queté de diverses couleurs.

« J' mettrai men cotron **griolé**
Men bonnet rond... »
(La fête d'Amiens, chanson, 1820).

A mon avis, *griolé* est une contraction

de *bariolé* avec le changement de *b* en *g*
déjà dix fois signalé.

GRIQUET, grillon, cri-cri. Forme
adoucie de *criquet* dont l'étymologie est
une onomatopée.

Nous avons aussi, en picard, au même
sens, le diminutif *créqueillon*, dans le
Hainaut *criquelion* ou *criquion*. Il faut,
je crois, reconnaître dans ces formes en
l suivies de la finale diminutive *on*, l'influence du néerlandais *Krekel*, grillon.

GRISARD. Subst. masc. Blaireau ; et
aussi : goëland gris.

Aux deux sens, l'expression est déjà
ancienne :

« Une douzaine de peaulx (tant) de regnard
« que de **grisart**. »
(**Inv. à Amiens**, 1583)

« **Grisard**, mouette, goëlane. »
(COTGRAVE, 1611.)

Notre compatriote Charles de Bovelles
écrit en 1552 : « Quidam id animal à co-
lore pilorum vocant *grisart*, alii blaireau. »

Le *grisard* (goëland *gris*) doit son nom
à la couleur de son plumage, comme le
grisard (blaireau) à la couleur de sa
fourrure.

A la même famille appartiennent :

Griset, petit râle ou marouette. Dans
le Ponthieu, on l'appelle *grisette*.

Gris moignel (mouegné) ou *Gris-mou-
guel* (mouguné), litter. *gris moineau*,
sorte de petit moineau gris qui voie
presque toute l'année avec ceux de
son espèce.

Grisir, devenir gris, grisonner.
Griseler, même sens.

GROISE. Subst. fém. Nom que les riverains de l'Oise, dans la partie de cette
rivière qui parcourt le département de
l'Aisne, donnent à ses bords sablonneux,
ou, en un mot, à la *grève*.

Ce mot a la même origine que *grese-
leux* que l'on a vu plus haut : le radical
est le viel haut allemand *gries*, gravier.

GRON Subst. masc Giron ; tablier. A
donné le dérivé *gronnée* au sens de : ce
que peut contenir un gron, plein un tablier ou plutôt la partie retroussée du

11

tablier ou de la robe. Ce mot signifie aussi grande quantité.

> « Jacqueline avoit sen *gron* retroussé
> Je n' sais mie pour quoi faire... »

> — « J'ai ravisé (regardé) unne (une) des
> « diantres d'églises que j'ai jamois vues de
> « m' vie. I gn'o (il y a) des saints (statues) : ils
> « y sont par gronnées. »
> (Dial. entre deux Picards, XVIII° s.)

Gron et *gronnée* sont des contractions de *geron*, *geronnée* lesquels appartiennent à la langue d'oïl.

> « Geron, gerun, giron, partie de vêtement,
> « tablier, sein, côté. Geronnée : autant qu'un
> « tablier ou giron peut contenir. »
> (Hippeau.)

GROUILLER, s'affaisser, s'écrouler. D'où cet autre verbe pronominal *s'agrouiller*, se baisser, se ramasser sur soi-même, se poser le derrière sur les talons. Ce dernier a pour synonymes *s'apponner* et *s'aplonquer*.

Grouiller et *s'agrouiller* sont de la famille de *crouler*, dont l'étymologie est contestée. Littré tire *crouler* (vi. fr. *crollar*, *croller*) d'un verbe bas-latin *co-rotulare*, rouler, Diez dérive *croler* de l'ancien norois *krulla*, mêler, brouiller, Hippeau de l'islandais *kræla*, *krulla*, mettre en désordre, brouiller.

GROULÉE. Subst. fém. Averse. Ce mot me paraît de la même famille que *crouler*, une averse pouvant être considérée comme l'effet d'un nuage chargé qui s'affaisse.

GROULER, gronder, murmurer. L'origine de ce mot est l'allemand *groll*, rancune, flam. *grollen*, gronder.

GRUMELETTE, gourmette. Se dit dans le canton de Villers Bocage. C'est un diminutif de *gourmette* avec métathèse de *gour* en *grou* et réduction de *ou* à *u*. Je dis métathèse, mais par rapport au français actuel *gourmette* ; car le vieux français disait *gromette*.

> « Comme ung cheval doulx à l'escurie
> A qui l'on met la gromette. »
> (Coquill. xv. s.)

GUENCHIVE ou GENCHIVE ou CENCIVE. Formes picardes, selon les localités du français *gencive*. La première est fort ancienne : on la rencontre déjà au XIV° siècle dans les *Dialogues flam. pic.* déjà cités plusieurs fois :

> « Et puis lavés vos mains, vo visage, vo nés,
> « vos dents, vos guenchives... »   (1340)

La dernière est en usage dans les environs d'Amiens : elle est remarquable en ce qu'elle nous offre le changement de *g* en *c* doux ou *s*, *z* qu'on retrouve dans *relizion*, religion, *cerusien*, chirurgien, etc.

GUERCHINÉ. Adj. Desséché, racorni. A mon avis, ce mot doit s'orthographier *gairchiné* ; car il n'est autre que le mot français *calciné* avec changement de *c* initial en *g*, de *l* en *r* et adoucissement de *a* en *ai*, changements qu'on trouve dans *greuter* de *creute*, *carcul* pour *calcul*, *gairchon* pour *garçon*, et dans une foule d'autres mots picards. Quant au changement de *c* doux en *ch*, il n'a pas besoin d'être justifié. J'ajoute, pour confirmer mon opinion, que nous avons le mot *racairchiné*, desséché, racorni, rendurci.

Dans certaines localités, le *ch* de *gairchiné* s'est adouci en *g*, et l'on dit *gairginé*.

GUERDIN. Subst. masc. Métathèse de *gredin*.

Le picard présente un grand nombre de métathèses semblables : *guernier*, grenier, *guernoule*, grenouille, etc.

Je ne m'occuperai pas de ces mots qui ne présentent aucun intérêt ni pour le sens, ni pour leur forme.

GUERNON. Subst. masc. Moustache, et, par extension, tache, macule ou salissure à la figure.

Loc. pic. « *Montrer ses guernons*, » prendre un air menaçant, littér. faire voir qu'on a des moustaches.

On dit : « Il o (a) un grand *guernon* à sen visage, » il a une grande tache de salissure au visage.

Guernon est une métathèse de *grenon*. (Cf. *guernier*, grenier, *guernoule*, gregouille, etc.)

Cette métathèse est très ancienne.

> « Li galans (géant) al fu (feu) se seoit
> Et car (chair) de porc i (y) rostissoit.
> En espoi (broche) eu quisoit partie
> Et partie en carbon rostie ;
> La barbe avoit et les guernons
> Soilliés (souillés) de cendre et de carbons. »
> (Li Rom. de Brut. XII° S.)

On trouve, en langue d'oïl, l'adjectif *gernu* (prononcé *guernu*) signifiant *qui a une longue crinière*, en parlant du cheval :

« Moult ont et haubers et escus,
Destriers et auferrans gernus. »
(Blancardin, XIII* S.)

Le sens primitif de *moustache* a persisté en picard dans l'expression *guernon de panche*, pénil.

GUERNOTEUX, adj. Marmoteur ; qui trouve à redire à tout ; qui gronde toujours. Au féminin *guernotoire*. Dans le Vermandois, on dit *guernouteux*, comme on le voit dans ce passage de Crinon :

« D'vant l' donnation, s'in (si on) li fazot l' gri-
mache ;
In (on) n' li fazot tout' fos pas d'vant sen (son.
| nez)
In n'attend pu qu'il euch' el (le) dous tourné
Pou' l' traiter cht heure ed bête et pis d' ga-
| nache,
Ed propre à rien et pis d' viux guernouteux. »
(Satyre XVII. Les Partages anticipés.)

Les éditeurs de Crinon voient une onomatopée dans le verbe *guernoter*, dont *guernoteux* est un dérive. C'est une erreur.

Guernoter se disait autrefois *grenoner* ou, par métathèse, *guernoner* ; le dernier *n* s'est changé en *t*. C'est ainsi que *marmonner* a produit la forme *marmoter*. *Guernoner* est de la langue d'oïl :

« Guernoner, grenoner, grommeler. »
(Hippeau)

Littéralement cela signifiait : *remuer les grenons*, c'est-à-dire *les moustaches*, ou encore : *parler dans sa barbe*, c'est-à-dire d'une manière peu ostensible, *en retenant*, dirait le Picard.

Une observation en passant :

Littré donne, sans en indiquer l'origine, le terme populaire *maronner*. Ce mot n'est, à mon avis, qu'une corruption de *marmonner*.

GUERSI ou GUERCI. Se dit d'une plante ou d'un arbrisseau que le froid a fait dépérir ou qu'un soleil ardent a desséché. L'action d'un froid rigoureux et d'une chaleur trop forte produisant sur les arbustes des espèces de gerçures ou fentes, je demande si *guersi* ou plutôt *gairsi* ne serait pas un dérivé du vieux verbe *garscr*, scarifier, avec le changement de *a* en *ai* indiqué au mot *guerchiné*.

On sait que *gercer* se disait autrefois *garscher* : « Ce vent de mars vous *garschera* les lèvres, » lit on au XVI* S. dans Palsgrave. Du sens de sacrifier, gercer, à celui de détériorer, faire dépérir, il n'y a pas bien loin, et l'extension de sens me semble parfaitement acceptable.

GUERSILLON. Subst. masc. Inquiétude, impatience. Métathèse du *grésillon* de la langue d'oïl qui signifiait *grillon*, ou, comme nous disons en picard, *crignon*. Ce dernier terme est fréquemment employé dans la locution figurée : *Avoir des crignons das* (dans) *s' tête*, c'est-à-dire : *Etre fort inquiet*.

« Grésillon, grillon. »
(Hippeau.)

Dérivé : *Guersillonner*, trépigner d'impatience.

Il n'y a point d'apparence que *grésillon* soit de la même famille que *grillon* à cause de son *s* dont la présence est inexplicable. Il viendrait plutôt des langues du Nord, all. *Kreissen*, crier, néerl. *Kryselen*, murmurer, *Kryscher*, criard. *Grésillon* (dimin.) a dû être proprement : Le petit criard. Le *Kr* .. adouci en *gr*... s'est présenté tant de fois qu'il est inutile d'en faire l'objet d'une observation particulière.

GUEUD (gœu) dans la locution : *A voir l' gueud de...* » avoir la chance, la joie, le bonheur de. On dit ici : « Ta n'os « point ieu l' *gueud* d' gagner ch' gros « lot, » c'est-à-dire : tu n'as pas eu la chance ou la joie de..,

Gueud est ici pour *gaud*, comme *teupe*, taupe, *meudire*, maudire, etc. *Gaud* est le latin *gaudium*, contentement, satisfaction, joie.

GUEUDINNE. Subst. fém. Crémaillère. Le picard appelle *méquinne* une espèce de dévidoir et un trépied en fer sur lequel on place une pôile à frire : *méquinne* est l'ancien français *meschine*, jeune fille, servante. *Gueudinne* est de même l'ancien français *gaudine*, jeune fille, et, par extension, servante. On sait que d'autres instruments servant à maintenir certains objets se nomment *valet*, jeune homme.

GUEULARD. Subst. masc. Pièce ou partie de la charrue où s'attache le *tracier* : c'est un synonyme de *camorsure* (V. ce mot.) On appelle aussi *gueulard* un vase à puiser à l'usage des lessiveuses dont l'ouverture (la gueule) est aussi large que le vase lui-même.

GUEULE-BÉE. Subst. fém. Tonneau défoncé d'un côté. L'expression est ancienne.

« Cinq vieilles **gueule bée** de demy muid. »
(**Etat de la Comm. de Sommereux, 1733**.)

On sait que l'expression française est : *Tonneau à gueule bée.*

GUEUX. Subst. masc. Synonyme picard (dans le Vermandois et le Laonnais) de *couvet, quenal* ou *quenot*, chaufferette des femmes pauvres, laquelle n'était autrefois qu'un vase en terre, fort souvent une vieille marmite ébréchée ou fendue, hors d'usage.

Ce terme est vraisemblablement le même, avec extension de sens, que le français *gueux*, pauvre, misérable.

Le mot *gueux* est, pour M. Brachet, d'origine inconnue. Littré voit là une autre forme de *queus*, cuisinier, marmiton, et, par extension, mendiant, mauvais sujet. Telle n'est pas l'opinion de mon collaborateur, M. Davauchelle, qui m'adresse sur ce mot une note très intéressante que je m'empresse de copier.

Gueux vient du Nord où il a, du reste, subi les mêmes changements d'acceptions que son ancien synonyme *filou* (V. ce mot) de même provenance également.

Néerlandais : *Guyt* ou *guil* (*uy* ou *ui* = *eu* ou *u* selon les provinces) un gueu, cagnardier, *guitken*, petit gueu, *guiten*, mendier, au XVIII. s. *guit*, fripon, coquin, belître, aujourd'hui *guit*, coquin, espiègle, *guitery*, friponnerie.

Relevons en passant que l'expression picarde : « *Quiot gueux* » ou : *Mén* (mon) *quiot gueux*, » est, comme son correspondant flamand *guitken*, un terme de caresse.

Observations.

I. *Gueu*, dans les dérivés français, prit deux formes : l'une avec *s* : *gueuser* ; l'autre sans *s* : *gueüer*, gueuser, *gueüant*, gueusant, *gueüesse*, une mendiante, dit Cotgrave.

La première, plus euphonique, et peut être la plus ancienne, a seule persisté.

II. En flamand, a côté de *guyt* ou *guit*, il existe depuis plusieurs siècles une autre forme : *geus* (*g* dur) sous laquelle s'est conservé le sens propre originaire de *mendiant* que la première a au contraire perdu.

« **Geus**, mendiant, belître. »
(**L. D'Arly**, 1643.)
— « **Geus** ; plur **geusen**, gueux, mendiant. »
(**Olinger**, 1853.)

On sait d'ailleurs que, dès le XVᵉ siècle, les habitants de Gand reçurent de leurs adversaires politiques le sobriquet de *Gueux*, et que la même épithète fut prise au siècle suivant par les protestants des Pays-Bas eux-mêmes. Dans une pièce satyrique en vers flamands, composée contre les Calvinistes expulsés de la ville d'Ypres en 1567, je relève les formes suivantes employées au pluriel : *Geusen, Geusekens* = gueux, petits gueux. (*Ch. hist* publ. par Barker, 1855) De là le sens d'*impie*, *parpaillot*, conservé au vocable *gueux* dans le patois liégeois. (V. Remacle.)

Enfin les marins néerlandais avaient de plus du diminutif *geusje*, par lequel ils désignaient plaisamment le *gaillardet*, petit pavillon au perroquet de beaupré. Littéralement cela répondait à : *petit misérable*, ou, comme nous disons en picard : « *quiot misère d' drapieu*. » Aujourd'hui les marins flamands l'appellent simplement *geus* : « *Geus*, pavillon de beaupré. » (V. Olinger.)

Tous ces faits viennent confirmer surabondamment l'origine néerlandaise du mot français *gueux* exposée ci-dessus.

Quant à la transformation, assez fréquente du reste, de la lettre *t* en *s* que présente le flamand *geus*, on peut conférer l'allemand *geus* ou *geisz* venu d'un très ancien type *gal*, *get*, *geit*, chèvre, radical de notre picard *marguette*.

L. d'Arsy orthographie sans *x* final le singulier du substantif français *gueux* : « Un *gueu*, un mendiant. » Il est en outre à remarquer que ce terme, ni aucun de ses dérivés, ne figurent dans le Dictionnaire de Rob. Estienne (1541). Cependant

Rabelais et d'autres avant lui ont employé ce substantif.

GUÉVAT ou **QUEVAT**. Subst. masc. Goëland à manteau noir. On l'appelle aussi *grisard*. (V. ce mot.)

On trouve dans Cotgrave le mot *gavian*, au sens de *mouette, goëland*; *gavereau* dans d'Arsy et Oudin. Mais ces renseignements sont trop incomplets et ne pourraient nous conduire qu'à de pures hypothèses sur l'origine du mot en question.

GUEVAU ou **GUEVEU** sont pour *quevau*, cheval, dont l'étymologie est connue : lat. *caballus*. La première syllabe *gue* est l'adoucissement de *que*.

> Dérivés : *Aguevaler*, *déguevaler*, *raguevaler* et aussi *guevalon* ou *guevaillon* (califourchon).

Crinon emploie ce dernier dérivé dans sa satyre XXX :

« Sitout ch' bon père assis dens ses cadous,
D' ses quatre enfants ch' pus grand est sur sen
| dous
Ches deux qui suit't, à g'vaillon sur ses j'noux,
Narguent leu ser (sœur) qui grimpe à ses
| chabouts. »

GUEVEU. Forme adoucie de *queveu*, cheveu. *Queveu* est lui-même une forme adoucie de *cavieu* venu du latin *capillus*.

GUIBOLLE, jambe. Terme populaire commun au patois picard et aux patois de Paris et de Normandie.

L'abbé Corblet donne *guibaule* d'après les *Archives de Moreuil*. Il est fort regrettable qu'il n'ait pas, en ce cas comme en tant d'autres, fourni une citation et la date du document; car cette expression n'a pas encore été relevée sur des documents anciens.

On rencontre au XVIIe siècle *quibon* et *gibon*, jambe, dans la *Muse normande* de Ferrand, au XVIIIe *guibon* dans les *Œuvres du comte de Caylus*. Notre compatriote Fougeret de Montbron s'est servi également plusieurs fois du mot *guibon* dans sa *Henriade travestie*.

Les formes actuelles sont :

Pat. pic. *Guibolle*.

Pat. norm. *Guibolle*, *guibolle* et *guillebaude*.

Pat. de Paris. *Guibe* et *guibolle*.

Argot mod. *Guibonne* et *guibolle*.

Les formes *guibon*, *guibonne* et *guibolle* sont évidemment des diminutifs de la forme primitive *guibe* dont le radical est, à mon avis, dans le latin *vibia*, expression qu'on trouve dans les Gloses d'Isidore au sens de *perche*. La transformation de *vib* en *guib* est régulière (*viseus*, gui; *vadeum*, gué; *vipera*, vi. fr. *guivre*, etc.), et le sens de *perche* appliqué ironiquement à la jambe me semble parfaitement admissible.

GUIDON. Dans certains villages de l'Amiénois, on donne ce nom aux *bâtons d'honneur* surmonté d'un cierge que portent aux processions le jeune homme nommé pour un an *Saint-Nicolas*, la jeune fille nommée *Sainte-Catherine*, la femme *Sainte-Anne*, le cultivateur *Saint-Éloy*. Ces bâtons sont ornés, avec plus ou moins de goût, de fleurs artificielles, de clinquant, de rubans, etc. Le reste de l'année, le Guidon demeure planté devant la statue du saint ou de la sainte auquel il a été offert.

Guidon est un diminutif de *guide* : on a ainsi appelé ce bâton parce qu'il est porté aux processions en tête de chaque catégorie de personnes rangées sous le même patron.

L'origine de *guide* est controversée.

M. Brachet le fait venir de l'italien *guida*, même sens.

S'appuyant sur ce fait que le vieux français avait *guis* (guide) au nominatif, *guion* au cas régime, Littré dit que cela représente un bas-latin *guido*, *guidonis*. Et il ajoute : « L'ancienne langue disait « aussi *guierres*; mais c'était un subs « tantif verbal, au nominatif, représen « tant une forme non latine *guidator*. »

Il est très probable qu'il a existé un bas-latin *guido* et une forme *guidator*. Mais *guido* n'est pas d'origine latine : c'est vraisemblablement la latinisation fort ancienne d'un adjectif ou d'un verbe appartenant aux langues du Nord dans lesquelles le verbe signifiait *savoir*, tandis que l'adjectif répondait à *sage*, *prudent*.

Mœso-Goth. *Witan*, savoir
Suéd. *Weta*, savoir
Dan. *Vide*, savoir
Island. *Vys*, sage
Sax. *Wita*, sage, *Wisa*, directeur, *Wis*, sage

Néerl. *Wite*, science, *Wys*, sage, prudent, circonspect, *Wysan*, montrer,

Si l'on rapproche de ces formes les anciens substantifs de la langue d'oïl, *guis*, *guit* et *gida* (*g* dur) guide, et *guidonalge*, conduite, on sera, je l'espère, persuadé que le mot en question nous vient, comme tant d'autres, des langues du Nord. Du sens de *savoir*, *prudent*, on a passé tout naturellement à celui de *montrer*, *guider*. Quant à la transformation de *w* en *g*, elle n'a besoin d'aucune justification.

GUIFE. Nous employons ce mot au sens de *bouche*, mais en mauvaise part ; c'est un synonyme de *gueule :* une *guife* est particulièrement une grande bouche armée de larges et fortes mâchoires. Au figuré, *grande guife* répond à *gourmand*, et l'on dit au même sens, en parlant d'un homme, qu'*il est porté à* ou *su* (*sur*) *s' guife*. Dans le Nord du domaine picard, on dit : « *Mette* (mettre) *s' guife* « *à l'air*, » sortir, aller se promener.

> Dérivés : *Guifer*, manger beaucoup, manger avec avidité et en glouton.
> *Guifette*. Ce diminutif s'emploie dans le Nord du domaine picard au sens de *petite bouche* d'un enfant gourmand.

Guife a la même origine que *gife* (V. ce mot) : ce sont deux mots parallèles ; seulement le premier a conservé le *g* dur provenant du mot germanique *Kiffel*, tandis que, dans le second, le *g* s'est adouci.

Dans le Nord du domaine picard, *guife* a conservé son sens primitif : il signifie *la partie de la figure qui est au dessous des tempes et des yeux et qui s'avance jusqu'au menton*. Dans la province de Liège, la joue s'appelle *guife* : le *h* germanique s'y est mieux conservé que partout ailleurs.

GUIGNARD, curieux jusqu'à l'indiscrétion ; qui aime à épier. Nous avons aussi *guigneux* ou *guingneux*, qui montre une curiosité indiscrète, impertinente.

A la même famille appartient *guignotte*, petite ouverture, interstice quelconque par lequel le paysan observe, sans danger d'être découvert, ce que fait son voisin dans sa cour, son jardin, etc.

Les mots qui précèdent sont des dérivés du verbe *guigner*, lequel est d'origine germanique, anc. haut-all : *Kinan*, observer.

Le substantif *guignon* qui est aussi de la même famille, a donné, en picard, le verbe *enguignonner*, porter malheur. On dit : « Etre *enguignonné*, » éprouver une suite de déboires.

GUIGUI. Subst. masc. Gosier. Onomatopée tirée sans doute des gazouillements des jeunes enfants qui essayent à p... r.

GUILLAME. Subst. masc. C'est le nom, à Saint-Valery, de l'oiseau de passage nommé *guillemot*. *Guillame* est une ancienne forme du nom propre *Guillaume*. Ce nom est ici une épithète dont la signification répond à : *sot*, *nigaud*, de même que *guillemette* du français répond à : *sotte*, *étourdie*.

L'inconscience du danger que montre le *guillemot*, lui a valu cette dénomination. « C'est un oiseau peu défiant et « qui se laisse approcher avec une « grande facilité » dit M. Fr. Marcotte.

(Animaux vertébrés de l'arrond. d'Abbeville.)

GUILLE. Subs. fém. Cheville, chevron, solive. Notre poëte Crinon l'emploie au premier sens :

« Yu (au lieu) del li ouvrir, à l'porte i (ils) mettraint l'*guille*. »

(Sat. XXIV.)

Ce terme n'est qu'une forme adoucie, déjà ancienne, de *quille* aux deux sens de *quille à jouer* ou autre objet de figure semblable et de *quille de navire*.

Dans le Hainaut, comme dans nos environs, le groupe *ill* est très rarement mouillé, et l'on dit *guile*. On trouve dans Cotgrave (1610) le mot *guille* au sens de canelle, fausset, et à celui de quille de navire.

L'expression est d'origine germanique: anc. h. all. *Kegil*, quille, vi. dan. *Keili*, objet conique, angl. *Kayle*, quille à jouer; dan. *Kiol*, quille de navire, angl. *Keel* (*Kil*), même sens, néerl. *Kiel* (*Kil*), carine.

GUILLEDON (courir le). Courir les aventures.

Guilledon est une altération de *guilledou.*
Guilledou est français.

D'après M. Brachet, il est d'origine inconnue.

Littré dit : « D'après Ch. Nisard, ce « mot est une altération de *guilledin* et « *courir le guilledou,* c'est *courir sur le* « *guilledin* (*Guilledin* est l'ancien nom « d'un cheval anglais allant à l'amble), « et, au figuré, *aller en de mauvais* « *lieux.* »

Cette explication est, je l'avoue, très ingénieuse ; mais elle ne me satisfait pas. Je pense que, comme *filou, grigou, matou,* l'expression *guilledou* est d'origine néerlandaise. On trouve dans le Dictionnaire de L. D'Arsy (1643) le mot *ghilde,* paillarde, prostituée, et dès 1573 dans Plantin l'expression : « *Gilde spelen,* faire le bon compagnon, » c'est-à-dire courir les aventures. Là, je pense, est l'origine du mot *guilledou,* origine que le sens et la forme du néerlandais *ghilde* (guilde) me paraissent pleinement justifier. Quant à la finale *ou* de *guilledou,* elle me semble aussi difficile à expliquer que celle de *filou, grigou, matou.*

GUILLER ou **GUILER.** Se dit de la bière qui jette son écume. L'Académie retarde beaucoup : elle ne donne que *guillage* qui n'est pourtant qu'un dérivé de *guiller.*

Dérivé : *Guilloire* ; cuve de brasseur où la bière fermente ; bière de qualité médiocre qui a mal jeté son écume.

Nous avons aussi le dérivé *guillinche,* lait battu, petit lait.

« Une cuve de plomb encaisse (enchassée) « dans ung chassy de bois avec une cave guil- « loire...» (Inv. à Amiens, 1620.)

« Comme un café (cafetier), quand en (on) li | d'mande à boire
Et qui vous sert, comme du vrai nanan,
Dans cin bien pout (pot) del méchante guil- | loire... »
(Crinon, Sat. VII.)

L'origine de *guiller* n'a pas encore été clairement établie.

Littré écrit : « Il y a *goel,* fermenter, « dans le bas-breton : étymologie plausi- « ble, Roullin y voit le verbe populaire « *giler,* saillir. Scheler croit que c'est « une contraction de *guesiller,* et le tire « du wallon *guêse,* levure de bière, du « scandinave *gasa,* fermenter, allemand « *ghuren.* »

L'origine de *guiller* est bien germanique ; mais il nous est venu du néerlandais *ghyle,* levure de bière, lequel est un dérivé de *ghylen,* bouillir, être en fermentation.

GUILLETTE. Subst. fém. On nomme ainsi toute coquille bivalve, qu'elle soit petite ou grande.

Dans certains villages, on se sert d'une coquille de moule d'eau douce, la plus grande possible, pour couper les tranches de fromage mou et les enlever du vase où il s'est formé. Mais aussi, il en est depuis longtemps d'artificielles, faites en fer blanc et de dimensions plus régulières, auxquelles on a conservé le nom de *guillettes.*

De plus, autrefois, le bassinet servant aux quêtes dans les églises pauvres consistait simplement en une grande coquille que l'on nommait aussi *guillette,* de l'espèce dite coquille de Saint Jacques.

« ... Dix **guillettes** et deux égouttoirs à fromage. »
(Inv. à Hornoy. 1869.)

— « Primes, il laisse son âme à Dieu... vou- « lant qu'il soit donné à chaque quêtes et guil- « lettes de l'église du dict lieu deux solz six « déniers. »
(Testam. reçu en 1638 par Le Bel, prieur curé d'Aumont, doyenné d'Airaines.)

Guillette est un diminutif. C'est une aphérèse de *coquille,* avec adoucissement de *q* en *g,* comme dans *guille* de *quille* qu'on a vu plus haut.

GUIMBARDE. Subst. fém. En Picardie, on appelle *guimbarde* un appendice, en bois et à claire-voie, de la même longueur que la charrette ou autre voiture de chargement à laquelle on l'adapte, en tête ou en arrière, suivant les besoins du moment. Il s'implante dans les *gîtes,* non perpendiculairement, mais de travers, en déversant, disposition qui augmente nécessairement la capacité de la charrette dans le sens de sa longueur.

« Une charrette à **guimbardes,** sans train ; « un vieux train de roues à charrette. Le bran- « card et fond d'une charrette à **guimbardes,** « bois détachés... »
(Descrip. mob. à Montigny-lès- Amiens, an n 1831.)

Ce terme ne figure pas dans les anciens dictionnaires. En français moderne, il a diverses acceptions dont il est difficile de saisir les rapports : *longue charrette, danse, jeu, outil de menuisier, petit instrument de musique*. Enfin, d'après Littré, son origine est inconnue.

Mais peut être, à ces diverses acceptions, l'expression se rapporte t elle à une idée première de *balancement*, de *va et vient*. Dans ce cas, le radical serait d'origine germanique : allem. *wippe*, bascule, action de trébucher; néerl, *wippen*, balancer, branler.

GUIMPER, tromper, duper, attraper, surprendre par adresse.

Ce mot vient certainement du néerlandais *wippen* que je viens de signaler sous *guimbarde* et qui a reçu le sens de *berner* :

« **Wippen**, faire la bascule ; berner, faire sauter en l'air. »

(HALMA.)

— « **Wippen** : brandiller ; berner, faire sauter en l'air. »

(HOLTROP.)

Flam. mod. « **Wippen**, estrapader, berner. »
(OLINGER.)

GUINGUERLOT. Subst. mas. Grelot. Le radical de ce mot est *guerlot*, métathèse de *grelot*. Le préfix. *guin* a pu être amené par une réminiscence de l'onomatopée *dinderlin, derlin dindin*.

Guinguerlot se dit ici et dans les environs au sens d'*ornement futile, fanfreluche*.

GUINSSE. Subst. fém. Je ne connais ce mot que par le Glossair. de l'abbé Corblet qui le définit ainsi : « Espèce de
« bouillie faite avec des pommes, de la
« farine et le résidu du lait dont on fait
« le beurre. Signifie aussi par extension,
« *gala, fête*. »
· Je reçois sur ce mot de mon savant collaborateur, M. Devauchelle, une note très étendue que je regrette de ne pouvoir donner en entier, mais dont j'extrais ce qui suit.

La bonne orthographe est *gainsse* ou *guènse*, le mot type *was, wœs*, ayant produit les formes *gasse, wels, guess*, relevées ci après. L'abbé Corblet se trompe en disant que c'est par extension que, du sens de l'espèce de mets qu'il définit, l'expression a reçu celui de *gala, fête*.

Au surplus, il ne se doutait guères du chemin que ce mot a fait avant de tomber dans le *babeurre*...

Je crois devoir signaler tout d'abord que cette expression, au sens de *festin*, est métaphorique. Elle est de plus elliptique, mais le type complet se retrouve en langue d'oïl et en anglais, ainsi qu'on le verra plus loin.

I. Patois.

En patois français de la Prusse rhénane : *gasse*, grand festin.

On rencontre trois fois ce mot dans la *Traduction de la Parabole de l Enfant prodigue* en patois wallon des environs de Malmédy, partie de la Prusse rhénane voisine de la province de Liège.

Je ne cite que le verset 23.

« Et alleze prinde lu cras vai et sul tons et
« s' magnans et s' fusans gasse. »
(Et allez prendre le veau gras et le tuez et mangeons et faisons festin.)

En Hainaut et en Flandre.
Guinse, gala, repas extraordinaire, orgie, débauche. A Lille, *guinsse*, repas de fête ; lait battu ou lait de beurre ; *guinsser*, faire un bon repas.

II. Langue d'oïl.

« *Wessail, wesseyl*, toast. »
« *Guessillier, gueissillier*, faire bombance. (HIPPEAU)

Et dans Burguy : « *Wessail*, à votre
« santé. De l'anglo-saxon *washœl*, sois
« en santé... L'expression fut ensuite ap-
« pliquée à de certaines fêtes et à des
« excès de table. »
(Gramm. de la L. d'oïl, Gloss.)

Dans *Li Romans de Brut* (XIIᵉ s.).

Si li a bien dit et conté.
La messine t'a salué
Et signor roi t'a demandé :
« Costume est, sire, en son païs,
« Quant ami boivent entre amis,
« Que ùl dist : wes bel, qui doire boire. »

Au lieu de *weshel*, certains manuscrits portent *gasheil gasel* et *waisseil*.

III. Anglais.

Wassail, noël ; repas dans lequel on boit beaucoup.
Wassailer, bon buveur, ivrogne.

A l'aide de ces documents il devient facile de se rendre compte : 1° du sens primitif de l'expression elliptique *gasse* conservée dans le patois français de la

Prusse rhénane, ou *gainsse* dans les patois du nord de la France moderne et du Hainaut ; 2° de son extension si naturelle en celui de *festia, rejouissance*, etc., sous laquelle elle est parvenue jusqu'à nous ; 3° enfin du caractère ironique qu'elle présente sous l'acception de *babeurre* ou de mets dans lequel figure cette substance grossière.

Le *n* de *gainsse* est le résultat ici, comme en bien des cas, de notre prononciation nasale. Le changement de *w* en *g* et l'adoucissement de *a* en *ai* n'ont besoin d'aucune justification : on en a vu assez d'exemples.

GUISE. Subst. fém. La forme du Hainaut est *guiche*, celle de Lille *guisse*.

La *guise* est un petit bâton long de quatre ou cinq pouces, aminci à ses deux extrémités, rond, arrangé de façon à ce qu'il fasse facilement bascule. Un enfant le pose sur une pierre ou sur un morceau de bois et on le fait sauter bien loin en frappant l'un des deux bouts avec un bâton plus long: les autres joueurs doivent le recevoir dans leur main ou dans leur casquette.

Ce jeu est en usage non pas seulement *dans le Ponthieu*, comme le dit l'abbé Corblet, mais dans tous les départements du Nord. C'est le jeu du *bâtonnet*, mot qui, dans mon village et dans plusieurs autres, s'est corrompu et est devenu *boutenet*.

Le mot *guise* nous vient du Nord, néerl. *wip stokje*, mot composé de *wip*, branle, bascule, et *stokje*, petit bâton, littéralement : *petit bâton basculant*. « Le bâtonnet : certain jeu d'enfant : *wipstokje*, dit Halma. » Le type de *guise* est *wipst'* qui a subi une apocope dans la bouche des enfants flamands. Cette apocope paraît d'autant plus naturelle que l'une des règles du jeu en question, oblige l'enfant qui va livrer à crier le nom du bâton (Guise !) pour fixer l'attention des autres joueurs, de même qu'au jeu de tamis le livreur crie : Balle ! avant de la lancer ; dans les deux circonstances, une seule syllabe suffit.

GUMETTE. Jeu de cligne-musette. La bonne orthographe, comme on va le voir, devrait être *gut-mettre*. Les Normands se servent seulement du premier mot *gut* qui est un adoucissement de l'ancien substantif *cute*, cachette.

Cute est de la langue d'oïl.

Les continuateurs de Du Cange ont relevé, sous *cuta*, cette ancienne forme *cute*, cache, lieu secret et le verbe *cuter*, cacher.

Jouer à *gut-mettre* signifie donc littéralement : Jouer à se mettre dans une cache.

GUSPEL (Ce mot se prononce *guspé*, comme *ratel, monchel*, etc., se prononcent *raté, mouché*.) Jeu de *cloche-pied*.

Guspel est très probablement un mot composé de *spel* pour *spiel*, jeu et *hupp*, saut, ou *gumpen*, sauter.

Allem. *Gumpen*, sauter, *hupf*, saut, *spiel*, jeu.

(CALEPINUS, 1704.)

Néerl. *Huppelen*, sauter. *Op een been hupelen*, aller à cloche-pied, sur une jambe. *Huppen gumpen*, sauter. *Spiel*, jeu, ébattement, tout jeu en général.

(PLANTIN, 1573.)

Guspel est donc d'origine germanique.

Ici se terminent mes recherches sur les mots de la lettre G, laquelle formera le commencement du second volume de mes *Etudes* sur le patois picard.

On m'a fait, sur le premier volume, un certain nombre d'observations dont j'ai pris note pour en faire mon profit. Mais il y en a une sur laquelle je suis bien aise de m'expliquer.

On a dit dans un compte-rendu très bienveillant d'ailleurs : « Qu'a voulu faire « M. Jouancoux? Un glossaire du patois « actuel ou un dictionnaire historique « du dialecte ? D'après le titre, c'est au « patois qu'il semble s'attacher exclusi- « vement ; mais si, au contraire, on par- « court les colonnes de ses articles, on « voit bien vite qu'il fait la plus grande « part à l'ancienne langue. »

J'aurais pu, je le sais, donner purement et simplement la nomenclature des mots exclusivement picards avec indication sommaire du sens et de l'étymologie. Cela m'eût demandé infiniment moins de peine et eût considérablement abrégé mes recherches. Mais, je le demande, qui eût pu, sans un profond ennui, lire trente lignes d'un pareil travail ? Une centaine

de savants au plus en quête de formes inconnues. La masse des lecteurs, ne trouvant là aucun intérêt, n'eût même pas
pris la peine de parcourir mes articles.

J'ai donc écrit pour la masse des lecteurs, ce qui n'empêchera nullement les
savants spéciaux de trouver les formes
anciennes ou nouvelles qui leur sont inconnues.

Au reste, c'est la force même des choses qui m'a poussé à rechercher et à donner les anciennes formes picardes.

Je m'explique.

Les hommes, les peuples, les institu-
tions ont non seulement leur origine et
leur présent, mais leur passé. On ne peut,
par exemple, écrire la biographie d'un
homme en la commençant à son âge
mûr. Il en est de même des mots. Ceux
du patois ont non seulement leur présent
et leur origine, mais leur passé qui est
indissolublement lié à l'origine et au
présent. Donc, je le répète, par la force
même des choses, on est entraîné à retra-
cer ce passé, c'est-à-dire à indiquer les
formes anciennes, formes qui constituent
ce que je demande la permission d'appeler le moyen-âge des mots.

Cela explique comment je suis poussé à
faire non l'histoire du dialecte, mais celle
des mots du patois actuel.

On retrouverait toujours, m'objecte-t-
on, toutes ces formes anciennes, soit dans
des pièces d'archives, soit dans des ou-
vrages très autorisés.

Mais, si je les ai trouvées, pourquoi
n'en userai-je pas ? Cela donne un certain intérêt à mes articles, éveille la
curiosité du lecteur et évitera bien des
recherches et beaucoup de peine à ceux
qui, après moi, continueront, mettront en
ordre, corrigeront et augmenteront mes
Etudes sur le patois picard.

H [1]

HACHAMACHE dans la locution : *A cater hachamache*, acheter sans y regarder de bien près, tant bien que mal. Le patois de Liège a, au même sens, la forme *hagemag*.

L'étymologie de notre mot picard est néerlandaise. Ce mot est en effet composé de *hagt*, gros morceau, et de *magher*, maigre, chétif. La locution acheter *hachamage* signifie donc littéralement acheter *le gros et le menu, en bloc, tout ce qui vient*, et, par extension, *sans y regarder de près*.

Le *ge* du Patois de Liège se prononçant *che*, il est probable que la forme picarde *hachemache* nous est venue toute faite du Hainaut.

HACHILLONNER. Couper en menus morceaux avec un mauvais instrument. Ce mot vient soit directement de *hâcher* dont l'origine est connue, soit d'une forme *hachiller*, diminutif de *hâcher*.

HAGN ! Interjection accompagnée d'un mouvement des mâchoires simulant l'action d'un chien qui mord. Cette expression due à l'onomatopée a fourni dans notre contrée quelques dérivés. Dans le nord du domaine picard, en Hainaut et dans le patois de Liège, on emploie les mots *hagn* (en mordant), *hagner* (mordre), *hagnon* (morceau), *hagnure* (morsure), *hagne au cul* (petit chien), *hàgnî* (mordre), *hania* (bouchée), *hangner* (clabauder et attaquer en criant). On lit dans la *Geste de Liège* (XIVᵉ s.) : « De quoy li « commun pople sur le clergie *hangne* ».

Les dérivés usités dans notre contrée sont :

Hagner, mordre au sens de *empiéter, anticiper sur*. Notre poète Crinon parle des propriétaires qui

« Hagn't eche voisin et ch' qu'min... (chemin).
(Satyre XV.)

De là le sens de *attraper, saisir, s'emparer adroitement*.

Par extension, il signifie aussi *déchirer, salir, abîmer* par l'usage ou le défaut de soin.

Hagne. Polissonnerie, gaminerie. *Faire la hagne* se dit des enfants qui courent les rues. Le sens de *clabauder, attaquer en criant* que présente le verbe *hangner* du patois liégeois, explique suffisamment le sens de *hagne* et de la locution dans laquelle on rencontre ce mot.

HAGUE. Subs. fém. Mettre des gerbes en *hague*, c'est les établir en ligne ou haie, par tas de dix ou vingt et plus, dans le champ même où elles ont été récoltées. Ce mot existait en langue d'oïl. On lit dans Hippeau : « *Hague* et *haille*, haie, clôture. » Il a aussi en picard le sens de *bois de grosseur médiocre* dont on fait les parements de fagots.

« Dans une étable s'est trouvé tant en gros bois que hagues... »
(Invent. à Cempuis, 1777.)

Dérivé : *Haguette*, branche de chêne écorcé.

Hague est d'origine germanique : suédois *hagg*, haie, clôture, haut allemand *hag*, enclos.

HAGUETTE. Subs. fém. Ce mot se dit dans le Boulonnais au sens de *petite jument* : il vient du même radical que *haquenée* avec adoucissement de *q* en *g*.

* **HAHOU ! HAHOU !** Cette exclamation ou cri injurieux familier au peuple d'Amiens, paraît être composé de l'interjection *ha !* et du substantif *hu*, ancien radical aujourd'hui inusité du verbe français *huer*. En prononçant ce cri, le peuple allonge beaucoup la première syllabe *hâ*. À l'égard de l'ancien substantif *hu*, on le rencontre souvent dans nos vieux poëmes, et l'on trouve dans Ducange *heux, hus*, etc., au sens de cris poussés par la foule lorsqu'on poursuivait un malfaiteur. Il existait dès le XIIᵉ siècle une forme *ahu !* dont on trouve un exemple dans la chanson de Geste intitulée *Aliscans*. Un des héros du poëme, Renouard au tinel, ayant résolu de châtier des mécréans qui

avaient dévasté un champ de fèves, se mit à leur poursuite et aussitô' qu'il les aperçut

« A sa vois (voix) olère leur escria : Ahu !
« Fil (Fils) a put .. Sarrasin mescréus,... »

Il est clair qu'ici l'exclamation *ahu !* suivie d'expressions injurieuses répond exactement à notre *hahou*.

On sait que *ha* et *hu* ne sont que des onomatopées.

* HAILLES. Subst. fém. pl. Les hautes branches d'un arbre.

Dérivé : *Haillard*, forte branche coupée dont la partie supérieure est encore garnie de ses ramilles. On donne aussi, dans le Doullennais, le nom de *haillard* à la branche d'osier.

L'étymologie est commune au français *hallier*, et au picard *hallot*, terme qu'on verra plus loin :

HAIM. Hameçon. Les *Miracles de St-Eloi*, œuvre d'un trouvère picard du XIII° siècle, nous offrent la forme *haim*

« Dieu honnérès, D'en reclamés...
« .....que il vous garde del **haim**
« Dont li diables peschent et prent
« Echaus (ceux) qu'en mortel péchié reprent. »

Le petit Glossaire de Lille (XV° s.) porte : « *Hamus, hamechon vel hani.* »

Notre compatriote Sylvius a relevé comme picard le mot *haim*, qui vient du latin *hamus*, hameçon.

HAINNETONNIÈRE. Dérivé de *hainneton*, forme picarde du français *hanneton* dont l'origine est connue.

Ce dérivé se rencontre dans le proverbe suivant :

« Grosse hainnetonnière
« Quiote avei lère. »

On entend dire par là, que l'année qui produit beaucoup de hannetons produit peu d'avoine.

L'allemand *hane*, radical du diminutif *hanneton*, est resté, sous la forme *enne*, dans le nom de famille *Lenne*, nom composé de l'article *le* et de *enne*, et qui signifie le *hanneton*. La forme *enne* n'a rien d'étonnant, si l'on songe que le picard ne tient presque aucun compte du *h* aspiré et dit *dez érengs*, des harengs, etc. Dans d'autres contrées que la nôtre, le *a* du radical germanique *hane* a perté : de là le nom de famille *Lanne, Lannes*, (Lannes, maréchal de France, duc de Montebello), lequel, comme le *Lenne* picard, signifie *le hanneton*. Ces noms montrent qu'il a existé jadis une forme *enne* ou *henne, anne*, signifiant *hanneton*, et antérieure à ce diminutif. C'est même de *henne*, hanneton, que viennent les noms de famille *Hennequin, Hennequet*, qui sont des diminutifs et signifient *petit hanneton*.

HAINON. Ce mot s'écrivait autrefois *hanon, hannon*. C'est le nom d'un mollusque alimentaire marin, à coquilles bivalves de forme à peu près circulaire. Les deux valves sont renflées et ornées de nombreuses côtes, partant de la pointe de la charnière pour se prolonger jusqu'aux bords. Naturellement plus larges et plus saillantes à leur extrémité, les côtes à cet endroit rappellent un peu la bordure dentelée des crêtes.

On trouve au XIV° siècle la forme *hanon*.

« De la mer nous viennent hérenc frés, moules
[et hanons...
(Dialogues pic. flam.)

A Amiens, au XVI° siècle, on écrivait *hennon*. On lit dans l'Ordonnance de l'Echevinage de cette ville :

« Le chasse-marée sera tenu de vendre
« [le poisson] en dedans cinq heures du
« soir, sauf pour le regard des huîtres,
« moulles et *hennons*. »

Cette forme se retrouve encore de nos jours dans le Boulonnais. « La ville d'E-« taples, dit M. de Seille, porta pour « armoiries : de gueules à trois coquilles « d'or rondes, qu'on nomme dans le pays « *hennons*. »

Aujourd'hui, à Amiens, *hainon*, dans le langage du peuple, s'est, par apocope, réduit à *non* : ces jours derniers, une marchande de poissons ambulante proposait à ma cuisinière de lui vendre des *nons*.

On trouve dans Littré le terme *hanon*, mais sans indication d'origine. *Hanon* comme *hainon* en picard, appartient à la famille de *hanneton*, qui vient de l'allemand *hane*, coq. C'est un autre diminutif en *on* venu du même radical, mais d'une manière moins directe. J'ajoute

que le nom de ce mollusque est devenu
un nom de famille sous la forme *Hénon*.

Au même radical *hane*, se rattache le
diminutif *hennin*, nom qui fut donné, au
XVᵉ siècle, à certaines coiffes de femme
très élevées et en forme de cône tronqué,
fort à la mode dans les Flandres. Ce nom
fut donné à cette espèce de coiffe parce
que son extrémité supérieure ressemblait
à une crête.

Le mot qui vient de nous occuper est
resté un nom de famille très répandu sous
la forme *Hénin*.

HAIQUER. Hâcher, couper. Se prend
souvent en mauvaise part, et signifie
alors couper maladroitement, sans art.

Dérivés : *Haique*, morceau coupé.

    Haiquette (diminutif), mor-
ceau quelconque coupé, copeau, au fig. petite quantité.

    Haiqueux, mauvais ouvrier,
maladroit.

Dans la très curieuse *Suite du célèbre
mariage de Jeannin* (1648), nous voyons
Jeannin préparant les viandes pour le
repas du baptême du fils de sa femme.

« Vos en foit quatre parts : une part pour boulir
Une pour fricasser, le troisième à rôtir ;
Et l'aute i vos l'étend sur un bian largue blo ;
Et pis de chamailler à deux mains tique toque,
Héquant tout par morchaux... »

Haiquer a la même origine que *hâcher*,
dérivé de *hâche* venu de l'ancien haut
allemand *hacco*.

Si l'on en croit Palsgrave, les deux
formes l'une dure, l'autre chuintante,
existaient simultanément en français ;
car il dit : « *Je hache* ou *je hacque.* »

* HAIRER. Exciter, pousser (en mauvaise part), susciter des animosités par
des rapports indiscrets et méchants.
L'ancienne forme était *harer*, qu'on rencontre encore à l'est d'Amiens au XVIIᵉ
siècle :

« Boullenois après serment a dict qu'es-
« tant à sa charrue il a veu (vu) le berger
« de Glisi *harer* ses chiens sur quelques
« brebis du troupeau de Tronville. »

    (*Enquête par le bailli de Tronville*,
        1665.)

Hairer est d'origine germanique, ancien haut allemand *hara*, qui signifie *ici*,
de sorte que le sens primitif est *appeler,
crier*. C'est ainsi que du latin *huc*, ici, est
venu *huchier*, pic. *huquer*, appeler, crier
(pour appeler). On sait que le français a
conservé le mot *hare* au sens de *cri pour
exciter les chiens de chasse*, ce qui nous
ramène au picard *hairer*, exciter, pousser, animer.

HAISETTE. Subst. fém. Nous avons
aussi les formes *haisel* (haisé), *haisin*. Le
type de ces diminutifs est *haise* qui signifie *barrière, porte à claire voie*, petite
porte à hauteur d'appui, que les paysans
placent à l'entrée de leur cuisine pour en
défendre le passage aux poules. La langue
d'oïl avait la forme *haise*, clôture (V.
Hippeau). Froissart appelle *haises* les
barreaux qui, de son temps, garantis-
saient le comptoir des changeurs :

« Change est paradys à l'argent...
Ils le poisent à la balance...
Au devant de lui mettent haises..,
    (**Poës**)

On rencontre en picard les diminutifs
haisin, haisé (haisel) :

« Seront les preneurs tenus d'entrete-
« nir le *molin* (moulin) de couverture, de
« clôture, *haisins* .. »

    (*Bail à Libermont*, 1410.)

— « S'encourut défilé drière son courtieu....
« Et pis saute soudain par dessus sen bézé »
    (**Jal. de Jeannin, XVIᵉ s.**)

Haise est-il de la même famille que
halot, halier, haille, hallo, et se rapporte-
t-il à *hasla* qui a, dans le latin mérovingien, le sens de *branche*. J'en doute fort. Son
sens primitif *clôture*, indiquerait qu'il se
rapporte plutôt à *ais* (du latin *assis*), par la
raison que les clôtures étaient, à l'origine, faites d'un simple morceau de bois
placé transversalement. Dans ce cas, le
h serait adventice comme dans *huile* de
oleum, *huit* de *octo*, etc.

J'ajoute pour justifier le *e* de *haise*, que
le latin *tussis* a donné *tousse* en picard.

HALACMALAC. Expression adverbiale
signifiant *tant bien que mal, d'une façon
grossière*. Je trouve cette forme dans *les
Quatre gardes champêtres* (1840) :

« Ig' n'y o des gens qui pensent qu'
« por ête un boin maire, o n'o b'soin qu'

« d' présider *halacmalac* l' conseille-
« rie... »

On dit en picard d'un travail mal exé
cuté qu'il a été fait *à le hache à le cor-
delle*, c'est-à-dire avec un mauvais outil
et à force de tirer, difficilement et par
extension d'une façon grossière. D'un
autre côté, le *c* dur de l'allemand *hacco*,
hache, a persisté dans *haiquer*, couper.
Est il téméraire de supposer que *halacmalac* doit s'écrire en plusieurs mots : *à
l'haque male haque*, c'est-à-dire : *à la
hache, mauvaise hache*, d'où le sens *tant
bien que mal, maladroitement, grossièrement* ?

HALAINIÈRE et par aphérèse LA-
NIERE. Adj. et subst. fém. Se dit de la
vache qui ne donne plus de lait et demeure stérile, ou de la génisse stérile :
c'est un synonyme de *vaque sèque*, ainsi
dite uniquement parce qu'elle ne donne
plus de lait. A Doullens et à Arras, dans
les comptes rendus des marchés, on orthographie à tort *alainière*.

Ce mot est d'origine germanique, néerl.
hael, sec.

Dans le nord du domaine picard, on dit
halain, bête maigre en terme de boucherie : de *halain* à *halainière*, il n'y a qu'un
pas.

HALET. Subst. masc. On dit : *Avoir
l'halet*, avoir la respiration courte et
embarrassée, être très essoufflé ; au figuré:
être à l'agonie.

« Oui je l'ai vu. Il est blanc comme sen drop,
« s'pieu r'trite, des yus d'mort et pis l'*halet* ..»
(Le Bonhomme picard, Almanach de 1884.)

Halet est un substantif verbal de *haleter*.

Au même radical se rattache le mot
halitré, essoufflé, qu'on trouve dans
Corblet, mais qui ne m'est pas personnelle-
ment connu. Le *r* n'est pas une difficulté:
on trouve en vieux picard *arme* pour
âme, et les paysans disent *marle* pour
mâle.

HALETTE. Subs. fém. Hangar de dimension moyenne, littér. petite halle.
Les Notaires ne dédaignent pas d'employer ce terme dans leurs actes.

« Sous une **halette**, quatre-vingt-dix paires
« de sabots.
(Inv. à Lucheux, chez un sabotier en 1883.)

Halette est un diminutif de *halle* dont
l'origine est germanique, allemand *halle*,
lieu couvert, grande salle.

HALEUX. On rencontre ce mot dans la
locution *temps haleux*, température
sèche. Nous avons aussi avec *r* la forme
harlé, brûlé, desséché, fané. La langue
d'oïl avait aussi *harle*, hale, *harlé*, ba-
sané, desséché. La forme avec *r* s'est toujours conservée en Picardie, et on la retrouve dans le nom de famille assez
répandu *Harlé*, dont le sens vient d'être
indiqué. Elle n'a rien de plus étonnant
que *arme*, âme du dialecte, et que *marle*,
mâle, du patois actuel.

Le mot qui nous occupe est d'origine
germanique, flamand *hael* (prononcé *hal*)
sec.

HALLOT ou HALOT. Subst. masc. Long
et fort bâton, rondin, buisson, têtard de
saule, et, par extension, de toute espèce
de bois.

Dérivé : *Haloter*, tondre ou élaguer
les têtards.
Haloterie, lieu planté de têtards, bordure d'arbres été-
tés et servant de limites.

En langue d'oïl *halot* signifiait *bûche,
hallier* ou *saulaie*.

« Ledit Wiotin jesta son baston en un **halot**
« d'aulnes. »
(Coeherie Doc. de 1324.)
— « Que nuls ne coupent **hallots**, barcelles ny
« verges... »
(Ord. de la Seig. de Tournehem, XVe s.)
« Colin Molet est poursuivi pour avoir eu en
« sa possession plusieurs fagotz, **hallos** et man-
« ches à ramons... »
(Plaids de Boves, 1525.)
— « ... auxquelles vives haies il ne pourra
« toucher ni **halloter**. .»
(Bail de 1583.)

Halot est un diminutif : il se rattache
au latin mérovingien *hasla*, branche. Le
saule que l'on étête est le produit d'une
simple bouture de forte dimension, un
grand bâton en branche (*hasla*) : de là ce
nom de *halot* qui fut étendu aux autres
têtards.

Le terme qui vient de nous occuper est
devenu le nom de plusieurs localités :
les Halots, annexe de Vron (Somme), *les
Halots* (Aisne), etc.

A *hasla* se rattachent encore les noms

de localité *Halloy, Haloit, Halloise, Hailles.*

HAMER ou **AMER.** Ajuster, mirer, viser, se préparer à assener un coup. Dans beaucoup de localités on aspire le *h*. Ce verbe d'une haute antiquité apparaît en langue d'oïl sous diverses formes, entre autres sous les suivantes : *aasmer, aemer aesmer, aismer,* etc., avec les acceptions propres et figurées qui suivent : *estimer, juger, ajuster, viser, menacer de frapper,* etc.

« Li senechax aesme soi et tient l'espié. »
(**Flor et Blanchef** XIII⁰ s.)

Aesmer a ici le sens de *se préparer* à donner un coup de lance : il vient du latin *œstimare* par contraction en *œst'mare.* En picard, *aesmer* s'est réduit à *amer, hamer* avec addition de *h* aspiré. On trouve dans notre poète Crinon le mot qui vient de nous occuper.

« Pour el foir taire à s' femme i hame einn' giffe... »
(**Sat. VI.**)

Corblet dit : « Peut-être ce mot vient-« il de l'anglais *to aim,* viser ». C'est le contraire qui est vrai. Dans le nombre considérable des mots français ou à radicaux français que les Anglais tiennent de nos pères, figure *aim* avec famille.

HAMILLE. Subst. fém. Amorce consistant en un petit poisson que l'on attache à l'hameçon pour pêcher le poisson de plus grande espèce. C'est le morceau ordinaire des brochets et des perches.

Ce mot est d'origine germanique : c'est un diminutif venu de l'ancien néerlandais *hamme,* dont la signification, d'après Kilianus, était *frustum esculentum,* morceau bon à manger.

HAMILLE. Subst. fém. Il vaudrait mieux l'orthographier *hamye.* Dans les deux cas, on mouille au Nord d'Amiens, et dans les environs de Corbie et de Moreuil, soit les deux *l,* soit l'*y.* Mais au pays de Crinon on prononce *hamile.* On entend par ce mot omis par Corblet, savoir :

Un bâton que l'on met en travers derrière une porte pour la fermer.

Une forte cheville de bois grossièrement faite, qui sert de verrou extérieur aux portes de granges, étables, etc., et même de verrou intérieur.

Crinon a employé ce terme :

« En vain j'ai mis el (le) hamile à no porte. »
(**Satyre** XXXI)

Ce mot est d'origine germanique, néerlandais *hameye, hammeye, hameyd,* verrou, clôture faite d'un bâton. On considère comme de bon français le substantif *hamée,* manche d'outil, d'ustensile. La forme *hamille* n'a rien d'étonnant : dans une foule de localités, on dit *ortille* ou *ortile* pour *ortie, heile* pour *haie,* etc.

Il existe dans mon village trois mots qui me semblent se rapporter au type *hamille :* ce sont *hamiller,* faire mal ou grossièrement quelque chose, *hamilleux,* maladroit, *hamillonner,* travailler sans goût et sans soin. On peut croire que ces dérivés sont dus à la façon grossière que l'on donne a la *hamille,* qu'on fait en quelques coups de serpe. La locution *fait à l' serpe,* équivalente de *fait grossièrement, mal fait,* confirme jusqu'à un certain point cette origine.

HAMON. Subst. masc. Espèce de carcan en bois qu'on met au cou des cochons pour les empêcher de traverser les haies. Ce mot, on va le voir plus loin, est un diminutif, et Corblet l'écrit à tort *hamont.* Ce terme est d'origine néerlandaise comme on le voit dans le Dictionnaire de Louis d'Arsy (1643) qui dit : « *Hame,* cops faits de bois esquels le cou « des brebis s'enserre. »

Dans le passage suivant se rencontre un dérivé (jadis en usage), du mot qui nous occupe ; mais il doit être *hamoné* et non *hannoné.*

« Esquelz limites nul ne pœult eachier tenir « ne mener chiens sans être accouplez ou ham-« nonés... »
(**Boathers,** Baill. d'Amiens, 1507.)

HANDIER. Ancien substantif masculin. Landier, grand chenêt. On le rencontre dans les Inventaires du XVI⁰ s. dressés à Amiens.

« Deux handiers de fer... »
(1598.)

— « Deux handiers de fer servant à soutenir le bois. »
(1598.)

Ce substantif se rencontre dans le vieux français, sous la forme *andier* :

« Une payelle, un andier, chacune pièce doit un dénier. »

(Du Cange.)

Handier, *andier* et *landier* sont le même mot, avec la seule différence que, dans la dernière forme, l'article s'est soudé au substantif comme dans *lière*, *lendemain* Littré rapporte ce mot à l'ancien anglais *aundyern* (dans Palsgrave) d'un radical inconnu; anglais moderne *andiron* que les étymologistes anglais regardent comme une corruption de l'anglo-saxon *brandiron*, chenêt, de *brand*, tison, et *iron*, fer. Je ne suis pas de son avis. Je crois que le radical de notre mot est *hand* (main), qui appartient à toutes les langues du Nord. Le sens propre de *hand* a pu être étendu facilement à celui de bras. Or les *handiers* font l'office de bras soutenant et retenant le bois du foyer, et le Glossaire de Lille (XVᵉ s.) nous apprend qu'on désignait par le nom de *main*, ou plutôt par le diminutif *manette*, une sorte de chenêt. Je crois même que l'anglais *andiron* n'est pas une corruption de l'anglo-saxon *brandiron*, mais tout simplement une altération de *hand iron* (main de fer), ce qui nous ramène au radical *hand*, et à la *manette* du Glossaire de Lille.

* HANQUE. Forme picarde de *hanche*, venue de l'ancien haut allemand *ancha*. On la retrouve dans notre dialecte au XIIIᵉ siècle. Adam de La Halle, d'Arras, dit le Bochu, exposant les qualités physiques de sa femme qu'il veut quitter pour se faire moine, s'exprime ainsi :

« Boutine avant et rains vauties
Com manoes d'ivoire entaillies
A ces coutiaus à demiselles,
Plate hanque ronde gaubette
Gros braon (mollet) basse quevillette. »

Hanque a donné le dérivé *éhanqué*, déhanché.

Le bonhomme Jeannin tuait à coups de bâton la volaille dont il voulait garnir sa table :

« Il achermentoit tout avuque es méquinne
. . . . Ches povres bêtes
Ne s'savient où sauver : un coq d'Inne sans tête
. . . . un œson tout crué (éreinté)
Un mouton égorgé, une gleinne éhanquée... »
(Suite du Mar. de Jeannin, 1648.)

* HANSER. Respirer avec peine et effort, haleter, être essoufflé. Ce mot est une onomatopée tirée du son *han, han* qui sort naturellement de la poitrine, à la suite de violents efforts ou d'une course précipitée. Notre poète Criton l'emploie au sens restreint de *respirer*, dans un passage, où, parlant d'un malfaiteur, il dit :

« I fouro l'vir hors ed li, défoit d'peur
Quand il ervient par nut (nuit) ed soir' malheur
A chaque pas s'arrêter tout saisi
Et n'pus ousoir (oser) hanser quas'. »

(Satyre IX.)

Dans mon village, on l'emploie au sens figuré de *souffler mot* : « Si tu *hanses*, tu t'en souvaros. »

Dérivés : *Ehansé*, essouflé, haletant.

> *Ansart* (nom de famille) homme qui est toujours essoufflé, qui a l'habitude de haleter, ou qui respire avec peine et effort.

* HANSETTE. Ancien substantif féminin. Ce terme ainsi orthographié dans de vieux inventaires dressés à Amiens, montre l'abus qu'on faisait de l'aspiration en Picardie, car ce mot est un dérivé de *anse*.

« Une cramelye à trois branchons, deux grils, deux paires de hansettes... »

(Amiens, 1598.)

Cet ustensile était encore en usage dans le Hainaut il y a cinquante ans, car Hécart dit : « *Ancette*, crochet de fer à « deux branches servant à accrocher la « marmite à la crémaillère. »

* HANTE. Subst. fém. Manche de faulx. En langue d'oïl, on trouve les formes *hanste* et *hante*, et les dérivés *enhanter*, *renhanter*, emmancher, remmancher, que le picard a conservés. Au nord d'Amiens on dit *hanse*. La langue d'oïl donnait indifféremment le nom de *hanste* à la lance et au bois de la lance ou à tout autre instrument d'une certaine longueur. Notre compatriote, le Reclus de Molliens [le Vidame] l'applique en outre au bois de la crosse :

« Pren escut et hanste et adrece en la meie
« aïe. »

(Psaut. d'Edusin, XIIᵉ s.)

— « Et tenoit un espié
Dont la hante est entire. »
(Ch. des Sax, XIII° s.)

Aujourd'hui *hante*, *hanse*, signifie *manche* de faux. *Hante* peut être venu soit du latin *hasta* avec addition d'une nasale, soit du vieil haut allemand *hanthabe*. Je penche pour cette dernière origine. Quant à la forme *hanse* (le *hasta*) elle s'explique par le changement de *st* en *ss*, comme dans *angoisse* de *angustia*, *tesson*, de *testonem* : mais il faut l'écrire *hansse*.

* HANTINNE, subst. fém. Forme picarde de *hantise*, fréquentation. Corblet l'orthographie à tort *hantaine*, car notre mot n'est que le féminin de *hantin* qui existait au même sens en langue d'œil. C'est à tort aussi qu'il lui donne une origine celtique, car il n'est qu'un dérivé du verbe *hanter*.

On trouve en langue d'oïl *hante*, fréquentation :

« Et meimement de hante de femme. »
(Liv. des R. XII° s.)

— « Là où je savois hantins
De gelines et de poeins »
(Rom. de Renart.)

L'étymologie de *hanter* est très controversée. Je suis de l'opinion de Littré qui dit que *hanter* vient du latin *habitare* (habiter) par contraction en *hab'tare* et addition d'une nasale.

* HAO. Subs. fém. Haie de clôture. Ainsi prononcent les vieillards dans le canton de Doullens, notamment à Bouquemaison. Le *h* est fortement aspiré, et l'*a* très ouvert et prolongé. Le radical de ce mot est le même que celui de *haie* et nous est venu du nord ; ancien haut allemand *haga*, même sens.

HAPCHAR. Homme très avide. C'est un terme injurieux : il signifie littéralement *happe chair*. On sait que, dans bien des localités, on dit *char* et même *car* pour *chair* (du latin *carnem*) et que *happer* est d'origine germanique ; néerlandais *happen*, mordre, saisir.

On dit aussi *hapchair*. Corblet donne la forme *abcher* dans laquelle le *p* s'est adouci en *b*; mais l'étymologie montre que la syllabe finale *cher*, est une cacographie.

Char dans le picard *hapchar* n'a rien d'étonnant ; il est resté en français dans *charcutier*, tandis que par contre les Picards disent *chaircutier*.

* HAPE ou HABE ou HABLE. Adj. des deux genres. Porté à, habile à, propre à, etc. Sous sa dernière forme, ce terme picard continue purement et simplement l'ancien français. La langue d'oïl avait *hable*, capable, habile (V. Hippeau). On lit aussi dans un cartulaire de St-Vincent de Laon, sous l'année 1343 : « Li « roligieus seront tenus de laissier trente « piés de lut (larg-ur) *hables* et suffisans « pour charier au lès (côté, bord) devers « nos bos (bois) de Crespy ».

Ces différentes formes viennent toutes du latin *habilis*, industrieux, capable. Dans *hape*, la labiale douce *b* est remontée à la forte *p* sous l'influence d'une parenté très ancienne ou origine commune des Picards et des Wallons Belges : en Hainaut on prononce toujours *tape* pour *table*, etc. Dans la forme *habe*, le *l* est tombé comme dans tous les adjectifs terminés par *ble* en français : *admirabe*, *aimabe*, *capabe*, etc.

HAPLE. Subst. masc. Dévidoir. Le vieux français avait *hasple* et *haspler* qu'on retrouve intact, dans le patois liégeois : « *Haspler*, dévider, *haspleu*, dévidoir », dit Remacle. On lit dans Froissart, (XIV° siècle :)

« Je n'achate.. ..
Hasples ne fuseaus ne keneules. »
(Poésies)

On trouve avec un *e* médial qui est étymologique le verbe *haspeler* :

« Meléan haspeloit à longue toise...»
(Perceforest.)

Les termes *haple*, *hasple*, *haspler* viennent du nord. Le radical est germanique *hasp*, d'où *haspel*, roue, dévidoir.

HAPLOPIN. Ouvrier maladroit, garçon mal élevé, polisson, propre à rien, gamin. On dit dans mon village *haplopin d'guérite*, enfant de hasard, enfant de soldat.

J'ai donné *aplopin* sous la lettre A ; je le donne ici sous sa vraie forme étymologique, car notre forme picarde est une contraction du français *happe-lopin* (gourmand, fripon), qui signifie littéralement *attrape-morceau* et qui vient de *happer* et de *lopin*.

HAPLOURD. On dit en picard *haplourd* au sens de *lourdeaud, maladroit, mauvais ouvrier*. Le français a le mot *hap pelourde* au sens propre de *pierre fausse qui a l'éclat d'une pierre précieuse*, et au sens figuré de *personne agréable, mais dépourvue d'esprit*. Le picard a conservé le sens *d'imbécille* qu'il avait jadis en français et l'a contracté en *haplourd*, en laissant tomber l'*e* final : on sait que le français *happelourde*, signifie *attrape-nigaud*.

HAPOTHIQUÉ, HYMPOTHEQUÉ. Formes picardes dans beaucoup de localités de *hypothéqué*. On dit dans le Laonnois : « Ch'est du bien *apothiqué* su ches brouillards d'Harly ». A Amiens, ce sont les brouillards de St-Maurice qui ont l'honneur de constituer la principale garantie de certains placements de fonds.

˙HARCHELLE ou HARTCHELLE et HERCHELLE. Subst. fém. Ne s'aspire pas partout. Petite hart, lien de jeune bois servant à lier un fagot. Ce terme est déjà ancien : on trouve dans Lacurne le passage suivant :

« Laquelle femme s'aprouche et frapa le sup-
« pliant d'une waulette ou herchelle. »
(Année 1451.)

Harchelle signifie ici petite gaule, baguette.

— « Item ont les habitants dudit Beauquesne
« coustome de povoir aller au bois quérir des
« harchelles pour loyer (lier) leurs haies. »
(Bouthors, cout. du Bail d'Amiens.)

— « Oye l'affirmation de Colin Dubois qui a
« affirmé ne avoir coppé ès bois qu'un petit de
« harchelles.»
(Plaids de Boves, 1506.)

Ici *harchelle* signifie *lien* pour attacher une haie ou des fagots. Dans les environs de Mons, ce mot a le sens de branche d'osier servant à lier les espaliers.

Au figuré, *herchelle* signifie, dans l'Amiénois, *femme dure au travail* : on dit : « Ch'est une vraie *herchelle* ».

Je suis obligé, pour donner l'étymologie de *harchelle*, de rechercher celle de *hart* dont notre mot picard n'est qu'un diminutif.

Brachet et Littré disent pour *hart* : origine inconnue. Ce dernier écrit : « On « indique le celtique : bas-breton *art*, « *éré*, lien, attache, gaél. *ar.*, bas breton « *artcin*, et dans les anciens auteurs « *heren*, attacher, mais cela ne rend pas « compte du *t*. »

Il est évident que le sens primitif de *hart* est *branche, baguette, petite gaule* ; celui de *lien* ne lui est venu que parce que les petites baguettes servaient à lier les fagots. Les citations que j'ai données montrent qu'il en a été de même pour son diminutif *hartchelle*.

Hart vient du mot latin *artus*, branche d'arbre : la finale atone *us* est tombée pour laisser *art* qui est devenu *hart* par addition de *h*, comme dans *huile* de *oleum*, *huit* de *octo*, etc. D'après Littré, *hart* a conservé en Normandie son sens primitif de *branche d'arbre*.

J'arrive à *hartchelle*.

Artus, comme une foule d'autres mots, a dû donner dans le latin populaire un diminutif *articellus*, ayant le même sens que le primitif. *Articellus* contracté régulièrement en *art'cellus*, change *c* en *ch*, prend un *h* comme le primitif, et devient ainsi *hartchel* qui change de genre pour rester *hartchelle*. Le *t* est étymologique, et s'est du reste conservé dans le diminutif *hartinne*, petite hart.

Ce n'est pas tout.

L'étymologie que je propose, ne me semble pas seulement bonne pour le sens et pour la forme, mais elle nous révèle en outre l'origine très controversée du verbe français *harceler*.

Brachet dit : « *Harceler*, ancienne-« ment *herceler*, dérivé de *herce*, forme « de l'ancien français pour *herse* : her-« seler, c'est proprement tourmenter, « agiter sans cesse, comme la herce re-« tourne la terre. »

Littré dit : « *Harceler*, proprement frapper d'une baguette. » Et il tire *harceler* de l'ancien français *harce*, diminutif de *hart*.

J'ai envoyé à Littré en 1869 une note sur les mots *hart, hartchelle* et *harceler*. Il me répondit : « J'ai reçu votre note « très étudiée et très complète. Je la « mets de côté pour mon supplément. Il « me paraît prouvé que *harceler*, vient

« du picard *hartchelle.* » Je le vis quelques années après et nous causâmes longtemps étymologie. « Vous avez, lui dis- « je, oublié dans votre supplément celle « de *harceler.*» Et il prit ce supplément : « C'est vrai, dit-il, j'avais tant de notes ! « Mais il n'en est pas moins vrai que « *harceler* est frapper d'une *harchelle* et « qu'il est d'origine picarde. »

A cela je n'ajoute qu'un mot : le *t* de *hartchel* a disparu dans le dérivé *harceler* absolument comme dans *amonceler* dont le radical est *montcel* du latin *monticellus.* Je ferai remarquer en outre que les Picards disent toujours *hartcheler* au sens propre de *frapper d'une hart* tandis qu'ils usent au sens figuré de *tourmenter*, d'un verbe qu'on verra en son lieu et qui n'est qu'une contraction de *hartcheler.*

HARDE ou HARTE. Œuf dépourvu de coque. Dans l'Amiénois on dit au même sens *farde.*

On trouve dans Littré l'adjectif *hardé* dans l'expression *œuf hardé*, œuf à coquille molle ou dont la coquille est remplacée par une membrane. J'avais espéré trouver là l'origine de notre mot picard; mais Littré dit : origine inconnue.

S'appuyant sur le fait qu'en néerlandais on appelle *hart* le milieu, littéralement le cœur d'un chou, on m'a proposé *hart;* mais le cœur ou *hart* d'un chou ou d'un œuf ne peut donner ce nom à un chou ni à un œuf, qui, pour avoir un cœur, un *hart*, n'en gardent pas moins leur dénomination particulière et propre d'œuf ou de chou. Cette origine n'était donc pas acceptable.

J'exposais ces jours derniers mon embarras à un jeune antiquaire très curieux de tout ce qui concerne l'histoire, les monuments et le patois de notre vieille Picardie, M. Robert De Goyencourt, et le priais de faire quelques recherches dans l'allemand et le latin. Le lendemain, il venait m'annoncer qu'il avait trouvé dans Quicherat l'expression *ovum irritum* (œuf vain, stérile), employée par Pline, et — c'était le jour de l'an — me quittait pour continuer ses visites : nous n'avions ni l'un ni l'autre le temps de discuter la valeur de cette trouvaille.

Le soir j'examinai l'expression de Pline, et j'acquis bientôt la conviction que notre *harte* picard vient du latin *irritum.*

L'œuf sans coque ne peut être ni cuit sous la cendre, ni couvé : il est *vain, inutile*, impropre à la cuisson et à l'incubation.

Le sens est bon, voyons la forme.

Pour aller de *irritum* à *harte*, il faut admettre que *i* est devenu *e* dans le latin populaire. De cela nous avons de nombreux exemples. On trouve dans Quintilien *magester* et *leber*, pour *magister, liber*, dans les Inscriptions *fescum* pour *fiscum*, et dans les chartes du VIIe siècle, *fedem, fermare, selva*, etc., pour *fidem, firmare, silva.* On peut donc admettre que l'*irritum* de Pline est devenu *erritum* dans le latin populaire. *Erritum* contracté régulièrement en *err'tum* change *e* en *a*, comme dans *marchand* de *mercatantem*, *par* de *per*, etc., sa finale atone *um* en *e* comme dans *temple* de *templum*, et devient ainsi *arte*, lequel prend un *h — huit* de *octo, huile* de *oleum* — pour devenir *harte.*

Mais, me dira-t-on, comment *harte* adjectif est-il devenu un substantif?

A cela je réponds : De même que le latin disait *ovum irritum*, de même nos ancêtres disaient à l'origine *œuf harte :* plus tard l'épithète a éliminé le substantif, et *harte* a persisté avec le sens de l'expression *œuf harte.* C'est l'histoire du mot *sanglier.* On disait jadis *porc senglier* (*porcus singularis*), le substantif *porc* est tombé, et l'adjectif est devenu un substantif. J'ajoute que l'expression française *œuf hardé* montre que les Picards ont fort bien pu dire *œuf harte*, ou tout simplement *harte* ou *harde*, comme dans *sanglier* pour *porc sanglier.*

La forme *harde* n'est autre chose que *harte* avec adoucissement du *t* en *d* comme dans *harde, corde, lion*, de *hart.*

Ce n'est pas tout.

Autrefois les mots *huile, huit, huis* s'écrivaient *uile, uile, uis* : il a dû en être de même pour le mot qui nous occupe, et il a certainement existé une forme *arte arde.* Or, à côté de la forme actuelle *harde*, existe en picard et au même sens de *œuf sans coque*, la forme *farde*, que j'ai donnée à la lettre F, comme étant d'origine inconnue. Je m'étais alors trop pressé et je reviens sur ce mot.

Nos ancêtres ayant dit *œuf arde* comme on dit aujourd'hui en français *œuf hardé*, la forme *farde* s'explique d'elle même : le *œu* de *œuf* est tombé, le *f* a persisté pour se souder à *arde* et donner ainsi *farde*. J'ajoute que le *f* de *farde* est pour moi la preuve indubitable que nos ancêtres disaient *œuf arte* ou *arde* comme les Latins disaient *ovum irritum*. Quant à la chute de *œu* dans l'expression de *œuf arde*, que nos ancêtres prononçaient sans doute comme s'il n'avait été qu'un seul mot écrit *œufarde*, elle n'a rien d'étonnant : *boutique* vient du latin *apotheca*, et *hainon* (V. ce mot) est devenu *non* à Amiens dans la bouche des gens du peuple.

* HARDEAU, jeune garçon, HARDELLE, jeune fillette. Cette expression est fort ancienne. *Hardiau. hardieu* signifiait *vaurien, étourdi*, (V. Du Cange et Hippeau), bas latin *hardellus*. Un petit vocabulaire du XIIIᵉ siècle édité par le P. Labbé, porte aussi *ardelio*, hardieus ou lescheur. Le sens ancien s'est, chez nous, restreint depuis des siècles à celui de *jeune garçon, jeune fille.*

Hardeau a été au XVIᵉ siècle un nom de famille. On lit au bas de la page du *Véritable discours d'un logement de gens d'armes en la ville de Ham*, par M. Legros, bourgeois dudit Ham :

« A le Hanlcourt en Picardie
En la moison de cho Hardeau
Qui a pus (plus) quier (cher) le vin de (que)
| l'eau
Et un gambon de (que) son amie. »

MDLIV.

Hardeau se rattache au même radical que *hardi*, participe de l'ancien verbe *hardir* qui est d'origine germanique, ancien haut allemand *hartjan*, enhardir : on a passé du sens de s'enhardir à celui de grandir, devenir fort, fait qui est le phénomène caractéristique de l'âge de l'enfance ou de la croissance.

* HARDÉE ou HERDÉE. Subst. fém. Réunion d'animaux ou de choses de même espèce. Se dit particulièrement de la vermine qui remue sur la tête d'un enfant mal soigné : In n'o (il en a) une *hardée!* dit-on. Le terme s'applique aussi dans les années d'abondance aux poires, pommes et fruits à noyau qui sont les uns sur les autres attachés aux branches.

En ancien français, on trouve au même sens de *groupe, réunion* les mots *hardelle* et *hardelée*. *Hardelle* se disait même d'un petit troupeau. On lit dans Froissart : « Ils trouvèrent une grande « *hardelée* de clefs qui là estoient. » Cette dernière forme est restée usitée dans le Hainaut :

« *Hardelée*, trousseau de chandelles pendue par une ficelle. »

(Hécart, 1834.)

Hardée est d'origine germanique, all. *herde*, troupeau.

Le vieux français avait le mot *herde* au sens de troupeau. Le traducteur d'un passage de St Grégoire dit : « Car à « meisme nostre rachateor fut dit de « legion qui l'ome tenoit : Se tu nos gettes « fors, envoie nos en la *herde* desporcs. »

Ipsi etenim redemptori nostro a legione quæ hominem tenebat dictum est : si ejicis nos, in gregem porcorum mitte nos.

* HARDER. Verbe act. Entretenir de hardes, c'est-à-dire de linge et de vêtements.

* HARDER. Verbe act. Lier en botte, qu'on le fasse avec une hart, un simple lien de paille ou autrement. Ce mot se dit au nord d'Amiens, dans le canton de Villers-Bocage.

Ce mot est un dérivé de *harde* (lien), forme secondaire de *hart*, par adoucissement le *t* en *d*.

Au même radical se rattache le dérivé *hardouiller*, frapper d'une *harde* ou *hart*.

HARDI-PAGE. Subst. Effronté, impudent, insolent. On dit d'une fillette aussi bien que d'un garçon : « *Ch'est un* ou *unne hardi page* », bien que, comme le français, le picard ait la locution *hardi comme un page.*

HARÉE. Subst. fém. Tempête, forte averse. Le *h* de cette forme n'est pas étymologique, mais il n'est pas plus étonnant que dans *heur* (chance bonne ou mauvaise) de *augurium*. C'est un dérivé du vieux français *aure* souffle, brise (du latin *aura*) qui a donné en vieux français *orée*, comme *onde* a donné *ondée* : le sens s'est ensuite étendu à celui de *tempête, averse*. On pourra voir cette extension de sens dans les citations suivantes empruntées à la langue d'oïl.

« Quant li ivers (hiver) fut trespassé
Vint li dulz tens (temps) et li esté ;
Venta l'aure soève.... »
(Chron. des Ducs de Norm. XII*s.)

— « Tant estoit fort cèle tempeste
Les nés (nefs) furent tots départies...
Cinq jors (jours) ont issi (ainsi) enduré
Al fort vent et al gros orée. »
(Rom. de Brut.)

— « Si's (les) aquilite tempeste ored. »
(Ch. de Rol.)

Dans la première citation *aure* signifie *souffle léger* ; dans la seconde, *orée* est un *vent violent*, dans la troisième, *ored* (orée) semble être plutôt une *grande pluie*.

Edouard Paris a recueilli l'expression vraiment curieuse *arée de soleil*, littéralement *averse* de soleil : nos paysans picards imitent en ceci les poètes qui disent *ondée* de soleil.

Outre la forme *harée, arée*, dont le *a* est difficile à justifier, nous avons les formes *hoirée, oirée, orée*. Dans mon village, à Corbie, à Moreuil, à Villers-Bretonneux, on emploie la forme *voirée* et l'on dit *voirée d'orage*, averse qui survient en temps d'orage.

HARGNE, HARNE ou HERGNE. Subs. fém. Les paysans picards qui ne se piquent guère de galanterie, disent en parlant d'une femme d'humeur difficile : « Ch'est eune (une) vraie *hargne*. » Ce mot n'est pas le vieux français *hargne, harne, hergne* venu de *hargner*, et signifiant *mauvaise humeur, querelle*, c'est une métaphore. De même qu'on dit d'un enfant difficile : « C'est une croix », c'est-à-dire un tourment, un supplice, de même on dit : « Ch'est une *hargne* », c'est-à-dire une gêne, une souffrance, un tourment. *Hargne* s'est dit pour *hernie* jusqu'au XVII* siècle, Ambroise Paré écrit : « Réduisant une *hargne*, si on oit des « vents ou gargouillements, on la juge « intestinale. » On sait combien une *hargne* ou hernie, est une affliction pénible pour les gens qui se livrent aux rudes labeurs des champs, et dans leur bouche cette métaphore n'a rien d'étonnant.

HARGNIE ou HERGNIE. Forme picarde de *hernie*.

HARGNEUX ou HERGNEUX. Cet adjectif s'emploie au même sens qu'en français, mais il signifie en outre *amoureux*. On dit d'un homme d'un certain âge, mais encore entreprenant : « Il est coire « (encore) *hergnieux*. »

HARICOTE. Subs. fém. Haricot légume. Ce mot s'emploie aussi pour désigner la pomme de terre.

HARICOTIER. Nous avons ce mot aux deux sens suivants :

1° Vantard, trompeur, fourbe, marchandeur, chicanier, pointilleux, argutieux.

2° Petit cultivateur, petit marchand des campagnes, homme qui gagne péniblement sa vie.

Au premier sens nous avons aussi dans certaines localités des environs d'Amiens, la forme *harcotier, hercotier*. On rencontre dans l'Aisne la forme *arcotier*, et par chute du *r*, *acotier*.

Le patois de Liège a la forme *halcotier* au sens de gâcheur, garnement, mauvais sujet ; il y a eu l'extension du sens *pointilleur, fourbe*, etc.

Dans le Vermandois, on rencontre la forme *haricoutchi* par adoucissement de *o* en *ou*, et changement de *ier* en la finale wallo-picarde *i*. C'est cette forme qu'emploie notre poète Crinon :

« Ch'haricoutchi quand i rentre avu s'femme...»
(Satyre VI.)

Ce mot signifie ici *petit cultivateur, pauvre diable*.

Il est à remarquer que la langue d'oïl avait la forme *hargoter*, disputer avec opiniâtreté, et *hargoteur*, difficile, qui aime la dispute, (Du Cange, *Argutio*).

Enfin nous avons en picard le verbe *haricoter*, au sens de *marchander*, tandis que, en français populaire, ce mot signifie *faire des affaires minimes*.

J'ajoute que le *hargoter* de la langue d'oïl a laissé en picard le dérivé *hergot*, au sens de *dispute, embarras*. On lit dans le *Véritable Discours d'un logement de gens d'armes en la ville de Ham* (XVI* s.) :

« Frère, je vas dirai toute et au long l'affoire
L» blau herqainement et le grand hire-haire
Le peine, le hergau et tout l'emblavement...»

De ce qui précède, il résulte que *hari-cotier* a deux sens différents et particu-liers, et par suite deux origines également différentes.

La forme étymologique de *haricotier*, pointilleur, fourbe, est *harcotier* dérivé du verbe de la langue d'oïl *hargoter*; le *g* est remonté à la forte *c*. Quant à l'*i*, il est adventice comme dans *filibustier* pour *flibustier*, car *iméresse* pour *carmeresse*, etc. Le *h* est ajouté comme dans *huile* de *oleum*; car *hargoter* de la langue d'oïl, comme le *ergoter* du français actuel, vient de *ergo*, donc, parce que ce mot revenait sans cesse dans les disputes scolastiques. Du sens de *arcotier*, *ergoteur*, pointilleux, on a passé facilement à celui de *chicanier*, *fourbe*, etc.

Haricotier au sens de *petit cultivateur*, pauvre diable, a aussi reçu le *i* et le *h* adventices. En effet il me semble n'être autre chose que *argotier*, terme par lequel on désignait, au XVIIe siècle, le *mendiant*, le *gueux*, comme on disait alors : comme dans le premier cas, le *g* est remonté à la forte *c*. On lit dans Oudin : « *Argotier, compagnon de l'argot* », c'est-à-dire mendiant. On a passé facilement du sens de *mendiant*, à celui de *homme gagnant péniblement sa vie*, pauvre diable, enfin à celui de *petit cultivateur*, parce que, avant la Revolution, les petits cultivateurs, bien que travaillant opiniâtrement, étaient, au témoignage de La Bruyère, dans une misère profonde.

HARLAQUEU. Subst. masc. Vaurien, polisson, homme léger, dépourvu de jugement, pauvre diable. Nous avons aussi les formes *halaqueux, holaqueux, heulaqueu* et *veulaqueu*.

Je trouve *heulaqueu* au sens de *mauvais sujet, méchant homme*, dans le pamphlet de *Colot Pierrot*, dirigé contre Gay de Vernon, commissaire général du Directoire à Amiens en 1799.

« I y o (il y a) un Diu ; i feut qu'os
« l'euchonches (aussions) rudement of-
« fense, pis (puis) qu   ) permis qu'un
« *heulaqueu* comme cl   ache (soit) v'nu
« (venu) dins (dans) no pays. »

Feu M. J. Mancel, ancien adjoint d'A-miens, s'est servi bravement et publique-ment du même terme ; mais il l'orthogra-phiait mal en l'écrivant *haut la queue* au lieu de *holaqueu*. Dans son discours il disait : « Les fonds seraient mieux em-
« ployés à..... qu'à la distribution des
« circulaires par des *haut-la queue* qui
« ne rendaient pas tous les services qu'on
« attend d'eux. »

(*Disc. reproduit dans le* JOURNAL D'AMIENS *du 3 mai 1870.*)

Voyons maintenant quelles sont dans l'extrême nord du domaine picard, les formes et les acceptions du terme qui nous occupe.

A Mons : *Arlaque*, enfant tapageur, homme de rien, de mauvaise réputation, (Hécart, 1834), *Harlaque*, enfant pétulant dont les vêtements sont souillés ou tâchés. *Holaqueu*, en montois, signifie usé personne sans crédit.

A Liège : « *Harlaque*, et aussi *harlah*. étourdi » (Remacle). Là, le *h* est aspiré comme le prouve l'un des vers suivants :

« Prendez vos clik vos clak,
Avec l'agent de police
On ne fait pas le harlak ! »

A Lille : *Arlaque*, enfant turbulent, fannant, qui n'est jamais en repos.

(*Vermesse.*)

Le *arlaque* du nord, et notre *harlaqueu*, sont un seul et même terme, et ont une origine commune.

Nous sommes ici en présence d'un mot composé absolument comme *hardi page* qu'on a vu plus haut.

L'élément *laqueu, laque*, vient du néerlandais *lacker, lecker*, garçon au sens de *garnement*. *Har, ar*, se rattache au *hart* des langues du nord, qui se re-trouve dans le haut allemand *hartjan*, d'où est venu le vieux verbe français *hardir*, dont le participe passé est devenu l'adjectif *hardi*. *Harlaqueu, arlaque*, a donc signifié originairement *hardi gar-çon* : le sens s'est ensuite étendu à celui de *mauvais gars, vaurien, homme sans crédit*, etc.

Il me reste à rendre compte des diffé-rentes formes données en tête de cet ar-ticle.

Harlaqueu devient *halaqueu* par la

chute du *r*, comme dans *acolier* pour *arcolier*, (V. *Haricolier*).

Par changement de *a* en *o* — *rot, rat* — *halaqueu* devient *holaqueu*. Par changement du son *o* en *eu* — *cop* (coup) à Amiens, et *cœup* (coup) ailleurs — *holaqueu* devient *heulaqueu*, lequel devient *veulaqueu* comme *oirée* (V. *Harée*) est devenu *voirée*, c'est à dire par changement insolite de *h* en *v*, ou par addition de cette lettre devant *culaqueu*, équivalent de *heulaqueu*, dont le *h* non aspiré est nul dans la prononciation.

HARLER ou HERLER. Tourmenter, exciter, provoquer, chercher querelle. Dans certaines localités le *h* est aspiré.

Lorsque, dans mon enfance, mon père me faisait des reproches parce que je m'étais battu avec un camarade, je ne manquais jamais de répondre : « Ch'est li qui m'o ierlé », c'est lui qui m'a tourmenté et cherché querelle.

La contraction joue, on le sait, un rôle important dans la transformation du latin en vieux français ; c'est ainsi que *sacramentum* est devenu *serment*, et que le latin mérovingien *parabolare*, raconter, a donné en vieux français *paroler*, dont une contraction subséquente a fait *parler*. Il en a été de même pour bien des mots. dans la transformation du dialecte picard en patois : il y a eu comme un écrasement. On a vu dans mes articles sur les *Noms de familles*, que *atelier, chandelier, ratelier*, se sont contractés en *atier, chandier, ratier*, et j'ai montré que les noms *Fusier, Garnier, Cailler*, sont des contractions de *fuselier* (fabricant de fuseaux), *garennier* (garde-chasse), *caïellier* (fabricant de *caïelles*, chaises).

Harler est le produit du même écrasement ; il a, comme les mots qui précèdent, perdu une syllabe médiale : c'est une contraction du *harcheler* picard qu'on a vu sous *hartchelle*, au sens propre de *frapper d'une baguette*, au figuré *tourmenter* : on a passé facilement de ce dernier sens à celui de *provoquer, exciter, chercher querelle, harceler attaquer*.

Dans la forme *herler*, le *a* s'est adouci en *e*. J'ai entendu aussi dire *heller*, comme *paler* pour *parler*, dans les environs de Corbie : le *r* est devenu *l* par assimilation regressive.

Harler, herler, a donné des dérivés qui ont été, à l'origine, des qualificatifs, puisqu'ils sont devenus les noms de familles qui suivent :

Harleux, qui tourmente, qui attaque, querelleur. L'avant-dernier curé de mon village était M. l'abbé Harleux qui n'était pourtant nullement querelleur...

Herlin. Ce nom est très répandu à Boves. C'est un diminutif qui a le même sens que le nom précédent.

Leherle. Nom composé de l'article *le*, et du substantif verbal *herle*. On sait que, dans le dialecte picard, on rencontre *le*, *se* pour *la, sa* devant un nom féminin : « *le femme, se femme.* » Le nom *Leherle* (le tourment, la querelle), n'est pas plus étonnant que les noms *Lafolie, Ladouceur*, etc.

HARMONGNIER (s'). Verbe réfl. S'habiller avec trop de recherche. On dit à Amiens : « Tu n'en finiras donc point d' t'harmongnier ? » On le dit aussi par antiphrase, mais au rôle actif, au sens de *mal lier, embrouiller, bricoler*.

Ce mot est un dérivé du substantif français *harmonie*.

* HARNAS ou HARNOS, HERNAS ou HERNOS. Subst. masc. Le *s* ne se prononce pas. La plus ancienne forme est celle qui est terminée en *as*. Ce mot, comme on le verra plus loin, avait des acceptions très étendues : aujourd'hui il est restreint au sens de *charrue, chariot avec son attelage*. On le rencontre à ce premier sens dans les vieux documents :

« Ung harnat estant au champs avecq deux binotz. »

(Invent. à Amiens, 1593.)

— « Ung binot, une herche, ung harna, ung coutre. »

(Ibid. 1596)

— « Un harna monté de fer à charrue et tout son équipage. »

(Vente mob. à Vaux, 1559.)

On le rencontre aussi au sens de *engin*
de chasse ou de pêche.

« Deffense par ledit seigneur Roy (de
Sicile, baron de Boves), que nul ne soit
sy (si) osé ni sy hardi d'aller pescher es
ewues du dict lieu de Boves à peine de
LX sols d'amende et confiscation des
harnas. »

(*Ordon. du bailly de Boves*, 1595.)

— « Jehennin Barré, prisonnier pour
avoir été trouvé cachant (chassant) et
fuirettant atout (avec) *harnas*, bourses
et fuyret (furet) à prendre conyns en la
garenne du dit Boves... »

(*Plaids de Boves*, 1506)

On le rencontre enfin au sens d'ustensiles servant à l'exercice d'une profession
mécanique, ou accessoires d'un instrument principal.

« Trouvé au grenier ce qu'il s'en suit
à scavoir : quarante deux pièches de
herna tant à (faire) nappe à serviettes
que à thoille...»

(*Invent. à Amiens*, 1576.)

— «Plus a donné la dite Harlé deux
mestiers de tellier estant garny de *her-
natz*. »

(*Cont. de mariage à Doullens*, 1583.)

Aujourd'hui les ménagères d'Amiens
qui achètent chez les tripiers des pieds
de mouton, la fressure et une portion des
intestins, appellent cela un *hernos*.

Au figuré, les Picards qui ne sont
guères galants, appellent *viux* (vieux)
hernos une personne âgée, mais encore
prétentieuse.

Harnas est d'origine celtique, bas-
breton *harnez*, kymrique *haiarnez*, atti-
rail de fer. Il signifiait à l'origine armure
d'un cavalier et de son cheval. De là on
a passé au sens de toute espèce d'engins,
soit pour le cheval, soit pour la chasse
ou la pêche, soit pour la cuisine, le travail mécanique ou même agricole, en ce
qui concerne le labourage et le charroi.

Au même radical se rattache *harnachure*, harnais. Les anciens actes, inventaires, etc., nous fournissent les formes
suivantes :

« Trouvé en l'étable à chevaulx cinq jumens
avecq les harnequeures. »

(**Invent. à Amiens, 1583.**)

— « Soixante escus d'or pour vente et déli-
vrance de quatre chevaulx avecq leurs aherne-
ehures... »

(**Acte notarié à Doullens, 1583.**)

— « Quatre chevaux aveq les harnacheres
servant au labeur. »

(**Invent. à Amiens, 1617.**)

La première de ces formes montre qu'il
a existé en picard un verbe *hernequer*
au sens de *harnacher*.

Harnachure se dit au sens de *vêtements, accoutrement*. Un conseiller de
fabrique disait un jour en ma présence
au curé de mon village : « Ch'auisse est
mort et personne n'vut (ne veut) prendre
s'plache : quoi qu'o f'ro (on fera) d' ses
harnachures ! » On emploie au même
sens le mot *harnois* (arnoué), et j'ai entendu souvent des paysans dire à leur
femme : « Prépare un peu mes *harnois*.»

*HARNU ou HERNU. Subs. masc.
Orage, et par synecdoche, tonnerre. Le
h n'est pas partout aspiré.

Dès le XIV⁰ siècle, dans notre région,
on appelait *mois de harnu, temps de
harnu*, la période caniculaire parce que
les orages se produisent plus fréquemment à cette époque de l'année.

Je trouve *hernu* au sens de *tonnerre*
dans une pièce de vers citée par Corblet.

« V'lò qu'un cœup d'hernu tout auprès d'mi
s'déclaque. »

Froissart qui était picard a employé
plusieurs fois ce terme au sens d'*orage*.

« L'air estoit malement chaud ainsi comme
« il est en temps de hernu.
— « Le temps estoit bel et secq comme il est
« ou (au) mois d'aoust ou de hernu. »

(Citation dans La Carne.)

Du sens propre d'*orage*, on a passé facilement et tout naturellement à celui
de *discussion violente, explosion de
colère, tumulte politique*. Nous la trou-
vons à ce dernier sens sous la forme *harnoise, harnaise, hornus* :

« Quant à aus (eux) vint uns ahaniers
Mout aÿrés, mout courechiés....
Mout aigrement se courechoit
Et envers aus se hérichoit.
Quant li sains hom (Eloi) oŸt la noise
Acoisier vaut (voulut) la graut harnoise.»

(**Miracles de St-Eloi.**)

— « Une plaie ot en chief qui lui fist conchivoir
Droit en temps de hornus enferteit (infirmité).»

(**La Geste de Liège, XIV⁰ s.**)

Il est à remarquer que le patois montois a la locution : Faire des « *harnaises* », au sens de *s'emporter*, littéralement soulever des orages, faire du bruit :

« ... J'ay espoir qu'après ce grand hernu
Au fageo'et à pipe de festu,
Ces trois berglers diront pour canchonnettes... »
(**Rimes et refrains Tournaisiens, XV⁰ s.**)

Par ces mots *grand hernu* l'auteur fait allusion à des *discorts*, c'est-à dire des *discordes civiles*, des *émotions* ou *orages populaires*.

Dérivés : *Harnuate*, a lj. orageux.

    Hernuer (s'). Verbe réfl. se dit du temps qui se couvre de nuej menaçantes d'orage.

    Hernué. Adj. Temps *hernué*, c'est-à-dire chargé de gros nuages d'orage.

On se sert également de cet adjectif en parlant des viandes fraîches et de certains fruits à noyau cueillis, (les cerises particulièrement), et aussi des fraises récoltées, qui, sous l'influence d'un temps très orageux, sont entrés rapidement en décomposition.

Locutions picardes : « Fleurs *d'hernu* » fleurs d'orage, *vent d'hernu*, vent d'orage ; *cœup d'hernu*, coup de tonnerre.

Rappelons que les habitants de Saint-Saufiteu (canton de Boves) ont reçu de leurs voisins le curieux sobriquet de *décatourneux d'hernu*, littéralement *détourneurs d'orage*. J'ignore à quelle cause il faut attribuer ce dicton. On dit dans mon village d'un homme portant un chapeau à très larges bords, qu'*il ot un capieu comme un détourneu d'orage* : les habitants de Saint-Saufiteu auraient ils porté jadis des chapeaux que leurs voisins auraient trouvé drôles, et qui auraient donné lieu au curieux dicton en question ?

Le mot qui vient de nous occuper sous les formes *harnu, hernu, hornus, harnoise, harnaise*, est d'origine germanique : il se rattache par son radical *hern*, *harn* au vieux saxon *hyrnesse* que Sommerus traduit par *tempestas* (tempête, orage) et qui est un dérivé du verbe *hreran*, agiter.

HARONDELLE et **HÉRONDELLE.** Formes picardes *de hirondelle*, diminutif de *aronde* (du latin *hirundo*).

Dans mon village, la nuque s'appelle *queue d'éronne* (d'aronde) : « Il o foit (a fait) coper ses cavieux : il éros (auras) froid à s' *queue d'éronne* »

HARTEUDIEU. Adj. et subst. Maladroit, inhabile. S'emploie à ce sens au nord d'Amiens dans le canton de Villers-Bocage. le sens propre était jadis *chapon, chaponneau, poulet*.

Peu de mots se présentent sous des formes aussi nombreuses que ce terme, qui nous vient sans doute de la langue d'oïl, laquelle disait *estoudeau, eslaudeau* et *hestoudeau, hestaudiau*. On trouve dans Cotgrave (1611) *hutaudeau, hutudeau. hustaudeau* et dans Cesar Troguey (1640) *hutaudeau*.

Un chapitre des Comptes de la Commanderie d'Eterpigny, près Péronne, pour l'année 1439, porte *hertaudeau*, forme qui se rapproche de celle qu'on rencontre à Villers Bocage :

« Recepte de bled. . . .
« Des capons nommés **hertaudeaulx** et autres... »

(Cocheris, Doc. inéd.)

M. Robert de Guyencourt me communique un extrait d'une affiche pour la vente du domaine d'Erlencourt près St-Pol, au siècle dernier, dans laquelle on trouve la forme *hostodiau* :

« Soixante-quatre chapons et un quart, cinq poulles, cinq **hostodiaux...** »

J'ai dit plus haut que ce mot pris au sens propre, signifie *chapon*, *poulet*. C'est le sens qu'il a, du reste, dans Robert Estienne et dans le D' Canal. Les deux citations que je viens de donner montrent que, dans notre région, le terme *hertaudeau, hostaudiau*, désignait une espèce particulière de chapons, puisqu'ils avaient un nom particulier. Ce nom était-il dû à leur âge, à leur état d'engraissement ? Je n'en sais rien. Mais en examinant les formes de la langue d'oïl qui sont sans aucun doute les plus anciennes, il est facile de voir que *estoudeau* est d'origine latine. L'adjectif latin *stolidus*, sot, contracté en *stol'dus*, donne *estould*, puis *estoud*, lequel, par addition du suffixe diminutif *eau*, devient *estoudeau* dont le

sens est originairement *petit sot*, qualification parfaitement propre au jeune
coq, qui, bien que devenu chapon, est
assez sot pour essayer encore de faire le
galant auprès des poules. Cette considé-
ration explique le sens de *maladroit*,
inhabile, que, au figuré, présente au nord
d'Amiens le mot *harleudieu*. J'ajoute que
le *h* n'est pas étymologique dans les formes où on les rencontre, et que le *r* n'est
pas plus étonnant que dans *marle* pour
mâle de *masculus*, *pertrir* pour *pêtrir*,
vi. fr. *pestrir*, de *pisturire*, etc.

HASER (hazer). Ce verbe signifie *mettre bas, faire ses petits*, en parlant de la
femelle du lièvre et du lapin :

Dérivé : *Hasée*, portée de cette
femelle.

Haser est un dérivé de *hase*, femelle
du lièvre et du lapin, qui est venu de l'ancien haut allemand *hazo*, lièvre.

* HASOIS. Subst. masc. pl. Débris sans
valeur, objets détériorés par le temps,
vieille maison. On employait jadis ce mot
au sens de *buissons sauvages* et de
broussailles.

« Item que les bos (bois) et espinnsou hasoy… »
(Cart. de Corbie dans la Curne, 1403).

— « Et sera tenu ledit Pierre, de essarter et
« destruire les hasoys estans sur ladite ma-
« sure. »
(Ibid, 1430.)

« Un petit fisf consistant en une masure à
présent non amezée fort aboquiés de hazois et
aultres émondices. »
(Acte d'échange, 1482.)

— « Douze journaux dont partie est en bois
et hasoy… »
(Dénomb. de la Baronnie de Boves, 1692.)

Les documents qui précèdent montrent
que le terme en question signifiait au
XVe siècle *buisson d'épines :* de là on a
passé facilement au sens de *débris sans
valeur, objets détériorés, vieille maison*. C'est donc à tort que Corblet donne
deux *hasois* avec des sens en apparence
différents, et qu'il rapporte l'un d'eux au
hongrois *haz*, maison.
Les Normands ont un synonyme de
notre *hasoi* picard ; c'est *hazier*, buisson
de broussailles. Évidemment *hasoi* et *hazier* viennent du même radical. Dans son
ouvrage : *Origine des noms de lieu*, mon
excellent et savant ami, le regretté M.
Cochoris, rapporte au radical latin *hasla*,
branche, non seulement les noms de lieu
Les Hallot, Halloy, Hallu, etc., mais
encore *Le Hazaz, Le Hazé, Le Hazeau*.
J'admets que, comme le français *hallier*,
les premiers noms, par un dérivé, se
rattachent à *hasla*, parce qu'ils ont conservé le *l* ; mais, justement parce qu'ils
n'ont pas cet *l*, ni *hazier*, ni *hazoi*, ni
Hazai, Hazé, ne peuvent être rattachés à
hasla : le *s* en cette position tombe toujours, tandis que le *l* persiste.

Notre *hasoi* picard a donc une autre
étymologie : il est, à mon avis, d'origine
germanique et se rattache au radical *was*,
qui est dans l'ancien haut allemand *waso*,
gazon.

Examinons :

De même que l'ancien haut allemand
hultz (houx), a donné en bas latin *hultse-
tum* (lieu où abondent les houx), d'où *Le
Houssoi*, nom ancien du village dit aujourd'hui *La Houssoye*, de même le radical *was* a donné le dérivé *wasetum*, lieu
ou abonde le gazon. De même, comme on
le verra plus loin, que le *w* germanique
de *waude* (gaude), et de *wafel* (gaufre), a
donné *h* dans les formes picardes *haude*
et *haufre*, de même le *w* de *waso* a donné
h : de là avec le changement de *etum* en
oi notre forme picarde *hasoi*.

Après la forme voyons le sens :

Partout où la terre, à cause de sa mauvaise qualité, ne peut être cultivée avec
profit, ni produire des arbres, s'étend un
gazon. Mais là aussi, surtout à lisière des
bois, poussent les buissons sauvages, épines, ronces, genevriers, fourdriniers : on
a pu facilement et tout naturellement
passer du sens de lieu plein de gazon à
celui de lieu plein de broussailles, fourré,
hallier, puis de bois sans valeur, que les
documents appellent *espines, émondices*,
et que, d'après les baux, on était tenu
d'essarter et détruire, pour les brûler ou
les laisser pourrir sur place.
De ce qui précède il résulte que le *hazier* des Normands, et les noms de lieu
Hazai, Hazé, le *Haseau*, etc., se rattachent au même radical que notre *hasoi*
picard et non à *hasla*.

*** HASQUEU** ou **HASTEU**, au fém.
HASQUEUSE. Adj. Prompt à se déterminer, hardi jusqu'à la témérité, risque-
tout, entreprenant, ingénieux. La forme
étymologique est *hasteu*, qui s'emploie
dans le canton d'Acheux. En langue d'oïl,
c'était aussi *hasteu, hastiu, hastieu,
hasti*, etc., prompt, empressé, téméraire,
comme on va le voir dans les citations
suivantes :

« N'ot mie trop **hasti** (téméraire) corage. »
(**Li rom. de Sept Sages,** XIII° s.)

— « Diex ! Fet bains com tu es **hastiu** !
(prompt). »
(**Rec. de Montaiglon,** XIII° s.)

— « Abraham, vous estes moult **hastieus**
(empressé). »
(**Dial , pic. flam ,** XIV° s)

Notre adjectif *hasteu, hasqueu* appartient à la famille du vieux verbe *haster*,
aujourd'hui *hâler* qui est d'origine germanique, allemand *hasta*, hâte, autrefois
haste. *Hasteu* est devenu *hasqueu* par
changement de *t* en *qu :* c'est ainsi que le
diminutif *petiot* qui, à Abbeville, s'est réduit à tiot, et ceveut ailleurs *quiot :*
« Men *quiot* fiu » mon petit fils.

Dérivé : *Hasquer*, risquer. Dans bien
des localités, le *s* de *has
queu, hasquer* s'est changé
en *ch* et l'ou dit *hach-
queu, hachquer.*

La finale *eu, ieu* des formes de l'adjectif picard *hasteu, hasquieu*, s'explique
par la consonnification de *il, iv*, de l'adjectif de la langue d'oïl en *iu, ieu :* c'est
ainsi que *fils, poussif, outil*, sont devenus *fieu fiu, poussiu, outiu.*

HATREL. Subst. masc. Se prononce
hatré comme *ratel* (rateau), *monchel*
(monceau) se prononcent *raté, monché.*
S'emploie surtout dans le Boulonnais : le
sens est *nuque, derrière de la tête*, et,
par extension, *cou.* C'est une contraction
de *haterel* qu'on rencontre souvent dans
la langue d'oïl. Un vocabulaire du XIII°
siècle, édité par le Père Labbé en 1661,
porte : «Occiput, le *haterel*». Par consonnification de *el* en *au, iau, haterel* devient
hatereau, hateriau. Le vocabulaire de la
Bibliothèque de Douai (XIV° s) porte :
« *Hateriaus, cervix* », Louis D'Arcy
(1643), dit : « *Haterel* ou *hatereau*, mot
picard : le col ou cou ».

*** HAUDRAGUER**, mieux **HODRA-
GUER** ou **HOUDRAGUER.** Dans la vallée
de la Noye on le prononce, et à Boves les
notaires l'écrivent *vaudraguer.* Verbe
act. curer, draguer le fond d'une rivière,
d'un canal ou fossé extraire la matière
tourbeuse. On rencontre en picard le dérivé *houdrague, haudrage, haudrague,*
qui est un substantif verbal, et qui signifie *drague à curer, espèce de pelle creuse
à long manche* servant à extraire la
tourbe. Au siècle dernier, à Amiens, on
employait au même sens *houdrageoir.*

Voyons les documents :

« Sur ce que nous disions ke nous povions et
« devion faire fauquer l'herbe et **holdragier** et
« retraire le brai de l'yeau de Somme... »
(**Du Cange, Reg du Vidamé de Picquigny,
1368.**)

— « Pierre Lebouque, demeurant à Camon,
« amenda qu'il avait **haudraguié** et saquié (tré
« de terre) et haué (houé) de le deuve (douve)
« d'un fossé... »
(**Bouthors, Cout. gén., 1358.**)

— « A la charge par les preneurs desdits
« moulins de curer et **vaudraguer** la rivière en
« temps et saisons convenables... »
(**Bail de deux moulins à eau, sis à
Cottenchy, reçu par M° Moitier,
notaire à Boves, le 20 oct. 1867 .**)

— « Ung aviron de pesche, une **haudrague**,
« ung ratel de fer... »
(**Inv. à Amiens chez un hortillon, 1598.**)

Dans un article bibliographique sur
Jean Legache, d'Amiens, le P Daire signale, au nombre des inventions dues à ce
dernier, celle d'un *houdrageoir* à sac *pour
nettoyer et curer* à peu de frais les ports
de mer. bassins, etc.

(*Hist. litt. de la ville d'Amiens, 1782.*)

Après avoir vu les formes du verbe en
question, cherchons son origine.

La forme la plus étymologique est *holdraguer.* Toutes les lettres sont bonnes,
sauf le *l* qui a remplacé un *r* originaire
par principe de dissimilation, comme
dans *pelerin* pour *pererin* de *peregrinus,
crible* pour *cribre* de *cribrum.* Notre
verbe picard est composé de la préposition *hors* dont le *s* est nul dans la prononciation, et de *draguer*, tirer, qui se
rattache au radical *drag, drak* commun
à toutes les langues du Nord : la forme
primitive est *hordraguer*, littéralement
hors traire, extraire, retirer. Par la dis-

similation de *r* en *l*, *hordraguer* est devenu *holdraguer*, lequel, par changement de *ol* en *ou* a donné la forme *houdraguer* usitée à Bourdon, à Longpré, à Long, etc. La forme *hodraguer* est due à la réduction de *ol* à *o* : *col* (cou) se dit *co* à Amiens. Dans les formes *haudraguer*, *vaudraguer*, le son *o* est représenté à tort par *au*. Quant à cette dernière forme avec *v* initial, elle nous présente le même phénomène que *voirée*, *veulaqueu*, *vissier* (huissier) et reste à expliquer.

* HAUCHER ou HEUCHER. Formes picardes de *hausser*, dont le sens est *lever, dresser, retrousser*.

A la seconde forme se rattache le substantif composé *heuche-men-pied*, pédant, glorieux, vantard, autrement dit *poseur*. Cette expression doit être rapportée aux manières de certaines gens qui affectent de se cambrer en se posant tantôt sur une jambe, tantôt sur l'autre. C'est ainsi qu'on appelle *b'zeus* (faiseurs) *d'ailes de pigeon* ceux qui ne peuvent dire deux mots sans gesticuler niaisement des épaules, des bras et des mains.

Haucher, forme picarde de *hausser*, vient d'une forme latine *altiare* (rendre plus haut), dérivé de *altus*, haut.

Au verbe latin *altare* (dresser, élever) qui est un autre dérivé de *altus*, se rattache la curieuse locution picarde : *haute* ou *heute té té !*

J'écris cette locution dans laquelle il y a réduplication du pronom *té*, comme dans beaucoup de locutions enfantines : *bébec*, bec, *dédé*, dé (doigt), *sœseur*, sœur, *pépère*, petit père, etc., telle qu'on la prononce.

Quand les femmes du peuple, pour exciter un tout jeune enfant à se lever et à se tenir droit, lui disent : « *Haute* ou *heut té té !* » elles parlent presque latin : car elles traduisent littéralement les mots latins *alta te*, lève-toi, dresse toi. Le *h* est adventice dans l'impératif *haute* ou *heute* comme dans l'adjectif *haut* du latin *altus*.

* HAUDE. Anc. subst. fém. Gaude, plante dont on se sert pour teindre en jaune et en bleu. Cette expression était encore usitée au siècle dernier à Fouencamps, canton de Boves ; un inventaire de 1704 porte :

« Item onze bottes de haude à teindre estimées ensemble quarante sols. »

Y a-t il eu dans *haude* pour *gaude* changement en *h* du *g* de *gaude* ou du *w* germanique de *wauda ?* Ou bien le *g* de *gaude* est il tombé pour être remplacé par l'aspiration ? Je pose ces deux questions en laissant à d'autres plus compétents que moi le soin de décider, bien que je penche pour la seconde solution. Du reste *haude* n'est ni moderne, ni particulier à l'Amiénois. Cotgrave (1611) en effet donne le même terme ; seulement il l'a mal orthographié, car il dit : « *Ode*, gaude de teinturier. » Le *hode* de Corblet, pour être une autre cacographie, n'en prouve pas moins que ce terme a persisté en Picardie.

A Amiens et dans bien d'autres localités picardes, le *w* germanique de *waude* avait persisté et l'on disait *waide*. Une inscription qu'on voit à l'extérieur de la Cathédrale d'Amiens, près du portail de St-Christophe, porte :

« Les bones gens des viles (villages) dentour « Amiens qui vendent waides ont faite chete capele de leurs omonnes. »

HAUFRE. Subst. fém. Gaufre. De même en Hainaut *haufe*, gaufre, *hauflette*, petite gaufre sèche et sucrée (Hécart). Là aussi on dit *haule* pour *gaule*. Comparez en outre le picard *haude*, donné ci-dessus pour *gaule*. A Essertaux (Somme), on dit *houret* (petit porc) pour *gouret*. Ce changement de *g* en *h* est déjà ancien. *Les Ordonnances de l'Eschevinage d'Amiens* (1586) porte : « La peau « de *houpil* (goupil, renard) doit une « obole. »

HAVER. Accrocher, saisir. S'emploie surtout dans le nord du domaine picard où il a en outre le sens de *creuser en dessous, piocher, houer*, d'où *havriau*, pic de mineur. Comme le *havet* du français, ce verbe est d'origine gothique et se rattache par son radical *hav*, à *hafjan*, son'ever. Ce radical latinisé de bonne heure se retrouve au VIIIe siècle sous la forme *avus* dans les Gloses de Reichenau, où on le voit sous forme de substantif, avec le sens de *croc* : « *Uncinus : avus* ».

Nous avons à Amiens un curieux spécimen de *havet*. C'est un énorme croc en fer, scellé au bas de l'une des deux grandes tours de la Cathédrale, côté sud, près de la porte St-Christophe, à environ deux mètres du sol. On dit que, à l'époque des troubles de la Ligue, il servait à tendre une grosse chaîne de fer qui faisait l'office de barricade.

Au même radical *hav* se rattache le mot *havot*, employé dans la charte de Péronne de 1209 : « Si quis aliquem de « communiâ Peronensi infra castrum vel « infra banleugam occiderit, et captus « fuerit, capite plectetur, nisi captus « fuerit in ecclesiâ; et domus ejus, si « aliquam habuerit, diruetur et mittatur « ad *havot*. » *Mettre à havot* signifie ici *mettre à sac, au pillage*, et non pas *à néant* comme on l'a récemment traduit. Le sens de *havot* ne peut faire question en présence du texte suivant, auquel on pourrait en joindre plusieurs autres tout aussi clairs :

« Vesquit encore [l'évêque] quatre jours « en telles douleurs et mourut... Et sa « mesnie (suite, domestiques) fit *havot* « (main basse, pillage) de quar qu'il « avoit. » (*Récit d'un Menestrel de Reims*, XIIIᵉ s.)

HAYETTE. Subst. fém. Diminutif de *haie*. Il se prononce selon les localités *a-ette* et *é-iette*. Il est très ancien et sert aussi de dénomination à plusieurs bois, hameaux, et fermes isolées, de notre province. De même que *haie*, notre diminutif signifiait en outre *lisière* ou *bordure d'un bois* :

« Lor bataillez totez rengies
Erent ilvec en un topel
Lès le baiete d'un bosquel. »
(Gilles de Chin, XIVᵉ s.)

On sait que *haie* est d'origine germanique, ancien haut allemand *haga*, haie.

HAYON. Subst. masc. Echoppe portative sur laquelle les marchands ambulants étalent leur marchandise. C'est aussi chez nous une sorte de palissade mobile, formée d'une simple claie ou de branchages entrelacés, derrière laquelle se mettent à l'abri les ouvriers des champs aux heures de repos et du mauvais temps.

« Pareillement appartient à icelle [ville de Pernes] le droit d'estalage... et se prent pour le droit... sur chacun haion couvert onze déniers... »
(Cout. loc. de Pernes, 1507.)

— « Que nul mercier ou autre ne mette hayon, estal ou autre empeschement sur les rues ou places publique... »
(Ordon. de l'Ech. d'Amiens, 1586.)

Au XVIᵉ siècle, à Doullens, les notaires écrivaient *haïon*. Aujourd'hui le rédacteur des procès-verbaux du Conseil municipal de la même ville écrit inconsciemment *haillon*, du moins d'après le journal l'*Authie*. Etymologiquement, cette forme est incontestablement la meilleure, car le radical est le latin mérovingien *hasla*, branche, et le mot qui nous occupe est de la même famille que *hailles, haillard, hallot*, etc.

HAYURE. Subst. fém. Les paysans emploient ce terme, qui est un dérivé de *haie*, au sens de ce dernier mot, qu'il s'agisse d'une haie vive ou sèche. Il est déjà ancien.

« Avoir baillé à title (titre) de ferme soixante-six journeux et demi de bois séans près le Candas, les voies, *hayeures* et flaques déduites et rabatues... »
(Bail, not. à Doullens, 1550.)

Une lettre du bailli d'Amiens donne main-levée d'une saisie immobilière exercée *sur jardins, pourprins et hayeures*, en 1586.

Ce terme était encore usité officiellement en 1820 :

« Ledit bois confrontant du nord à une *hayeure* appartenant au sieur Ternisien. »
(Procès verb. d'adjud. des droits de l'Etat à la haute futaie du bois d'Arguel, canton d'Hornoy.)

Un bois, sis au teritoire d'Allery (Somme), a conservé le nom de *La Hayure*.

*HECQUET ou HEQUET.** Subst. masc. Porte ou barrière à claire voie, demi-porte de même façon et à hauteur d'appui, fermant la cour, le jardin ou l'entrée de la maison que l'on veut interdire aux poules et autres animaux. Ce terme signifie aussi, ridelle de charrette, partie postérieure mobile des tombereaux et des voitures de transport, enfin l'espèce de plancher sur lequel la vis du pressoir à cidre opère directement. *Hecquet* est un diminutif de *hec* qui a, en picard comme en français, à peu près les mêmes acceptions et qui existait en langue d'oïl :

« Le suppliant estoit à son huis apolé (appuyé) sur son hec... »

(Du Cange, XIVe s.)

On rencontre souvent dans les documents le diminutif *hecquet* à ses différentes acceptions :

« Elne (une) porte foite (faite) en héquet, ch'est un huis foit avec des bâtons croque villés qu'o (on) voit cla'r à travers. »

(Dial. de deux paysans, MS du XVIIIe s.)

— « Item un héquet adjugé quarante sols trois déniers. »

(Vente mobil. à Flesselles, 1734.)

— « Une autre voiture d'août avec ses deux hecquets. »

(Inven. not. au Bosquel, 1868.)

Littré donne le primitif *hec*, mais il le déclare d'origine inconnue.

A mon avis, ce mot, comme bien d'autres, nous est venu du nord : il se rattache au vieux saxon *hegas*, que Sommerus traduit par *claie*, neerlandais *hecke*, *heck*, claie (Kilianus), barrière, clôture (Darsy). Le flamand moderne dit *heck* au même sens, et a *hekgeld*, droit de barrièr.

Le diminutif *hecquet*, *héquet* est devenu dans notre région un nom de famille assez répandu dans toutes les classes de la société, ouvrière, agriculteurs, notaires, magistrats, etc. Le 20e Bataillon de chasseurs à pied qui s'est si bien battu à Gentelles le 27 novembre 1870, avait à sa tête M. le commandant Hecquet.

* HEIM ou HEIN. Cette interjection familière, au picard et au français, et qui signifie : « *Qu'en dites-vous ?* » ou : « *Veuillez répéter : je n'ai pas entendu,* » a donné en picard deux dérivés très curieux. Ce sont le verbe *heinir* et l'adjectif *heineux*, recueillis par Edouard Paris qui écrit dans une note de 1865 : « *Heinir*, c'est ne pas entendre et faire répéter fréquemment ce qui a été dit. On dit ; « Tu m'embêtes ; t'es toujours ló à *heinir*. Ta n'enteinds point ch' qa'o t' dit, t'es toujours à foire *hein! hein!* » *Heineux* se dit d'un homme qui a l'habitude de *heinir*. »

Edouard Paris tenait ces deux mots de M. Durand, de Wiry-au-Mont, canton d'Hallencourt (Somme).

On sait que *heim*, *hein*, ne sont autre chose que l'interjection interrogative latine *hem*, qu'on retrouve au même sens dans Térence.

J'ai cherché à différentes reprises qu'elle pouvait être l'étymologie du nom de famille Hémart qui a été, à l'origine, un qualificatif.

Dans son Dictionnaire des Noms de famille, M. Lorédan Larchey rattache ce nom à l'allemand *heim*, maison, et lui donne le sens de *casanier, qui aime à rester à la maison.* Cette étymologie ne me satisfait pas, parce que, en général, les qualificatifs terminés en *art* viennent non d'un substantif, mais d'un verbe, et marquent répétition, habitude d'une action.

La forme *hein* ayant donné *heinir*, *heineux*, est-il téméraire de croire que la forme *heim*, par un verbe *heimir*, *hémir*, disparu ou non encore retrouvé, a donné le dérivé *hémart*, homme qui a l'habitude de faire *hein! heim ?* Ce serait l'histoire des noms Ansart, qui *hanse* souvent, Crochart, qui joue souvent à la *croche*, etc.

Une famille Hémart originaire d'Amiens, avait autrefois une vocation toute particulière pour la rébus et le jeu de mots. Jean Hémart qui donna avec François Mouret la table d'autel et la clôture de la chapelle de Saint Sébastien, à la Cathédrale d'Amiens, avait pris pour devise ce vers :

« Jésus mourant dES MARTyrs est la gloire. »

pendant que François Mouret adoptait cet autre :

Forte est la mort, l'aMOUR EST sa victoire.

Le P. Daire donne l'épitaphe suivante d'un membre de la famille Hémart :

« Cy gît Jacques Hémart, bo-n (bon) varlet
Toudis (toujours) armé et toudis prêt,
Avec bonnet sur sa caboche
Et des éprons à ses galoches.
L'an quinze cent et un quarteron
Il fut tué par un Bourguignon. »

(Cimetière St Denis à Amiens.)

Pagès donne une variante de cette inscription.

HENNE. Subs. fém. Mauvais cheval, vieille jument, rosse. Ce terme est très ancien et commun au picard et au vieux français. La langue d'oïl avait *hanne*, *henne*, *hennard*, mauvais cheval, mulet (V. Hippeau); c'est donc à tort que Corblet écrit *hêne*. Quant à l'origine du mot en question, je ne puis mieux faire que de uiter ce qu'écrivait en 1750 un des rééditeurs de Ménage : « *Henne, hennart* et « *hennot*, sont trois termes fort usités en « basse Normandie. On y appelle *vieille* « *henne* une vieille jumen*t*, et quelque « fois aussi par mépris, une vieille femme, « de même qu'on dit une vieille rosse, et « on appelle *hennard* et *hennot*, un mé- « chant petit cheval. Tous ces mots vien- « nent du latin *hinnus*. » J'ajoute que le *i* de *hinnus* (mulet), est devenu *e* dans *henne*, comme dans le français *hennir* de *hinnire*.

* HÈPE ou HEPPE. Subst. fém. Petite faulx, manche de sape. Le sens de manche ne peut être venu que par synecdoche. Dans l'extrême nord du domaine picard, on trouve *happe*, hâche, *happielle*, petite hâche (Dr Sigart), et aussi *happe*, sorte de couperet pour émonder les arbres (Hécart).

L'origine de ce mot est néerlandaise. Kilianus dit : « *Heepe, falx arboraria, putatoria* », c'est à dire *faulx à émonder* ou *à couper les branches*. Le flamand moderne a *heep*, serpe et l'ancien haut allemand avait *happa*, faucille.

HERBILLONNE ou HERBILLONNEUSE. Subst. fém. Femme qui coupe à son profit l'herbe abandonnée des rideaux, fossés, bords de chemin, ou qui va ramasser de l'herbe dans les jeunes blés ou les jeunes avoines. La seconde forme est un diminutif déjà ancien au masculin, du vieux terme *herbilleur* cité ci-après. Il y avait aussi, d'après Du Cange, les verbes *herber*, couper de l'herbe, *herbeler*, *herbillonner* et *herbiller*, au sens particulier de *mettre le bétail à l'herbage*.

« Et pœt (peut) en ses ablais [li dis Jeban] « prendre wages as (sur) herb.lieurs.. »
(Ch. du Seigneur de Dreuil, 1295.)

— « .... pareillement défendons aux herbil « lonneurs d'herbillonner dans les grains après « le premier de mai. »
(Ordon. du bailli du Temp. de l'Egl. d'Amiens, 1780.)

— « Por (pour) foire (faire) sen p'quiot (petit) tripot, o zo (on a) chacun s'méthode. Por purger (punir) ch' 'herbilonne j'connois ein (un) ente (autre) Code... »
(Les quatre gardes-champ. Astrol. pic. de 1846.)

Ces citations montrent que le *herbione* de Corblet est une cacographie.

Au radical *herbe*, se rattachent les noms de famille Herbette, Herbet, Herbin, Herbillon. Au nombre des vingt quatre Français auxquels j'ai donné la sépulture après le combat de Cachy (27 nov. 1870) se trouvait un sous-lieutenant du 20e Bataillon de chasseurs à pied, nommé Herbin, qui avait été tué à deux cents mètres de ma maison. Le père d'un de nos anciens préfets et de notre ambassadeur actuel à Berlin, M. Herbette, que j'ai connu professeur au Lycée Bonaparte, est originaire des environs d'Albert.

HERCHE. Subst. fém. Forme picarde de *herse*, du latin *hirpicem* contracté en *herp'cem*, avec changement de *c* en *ch*. A donné le dérivé *hercher*, herser. Ces deux formes sont déjà anciennes.

« Le dit Daschau a promeis et promet labourer, coltyver et herchyer bien et deuement le nombre de douze journeux de gasquières. »
(Acte not. à Domliens, 1585.)

— « Une vieille herche et ung fourquet.»
(Inv. à Amiens, 1583.)

— « Une herche, un plontroir tournant. »
(Inv. à Pierregot, 1718.)

* HERDE ou HERTE. Subst. masc. On aspire généralement. Troupeau de bétail. On donne depuis longtemps le nom de *herte* : 1° à l'association que forment entre eux certains habitants qui veulent avoir pour eux seuls un pâtre, un vacher, un porcher spécial, qu'ils paient en proportion du nombre de bêtes qu'ils lui confient. Dans la même proportion, ils se répartissent les nuits de parc des moutons ; 2° à l'ensemble des habitants d'une ou de plusieurs rues de village, qui ont seuls l'usage du puits de leur quartier et la charge de son entretien.

Dérivé : *Hertier, Herquier*, membre de la réunion ou de l'association nommée *herte*.

Sous ses deux formes, l'expression *herde, herte'* toujours en usage dans nos villages, est très ancienne :
« Une herte de cers (cerfs) trovèrent. »
(Rom. de Brut. XIIe s.)

— « Les hauts justiciers peuvent tenir herde ou troupeau à part pour user de vaine pâture sans déroger à ceux qui ont droit de herdage particulier. »
(Coust. génér. de Luxembourg, 1523.)

« La communauté de la *herte* du puits de l'église » à Villers-Bocage fit comparaître devant le bailli du lieu, en 1645, plusieurs habitants, afin d'obtenir paiement de leur part de frais, « pour avoir remonté (remis en état) le puits de l'église. »

— « Si ein (un) jour je m'trouvois membre de] conseillerie... j'dirois à ches hertiers... »
(Les quatre gardes champêtres, Astrol pic. de 1851.)

Herde nous est venu du nord, allemand *heerde*, *herde*, réunion toupeau, vieux saxon *hiord*, *hierd*, *heard*, néerlandais *herde*.

* HERDRE. Verbe act. Saisir. Ce verbe est aussi ancien que son synonyme *aherdre*. Une glose tirée d'un manuscrit de Bruges du XIII° siècle, rend *adœrens* par *herdant*.

Pour l'étymologie, voyez *aerdre* ou *aherdre*. T. I, p. 9.

* HÈRE. Subst. et adj. L'adjectif signifie *vigoureux, d une bonne constitution*. On dit : « N'être pas *hère* », être indisposé, faible, n'être pas vigoureux. Le substantif a une autre signification. On dit : « Ch'est un *hère*, » locution recueillie par Ed. Paris, qui l'a expliquée lui-même comme suit, « c'est *le plus huppé, le plus riche*; un *fameux !* » Ce mot existait en langue d'oïl qui avait, au témoignage de Du Cange et d'Hippeau, les formes *her*, *hère*, au sens de *seigneur*, *héros*. Au XVII° siècle, comme on le voit dans Ant. Oudin (*curiosités françaises*) on disait : « Faire du *hert* (*hère*), faire le seigneur, faire le grand.

Hère est d'origine germanique, allemand *herr*, maître, seigneur.

En picard, on donne ce nom de *hère* au grand harle ou harle commun (*mergus castor*), probablement parce que le hère est le plus grand du genre harle. Dans cet ordre d'idées, ce nom ne serait qu'une épithète.

L'étymologie montre que le *hair* de Corblet est une cacographie.

Au radical *her* se rattache le nom d'une partie de l'importante commune de Villers Bretonneux : c'est Erville, de *her* et *ville*, propriété du seigneur. Les anciennes cartes indiquent à part Erville et

Villers-Bretonneux. Une rue s'appelle encore *rue d'Erville*.
Il est probable que *Arvillers* a la même origine.

HÉRELLE. C'est ainsi que nos aïeux orthographiaient ce substantif aujourd'hui inusité, et qui signifiait *charrue*.

« Six journaulx de terres labourées à une roie d'hérelle. »
(Invent. de 1596.)

Le latin *aratrum*, charrue, a donné *araire* en français. De *araire*, nos pères ont fait *érele*, *érelle*, *hérelle* par adoucissement de *a* initial en *ai*, *é*, et changement de *r* final en *l*, parce que cet *r* était, après le *r* médial, difficile à prononcer. C'est ainsi que le *r* final du latin *armarium* est devenu *l* dans la forme picarde *ormoile*, armoire.

Hérelle, comme beaucoup d'autres mots aujourd'hui inusités, est resté un nom de famille. Un de mes camarades d'études, originaire de l'arrondissement d'Abbeville, ancien professeur au collège de Château-Thierry, s'appelait Hérelle.

HÉRICHON ou HIRCHON. Subst. masc. Forme picarde de *hérisson*, non pas la herse, comme le dit à tort Corblet, mais le cylindre des laboureurs armé de fortes pointes sur toutes sa surface.

« Ein (un) maire doit empêcher.... ches encombrements de l'voie publique comme tos (tas de bos (bois), mont (monceau) d'terre, de fien, carettes, carrues, herches, ploutroirs, hérichons. »
(Les quatre Gard. ch., Astrel. picard de 1849.)

Dérivés : *Hérichonner*, rouler un champ avec un *hérichon*.
Hérichonné, adj., hérissé, ébouriffé en parlant d'un homme.

HÉRIE. Subst. fém. Hoirie, héritage. On le fait aussi masculin dans une foule de localités. Un dialogue picard inédit (de 1850) porte en effet ce titre : « *Un héri* » et se termine comme suit :

« La morale de ch'conte lo, ch'es qu'i (il) veut (vaut) mieux, pour d'venir riche, compter su (sur) ses bros (bras) que d'sus (sur) ein (un) héri »

Dans le nord picard on prononce comme à l'Académie *houarie :*

« In vot (on voit) souvent tchant (quand)
« qu'in (on) fait homarie... »
(Le Brouteux de Turcoing, 1884.)

Au XVIᵉ siècle, à Amiens, *hoir* se disait *hérioir* :

« Deulx aultres chapperons, l'ung garny de
« satin et l'aultre garny de damas quy ont esté
« baillez aulx hayrioirs, partant non prisés. »
(Invent. à Amiens, 1596.)

Le radical de tous ces mots est le latin *hœres*, héritier.

HERMERIC. Subst. mass. Dénomination picarde du *courlis de terre*.

Le naturaliste Baillon, de Montreuil-sur-Mer, dans une note utilisée par Flourens pour son édition de Buffon, appelle ce même oiseau *le Saint-Germer*, et ajoute que c'est le nom vulgaire qu'il porte sur les côtes de Picardie. Là est peut-être l'étymologie de *hermeric* ou oiseau de Saint Germer, il y aurait eu un changement déjà signalé de *g* en *h*. Le nom de *Germer* donné au courlis n'est pas plus extraordinaire que celui de *pierrot* donné au moineau, ou que ceux de *colas* (Nicolas), *maïon* (Marie) *foireuse* ou de *margot* (Marguerite), donnés au corbeau, au rouge-gorge ou à la pie. D'un autre côté, le vieux français avait le mot *herme* pour désigner les terrains les plus improductifs ; on dit au même sens en Picardie *terre à courlis*. Il résulte de là que le mot *hermeric*, courlis, pourrait n'être qu'un dérivé du vieux français *herme*. J'avoue que je penche pour la première origine.

HERMERIE. Subst. fém. Cacographié ainsi dans le Glossaire de Corblet, pour *airmerie*. Au nord d'Amiens, à Villers-Bocage, où le terme ne s'emploie qu'au pluriel, on dit par corruption *romeries* œillets nains. *Armerie* est de l'ancien français que l'on voit latinisé en *armeria* dans Kilianus (XVIᵉ s.)

HERMINETTE. Subst. fém. Hermine, petit quadrupède nommé par les naturalistes modernes *putorius herminea, mustela aminea, mustela alba*. Ce diminutif picard est très ancien Gautier de Coincy, l'un de nos vieux compatriotes, l'a employé, mais sans *h* initial. On le trouve aussi dans Froissart. En Picardie, *hermi-nette* signifie en outre *esprit follet* qu[i] habite ordinairement les cimetières, et que l'on craint de rencontrer la nuit sous la forme d'un gros chat blanc. On lit dans l'*Enjollement de Coulas et de Miquelle*, année 1634 :

« Je prie à St-Miqué et à Ste Thunette
Que ne fuchies mengé de leu (loup) ni d'ermi-
nette. »

Herminette est un dérivé d'*hermine* dont l'origine est bien connue : ce nom a été donné au quadrupède ci-dessus indiqué et au chat blanc, à cause de leur fourrure qui ressemble à l'hermine.

⁎ HÉROIR. Subst. mass. On aspire ; d'où la nécessité d'orthographier par *h* initial, comme *hérouter*. Broie, maque ou brisoir, servant à broyer les tiges de lin pour en détacher l'écorce fibreuse ou partie textile. Synonyme picard : *maquoir* venu du verbe *maquer*, hérouter. Ce travail est le partage des femmes : les hommes écouchent.

Le *héroir* se compose de deux pièces de bois superposées à plat, et réunies d'un bout par une forte charnière. Ses deux faces internes sont cannelées, la pièce supérieure, seule mobile, possède un manche qui sert à la faire manœuvrer et à opérer la pression voulue sur les tiges de lin. Aujourd'hui on substitue presque partout à cet instrument primitif une broyeuse à cylindre en fonte cannelée.

Loc. pic. : « Foire (faire) eine (une) bouque comme un *héroir* », ouvrir la bouche toute grande.

On appelle aussi, au figuré, *un héroir*, la femme criarde, grossière, forte en gueule.

Héroir est un dérivé de *érouter* (V. ce mot dans mes *Études pour servir à un Glossaire étymologique du patois picard*. T. 1ᵉʳ, p. 239). La forme primitive a dû être *héroutoir* qui est devenu *hérouoir*, *héroir* par la chute du *t* : c'est ainsi que le verbe français *rouir*, est venu du hollandais *roten*, et que le latin *aratrum* a donné *araire* en français, *hérelle* en picard.

HERQUINER. Folâtrer, lambiner, travailler sans courage. Ce verbe n'a aucun rapport avec le verbe picard *requigner* ou *requingner* (rechigner) qui est un dérivé de l'adjectif *rèque*, rèche. Dans le nord du domaine picard, à Liège, on rencontre *halkiner*, tergiverser, barguigner, vétiller, *halkineu*, lambin.

Ce verbe est un très ancien dérivé du vieux substantif *hellequin*, *herlequin* dont le sens littéral était *fils de l'enfer*, mais qu'on employait au sens de *diable, malin esprit, lutin, feu follet*, puis de *personne portée à mal faire*. *Hellequin* ou *herlequin* est composé de deux éléments tudesques : *Helle*, enfer, et *kind*, enfant : le sens est donc *enfant de l'enfer*. La langue d'œil avait *hellequin*, lutin. Au XIIIe siècle, on trouve *herlequin* dans les *Miracles de St Eloi*, poëme d'un trouvère picard :

« Par le consel (conseil) de **herlequin** (diable) **Essirent** fors (sortirent) de l'abéie. »

Herquiner est une contraction de *herlequiner* : le sens de *folâtrer* s'explique par celui du substantif *lutin, feu follet*. Les autres acceptions ne sont que des extensions de signification assez naturelles. Ce verbe a donné le dérivé *herquinement* que l'on trouve en 1654 dans le *Véritable Discours d'un Logement de gens d'armes*, déjà cité :

« Frère je vo dirai tout et an long l'affoire Le biau **herquinement** et le grand hire haire… »

Ce mot me paraît avoir ici le sens de *remue ménage, vacarme, sabbat*, idée qui nous ramène au sens du primitif *herlequin*, fils de l'enfer, diable, lutin.

* **HÉRU.** Adj. Hérissé, mal peigné. Le français d'oïl avait à peu près au même sens le terme *hérupé*. Au XVIIe siècle, Louis D'Arsy dit : « Se *héruper*, c'est quand le poil se dresser et hérissone. »

Notre adjectif picard *héru* n'est, à mon avis du moins, autre chose que *hérupé* dont la dernière syllabe est tombée, comme dans notre adjectif *ahu*, mala droit, qui n'est autre chose que *ahuri* avec chute de la syllabe finale. Cette chute se retrouve du reste dans les noms de village *Brugy*, *Aubigny* qui, au IXe siècle étaient *Brusiac*, *Albiniac*.

L'origine de *hérupe* est inconnue.

* **HEUDOISE.** Subst. fém. Nous avons aussi les formes *veudoise, vaudoise, vandoise, gaudoise* et *geudoise*. Trombe, tourbillon de vent, ouragan de courte durée.

La trombe doit son nom à sa subite et extrême violence. Le radical est néerlandais : *Woed*, *Woede* (voud) ou *Wued* (vud) furie, fureur, rage (Kilianus), vieux saxon *wed* d'où le verbe *weiden*, être en rage (Somnerus). Quant aux changements de *w* en *h* ou en *g*, je les ai signalés avec assez de soin pour qu'il ne soit pas nécessaire d'y revenir. (V. *Haude*, *Haufre*, etc.)

HEULE. Subst. fém. Huile. Dans plusieurs cantons de l'Amiénois on se sert de la forme picarde *heule* pour désigner spécialement l'huile à brûler. Cette forme est loin d'être moderne : « … bléages, « vins, *heules*, chars (viandes), fruis, etc. » lit-on dans les *Assises de Jérusalem*. *Heule* a donné le dérivé *enheulier*, verbe actif, que Corblet a relevé au sens de *administrer la confirmation*, mais qui, au moyen âge, signifiait *donner l'Extrême Onction*.

« Enneuliié li clerc l'ont Moult tost si com il durent faire… » (Amadas et Ydoine, XIIIe s.).

Heule a donné le nom de famille *Leulier*, mot composé, de l'article *le*, et de *eulier*, et dont le sens primitif était *le marchand* ou le *fabricant d'heule*.

* **HEULER.** Verbe act. et neut. Hurler, huer, crier, insulter. Locution picarde : « Etre *heulé*, » être hué, mériter l'animadversion générale.

Notre forme picarde se rattache non à *hurler*, mais au verbe de langue d'oïl *uller, huller, usler, husler*, du latin *ululare* contracté en *ul lare*.

Notre forme picarde *heuler*, non encore signalée en vieux français, existe pourtant depuis assez longtemps. Du moins figure-t-elle dans un vocabulaire Fr.—Suédois, publié à Stockholm en 1773, où l'on trouve :

« Heuler, ropa, skria (poussa des clameurs, crier.) « Heulement, tyutande (hurlement). »

En Hainaut, on rencontre la forme *huler*, au sens de *hurler* et en outre à celui de *pleurer*.

* **HEUMER.** Forme picarde du français *humer* dont l'origine est inconnue. *Heumer* signifie *avaler, manger*. On

dit en conséquence au figuré *heumer sen bien*, dépenser sa fortune.

D'*heumer* est venu le dérivé *heumeux*, grand buveur.

Dans certaines localités, on dit *hémer*, *hémeux* : eu s'est réduit à é, comme dans *fémer*, *fémeux* pour *feumer*, *feumeux*.

* HEUE. Subst. fém. Forme picarde du *houe*, dont l'origine est germanique; ancien haut allemand *houwa*. Nous avons aussi les formes *heute*, Loue (canton de Villers-Bocage), binette ou sarcloir dans le Doullennais, *haude*, houe, pioche (canton de Villers-Bocage). De *heue* est venu le verbe *heuer*, houer; de *heute* le verbe *heuter*, expression qu'on emploie en parlant de la poule, du porc qui en grattant ou en fouillant, mettent à découvert les racines des végétaux. Nous avons plusieurs diminutifs : *heuette*, petite houe, *heulette*, petite binette, *heuleter* houer légèrement, remuer un peu la terre. La plupart de ces formes sont en usage depuis fort longtemps.

« Une heue, ung fourquier, ung ratel de fer.
(Invent. à Amiens, 1598)
— « Pour avoir piqué, fouy, heué, semencié et despouillé grains... »
(Plaids de Boves, 1530.)
— « Une heuette de fer...»
(Invent. à Amiens, 1620)

En Beauvaisis ou disait à la fin du siècle dernier *heuau*, hoyau :

« Une plenne (plane) et un heuhau adjugé à une livre.
— « Un heuhau et une petite paire de balances... »
(Vente mobil. à Campuis, 1789)

La vieille forme de *hoyau* en langue d'oïl était *hoel*, en vieux picard *heuel*. Un inventaire dressé à Amiens en 1609 porte :

« Une hautrague, deux rateaux et ung heuel. »

Cette dernière forme est importante, parce qu'elle peut seule expliquer plusieurs dérivés donnés ci-dessus. C'est de *heuel* qu'est venu le diminutif *heulette*, à l'origine *heuelette*. De *heulette* est venu le verbe *heuleter*, lequel, par contraction, a donné *heuter*, comme *harceler*, *harlequiner* ont donné *harler*, *herquiner*. Les formes *heute*, *heude* semblent n'être que des dérivés ou participes verbaux de *heuter*.

* HEURAILLIS. Subst. masc. Forme picarde du français *houraillis*. Ce dernier terme signifie *meute qui dépérit parce qu'elle est composée de mauvais chiens*. Tel n'est pas le sens de notre *heuraillis* picard qui signifie *bruit confus et tumultueux*.

« I faut entendre qué (quel) *heuraillis* d'infer (enfer) s'foit (se fait) l'jour de ch'votement »
(Astrol. picard de 1848.)

Pas de meute sans bruit, confus, sans tumulte : de là le sens figuré de notre *heuraillis*.

HEURLON et * HOURLON. Subst. masc. Hanneton. On donne le même nom — hurlon — à la grosse guêpe. Ces expressions sont des onomatopées tirées du bruit que produit le vol du hanneton et de la grosse guêpe : elles se rapportent au verbe *hurler*.

Dérivé: *Heurloter*, fredonner, bourdonner.

* HI. Subst. masc. Viorne des haies et les buissons plus exactement la clématite; nommée herbe aux gueux. Ce terme est usité au nord d'Amiens notamment dans le canton de Villers-Bocage.

Synonyme picard : *cranquille*. Origine inconnue.

* HIBERQUIN. Subst. masc. Forme picarde dans beaucoup de localités du français *vilbrequin*. Ici, comme dans *haude*, gaute, *haufre*, gaufre, il y a eu, à mon avis, non changement du v en h, mais chute du v et remplacement de cette lettre par l'aspiration. C'est ainsi que j'ai relevé dans le *Franc Picard* le mot en-*horplé* pour *enveloppé*.

* HIDE dans la locution : *Foire hide*, produire une impression d'effroi, d'horreur, donner le frisson, faire venir la chair de poule. Notre poète Crinon parlant des paysans avares, les dépeint :

« ..... pieds nus dins leus (leurs) chabouts (sabots)
« Guerloutant d'frod (froid) misérable à foire hide. »
(Satyre XIII.)

La langue d'oïl avait sa forme *hide* *hisde* à côté de la forme parallèle *hisdur*, *hisdor*, *hisdeur*, effroi, épouvante. les Picards n'ont que le mérite de l'avoir conservé dans leur patois :

« Quant oïrent sor Rune la noise et le tabor
(vacarme)
Lore n'y ot si hardi qui n'ait hide et paor
(peur). »
               (Ch. des Sax. XIII° s.)

Hide a la même origine que l'adjectif français *hideux*.

HIERRE. Subst. masc. Se prononce *ierre*. Lierre. Dans certaines localités on dit *hiarre*.

Ici encore, comme pour *hide*, notre patois ne fait que continuer la langue d'oïl qui disait *hierre* du latin *hedera*. Au XVI° siècle, Ronsard dit encore l'*hierre* et Dubellay écrit :

« Et les vieux mors hideux de ronces et d'hierre. »

HIMEUR. Subst. fém. Forme picarde du français *humeur*.

* HINGUER, HINQUER. Faire tous ses efforts. Ce verbe, en vieux picard, répondait en outre à *haleter, aspirer avec ardeur, dévorer des yeux, regarder avec convoitise.* On rencontre dans le nord du domaine picard, en Hainaut, la forme *enguier*, essayer, faire des efforts, laquelle est une corruption de *hinguier.* « J'ai *engué* j'ai essayé, tâché de faire » (Hécart). A Douay, ce verbe a le sens *de tâcher d'arriver à un but.*

Quelques citations à différents sens :

« ..... je n'ay rien waingné (gagné)
De foire le hola pour boine paix y mettre :
Car caqun (chacun) d'eux toudis hingue d'estre
          | le moite (maître).
      (Hist pl. de la Jal. de Jeannin, 1590)

— « .... courut tout éperdu
Hinguant de se sauver... »
       (Suite du Cél. Mar. de Jeannin.)

— « In (en) deux mots, un (on) a tant d'occasion d'braire (pleurer) din (dans) ch' monne
(monde) eby, qu' j'ai ingué (hingué) d'faire
rire un p'tiot bibi. »
      (De Christé, Souvenirs d'un homme de
        Douai, 1863)

— « Ah cha ! Ne laissiez pus (plus) aller vos filles à le veille (veillée) avuc ches garchons qui hinquent et guingneut (cuignent) jl' minche d'leu renet »
      (Sermon de Messire Grégoire, XVII° s)

Je crois que *hinguer* est une onomatopée tirée du son *hin, hing !* qui sort tout naturellement de la poitrine d'un homme qui fait un violent effort pour asséner un coup de marteau, de bâche ou de pioche: du sens de *haleter*, on a pu passer facile-ment à celui de *aspirer à faire quelque chose, désirer ardemment.* Cependant *hinguer* peut bien aussi nous être venu par addition d'une nasale, du tudesque *higgan, higan*, que Somnerus traduit justement par *s'efforcer*, néerlandais *hygen* (*g* dur) haleter, souffler, ahanner, flam. mod. *hygen*, haleter, souffler, au fig. désirer ardemment. Peut être *higan* n'est-il lui-même qu'une onomatopée ?

HIRECHER, HIRECHIER. Verbe act. hérisser ; verbe neut. frissonner, frémir. A donné le dérivé *hirecheux*, hérissé. Ces expressions sont de l'ancien français :

1° Au sens de *hérisser*, (langue d'oïl), mais sans métathèse, *héricher, héricier, hérisser* (Hippeau),

2° Au sens *de frisonner* dans la citation suivante :

« Car il sont fel et despitous
Et aux bonnes gens peu pitous.
Il me font la chair hireshier »
      (Froissart, poés., XIV° s.)

« Comme à plaisi dine (dans) son parler batard,
Il écourniffe l' français pis (et) l'picard,
Et foit (fait) hirchi ches gens, tant il est bête...»
      (Crinon, Satyre X)

Hirecheux est aussi de la langue d'oïl :

« Il estoit mult hireseux et caus à manière de feu et oscurs. »
(Hispidus ille valdè erat et horribilis, igneus, atque tenebrosus.)
      (Lég. de St-Braudaines, XII° s.)

Aujourd'hui dans le Santerre et le Vermandois, on emploie encore ce mot :

Pa' (par) ch'temps l' pus (plus) frod, pour mé-
        | nagi un' boise
D'vant leu qu'minons, in (on) les vot (voit) l'poil
        | hircheux.
      (Crinon, Satyre XIII.)

L'étymologie est celle de *hérichon, hérichonner* qu'on a vue plus haut. Le picard dit aussi par métathèse déjà ancienne *hirechon.* Au Vocabulaire de Douai (XV° s.) on trouve : « *Erinatius* (erinaceus) Yrechons », et le Glossaire de Lille (XV° s.) porte : « *Hericius* : hyrreçon ».

HIREHAIRE. Subst. masc. Corblet donne à ce mot le sens de *facherie*. Les citations suivantes montreront que ce terme signifie plutôt *confusion, tumulte, brouhaha prolongé.*

« Pour ceste derraine glose sourdy (s'éleva)
« grande tumulte entre les femmes tant de rire
« comme de parler toutes ensemble, et ne sem-
« bleit autre chose fors que ce fust un marché
« de hire hare sans ordre, et sans voloir en-
« tendre l'une l'autre »
(Evang. des Quenouilles, xv° s.)

— « A donc che fut de rire et de foire un té trau
| (tel train)
Un bruit, un tintamer', men ami, un birhaire,
Un marquié (marché) à fromrge... »
(Suite du Cél. Mar. de Jeannin, 1648.)

— « Frère je vos dirai tonte et au long l'affoire
Le biau herquinement et le grand hirehaire
Le peine, le hergau... »
(Disc. d'un Log. de gens d'armes, déjà cité.)

Ce terme est un mot composé de deux
parties, dont la première *hire*, me semble être la répétition fantaisiste de la
seconde *haire* avec changement de *ai* en
i. Quant à *haire*, il est de la famille du
verbe *hairer*, qu'on a vu plus haut, —
autrefois *harer*, — de l'ancien haut alle
mand *hara*, et dont le sens primitif est
appeler, crier. Du sens de *cri* on a passé
facilement à celui de *confusion, tumulte,
brouhaha*.

Au vieux verbe *harer*, se rattache avec
le sens de *criard*, le nom de famille *Ha
reux* très répandu à Villers-Bretonneux:
les paysans appellent les gens de cette
famille *chés Haireux*, par changement
de la voix *a* en *ai*, comme dans *harer,
hairer* (V. ce mot).

HIRLER, Verbe act. Habiller, vêtir.
Ne s'emploie qu'en mauvaise part, ironiquement. « Etre bien *hirlé !* » signifie
donc, être mal habillé, sans goût. Ce
terme a été relevé au nord de Picquigny.

Hirler est d'origine germanique, néerlandais *hullen*, attifer, atourer, coiffer,
orner. Le *u* est devenu *i*, comme dans
himeur qu'on a vu plus haut pour *humeur*, et le premier *l* s'est changé en *r*
comme dans *hurler* pour *uller* de *ululare
ul'lare*.

* HO, cela, ça. Sans aucun doute le *ho*
picard appartient au latin *hoc*, cela,
mais il n'en descend pas directement : il
vient par chute du *c*, de *cho*, forme picarde très ancienne.

« Monsès voit bien et aperçoit
Tout cho ke ses (son) maistres vouloit. »
(Le Meunier d'Arleux, Réc. Fabl. du xiii° s.)

Dans *ho* pour *cho*, le *c* qui est tombé a
été, comme dans *haude*, gaude, remplacé
par l'aspiration.

HOBELEAU. Subst. masc. Maladroit,
incapable, imbécile.

Voici une citation dans laquelle il s'a-
git de deux anciens gardes champêtres :

« Ch'étoit deux boens (bons) éfants... Por
grapiller leu prêt, i (ils) n'étoient point gueu-
ches. Por déterrer au prêt, i n'étoient point
d'z (des) oblots.»
(Astrol. pie. 1847.)

On va voir tout à l'heure que le *oblot*
de cette citation, est, comme celui de
Corblet, une cacographie.

Le radical du mot qui nous occupe est
hobe, émouchet, épervier, mot qui s'emploie encore au Nord d'Amiens, dans le
canton de Villers-Bocage. En langue
d'oïl, on rencontre *hobe, hobel* au même
sens.

« Sa proye prens comme un hobe. »
(Poés. de Deschamps.)

C'est de la forme *hobel*, qu'est venu par
addition de la finale diminutive *eau*,
notre *hobeleau* picard. Le sens propre
était *émouchet*. Or cet oiseau de proie
était peu propre à la chasse au vol; de là
le sens figuré de *inhabile, incapable,
maladroit :* c'est l'histoire du mot *harteudieu* (estourdiau) qu'on a vu plus
haut.

Hobeleau par contraction et changement de *l* en *r*, est devenu *hobrieu, houbrieu*, dans beaucoup de localités, et
houprieu dans d'autres, ou la labiale
douce *b*, a été remplacée par la forte *p*.
Ce terme, outre le sens de « émouchet », a
aussi dans certains villages, celui de
buse, chevêche. Dans son ouvrage *Les
Animaux vertébrés de l'Arrondissement
d'Abbeville*, M. Marcotte qui a adopté
l'orthographe fautive de Corblet, donne
à la *chouette* le nom de « oubrieux,
obrieux. »

*Hobeleau, hobrieu, houbrieu, hou-
prieu* sont, au fond, le même mot que le
français *hobereau*, lequel est un diminutif de *hobe*, mot d'origine germanique,
anglais *hobbey*, petit vautour.

Dans bien des localités des environs de
Boves, Corbie, Moreuil, les paysans emploient *hobeleau* (oblo) au sens figuré de
inhabile, maladroit, et disent *houbrieu,
houprieu*, au sens propre de *émouchet*.

* HOC Subst. masc. Croc, crochet. On dit au même sens *hoquoir.*

Le *hoc à flen* est un croc à deux branches ou dents de fer recourbées, garni d'un long manche en bois : il sert à retirer le *flen* ou fumier des étables. Il a donné le diminutif *hoquet,* croc plus petit qui sert au même usage, et en outre à décharger les voitures de fumier.

Hoc nous est venu du nord, néerlandais *krok,* croc : les deux premières lettres — fait déjà signalé — sont tombées, et ont été remplacées par l'aspiration.

Le picard *hoc* est très ancien.

« Un hoc à tanneur de quoy l'on trait les cuirs hors de l'eaue. »
(La Curne, Citat. de 1369.)

— « Quatre hocqs de fer. »
(Invent. à Amiens, 1596.)

— « Deux cerc'es de fer, deux anses à seau, ung hocquet... »
(Ibid. 1622.)

— « Un hernas (charrue) un hocquet... »
(Invent. à Pierregot, 1618.)

Dérivés : *Ahoquer,* accrocher, suspendre ;
Déhoquer, décrocher ;
Rahoquer, raccrocher ;
Ahoque subst. verb. Accroc, au figuré, tache à la réputation. Signifie aussi petit crochet, agrafe.

« Do bien folt comet fout. Va ! claque sn ten do
Un manteau bandoulié.....
Et ahoque à ten cul qucqne vielle huberdière (épée) »
(Suite du Cél. Mar. de Jeannin.)

Une rue d'Amiens s'appelle *rue du Hocquet,* probablement parce qu'il y avait là jadis un de ces énormes crocs à incendie, comme on en voit encore aujourd'hui dans beaucoup de villages. La dénomination *Chaussée du Hocquet* à Abbeville a la même origine.

HOCHECUL. Hochequeue, bergeronnette. C'est à tort ou par inadvertance que M. Marcotte, dans son ouvrage : *Les animaux vertébrés de l'arrondissement d'Abbeville,* écrit *Auche cul,* puisque *hoche* vient du flamand *hotsen,* secouer.

HOCHINER. Diminutif *de hocher* dont l'origine vient d'être indiquée : signifie *secouer légèrement.* On le rencontre dans le compliment picard fait à Gresset au sujet de son mariage :

« J'arrivois ed (de) Molliens à neuf heures du matin
J'm'en allis (allai) vir prêcher à l' messe d' Saint-Martin;
J'y ravlais gerner (apparaître) Colard (le curé) dins s'négrogoire (chaire)
Y disit comme i f..nt, en hochinant s'maqnoire : Cresset (Gresset) couq'ro (coucheras) lundi avec 'fille d'Ga and;
Os (nous) Il crions enhui premier et darrain ban.. »
(MM. du temps, 1751.)

Le même diminutif est du reste en usage dans tout le nord du domaine picard.

A Tourcoing : *Hochégnier,* secouer, balancer.

A Lille : *Hochinner,* balancer, remuer, agiter.

De là est venu le dérivé *hochinnoire,* subst. fém. berceau d'enfant qu'on rencontre dans la citation suivante :

.... « Rosette et Violette
On bu du lait à l' mêm chuchette....
Au son d'one vielle, canchon-dormoire
Ou les r'muot (remuait) dins l'hochennoire. »
(Desrousseaux, T. II, p. 118.)

En Hainaut : *Hochéner* et *hochiner,* secouer.

Hécart l'écrit *auch* comme M. Marcotte. Ces fantaisies d'orthographe constituent décidément une véritable épidémie cacographique.

HOCHIE. Subst. fém. On entend par ce mot, ce qui tombe en une fois des fruits d'un arbre secoué, *hoché.* Par extension, il signifie grande quantité d'insectes plus ou moins réunis ou épars en un même lieu : on dit *eune* (une) *hochie* d'hannetons, de poux, etc.

Hochie est un dérivé de *hocher,* dont l'origine a été indiquée, et qui est commun au picard et au français.

HOCQUERIE. Subst. fém. Pépinière. On lit dans un bail notarié des moulins d'Authieule, année 1584 :

« Plus luy ont baillé aud. tiltre (de location) les jardins et manoirs estans et tenans aud. molins, sans comprendre la place où est planté ung (sic) hocquerie ou plant d'ipréaux que led. bailleur a réservé à son prouflct. »

Par abus, les Artésiens prononçaient jadis *nocquerie,* comme certains Picards

disent *naviron* pour *aviron*. Dans son
*Essai sur les Usages locaux du Pas-de-
Calais* (1857), M. Clément dit : « Anciennement, en Artois, les pépinières s'appelaient *nocquertes* ». Je ne suis pas certain que *hocquerie* soit encore en usage
dans la Somme. Une ferme sise commune
d'O,e, canton d'Audruick, a conservé
intact ce nom de *Hocquerie*.

Le mot qui vient de nous occuper se
rattache au radical néerlandais *hocht*,
perdu depuis longtemps, et qu'on trouve
dans Kilianus au sens de *lieu qui abonde
en arbrisseaux*. En flamand actuel, pépinière se dit *kwekery* : les Flamands
ont remplacé par un *k* le *h* que les Artésiens ont remplacé par un *n*.

HOCLEUX, dans Corblet, est une cacographie pour *hoqueleu*, mot qui sera
donné à sa place.

HODER ; dans le Santerre *houder* ; la
meilleure forme serait *hauder*. Verbe
act. Fatiguer, lasser ; au fig. ennuyer,
excéder ; usité le plus souvent au participe employé comme adjectif.

« Len amitié, oasi, a esté mal fondée ;
Quer Priogne, de sa part, en est delen (fâchée)
         | hodée
Et Jennain s'en repen bien fort de sen cousté. »
   (Disc. du très exc. mar. de Jennain, XVIᵉ s.)
— « Neoton (pourtant) j'en bien du ma (mal)
         | d'en être déblavé... .
Chela m'a bien hodé, je vos le dis, béchire...»
   (Vérit. disc. d'un log. de gens d'armes,
     déjà cité.)

Parlant des *enfants gâlés*, notre poète
Crinon dit :

« Cheux ed ches penve', ousal bien q'obenx
         | d'ches riches,
I sont boudaets, beguards... »

Le verbe *hoder*, *hauder* était autrefois
de bon français. En langue d'oïl : *hauder*,
lasser, fatiguer, *hoder*, fatiguer, importuner. (V. Hippeau.) Il figure sous cette
seconde forme dans la plupart des dictionnaires des XVIᵉ et XVIIᵉ siècles et
l'idée saugrenue de rattacher *hoder* au
grec *odos* (V. Corblet) remonte à Robert
Estienne (1549).

Comme beaucoup d'autres, le mot qui
vient de nous occuper est très probablement d'origine germanique, vi. sax. *hald,
halde*, courbé, penché, incliné : il y a en
simple métonymie, parfaitement justifiée
par le fait que la fatigue a pour résultat,
de faire courber celui qui l'éprouve.

HOGUIGNER. Verbe act. Facher (dans
Corblet). Tout près d'Amiens, à Raione-
ville, on dit *hoquiner*, se moquer de,
irriter quelqu'un. En Hainaut, on dit
avec aspiration *hoguiner*, tourmenter.
Ce verbe existait en langue d'oïl sous
deux formes, la simple : *hoguer*, et la
dérivée diminutive *hoguiner* : molester,
fâcher. Un autre dérivé était *hoguineur*,
railleur V. Hippeau). Le verbe *hoguiner*
fut pendant de longs siècls considéré
comme de bon français. Robert Estienne
(1549) dit : « *Hoguiner* : *lacessere, in-
quietare, infestare molestare*. Je ne
sais où Corblet a vu que le sobriquet *hoguineur*, donné jadis aux gens d'Arras,
signifiait *débauché* D'après Branôme,
cela répondait au plus, à *facheux im-
portun*. « Ceux de la ville d'Arras en
« Artois, dit il, ont esté de *grands cau-
« seurs* le tout temps, et les appelait-on
« *hauguineurs*, et font des rencontres
« qu'on appelle des rebus. » (*Capit. fr.
citation de La Curne*.

Ce n'est pas tout.

Corblet met ses lecteurs en erreur lorsqu'il ajoute que *hoguiner* a encore un
autre sens indiqué dans Ménage Ce dernier auteur, ou plutôt Le Duchat, son
continuateur, dit, à propos de ce sobriquet *hoguineur*, que ce terme vient de
hoguiner, mot picard qui signifie fâcher.
Aucune autre acception n'est donnée là
au verbe, ni non plus dans Fauchet auquel renvoyait Le Duchat.

Hoguer de la langue d'oïl et *hoguiner,
hoguigner*, etc., sont d'origine germanique, vi. sax. *hogian*, que Sonnerat traduit par *mépriser molester*, *hogung*,
mepris, insulte.

Pour *hoguigner*, comme pour bien des
mots, le patois picard ne fait que continuer la langue d'oïl.

On me demandait ces jours-ci dans une
lettre comment notre patois présente
tant de mots d'origine germanique.

Cela s'explique tout naturellement par
l'histoire.

Les Francs parlaient l'idiome germanique. L'empereur Constance, après les
avoir battus dans leurs marécages de la
Batavie, transporta les captifs en Gaule,

aux environs d'Amiens et de Beauvais. Plus tard les Francs s'établirent à Tournay, à Cambrai, à Amiens, c'est à dire dans les contrées qui, dans la suite, formèrent les pays de langue picarde. Rien d'étonnant donc dans l'existence d'une foule de mots d'origine germanique dans notre patois.

* **HOIGNER.** Verbe neutre. Forme picarde de *hogner* : se plaindre, pleurer, grogner, grommeler. Se dit surtout de l'enfant qui pleurniche, ou du chien qui jappe pour qu'on lui ouvre la porte. Nous avons aussi les formes *hoingner, woigner, c..er, hongner*. La première de ces formes existait en langue d'oïl :

« D.st. li vilains. Renart, ne hoingne... »
(Ren. XIII° s.)

Ce mot se dit au figuré des roues, charnières, et gonds, qui grincent ou crient, faute d'avoir été graissés ou huilés. Il en était déjà de même au XIV° siècle, comme on le voit par la citation suivante :

« Pour ce que la charette dudit exposant pignoit, qui est à dire selon le langage du pays, buignoit, ledit Colin lui dist qu'elle avoit bien mestier (besoin) de oindre. »
(Citation dans La Curne)

Hoigner a donné les dérivés suivants :

1° *Hoignements* subst. masc. pl. Petits cris aigus. On a comparé à ceux que font entendre parfois les rongeurs, le chant aigu des enfants de la maîtrise d'Amiens :

« .. Ign y avoit des p'quots bigres (enfants de chœur) qu'avoient des pi-satis rouges... les bigres faisoient des p'quots oignements comme des soiris (souris). »
(Dial. de deux paysans, XVIII° s. MS)

2° *Hoignard* ou *hognard*, criard, pleurnicheur. On a vu sous *hoder* une citation de notre poète Crinon qui dit en parlant des enfants gâtés :

« I (ils) sont houdants, hognards...»

Une forme particulière de cet adjectif avec *r* épenthétique est usitée au nord d'Amiens, canton de Villers-Bocage ; c'est *horgneu* : plaignard, grondeur, grognon.

3° *Hoingne* ou *Hoigne*, subst. masc. Le canard siffleur. M. Marcotte appelle ce canard *woingne, waingne, wignet, wuiot* dans ses *Animaux vertébrés de l'Arrondissement d'Abbeville* : cet oiseau doit son nom à son cri particulier. On l'appelle aussi *wignon* et *miauneux* (miauleur).

D'après La Curne, la maison de Mailly, qui était picarde, avait adopté une forme avec nasale en disant dans sa devise :

« Hongne qui vonra (voudra) »

Toutes les expressions qu'on vient de voir demandaraient un *W* initial ; mais l'aspiration a imposé de bonne heure un *h*, que les anciens dictionnaires ont maintenu. La forme la plus voisine de l'étymologie est *waigner*, car ce mot est d'origine germanique : mœso-gothique *wainon*, pleurer, vi. sax. *wanian*, même sens, néerl. *weenen*, même sens. Là aussi est l'étymologie du verbe français *hogner* que Littré déclare d'origine inconnue.

HOMMELETTE. Subs. masc. Homme sans énergie, sans courage, faible de caractère. Au même sens, mais au genre féminin, l'Académie a consacré l'expression *femmelette*. L'ancien français possédait *hommelette* au sens de *nabot*, homme de petite taille : en ce cas, comme en bien d'autres, le picard n'a fait que continuer le français.

HONESTÈ. Subst. fém. Procédé obligeant, honnêteté, bon service rendu ou à rendre. Ce terme qui est le latin *honestatem* avec changement de *atem* en *è*, existait en vieux français au sens de *honneur, gloire*.

« Por o (pour cela) s' furet morte (elle serait morte) à grand honestet »
(Ch. d'Eulalie, X° s.)

Locution picarde : *Honestè pour honestè*, obligeance pour obligeance, politesse pour politesse, réciprocité de bons services.

HONNEUR ! Dans une foule de localités, les paysans, surtout dans le cours de la journée, emploient, au lieu de *bon jour* ou *bon soir*, la formule de salutation *honneur !* Ce terme est en outre très usité au sens de *réputation* pris en mauvaise part. Ainsi on dit : « Il o (a) l'*honneur* d'ête (être) un ivrongne, » ou bien : « Il o l'*honneur* d'avoir mis l'fu (le feu) a s'grange.»

HONNINNE. Subst. fém, Chenille. Se dit aussi à Tourcoing et dans le Hainaut:

« Tus (tous) les gens saittent ben (savent
« bien) qu'in dot (ou doit ôter l's (les) ouennes,
« chin (ce) qu'in appelle sa français les che-
« nilles, jus (en bas) de l's hayures et de l's
« srprés (arbres). »

(Journal **Le Brouteux**, année 1888.)

En patois montois, le Dr Sigart, l'orthographie tout aussi mal, c'est à dire
sans *h* initial, écrivant *ounenne*, chenille.

Honninne était de l'ancien français de
notre contrée. On le trouve latinisé en
honnina (*Du Cange, Contin*) : il figure
encore au Dictionnaire de D'Arsy (1743)
où on lit : « *Honnine*, chenille, chatte-
pelue. »

Le mot qui vient de nous occuper est
d'origine germanique. De la même manière que l'on a fait *chenille* du radical
chien ou *chienne*, de même nos ancê
tres ont créé le diminutif féminin *honnine*, sur un radical que possèdent les
langues du Nord signifiant également
chien : *hund* et *hond*.

HONON. Subst. masc. Je n'ai jamais
entendu ce mot, mais je le trouve dans
Corblet qui n'a dû le donner qu'à bon
escient et qui dit : *sort, enchantement*
(Pas-de-Calais).

Ce mot nous vient du Nord. C'est l'ancien néerlandais qui se rapproche le
mieux du sens du diminutif *honon* :
néerl. *hoon*, tromperie, *hoonen, honen*,
tromper, decevoir, *hoon*, tromperie.

* HOQUELEU. Subs. masc. On n'aspire
point partout. Pauvre homme; maladroit,
dit Corblet. Ajoutons : *incapable*, et surtout : *individu qui, au moral. n'offre
aucune consistance, à qui on ne peut se
fier pour quoi que ce soit.* Ce mot est
d'un emploi très fréquent; je le trouve
dans le *Dialogue des quatre gardes-
champêtres* (1848) :

« Où diabe qu'in t'en vos (vas) voloir défende
« un tos (tas) d'hoeleux (certains conseillers
« municipaux de village) qui gafouittent tout
« d'travers à l'envers. »

Ici, comme en bien des cas, notre patois ne fait que continuer le vieux français. On trouve dans Du Cange *hoqueleur,
hoqueleux*, chicaneur, fourbe, *hoqueler*,
élever de mauvaises difficultés, et dans
Hippeau *hoqueleur*, chicaneur, *hoque-*
ler, vexer, chicaner. Le sens de notre
hoqueleu actuel n'est plus qu'un écho in-
direct et imparfait de ces anciennes
acceptions.

Au XIIe siècle on usait de l'expression :
Prendre au hoquelet ou au hoquerel. Or
par ce dernier terme, que plusieurs auteurs modernes définissent vaguement
espèce de piège, je crois qu'il faut simplement entendre un *hoc* ou hameçon : on
dit au figuré : prendre ou mordre à l'hameçon. Le radical du mot qui nous occupe me paraît donc être *hoc*, croc, crochet, dont l'origine a été indiquée plus
haut et le sens primitif de ce mot a dû
être *attrapeur, preneur* au crochet ou à
l'hameçon ou *hoquerel*.

« Se vos (si vous) ne m'en volez faillir
Nos le prendrons au hoquerel. »
(**Chron. des Ducs de Norm** XIIe s.)

— « Bien m'as or au hoquerel prise. »
(**Chrestien de Troyes**.)

Pour cette dernière citation, un manuscrit porte *hoquelet* Mais *hoquelet* comme
hocquerel se rattache à notre *hoc* picard.
Hoc a donné le diminutif *hocquet* puis
le diminutif *hocquelet* comme *choque*,
souche, a donné le diminutif *choquet*,
petite souche, puis le diminutif *choque-
let*, très petite souche. Cette comparaison
montre que le *hoquerel* ou *hoquelet* de la
langue d'oïl a dû signifier non *piège*,
comme le disent Hippeau et Francisque
Michel, mais un *très petit crochet*, c'est-
à dire un hameçon.

Je termine par une citation dans laquelle on trouve le vieil adjectif au sens
de *attrapeur, fourbe*.

« Mainte complainte en ai vela
De pue se sinaine décétie.
Et s'il vient aucune promettderes (prometteur)
Soit loïaus hom ou hoquelières... »

(**Rom. de la Rose**, XIIIe s.)

HONTABE. Adj. Ignominieux, honteux. On sait que le picard laisse tomber
le *l* de la finale *ble* et dit *aimabe, admirabe*, etc.

HORNIOTE. Subst. fém. Petit coup. Ce
terme n'est autre chose que *torgnole*.
avec changement fantaisiste ou incons-
cient de la désinence : le *t* de *torgnole*
— ou plutôt de *torgnote* — est tombé et
a été remplacé par l'aspiration qui a

exigé un *h*. Ce phénomène a déjà été signalé aux mots *haude*, *haufre*, etc., et, il est inutile d'y revenir.

HORSAIN (orzin). Adj. et subst. Habitant d'un village ou d'un canton voisin; étranger. On voit dans Hippeau que ce mot est de l'ancien français; car cet auteur dit : « *Horzain*, étranger. Il est toujours en usage dans nos contrées ; »

« I: (le bandet) o (a) entré tout d'einne (une)
« flouque dins (dans) ch' bourc (bourg) d' Ga-
« maches (le jour du Concours) en b'sant (fai-
« sant) oio (là) tel hi! hau! qu'eiune (que)
« ribambelle d'pios (petits) il' sont venus
« creuyant (croyant) qu' ch'étoit coire (encore)
« eine musique horseine qu'alle (elle) arrivoit. »
(Ann. d'Abbeville, 1887.)

Ce mot est un dérivé de *hors*.

A *hors* se rattache l'expression *hors d'anoi* usitée dans le canton de Villers Bocage. Elle se dit des dernières dents du cheval, de l'âne, qui n'ont pas atteint leur développement normal. Dans cet état, l'animal semble toujours n'accuser que huit à neuf ans, bien qu'il puisse en avoir vingt et plus. Je ne suis pas sûr de l'orthographe de ce terme et j'ignore son origine.

HORTE-AU-POT (ortopo). Subst. masc. Maladroit, inhabile. Nous avons aussi au même sens les formes *hortopot*, *hortoplot*, *hurtopiu*. Le premier élément de ces composés *horte* n'est qu'une corruption de *heurte*, troisième personne indicatif présent de *heurter*. Les Picards de la vallée d'Yères disent beaucoup mieux *heurte-pot*, subst. des deux genres, *maladroit*, *maladroite*, c'est à-dire celui ou celle qui casse les pots : ils disent: « Ne prenez pas cette fille pour servante ; c'est une vraie *heurte pot*. » Ce dernier exemple du terme nous en dévoile le sens propre originaire. Dans la forme *horte-au-plot* (ortop'o) on vise non le *pot*, mais le plat, en picard *plot*. C'est celle là que les *Dialogues des Gardes champêtres* de la vallée de la Selle nous offrent si mal orthographiée :

« Ch'est un tas (tas) d'hortoplois: euhui is
« foi'ent (ils font) d'un sens (sens, manière),
« o z-est (ou est) tout ahuri que d'usin (de-
« main) ch'est autrement. »
(Année 1845.)

« J'enteinds quéquefois chez invalides de
« ch' Conseil qu'evoutent (qui avouent) leu
« (leur) hortoploterie. »
(Ibid.)

Au lieu de la prononciation *horte* du premier élément, nous avons la bonne, *hurte*, de l'ancien verbe resté picard *hurler* (heurter) maintenu sous la troisième forme *hurt'o piu* relevée par Corblet : il est probable que *piu* est ici une corruption de *pied*. et que le sens primitif est *heurte au pied*, homme qui vous marche sur les pieds, maladroit.

HORTILLON. Subst. masc. Au féminin *hortillonne*. Le radical de ce mot est le latin *hortus*, jardin : on trouve dans Isidore de Séville *hortilio*, mais au sens de *gardien d'un jardin* : là est l'origine du picard *hortillon*, jardinier qui cultive surtout les légumes dans les aires de Camon, de la Neuville et de St Maurice, près d'Amiens. Dans cette ville, au XVe siècle, on l'écrivait sans *h*.

« Jehan Castelain et Gilles Castelain qualifiés
ortillons... »
(Délib. de l'Esch. déc. 1492.)

(Il y a encore à Amiens des *Catelain* hortillons; du moins en paraît-il cinq de ce nom dans l'Annuaire de 1872).

Au siècle suivant on l'écrivait comme aujourd'hui :

« Deffenses sont faites aux revendeurs et revenderesses de porées, raves, et autres légumages de les acheter des hortillons paravant l'heure de midy à peine de deux escus d'amende.. »
(Ordonn. de l'Esch. d'Amiens.)

Il y a cent ans, nos hortillons avaient un chef ou syndic auquel on donnait officiellement le titre de capitaine.
(Ordonn. des off. munic. d'Amiens)

Dérivé : *Hortillonnage*. Subst. m. Jardin maréchageux des environs d'Amiens Ce terme s'emploie presque toujours au pluriel.

Les expressions *hortillonnage*, *hortillon*, *hortillonne* sont encore aujourd'hui journellement consacrés dans les actes de la Mairie d'Amiens, tels que, Arrêtés municipaux. Actes de l'état-civil, Comptes rendus officiels, etc.

A la séance ordinaire de l'Académie

d'Amiens à la date du 15 déc. 1833, un de
ses membres, M. Natalis Delamorlière,
fit lecture d'un mémoire intitulé : *Notice
sur les hortillons, leur origine, leur ha
bileté dans l'horticulture, et leurs
mœurs :* on doit regretter que ce travail
n'ait pas été publié.

* HOT. Subst. masc. Troupeau, assemblée, réunion. Dans les environs de Boves,
de Corbie, de Moreuil, *o* est devenu *ou*, et
l'on dit *hout*, comme on dit *pout*, pot,
mout, mot, etc. Par extension, ce terme
signifie *catégorie de gens*. Autrefois on
écrivait *host*, et abusivement sans *h'ost*.

Un seul exemple du XIIᵉ siècle au sens
de *armée, troupe de guerre*, suffira pour
les temps anciens :

« Ne serat salvet (sera sauvé) l' reis (roi) en la
« multitudine de sun (son) host... »
(Psautier d'Eadwin.)

— « Le dit seigneur prent amendes... de
« chascune beste à cornes, petit hot de brebis,
« en bois dessoulz cinq ans LX sols. . »
(Cout. de la Prév. de Beauquesne, 1507).

— « Si a déclairié led. Rasse Mallart avoir
donné à lad. Simonne, sa fille,... une blanche
beste à layne, prins au host dud. Mallart... »
(Contr. de mar. à Doullens, 1585.)

— « Ceux qui tiendront porcs seront sujets
les chasser aux champs avec le hot commun »
(Ordonn. de Chimay, 1612.)

— « Quer y crien (car il craint) surtout qu'o ne
| le mèche (mette) au hot
De ches gens qu'os savez qu'o (on) z'appelle
| wihot (cocus). »
(Disc. du tr. exc. mar. de Jeannin, XVIᵉ s.)

L'étymologie de ce mot est connue, lat.
hostis, pris au sens collectif d'*armée
ennemie*, puis de toute armée ou troupe
quelconque de gens d'armes, enfin de
réunion ou troupe d'animaux sous la
conduite d'un guide.

* HOTON. Subst. masc. Paille où il
reste encore du grain; paille et criblure
des grains vannés, grain battu qui a conservé sa balle ou paillette. Au pluriel, ce
terme signifie *épis coupés et battus où il
reste encore du grain.* Mais dans le sens
étroit du mot, *hoton* qui est un diminutif
signifie la balle même du grain, l'*acus*,
ou, plus prétentieusement le *calice des
graminées.* Dans la province de Liège où
l'on emploie le radical ou primitif, on dit

hot qu'on trouve mal orthographié, c'est-
à-dire sans *t* final dans l'article suivant :
« *Ho :* pellicule, balle du blé détachée du
« grain : *ho d'frumin*, balle de froment. »
(*Vocabulaire des Agriculteurs*, par Albin
Body, Liège, 1884.)

C'est à sa forme et à son rôle de chapeau
que le *hoton* doit son nom. Ce diminutif
est fort ancien. Le Vocabulaire du XIIIᵉ s.
édité par le P. Labbé, dit : « *Acus*, hoton » Le Glossaire de Lille (XVᵉ s.) porte:
« *Acus*, hoton ». Cotgrave dit de même :
Hotton. De nos jours, dans l'est de la Picardie, *hoton*, grains de blé restés enve-
loppés dans leur balle ou paille après l'o-
pération du battage (V. Brayer, *Statistique de l'Aisne*, 1824.)

Ce dernier auteur écrit *oton, haulton* :
il en est à peu près de même dans Corblet
qui donne même une forme *aulton*. Les
continuateurs de Du Cange n'ont relevé
que des formes défectueuses : *aulton,
hauton*; l'étymologie montre que tout cela
est pure cacographie.

Dérivé : *Hotonner*, séparer une graine
de son enveloppe légère,
le grain de sa balle; se-
couer. Corblet dit : « *Ho-
« tonner*, ébranler en se-
couant ». Et il ajoute :
« *Idem en roman* ». Mais
il oublie — et cela pour
cause — de justifier cette
dernière assertion.

Location picarde : « *Reballre ses ho-
tons* » reparler d'événements auxquels
on s'est trouvé mêlé plus ou moins directement; se livrer à des redites. En fait et
dans la pratique, le batteur rebat toujours
les épis cassés et ceux qui se sont mal
égrénés.

Hoton, diminutif de *hot* employé à
Liège, est d'origine germanique : vi. sax.
hod, hood, capuchon (Somnerus), angl.
hood, chaperon , néri. *hoed*, bonnet,
« *germanice hut* » dit Kilianus.
Le sens de *chapeau* ou *hoton* donné à la
balle du grain dans les contrées de langue picarde, est justifié par les patois du
centre de la France.
Saintonge : « *Chaperouné* » se dit du
blé qui garde ses balles.
Berry : « *Chaplu* » se dit du grain non
sorti de son enveloppe.

Morvan : « *Chapel* » petite chape, couverture, enveloppe.

* HOU ! HOUT ! HOUCHE ! Mot dont on se sert pour chasser les porcs. Notre compatriote Sylvius semble dire clairement que de son temps les Picards donnaient le nom de *hou* au porc. Ce même mot leur servait, comme aujourd'hui pour chasser cet animal. « Sus. Hinc *hou* « Picardi porcum vocant, et porcos abi- « gentes velut Galli (habitants de l'Ile de « France) meretrices *hou, hou,* ingemi- « nant. »

Le patois picard possède encore, mais avec le préfixe péjoratif *ma* (comme dans *maguet,* bouc, dont le radical vient du Nord) le mot *mahouse,* truie, au fig. grosse femme, femme méchante ou dissolue. Depuis Sylvius, quelques anciens lexicographes ont reproduit le mot *hou.* Robert Estienne dit : « Il vient du mot « *sus,* en muant (changeant) *s* en *h* ». Il n'y a pas d'apparence que notre *hou* vienne du latin *sus,* porc, qui n'a rien donné en vieux français, ni dans les divers patois : il se rapporterait plutôt, comme le montre *mahouse* à un radical germanique *sug,* vi. sax. *sugu,* truie, suéd. *sugga.* porc, dont le *s* initial serait tombé pour être remplacé par l'aspiration dans l'anglais *hog,* porc, le gallois *hwch,* le bas breton *hoch,* et le picard *houch, houh, hou.* Je ne donne cette origine que comme une hypothèse ; car notre *hou* peut fort bien n'être qu'un cri pour chasser les porcs, comme *chou !* en est un autre pour chasser les poules.

HOUAC. Monosyllabique. Ce mot se rencontre dans la locution : « foire (faire) un *houac* » dont la signification est *vomir,* lancer un plumet comme cela arrive à l'ivrogne qui a bu au delà de toute mesure.

Houac est une onomatopée. Il a donné le dérivé *houaquée* ou *houaquie,* quantité de liquide rejeté par l'effet d'un *houac.*

HOUBELONNER (oublonner). Verbe unip. Nous avons aussi les formes *hou billonner* (oubionner) et *houpillonner* (oupionner). Se dit du vent qui soulève et agite pêle-mêle les feuilles tombées, la poussière des chemins, la neige, les pailles et javelles, le lin étendu pour le rouis-sage et les transporte dans les coins et bas-fonds. La meilleure forme : *houbelonner,* est usitée au Nord d'Amiens, à Villers-Bocage.

Le radical de ce mot est néerlandais : *hobben,* mouvoir, bouger, flamand actuel *hobbelen,* remuer en divers sens, *hobbeling,* agitation. Nos ancêtres ont adouci *o* en *ou* et donné au verbe la forme d'un diminutif. Mais, dans le Nord du domaine picard, en Hainaut, on dit, avec un *r* adventice, *hourbeler* : « En ville l'vent *hourbelle* toudis » (Hécart). Il est remarquable que ce *r* adventice devant *b* existe aussi chez nous, dans le mot picard *hur-bette* au lieu du vieux français *hobette,* cabane, petit bâtiment isolé.

HOUBILLE. Subst. fém. Guenille. Nous avons aussi la forme *houpille.* En Hainaut, on dit *houpie* avec aspiration et cela au sens de *guenille, vêtement usé* (Hécart). Mais en vieux picard, le sens était autre. Cotgrave en effet nous apprend que, de son temps, *hobille* dans notre patois signifiait *sayon, casaque, cotte ou grand vêtement de dessus à usage d'homme.* Ce sens est confirmé par la citation suivante tirée du curieux poëme picard publié en 1648, sous ce titre : *Suite du célèbre et honorable mariage de Jeannin.* Le passage se rapporte au moment où les personnes, parmi lesquelles le curé, le clerc, etc., invitées au repas de baptême du fils prématuré de Jeannin ayant toutes pris place à table, celui-ci les incite à y faire honneur :

« Boutons nous à no aise, arriér ches casa-
| quins...
Ches cheinturons de cuir et ches largues cor-
| royes
Qui nous pressent si fort...... cha ! morbiu,
Rions, dansons, cantons, vivons come des flux
| (garçons).
A che mot che curé vo (vous) claq' là se heu-
| bille,
Dewaigne (dégaine) un grand coutiau,........ »

Houbille signifie ici *houppelande.*

Aujourd'hui, dans bien des localités, ce mot a non seulement le sens de *guenille,* mais encore et surtout celui de menus *objets servant à la toilette d'un petit enfant.*

Houpille ou *houbille* vient-il du même radical que *houppelande?* Est-il, à son sens amoindri, de la même famille que *agobilles* ?

Ce sont des questions que je pose sans oser y répondre.

HOUBRON. Forme picarde du français *houblon*, a donné le dérivé *houbronnière* (champ de houblon), terme déjà ancien.

« . . . et a vendu à... la despoulle de la moictié de une houbronnière séant audit Humbercourt. »
(Act. not. à Doullens, 1576.)

— « Avoir baillé à tiltre de ferme et louaige une houbronnière.. »
(Bail not. de 1594, IBID).

Houblon est devenu *houbron* en picard comme *colonel* est devenu *coronel*. *Houbron* est un nom de famille dans plusieurs localités, notamment à Glisy, Domart-sur-la-Luce, etc.

* HOUCHE. Subst. fém. Couverture du lit, housse de voiture, de cheval. Cette forme existait en langue d'oïl, mais au sens de *grande robe* ou sorte de mante.

« Houches, manteaus, chappes fourrées... »
(Reclus de Molliens dans Du Cange, XII⁰ s.)

— « Chest à savoir : mantiaus, surcots et cotes, houches, cloques... »
(Dial. pic. flam. XIV⁰ s.)

Houche du picard comme *housse* du français est d'origine germanique ; ancien haut allemand *hulst*, couverture, enveloppe, néerl. *hulse*, enveloppe, pelure, cosse, gousse.

HOUCHE. Subst. fém. Groupe d'arbres. Dans nos anciennes coutumes, ce mot, au pluriel, signifiait *éperneaux* ou *hallots* plantés en ligne pour servir de limite aux propriétés rurales, bois, enclos, etc.

« Par la susdite coustume toutes terres à labour estans entre et contre bois se peuvent abaner (labourer) jusqu'aux vrayes houches, à sçavoir : anciennes espines, hestres ou autres bois portant ligne l'un à l'autre. »
(Cout. du Baill. de Hesdin, 1507.)

— « Si aucun veut mettre houches et planter hayes autour de son boys ou ailleurs.... il doit laisser pied et demy entre sa terre et celle de son voisin.... »
(Ibid.)

Houche est d'origine germanique, néerl. *hoeck* (coin, angle) prononcé *houk*

avec finale chuintante en picard. Ce sont surtout les éperneaux de chaque coin qui font foi et déterminent la ligne séparative des propriétés.

* HOU ou HO ÉTANT, non *ouétant* en un seul mot comme cacographie Corblet. Expression familière aux paysans pour dire : « *Bien, pour lors*, littéralement : cela — *hou, ho* — étant. »

HOUFETTE. Subst. fém. Petite houppe. Ce mot n'est autre chose qu'une altération du français *bouffette* : le *b* est tombé pour être remplacé par l'aspiration comme je l'ai fait déjà plusieurs fois remarquer. Mais l'expression vraiment picarde et la plus en usage est le sous-diminutif *bouffelette*, houppe quelconque, petite ou grosse, nœud de ruban.

HOUHOU. Subst. masc. Moyen-duc, hibou. Ce mot est une onomatopée tirée du cri du hibou. La même onomatopée existe chez les Allemands qui disent *uhu* (prononcé *ou-ou*), hibou, chat-huant, grand-duc.

* HOULER. Verbe act. Pousser quelqu'un ou quelque chose avec violence ou rudesse ; au fig. rudoyer, malmener ; faire mal une besogne par trop d'empressement, travailler à la diable.

Dérivés :

Houleu. Subst. et adj. Celui qui n'apporte aucun soin à ses travaux, qui fait sa besogne vite et mal, littér. gâcheur.

Houlard. Subst. masc. Depuis longtemps déjà, on appelle dans le Doullennais *Che Houlard* la foire annuelle dite de St-Martin qui se tient à Doullens le mardi de la mi-novembre. Comme cette foire ne dure qu'un jour et que le public de la campagne y afflue, on y est littéralement *houlé*, c'est-à-dire poussé en tous sens : de là cette dénomination particulière.

L'expression *houler* est très ancienne ; elle figure dès le XIII⁰ siècle dans le passage suivant d'un opuscule charmant dû à la plume d'un de nos vieux trouvères picards :

« Quant Aucassins oït ensi le roi parler, il
« prist tox (tôt) les dras (habits) qui sor (sur)

« lui estoient si (et) les houla aval (en bas) le
« cambre (chambre) il vit derrière lui un bas-
« ton : il le prist... »
(Aucass. et Nicol. édit. par H. Suchier,
Paderborn, 1876.)

L'éditeur, dans son Glossaire, traduit *houler* par l'allemand *schütteln* qui signifie *jeter* : « ... les *houla* aval le cambre » c'est-à-dire : « les *poussa* ou *jeta* en bas de la chambre. »

Dans mon village et dans les environs de Villers-Bretonneux, Corbie, etc., *houler* est un terme du jeu de billard. On dit d'un coup qu'il est *houlé*, c'est-à-dire *queuté*, quand, dans un suivi, les deux billes sont *poussées* dans la même direction.

Le mot *houler*, à mon avis du moins, n'est autre chose que *rouler* avec chute de *r* initial et son remplacement par l'aspiration comme dans une foule de mots : du sens de *faire avancer une chose en la roulant sur elle-même*, on a passé facilement à celui de *pousser, pousser avec violence, malmener, travailler mal, queuter* au billard.

Je reviendrai, à la fin de mes recherches sur les mots de la lettre H, sur cette chute de lettre initiale et en donnerai des exemples qui mettront ce fait à l'abri de toute contestation.

HOULOTTE. Subst. fém. Forme picarde de *hulotte*. On dit aussi *hurlotte*. Rob. Estienne écrit : « *Hulotte*, picard : *avis ulula* ». Ce mot est devenu français. La forme *hurlotte* est signalée dans Marcotte qui dit : « *Hurlotte*, chouette, hulotte. » (*Mém. de la Soc. d'Emul d'Abbeville, 1861.*)

* HOUPAGES. Subst. masc. pl. Cris de joie ou de mépris poussés par plusieurs individu qui *houpent*. Nous avons aussi la forme *hiouper* qui s'explique par le fait que l'action de *hiouper, houper* est le cri répété *tou, iou, iou, hou, hou* poussé en prolongeant le troisième *tou* et en prononçant très vite les deux *hou, hou*.
Houpage est un dérivé de *houper*. En français, le mot *houper* signifie appeler un compagnon de chasse par un houp. Il n'en est pas de même en picard. Chez nous ce terme a le sens de pousser des cris soit pour faire éclater sa joie, soit pour se moquer d'une personne. On dit à ce dernier sens d'un homme : « I (il) mérite d'ête (être) *houpé*. » Il en était de même au siècle dernier dans le patois des environs de Paris :

« Elle étoit, morguien, si fâchée
De ce qu'on l'avoit tant hupée... »
(Le Voyage de Groslé, 1740.)

Dérivés : *Houpeu*, celui qui houpe.
Houp-gats, cris de ceux qui houpent, cris de joie.
Je rencontre ce dernier dérivé dans la *Traduction de la Parabole de l'Enfant prodigue*, faite en l'an X et transmise au Ministre de l'Intérieur d'alors par la Société d'Emulation d'Abbeville.

« Pendant ch' temps lo (là), eche fiu aîné étoit dans ches camps ; comme i r'venoit et qu'il approchoit del moison (maisso), il entendit ches canchons et des houpgais. »

Houper est un dérivé de *houp*, cri d'appel usité en chasse. Mais le cri *iou, iou, iou* prolongé autant de fois que l'haleine le permet, et la forme *hiouper* rappellent d'une façon frappante l'interjection latine *io* qui se prononçait *iou*, et qui était, on le sait, le cri des Bacchantes et celui de la foule dans les triomphes et les fêtes.

Nous avons un autre verbe *houper, éhouper* qui n'a ni le même sens ni la même origine que celui qui vient de nous occuper.

Notre poète Crinon écrit :
« Ch' lait éhoupé à ch'fu (feu) s' tourne et s'matonne. »
(Satyre XX.)

Houper, éhouper est un verbe actif qui signifie *écremer*, enlever la crème nouvellement formée. La crème formant le dessus, le haut, la *houppe* du lait, je crois que *houper* est un dérivé de ce dernier terme.

* HOUPE. Subst. fém. Petit bâtiment, maisonnette isolée ou non, partie de maison composée le plus souvent d'une seule pièce au rez de-chaussée avec grenier au-dessus. On rencontre ce terme au nord d'Amiens (canton de Villers-Bocage et autres.) Il en était de même autrefois.

« Il a par ces présentes vendu une portion de maison, grange et estables, court (cour) à prendre depuis le cours de la rivière jusques à l'esteu ou est pendant l'huis de la grange et houpe montant jusques à la feste (au faite) de la dite grange... les dits esteu et houpe demeurant communs aux dites parties. »

(Vente à Doullens, 1583.)

— « La dite moitié de masure se trouve amasée d'une chambre d'usage de faire une maison (cuisine) avec la moitié du clattre (mur de séparation auquel sont adossées deux cheminées) avec une autre houppe de bâtiment d'usage de faire une chambre. »

(Acte de partage à Flesselles, 1766.)

Dérivé : *Hurbette*, dimin. fém. Il a les mêmes acceptions que le primitif *houpe*.

Il y a ici épenthèse de *r* comme dans *hurlotte, hulotte, harleudieu, estoudeau*, etc. En patois Liégeois on dit mieux *houbette*, loge, logette, case. « Inne (une) *houbette* et l'contentemain, volà tot çou qu'il fâ » (une chaumière, une hutte et le contentement, voilà tout ce qu'il faut.)

(*Rémacle*). A Lille et en Hainaut on dit : *hobette*, petit bâtiment, loge, corps-de-garde de douanier.

La langue d'oïl avait *hobe, hobette*, cage à poulets (V. Hippeau) et le vieux français possédait le diminutif *hobeton*, hutte, barraque.

Hobe de la langue d'oïl d'où le picard *houpe* est d'origine germanique : vi. sax. *hofe*, maison, propriété rurale, *cabane*. Du Cange a relevé *hoba, huba, hioba, houba, hova* au même sens, le flamand actuel a *hoewe, hoeve*, ferme, cense, métairie. On sait que les lettres *b, p, f, v*, permutent facilement et que le sens des mots peut aussi bien se restreindre — c'est le cas de *houpe* — que s'étendre.

HOUPEL. Subst. masc. Hibou, moyen duc. Se prononce *houpé*. Corblet l'écrit à tort *houpet*, car ce terme est un diminutif de *hobe*, diminutif qui, on l'a vu sous *hobereau*, existait en langue d'oïl. C'est même de *houbel*, par changement de *el* en *eu* et de la douce *b* en la forte *p*, qu'est venue la forme *houpeu* qui existe dans un certain nombre de localités.

Pour l'étymologie, voir *hobeleau*.

HOUPEREAU. Subst. masc. Petit monceau de foin. En patois liégeois ce diminutif est terminé en *on* et l'on dit *hopiron, houpiron, hopuron*, petit tas de foin séché et fâné.

Le radical de ces diminutifs est le néerlandais *opper*, petite meule de foin d'où *opperen* entasser en meule, flam. act. *opper*, meule, tas de foin.

La forme primitive de nos contrées a été *hoperel houperel* dont le changement ordinaire de *el* final en *eau* a fait *houpereau*. Mais il a dû exister chez nous, comme à Liège, un diminutif en *on* qui est resté un nom de famille dans les environs d'Abbeville sous la forme Hoperon, Operon.

* HOUPGALEITE. Subst. des deux genres. Terme de mépris en usage dans les environs de Boves et de Villers-Bocage et dont le sens est : personne dont la bêtise naturelle égale une vanité sans bornes et qui se met toujours au-dessus des autres.

Cette expression à physionomie bizarre vient du Nord, néerl. *opgeleyte*, mis dessus (Plantin), *opghelcyte*, imposé (D'Arsy) ; nos ancêtres ont adouci op en *houp* et fortifié *ge* (gue) en *ga*.

* HOUPIAU. Subst. masc. Bouquet de fleurs. En Hainaut, le *houpiau* est un bouquet d'épis de froment que les moissonneurs offrent au maître du champ ; petite houppe, pompon, branche de verdure que l'on met au chapeau. Je rencontre ce terme au sens de *bouquet de fleurs* dans un passage de l'*Amoureux berneux* par Brûle-Maison, XVIIIe siècle :

« Belle, vechi (voici) le mos (mois) de mai ;
Nous irons pourmener ensoune (ensemble),
Jusqu'à onel' grosse choque d'anne :
Là nous nous assirons un pau (peu).
Je te promets, Jennette,
Que j'te cueill'rai un biau houpiau
Avenque (avec) des violettes.»

Le diminutif *houpiau* appartient à la famille du français *houppe*, touffe, dont l'origine est bien connue.

A la même famille se rattache le terme *houppier, houpier*, cardeur ou peigneur de laine à la main, encore usité aujourd'hui dans le canton de Villers-Bocage. C'est un dérivé de *houppe*, laine peignée qui a donné jadis, en Picardie, le dérivé *houperie* action ou métier de *houper*.

L'article 1er du *Nouveau Règlement* de 1722, dispose :

« Les peigneurs ou faiseurs de peignes ne pourront faire aucun peigne pour l'usage des

houpiers de la Manufacture d'Amiens de moindre compte que de vingt quatre broches...»

— « La place pour vendre la **houppe** est en
la rue de Metz. »

(Ordonn. de l'Eseb. d'Amiens, XVIe s.)

— « Un vérin avec une cheville de fer et un
lavoir servant à la houperie privés ensemble,
cent sols. »

(Invent. à Flesselles, 1750.)

HOUQUELAINE (*sic*) pour *houqueline*.
Subst. fem. maintenant inusité. Un inventaire dressé à Amiens le 14 juillet
1670, porte :

« Une petite **houquelaine** rouge, une camisole de sarge grise, un cotil ou de camelot. une
houquelaine à usage de femme. »

Cette expression me semble être un diminutif du vieux terme *huque*, cape,
mantelet de femme, dont l'origine est
germanique, néerl. *huycke*, que Plantin
traduit par *chappe, manteau* que les
femmes portent dans les Pays Bas quand
elles vont par la rue ou à l'église.

* HOUR. Subst. masc. Forme picarde
dans une foule de localités du français
houx.

* HOURD, Subst. masc. Troupeau de
vache. C'est à tort, comme le montre
l'étymologie, que Corblet l'ortographie
ours. Ce terme était très usité à Doullens
et aux environs il y a trois siècles et
l'est sans doute encore dans plusieurs
localités.

« Item une vache prise au hour dudit au
choix des dits marians. »

(Contr. de mar. à Doullens, 1584.)

« — Deux vaches prinses au choix de la dite
Marguerite au hour dudit Robert père de la
future. »

(Contr. de mar. à Doullens, 1784.)

Hourd est une variante de *herte,
herde*, dont on a vu l'origine.

* HOURD. Subst. masc. Echafaud au
sens d'échafaudage de maçon, de char-
pentier, de couvreur. La langue d'oïl
avait *hord*, palissade, échafaud ; nous
avons encore en picard le dérivé *hordaye*,
de *horder*, échafauder.

Hord est d'origine germanique, gothique *haurds*, porte, all. *hurde*, claie.

HOURET. Subst. masc. Petit domestique de ferme. Corblet ortographie ce
terme *ouret*, bien qu'il ne soit autre
chose que le français *houret*, mauvais
petit chien de chasse.

« De ces gens qui suivis de dix hourets galeux
Disent ma meute et font les chasseurs mer-
| veilleux. »

(Molière.)

Le *houret* picard est proprement le
chien de basse-cour, le domestique
chargé des occupations intérieures de la
ferme.

* HOURETTE ou HURETTE. Subst.
fém. Signifie dans le canton de Doullens,
spécialement aux environs de la forêt de
Lucheux, *fagot* à un seul ou plusieurs
liens ou harts, quelle que soit sa longueur. A Bertangles, on dit *houlettes* au
pluriel, et l'on entend par là les ramilles
du chêne abattu non susceptibles d'être
écorcées. Dans les environs de Noyon, on
dit *hurieu*, fagot de bourrée. En Hainaut,
c'est *houriau*, fagot pour boulanger : cette
forme est évidemment la même que celle
des environs de Noyon. Le patois de
Liège a *hourette*, bourrée de gros fagot.

Je ne trouve aucune de ces expressions
dans les vieux auteurs. Mais on a relevé
sans *h* le mot *ouriel* à un sens qui paraît
répondre à faisceau ou botte (de verges)
dans un document judiciaire de 1450
qu'on trouve dans La Curne, et où les
éditeurs lui donnent le sens d'*osier* :

« Le suppliant frappa sa dite femme de verges
ou ouriel. »

Hourette, hourieu, ouriel appartiennent sans aucun doute au même radical
exprimant l'idée de menu bois. Ce radical
est-il le vieux saxon *hurst*, bois, indiqué
par Du Cange? Je suis disposé à le croire.
Nos ancêtres ont fort bien pu ne retenir
que la première articulation du mot germanique *hurst*, en laissant tomber les
deux dernières lettres qui étaient du reste
très difficiles à prononcer.

* HOURLON et HURLON. Subst. masc.
Hanneton. Ces termes sont des variantes
de la forme *heurlon*, et ont la même origine. Ils ont donné le dérivé *hourlonnée*,
grande quantité de hannetons, relevée
par Gabriel Rembault dans le dicton picard suivant ;

Grande hourlonnée
Quiote (petite) avignée (récolte d'avoine)
Quiote hourlonnée
Grande avignée.

Dans son ouvrage : *le Contentement de soi-même*, dialogues franco-picards, M. H. Lescot donne la locution : « Avoir un *heurlon* das (dans) l'cherveile, » avoir la tête un peu détraquée, avoir un grain de folie, littér. avoir un hanneton dans le cerveau. Le même auteur donne au même sens la curieuse locution suivante : « Avoir meingé des us d'cat-huant das eune amenette, » avoir mangé des œufs de chat-huant dans une omelette....

Je profite de l'occasion pour recommander aux amateurs du patois picard l'ouvrage de M. Lescot : ils y trouveront un certain nombre de formes particulières au sud du domaine picard (Compiègne), et dont *amenette*, omelette, nous offre un exemple.

* HOUSETTES (houzette). Subst. fém. pl. Guêtres.

> « Les pauvres laboureurs
> Sont appeléz villains
> Mais ilz sont grans seigneurs
> Qui (à qui) les soait prendre à point.
> Ilz portent les housettes
> C'est l'estat du mestier,
> C'est de peur que la terre
> N'entre dans leurs souliers. »
> (Chanson, 1548.)

— « Une paire de moufles, une paire de housettes. »
(Inv. à Amiens, 1611.)

Housettes signifie *guêtres* de toile dans ces deux citations. Dans celles qui suivent, il signifie plutôt, *bas de chausses* dans la première, *bottes* ou *guêtres de cuir* dans la seconde.

« Je te donrai un très biau fontacu
Et des houzett' aussi du filé de no canvre
Qui est dans no lardier su cornet de no cambre. »
(Enjol. de Coulas, 1634.)

L'expression *fontacu* est encore usitée dans l'Amiénois et à Amiens même, mais en style burlesque, au sens qu'elle a dans ce passage : *haut de chausses*, culotte, littér. fond-à-cul.

— « Foltes ('aites) vo paquet tout d'suite, graissez vos housettes et pis (puis) enfuyez-vous de ch'poys (pays) ohl sans bayer (regarder) derrière vous. »
(Colot Pierrot à Gueuvernon, 1799.)

Dans le Boulonnais, *housettes*, espèce de bas fort larges. En patois liégeois *hosette*, guêtre.

On dit dans le Hainaut : « Laisser ses *housettes* » : mourir.

Nous avons au même sens que *housette* le terme *housiau* qui n'est autre chose que le diminutif *housel* avec consonnification de *el* en *iau* : martel, martiau.

Housel est resté un nom de famille dans l'Artois. Ce nom de famille n'est pas plus étonnant que *Mantel*, manteau, *Capel*, chapeau, pic. capieu, etc.

Le radical de notre *housette* est l'ancien français *hose*, *house* dont l'origine est germanique, anc. haut allemand *hosa*. Le celtique avait aussi *hos*, bas-breton *heüz*.

Ce n'est pas au radical *house* que se rattache un mot picard que je tiens à relever ici : il s'agit du verbe *déhouser*.

Déhouser, verb. act. Exciter, réveiller l'activité. *Déhouser* (se), agir avec vivacité.

Ces expressions s'emploient à Amiens. Ed. Paris écrit : « Déhouse té, dépêche-toi ».

(Note datée de 1865.)

Ici le préfixe *de* n'est qu'explétif comme dans *dégriffer*, *déséparer*, etc. et n'exerce aucune influence sur la valeur du radical.

Etymologie néerlandaise : *hussen*, exciter, inciter, pousser, stimuler (V. Kilianus).

* HOUSSETTE. Subst. fém. Verge à battre les habits ; balayette. Ce mot est déjà ancien :

« Neuf houssettes de bois de chesne prisées VI sols. »
(Invent. à Amiens, 1583.)

Houssette est, à Amiens et ailleurs, un nom de famille.

Ce diminutif est un dérivé du verbe *housser*, dérivé lui-même du vieux français *hous* (houx) venu de l'ancien haut allemand *huliz*, arbrisseau épineux.

Au même radical se rattachent les dérivés suivants :

Housseux (de queminée) : ramoneur (de cheminée).

Housse-tabac, même sens. On a comparé la suie au tabac en poudre.

Houssis. Subst. masc. Saleté, désordre C'est le résultat naturel de l'action d'épousseter ou de ramoner. Par extension de sens, ce mot signifie aussi *grande presse de gens, foule compacte et agitée, ramassis tumultueux;* ou bien encore un taillis impénétrable, formé de ronces et de houx.

Houssoi, aujourd'hui *la Houssoye*, nom d'un village situé près de Corbie, du latin *hulicetum*, lieu où abonde le *houx*.

« .. .. paier à mi et à mes hoirs au jour de la Saint-Martin, en hyver, de tel blé et de telle avaine qui croîtront en leur teroir de **Houssoi**.. .. »

(**Charte de 1283, Etude sur le Dial. pic., par M. G. Raynaud.**)

En picard le verbe *housser* a une signification toute particulière que M. le professeur Delboule explique ainsi :

« **Housser**. Verbe act. **Mulierem comprimere** Ce mot est particulièrement usité dans la Somme. »

(**Gloss. de la Vallée d'Yères.**)

Housser s'emploie aussi au sens de *essuyer*. Les mères picardes disent à un jeune enfant qui vient de manger : *Housse* un peu tes mouzes (lèvres).

*HOUSTE ou HOUSE dans la locution:
« Envoyer ou mettre *à le houste* ou *à le house* », renvoyer durement quelqu'un, le mettre dehors, l'envoyer au diable, l'envoyer paître. Le patois lorrain a l'interjection *housse!* employée pour chasser les chiens et que les paysans s'adressent quelquefois entre eux. Il en est de même dans le patois vosgien. Au commencement de ce siècle, on disait dans les environs de Paris : « *Houste*, à la paille », espèce d'interjection impérative et très incivile pour enjoindre à quelqu'un d'avoir à se retirer d'un lieu ou d'une place dont il s'était emparé mal à propos. Plus récemment le comte Jaubert a relevé non seulement l'interjection : « *Houste*, à la paille » mais encore les formes suivantes qui sont certainement les meilleures : « *Husse ! Hut !* hors d'ici, va-t-en », en parlant à un chien et même à une personne qu'on traite avec grand mépris (V. *Gloss. du Centre de la France*). La langue d'oïl avait : « *Hus, huz,* hors, en dehors » (V. Hippeau).

Cette interjection est antérieure à la formation de la langue d'oïl.

« Un peu avant sa mort, il [Louis le Débon« naire] joignit le poulce avec les doigts, qui
« estoit le signe pour appeler son frère [Dreux,
« évesque de Metz] auquel il demanda la béné« diction... Il tourna les yeux à gauche et
« comme courroucé il s'escria tant qu'il peut
« (put) : « **Hus, hus** », qui estoit dire en vieil
« françois : « hors, hors » ; puis les tournant au
« ciel avec un visage joyeux il rendit l'âme à
« Dieu le 28ᵉ jour de juin [840] ».

(**Œuvres de Cl. Fauchet, Edit. de 1610.**)

Toutes les expressions qu'on vient de voir : *hus, husse, house, hut, houste,* viennent du Nord : vi. goth *ula, us,* dehors, vi. sax. *ut,* dehors, néerl. *wt,* dehors, vi. all. *uss,* même sens, angl. act. *out,* même sens.

Envoyer *à le houste* ou *à le house*, c'est littéralement envoyer ou mettre *à le dehors,* au dehors.

*HOUTSITOU. Subst. masc. Nom de la mésange au nord d'Amiens, dans le canton de Villers-Bocage, notamment à Coisy.

M. Marcotte a relevé une autre forme patoise beaucoup moins parfaite ; c'est *oui-talô*, mésange charbonnière, *parus major*. (V. *Animaux vertéb. de l'arrond. d'Abbeville*.)

L'origine de ce mot est une onomatopée. Tous ceux qui, vers la fin de l'hiver, ont entendu le chant de cet oiseau, savent que c'est le cri *ouisite ! outsite!* qui, à distance, a frappé leur oreille.

HOUVIÈRE. Pluvier (oiseau), vanneau pluvier. En picard « *Houvière* », dit M. Marcotte. Le même auteur relève encore après Corblet les noms patois *ouvergne, auvergne* donnés au vanneau huppé.

Si l'on fait abstraction des désinences, on verra que ces formes ont un radical commun *houv, ouv, auv* : ce radical est germanique, vi. sax. *hulf*. Le *Glossarium Œlfrici* (xᵉ s.) intitulé : *Nomina avium*, porte : « *Pluvialis : hulfestre*. »

* HOUVIEU ou HOVIEU. Subst. masc. Le *h* ne s'aspire pas partout. Petit tas de blé, d'orge, d'avoine, etc., fait avec un rateau avant de botteler. Notre terme picard a été francisé en *houveau, hoveau.* On lit dans l'*Echo de la Somme* du 3 septembre 1880 :

« Vendredi dernier un violent orage accompagné d'une trombe est passé sur Crécy et les environs. Des personnes ont vu des masses d'ouveaux et de gerbes voltiger dans les airs et passer par dessus la cime des arbres les plus élevés. »

Dérivés : *Enhoveler,* former la gerbe de deux ou trois *hovieux.*

Hoveler, mettre en *hovieux.*

Hoveler implique un primitif *hovel* dont la finale *el* s'est consonnifiée en *au,* tieu : *martel martiau, ratel, rateau,* etc. *Hoveler* vient de *hovel* comme *marteler, rateler* viennent de *martel, ratel.*

Le radical de *houvieu, hovieu* appartient aux langues du Nord : suio gothique *hop,* néer. *hoop,* dan. *hob,* vieil all. *houfe* aujourd'hui *hauf* : on sait que les lettres *p, b, f,* se changent facilement en *v* et que *o* tourne souvent *ou.* Inutile d'ajouter que ce primitif *hovel, houvel* est un diminutif comme on en rencontre tant en langue d'oïl et en picard.

HOYAT. Subst. masc. L'*arundo arenaria* de Linné. Plante du genre des graminées, ses longs brins forment des touffes considérables. Son épi présente de loin l'apparence de celui du froment. Les sommités de ses tiges sont broutées l'été par les vaches du pays (Boulonnais); pendant l'hiver, elles le sont par les lapins.

Dans son *Essai sur Boulogne-sur-Mer,* M. Henri, répété par Corblet dit : « Le nom d'*hoyal* a peut-être été donné à cette plante à cause des canards (D... celtique *hoyal*) qui en hiver vont se réfugier sous ses touffes épaisses et s'y nichent à l'abri du froid pendant la nuit. » Cette étymologie est erronée. Le radical de *hoyat* est germanique : néer. *hoei,* foin, *hoc,* regain, flam. act. *hooi,* foin. Pour la désinence *at,* comparez *favat,* tige sèche des fèves, *warat,* espèce de fourrage, etc. Il est évident que le *hoyat* doit son nom à sa qualité de plante fourragère et non au canard qui se réfugie sous ses touffes.

* HU dans la locution : *Foire* (faire) *des hu !* » gémir, faire en sanglotant certaines clameurs *hu ! hu ! hu ! hu !* Chez les enfants, cette sorte de plainte est *hi !* plusieurs fois répété. (Carton de Villers-Bocage). On disait en ancien picard : « *Foire huhu* » et aussi : « braire à *huhu* ».

« Chan (ce) qui fut dit fut fait : Jerrain tronaxe
                          | ses quilles
Sans parler davantage et sourit il emplie
Brave come un latin ....
Entendis que Prignon fesoit là l... (les) *huhu*
Avertir ses amis .. »
          (Suite du Mar. de Jeunain, 1648.)

Hu avait donné le dérivé *huyer* qu'on rencontre dans le *Sermon de Messire Grégoire* (XVIIe s.)

« Os (vous) orez (orrez) bien braire et *huyer*
« et vous égarg[er] ... de crier. »

Notre *hu* a été relevé en ces termes par notre compatriote Charles de Bovelles : « *Hu, hu, hu : vox flentium etiam ab « affectu ipso dolentium tracta in « usum.* » (*De diff. vulg. ling.* 1533.)

Hu est une onomatopée.

Nous avons un autre *hu,* ... ... dont se servent les charretiers pour faire avancer les chevaux, que Littré écrit *hue,* mais à tort, à mon avis du moins.

Hu et mieux *u* n'est autre chose que *i,* impératif du verbe latin *ire,* aller, dont le sens est *va, marche, avance. I* est devenu *u* comme dans *Cachu, Aubignu,* pour *Cachy, Aubigny* ; mais, dans bien des localités, l'impératif latin a persisté et l'on dit toujours *i* : va, marche, avance. Cette origine n'étonnera pas ceux qui savent que du IIIe au Xe siècles, nos ancêtres ont parlé la *lingua romana rustica* d'où est issu le vieux français.

Les cris *ho,* mieux *o* pour faire arrêter, *il* ou *ul* pour faire aller à droite, sont aussi, quoi qu'on en ait dit, d'origine latine.

O vient du verbe latin *stare* ; c'est l'impératif *sta,* arrête. Par suite du besoin de brièveté dans le commandement, les deux premières lettres sont tombées et le *a* s'est assourdi en *o* comme dans *laon* de *tabanus, fantôme* de *phantasma,* etc.

It ou *ut* pour faire aller à droite est le latin *dricta* réduit à *id*, *it* pour la brièveté du commandement ; le *i* est devenu *u* dans *ut* comme dans *u*, va, marche, pour *i*.

Quant au cri *guia* (monosyll.) ou *dia* pour faire aller à gauche, c'est une corruption du vieux français *galc*, gauche, qui est d'origine germanique, anc. h. all. *welk* ; ici ce sont les dernières lettres qui sont tombées, mais toujours pour la brièveté du commandement.

Comparez le commandement militaire *joue !* pour *en joue*, Qui n'a entendu des caporaux instructeurs crier *Ixe !* pour *fixe* ; *Arche !* pour *marche*, etc? Les chutes de lettres dans les commandements des charretiers n'ont donc rien d'étonnant.

* HUCHEL. Subst. masc. Petite huche. J'ignore si ce diminutif est encore en usage. Je le rencontre dans le *Testament* inédit de *Maroie Grande*, de Fouilloy-lès-Corbie, année 1333 :

« Item je laie à Beaudin le mechon (maçon), men mari, men lit tout estoré, et tout men linge tel com il est en me huche, me partie toute de ses martiaus et ostiex (outils) et le **huchel** ou on les met. »

* HUET. Subst. masc. Sorte de houe dont le fer plat se prolonge en pointe. Ce terme est un diminutif de *heue*, houe : *eu* s'est réduit à *u* comme dans *jeu*, pic. *ju*, *feu*, pic. *fu*, etc.

Huet est resté un nom de famille.

* HUIHOT moins bien *huyau*. Subst. masc. Ustensile en fer, plus souvent en bois attaché par son milieu au bout d'une chaîne ou d'une longe et qui, passé dans un anneau fixé à demeure, sert à y maintenir ou retenir ce bout de chaîne ou de longe. Il y a de ces *huihots* aux longes des chevaux à l'écurie, des vaches à l'étable.

« Un **buyau**, une longe. . »
(Invent. au Bosquel, 1er déc. 1863)

C'est à sa forme que notre *huihot* doit son nom. Ce mot qui est un diminutif est d'origine germanique, néerl. *wegghe*, coin.

* HUQUÉE. Subst. fém. Distance à laquelle peut parvenir le son d'une voix élevée et qui appelle ; au figuré : court trajet, petite distance à parcourir. Cette expression était connue de Cotgrave qui disait en 1611 : « *Huquée* Il n'y a qu'une *huquée*. » On la trouve déjà au XIII° siècle sous la forme *huchie* dans les *Miracles de Saint-Eloi*, œuvre d'un trouvère picard :

« ... alloient à le chité (cité)
A une huchie petite. »

Huquée est un dérivé du verbe *huquer*, appeler, qu'on rencontre souvent en vieux français et qui a persisté dans notre patois.

« Li bastars descendi du grant arbre plenier.
Venus est à se gent, si lor prist à **huquier** :
Seignour, pour Dieu merchi, bailliez moy un
| destrier. »
(**Li Bast. de Buillon**, XIV° s.)

— « A l'heure de la messe vinrent les abbés faire serment et furent **huquiez** par M. Robert Auclou. »
(**Entrée de J. de Bourgogne, 1442**.)

— Chechi foit, i s'en va moison de leu curé...
Bonjour, li dit Jennain, défulant se boirette,
Boinjour, Messire Jean, un mot et pis c'est foit:
Me femme est acouquié... d'un gros flo...
l'le faut batisier : prenez vos agrumelles.
Allons ! **Huquez** vo clerc. »
(**Suite du Mar. de Jeannin, 1648**.)

— « Un maire doit faire garillonner l'clocque en cas d'fu (fen), **huquer** tous ches gens de ch' poys (pays) por s'courir ches mo'sons. »
(**Les Quatre Gardes champêtres, 1849**)

Le radical de *huquer* est l'adverbe latin *huc*, ici, qui a donné en bas latin le dérivé *uccus*, cri d'appel d'où est venu *huquer* (appeler) en picard, *huchier* en vieux français,

HURBETTE Ce mot signifie *maisonnette, petit bâtiment*. Le *r* est adventice comme dans *pertrir*, pêtrir, etc. Pour l'étymologie, voir sous *houpe*.

HUREUX. Forme picarde de l'adjectif *heureux* : il y a eu réduction de *eu* à *u* comme dans *jeu*, ju, *feu*, fu, etc. Nous avons en outre la forme *héreux* comme on le voit dans les vers suivants :

« Oz avoèts (vous aviez) pour amateux
Des maseus d'curieux,
Qu'os (vous) rendrèv's (rendriez) héreux.
Ch' n'étoit qu'des ho et pis des ha !
A l'adreche ed (de) vos appas. »
(**Dial. entre Du Cange et la Naïade de la fontaine Herbet, MS, 1865**.)

HURLARD, HURLU. Subst. masc. Harie huppe... Ces termes n'appartiennent pas à la famille du verbe *hurler*, mais plutôt à celle de *hure* qui a donné en français *hurlupé*, hérissé, ébouriffé, en normand *hurlufé*, ébouriffé : c'est donc à sa hupe comparée à une hore que cet oiseau doit son nom. Dans la Vallée de Somme, on l'appelle aussi *Riga*.

HURLURE dans la locution : « Aller à le hurlure » aller à l'aventure, au hasard, au petit bonheur. *Hurlure* est un dérivé de *hurler*. Aller à l'hurlure est donc littéralement aller au hurler, se diriger vers l'endroit d'où vient un hurlement, un cri, un appel.

* **HURON.** Ahuri, imbécile, étourdi. Expression injurieuse, très ancienne dans notre contrée où elle répondait à *paysan, grossier, sauvage*. Ce terme est toujours en usage dans plusieurs cantons de la Somme, notamment dans celui de Moreuil.

« Allaume de Maresquiel fust détenus prisonnier pour le souppechon de avoir esté en l'ost et batailles des hurons nommez Jacques bonshommes, à l'encontre des nobles »
(Citation dans La Curne, année 1360)

— « Come les habitants de Villers en Vermandois fuioient ..., un appelé Jehannin Corbi dist publiquement : Ces hurons de ceste vile (village) ont-ils paour ! »
(Ibid. année 1380.)

— « Estienne Corrard dist au suppliant pour le courrecer et promovoir à noise plusieurs injures en l'appelant villain, huron. »
(Ibid. 1476.)

D'après ces documents, le vieux terme *huron* désignait autrefois le *rustaud*, le paysan du moyen âge, grossier, stupide, farouche, l'être voué au mepris de la caste des seigneurs, mais qui, à ses heures, donnait à ceux-ci de terribles avertissements.
Huron est de la famille de son synonyme picard *ahu* et du verbe français *ahurir* dont l'origine est très controversée.

HURTE dans la locution : « A toute hurte, » à toute occasion, toujours, continuellement, littéralement *à tout heurt, à tout choc, à toute rencontre, à toute vicissitude*. S'emploie aussi avec négation, par exemple : « Ne pas mettre un vêtement *à toute hurte*, » c'est ne pas le mettre à continuer, le réserver ... les jours de fête.
Hurte est un dérivé du verbe h...er : il signifie proprement *heurt*, choc, etc., et est commun au picard et au vieux français.

— « Quia eripuit......... pedes meos ab offensa « .... mes piez (pieds) de hurte. »
(Psaut. d'Eadwin, XIIIe s.)

Hurte se rencontre en composition dans le mot *Hurtebise*, nom d'une rue de Compiègne ainsi appelée, je crois, parce que la *bise* s'y *hurte*, ou précipite, ou brise, avec violence.
Au même radical se rattache l'adjectif féminin *hurtoire*. On dit : « *Vaque hurtoire*, » vache qui heurte d'habitude. On lit aussi *heurtoire*, de *heurter* qui est commun au picard et au français.

HUS Dans Corblet *hu*. Subst. masc. Porte. Nous avons aussi *huis* qui est français, et, d'après Corblet, *uxe*, sans *h* initial.
Notre forme *hus* est très ancienne et se rencontre en vieux français :
« Li hus vos ert overz, se (si) vos à l'hus butez. »
(Vie de St-Thomas, XIIe s.)
(La porte vous sera ouverte, si vous frappez à la porte.)

Hus vient du latin *ostium*, porte. On ne comprend pas que le lettré F. Génin, notre spirituel compatriote, ait eu l'idée saugrenue de rattacher *l'hus* (la porte) au latin *lux*. De là cette cacographie de son invention, *Lu*, dans une locution picarde fort connue qu'il rapporta : « *Freme ch'lu*, » (*Récréat. philol.* 1858.)
De la forme *huis* est venu le dérivé diminutif *huissel*, petite porte, qui, au témoignage de Rob. Estienne était français au XVIe siècle. Les Picards appelaient aussi *huisset* la porte de certains meubles, comme le montrent les documents suivants :
« Ung buffet à deux huissetz. »
(Invent. à Amiens, 1557.)
— « Des armoilles (armoires) de bois de chesne à quatre huissetz. »
(Invent. à Amiens, 1583.)

Dans quelques localités *ui* s'est ... du *t* à ... et l'on dit *hisset*.

HUTINNE. Subst. fem. La peau du
corps. On rencontre ce mot dans *Le
jeune homme capucin malgré ses père
et mère* (XVIII° s.) version orale recueillie d'un vieillard en 1886 :

« On voit parfois chez panv' piqu' doul'
Leu batte, leu déquirer leu dos
Avec une ruse discipline
Tro's fois le s'maine (semaine)
Su (-ur) leu hatinne :
On (-or) arnel' chô (cela)
Meô culpô »

Le radical *hut* provient d's langues du
nord, suio gothique *hud*, peau, vieil all.
hut, peau, néerl. *hût*, peau des bêtes ou
du corps humain. Le *hut* germanique et
le *cutis* latin sont évidemment le même
mot.

HUTTELOTTE. Subst. fém. Petit tas
de gerbes de blé placées droites et re-
couvertes d'une gerbe formant chaperon
conique dans le but de les préserver de
la pluie.

Ce mot est un diminutif de *hutte*. Le
tas de blé doit son nom à sa ressemblance
à une *hutte*.

Au même radical se rattache le verbe
hutter dont la signification picarde est
chasser la sauvagine la nuit, enfermé
dans une hutte ordinairement faite de
branchages et de roseaux et élevée au
milieu ou sur le bord d'un étang.

HUTUTU. Subst. masc. Babiole, rien,
chose de nulle valeur. Au pays de Liège,
hututu signifie *houx*, et se dit des branches de houx avec leurs feuilles qu'on
attache au bout d'une gaule : c'est un
terme de ramoneur. Ce terme désigne
aussi les copeaux qui sortent du rabot.
En Hainaut, par comparaison, *hututu*
(capiau à la) chapeau de femme garni de
franges et de rubans qui était fort élevé
et se plaçait sur le côté. On lit dans Hécart :

« Al (elle) est rach'mée (parée, coiffée) à **ututu**
come les vaques d'Rumegies. »

Rumegies est un village entre Tournay
et Saint-Amand, où les femmes étaient
coiffées d'une manière toute particulière.

Il faut rapprocher de ce qui précède,
l'expression

Turlututu
Capiau pointu !!

que l'on adresse en Artois à une personne
qui débite des sornettes, pour la faire
taire.

Il est probable que *hututu* nous est
venu tout fait du nord du domaine picard :
du sens de *balai à ramoner, copeau,
ruban,* où a pu passer facilement à celui
de *chose sans valeur, babiole.* Ce mot
semble n'être autre chose que *hu,* houx,
en patois liégeois, avec finale fantaisiste.

HUVETTE. Subst. fém. Ce mot est
usité en Artois au sens de *bonnet de
femme.* Aux environs de Douai, il signifie *coiffure de nuit* maintenue par un ruban. C'est un ancien diminutif de *huve,*
coiffe, d'où était venu le verbe aujour-
d'hui inusité *huver (se),* se coiffer.

« Dea, voisine, et comment vous vous hu
« vates hier soir ! Je croy que ce fut pour
« mielx dormir. »

(Evang. des Quenouilles, XV° s.)

— « Robe auroie de drap de soie, fremax d'or,
haves, corroies.. »

(Trouv. du Nord de la Fr., XIII° s.)

Il y avait aussi le diminutif masculin
huvet.

« Les merchiers vendent dras d'or et de
soie, perles et **huvets,** espingles et aguilles. »

(Dialogues pic. fl. XIV° s.)

— « Lorsqu'ex lui tièrent par force sa coiffe
ou **havet.** »

(Cit. dans La Curne, 1391.)

Le radical de ces termes nous vient du
nord ; esp. *huve,* island. *hufa* nécr.
huyve, coiffe. Kilianus écrit : « *Huyven,
caput operire, contegere amictu.* »

Huvet est resté un nom de famille
assez répandu en Picardie où abondent
des noms identiques tels que Bonnet,
Capel (chapeau), etc.

Au radical *huve* se rattache, à mon avis
du moins, le terme aujourd'hui inusité
huvelas, auvent en planches destiné à
protéger contre le soleil et la pluie les
ouvertures du rez-de-chaussée auxquelles
il servait d'abri, littéralement de coiffe
ou chapeau. *Huvelas* vient d'une forme
huvel comme *coutelas* de *coutel,* et *huvel*
est venu de *huve* comme *huchel* (V. ce
mot) de *huche.*

« Les dits religieux... seigneurs des frocqz...
sans que aucune nuist y puisse, haner, faire
huvellas .. bonches et entrees de celliers »

(Bouthors Op. cit. 1507, St-Riquier.)

On rencontre aussi, mais avec *r* adventice comme dans *pertrir*, petrir, *marle*,
mâle, etc., les formes *huvre*, *huvrelat*,
etc.

« Que tout **huvre** soit attaché à la hauteur de
dix pieds... »
(Eschev. d'Amiens, XVIe s.)

— « Les **huvrelatz** se permettent pourven
qu'ils n'excèdent deux pieds et demy de large.»
(Ibid.)

HUYER. Crier avec force. Ce verbe
existait en vieux français et ici, comme
en bien des cas, notre patois ne fait que
continuer la langue d'oïl.

HUYSEUX. Oisif, paresseux. Ce mot
du latin *otiosus* appartient au vieux picard. Corblet donne la citation suivante
tirée des *Archives d'Amiens* (année 1460):

« Pour ce que plusieurs compaignons **huyseux**
que communément on nomme varigaux, ont été
prins en ladite ville. »

Ici se terminent mes études sur les
mots de la lettre H. Je les complète par
quelques observations relatives à la chute
de lettres initiales et à leur remplacement par l'aspiration.

La chute d'une lettre initiale dans la
transformation du latin en français est
un fait très rare; il est au contraire assez
fréquent dans notre patois.

Hainon (V. ce mot) s'est réduit à *non*
à Amiens.

Devaintieu, tablier, s'est réduit à
vaintieu.

Petiot est devenu, selon les localités,
tiot ou *quiot*.

Encoire, encore, est devenu *coire* :
« Diras tu *coire*? »

Raquer, cracher. a perdu le K initial
du germanique *kraki*, salive, qui est son
radical.

Lièvre, liard sont devenus *tève, iard*.

Mésange corrompu en *ézempe* a perdu
le m initial.

Demoiselle s'est réduit à *moiselle*.

Guibrantium, dénomination au IXe siècle d'un village appartenant à l'abbaye
de Saint-Riquier, est depuis longtemps
Vrench.

Nos, nous, du latin *nos*, et *vos*, vous,
du latin *vos*, se sont réduits à *os* : « Os
irons, nous irons; os irez vous irez. »

Ses s'est réduit à *s* : « s'ouvriers, ses
ouvriers ». De même *ches* s'est réduit à *s* :
« s'enfants, ches enfants ».

La chute d'une ou de plusieurs lettres
initiales donne lieu à un phénomène que
j'ai signalé : c'est le remplacement de la
lettre tombée par l'aspiration exprimée
par la lettre *h*.

Gaude (chaude) *haude*.
Gaufre (gaufre) *haufre*.
Croc (oc) *hoc*.
Vilbrequin (ilberquin) *hiberquin*.
Rouler (ouler) *houler*.

Charbonnerie (arbonnerie). *Harbon-
nières* (... de village).

J'ai signalé des faits identiques que je
rappelle au lecteur :

Danois *sugga* (uggs); anglais *hog*, porc.
Latin *cutis*, all. *hut*, peau.

Dans la majorité des cas, ce sont des
gutturales qui tombent pour être remplacées par l'aspiration exprimée par
le *h*.

I

I. Forme picarde devant une consonne du pronom personnel *il*. On dit : « *I varo*, il viendra ; *i diro*, il dira. » On retrouve cette forme dans certains auteurs anciens ; en voici un exemple :

« . . . . en fn sy yrascue
Qu'il a fait Huon prendre et voit qu'i fo pen-
l dus. »
(**Hugues Capet, xiv° s.**)

Les Picards emploient *i* pour *ils* au pluriel devant une consonne : « *I ditent*, ils disent ; *i trannent*, ils tremblent » Devant une voyelle, ils disent *is*, prononcé *iz* : « *Is iront*, ils iront, etc. ». Ils emploient *i*, *is*, après le sujet : « *Men père i varo*, mon père *il* viendra ; *mes sœurs i* ou *alles danseront*, mes sœurs *elles* danseront. »

IARD. Subst. masc. Forme picarde du français *liard*. Feu Gabriel Rambault a relevé *de auditu* cette réflexion philosophique d'un Picard :

« Chant écus d'mélancolie n'poieront point un iard d'dettes. »

Le jeu désigné dans Corblet sous le nom de *ju de pot* et *ponoère*, se nomme aussi *ju de l'balle à iards*, parce que naguère la mise la plus ordinaire des joueurs consistait en *liards*.

Je signale ici, afin de n'y plus revenir, plusieurs apocopes ou chutes de *l* initial : *iue*, lieue ; *ière* ou *ieuve* lièvre ; *ieu* dans le composé *ieu-warou*, loup garoul ; *iapin*, lapin. On dit aussi : *ième tè* pour *lève toi*.

J'ai montré à la fin de la lettre H que l'aspiration remplace parfois une lettre tombée. Je ne prétends pas qu'on doive écrire avec *h* initial les mots *iard*, *iève*, etc. Mais je crois devoir faire observer qu'on les prononce avec aspiration : *hiard*, *hiève* et qu'on dit non pas *troi ziards*, *deu zièves*, mais *troi iards*, *deu ièves*, comme on dit : *troi* (trois) *haches*, *deu* (deux) *hoquets*. On verra sous *iau* que nos ancêtres d'Amiens aspiraient ce dernier mot.

IAU ou IEU subst. fém. Forme picarde de *eau*.

Feu Gabriel Rembault a recueilli le proverbe suivant : « L'*ieu* n'est point toujours claire ! » il y a quelquefois de la brouille dans le ménage. Les Picards disent :

« Saute, crapieu (crapaud)
On (nous) erons (aurons) d'l'ieu »

A Amiens, le mot *iau* s'aspirait, paraît-il, il y a plusieurs siècles.

« Ung hieau (seau) à hieau à cercle de fer... »
(**Invent. 1617.**)

Dès le XII° siècle, la forme picarde *iau* ou *iaue* existait dans notre contrée :

« Et li iaue estoit à iaue (eux) ainsi que viande. »
(**Légende de St-Brandaines**)

Le document le plus curieux et historiquement le plus important où figure la forme *ieaue* est certainement le suivant tiré de la coutume locale de Drucat (village situé près d'Abbeville), rédigée en 1507 :

« Item et a [le seigneur de Drucat] ledit droit
« que quand il couche et pernote (passe la
« nuit) en son chastiau dudit lien, tour les
« subgietz dudit lien de Drucat sont tenus batre
« l'ieaue estant auprez dudit chasteau pour
« empeschier que les raines ou grenouilles ne
« lui faicent noise, sur paine et amende à
« chascun subgiet de LX sols parisis. »
(**Bouthors, Cout. loc. du Baill. d'Amiens,
T. I°r, p. 484.**)

Dérivés : *Ieuette*, subst. fém. Petit cours d'eau. C'est un diminutif qui s'emploie souvent au sens de *rivière*. Plusieurs de nos petits cours d'eau portent le nom de *eauette* : celui qui passe à Airaines est désigné à la picarde *ieuette* par les riverains.

Ieuiche, adj. Aqueux se dit en parlant des fruits, des légumes. En Cambrésis, les *ewiches* ou *eauwisses* désignent les lieux humides.

ICHI et IQUI. Formes picardes de l'adverbe français *ici*. Ces deux formes sont très anciennes.

« Et se la paiz polens (pouvions) faire *iqui*
Mialz (mieux) en vauroit la terre et li pais. »
(Mort de Garin, XII* s.)

— « Quant Aallars le voit, moult ot le cuer mari,
Il a traite l'espée...
Jà se vendra chier ains qu'il voïst d'*iqui*. »
(Quatre Fils Aymon, XIII* s)

— « *Ichi* ne veul plus arlester... »
(Eracles, XII* s.)

La forme *iqui* est restée avec chute du *i* initial dans la locution *d'qui un an* l'année prochaine, littéralement *d ici un an*.

La forme *ichi* est généralement en usage dans le nord du domaine picard. Voici un passage curieux où l'on reproche aux censiers de nos jours leur faste relatif et leurs plaintes souvent exagérées.

« Vaitiez comme ils ont misère,
Quand is arriv' au marqué,
Assis comme des gros myn'heere (messieurs)
En d'dens leu cabriolet !
Auparavant, je m'rappelle,
L'panier d'su l'dos à bertielle
Is v'not comm' chs l'merqueurdi (mercredi)
Pour veint (vendre) leu bar' par *ichi*. »
(Chanson popul., Lille, 1887.)

Il est à noter que dans mon village et dans les cantons de Boves, Moreuil, Corbie, etc., le *i* final de *ichi* est devenu *u*, et, avec nasalisation *un*. On dit donc *ichu* ou *ichun*, comme on dit *Aubignu* ou *Aubignun*, *Cachu* ou *Cachun*. C'est ainsi que l'affirmation *oui* se prononce *oueun* en une seule syllabe, à Gentelles *ouon*.

Dans les vieilles épitaphes, on rencontre plus souvent *chy* (c) que *ichy* :

« L'an mil chonq ch nt et un quarteron
Chy fut planté maistre Jehan Quignon.
Quard l'jugement de Dieu varo (viendra)
Si Dieu plaît, il revardiro (reverdira). »
(Ep. du cimetière St Denis d'Amiens)

IÈPE ou IEUPE, mieux ZIÈPE en Artois. Au nord du domaine picard on dit *chièpe*. Subst. masc. S'emploie au sens de *savon vert*. Les deux premières formes sont fort en usage dans le canton de Doullens.

« Le savon le plus en usage en Artois, dit
« l'auteur du **Patriote Artésien**, est celui ap-
« pelé vulgairement *zièpe* ou *savon noir*. »

« Les fabriques du savon connu dans ce
« pays sous le nom de *schièppe* ou saven vert
« qui se vend... »
(Statistique du Dép. du Nord, 1864)

Ce mot nous vient du Nord. Kilianus écrit : « *Seepe, sopo, germanice seipffen,* « *gallice savon, anglice sop.* » Dans Junius (1567) le mot est orthographié *Zeepe*; le flamand moderne dit *zepp*, savon, et l'allemand actuel a *seif* au même sens. Du reste le radical avec de légères distinctions de formes existe dans toutes les langues anciennes, ainsi que le montrent *sapo* en latin, *zub* en hébreu, etc.

IEU (monos). Forme picarde du participe passé français *eu*.
« Quand j'ai ieu entendu s' (les) alouettes.
J'ai ieu peur ; je m'sus (suis) déjouqué »
(L'Amoureux transi, 1867.)

En langue d'oïl la forme était dissyllabique : *éü*.
« As cuers en ont éu et dolour et pité. »
(Ch. d'Ant.)

Le *e* articulé de *éü* est devenu *i* en picard.

ILLIER. Ancien terme particulier à l'Amiénois.
« Item une lettre en parchemin en date du
« 16 du juillet 1595 contenant le bail à cens
« fait par Madame la Vidame d'Amiens audit
« deffunct Abraham de Bresly de plusieurs
« illiers séans sur la rivière de Somme par der-
« rière Montière .. »
(Inventaire, 1595)

Au même inventaire il est fait mention d'un autre *illier* situé au terroir de Montière : cet *illier* y est dit *le Rocque*.

Je suppose que ce terme est, sous une autre forme, le même que l'ancien français *islaie*, oseraie ou saussaie. Rob. Estienne écrit en 1540 : « *Viminalis locus : islaye* ». On sait que les oseraies sont d'ordinaire entrecoupées de canaux qui forment des ilots : de là l'ancien adjectif français *islaie*. Quant à notre forme *illier*, il faut se rappeler d'abord que *ille* pour *isle*, du latin *insula*, s'employait autrefois comme on le voit dans le nom de ville *Lille*. Quant à la désinence *ier*, elle me semble indiquer un collectif du genre masculin, semblable à *hallier*, réunion d'arbrisseaux fort épais.

ILLUMINÉ, adj. Ivre, saoul. L'Académi... a ouvert ses colonnes à une expression analogue : « S'enluminer la trogne, boire avec excès », parce que, d'ordinaire, ceux qui boivent avec excès ont le visage fort rouge. Cette raison est celle qui a motivé notre terme picard, il y a longtemps sans doute, car autrefois et à son sens propre, *illuminé* signifiait précisément *enluminé* :

« Une paire d'heures **illuminées** couverte de velours violet. »

(Invent. à Amiens, 1611.)

ILO. Adv. Là. Ce mot n'est autre chose que l'ancien adverbe français *ilà* avec changement de *a* en *ô* : *embarras, embarros*, etc.

IMPROVU (à l'). Loc. adv. A l'improviste, d'une façon inattendue, à l'imprévue. Les Picards ne font que continuer l'ancien français ; car on trouve dans N c d en 1614 : « *A l'improuveu.* »

IM.... préfixe devant *b*, *m* et *p* L'abbé Corblet et d'autres lexicographes ou écrivains picards, donnent abusivement ce préfixe à certains vocables qui doivent être orthographiés par *em* prononcé *aim*. La forme *im* ne peut se justifier et être admise que dans les seuls cas où ce préfixe est privatif : *impossible, imprévu*, etc. C'est donc par *em* prononcé *aim* *eim*, qu'il faut lire et écrire les mots suivants cacographiés avec *i* dans Corblet :

Embanquer, radical *banc*.

Embarnaquer, *embernaquer*, rad. *bren*.

Emberdouiller, rad. *berdouille*.

Empunaiser, empester, rad. *punaise* et *emputer*, rad. latin *putere* d'où le qualificatif ignoble qu'on donne aux femmes de mauvaise vie.

Empersurer, mettre de la présure dans le lait pour le faire cailler ; au fig. rendre une femme grosse.

Il est inutile, je pense, de multiplier les exemples.

IN. Préfixe ayant tantôt la valeur d'une négation, tantôt celle de *en*, dans. Depuis longtemps il est remplacé en français par *en* que le picard prononce *ein*. Cependant l'abbé Corblet s'est servi sans discernement du préfixe *in* pour une quantité de vocables qui exigent les uns *ain*, les autres *en*. La nomenclature de ces vocables est trop longue pour que je la reprenne ici. Je me bornerai à relever sous la forme qui convient le mieux certaines expressions offrant quelque intérêt qu'il a orthographiées avec *i* initial.

Endordeler, *entorteler*, tromper, endormir au sens de *duper*.

Engorguant, rad. *gorge*.

Entiquer, enfoncer (V. ce mot T, Ier).

Encarnoter, encadenasser, rad. *carnos*, cadenas.

Engrouer, tirer à demi un bateau sur le bord d'une rivière pour l'empêcher d'être entraîné, rad. germ. *grund*, terre, sol.

Je n'ajoute à cette liste qu'un mot employé par Crinon, mot que j'ai oublié à la lettre E, et que les éditeurs de notre poëte ont mal orthographié. Je cite :

« L'moue (monde) i n'a d's yux qu' pou' l'soie
    | et pis ch'cach'mire....
D' ch' conté lô s'voisine est pas Léreuse.
Pus (plus) affrontée. infelnie et rieuse
Avu (avec) des yux luisants conm' des yux
    | d'leup... »

(Sat. VII.)

Ce terme est un dérivé du vieux verbe français *enfellonnir*, mettre en colère, irriter : il y a eu contraction en picard.

IN. Pronom indéfini. Forme picarde de *on* dans le Vermandois et dans tout le nord du domaine picard. Corblet l'écrit *ein* : mais on devrait l'écrire *en* prononcé *ain* : « *En* dit, on dit ». Le son *on* (du vieux français *om*. lat. *homo*) est devenu *en* (prononcé *ain*) comme dans *men, ten, sen*, pour *mon, ton, son* : « *Men* père, mon père, etc. » On retrouve, du reste, *un* pour *on* dans les auteurs du moyen-âge :

« Nostre sires [Dieu] ne prent mie warde à ceu (ce) qu'un fait, mais de quel cuer om le fait. »

(Serm. de St Bernard.)

Notre poëte Crinon écrivait *in*, on.

« Rien à leus yux n'a'ro troup friand pon'
    | s'bouque,
In l'lave, in l'bruche (brosse), in l'étrille... »

(Satyre, XVII.)

IN. Préposition *en* (du latin *inde*) prononcé *ain*, *ein*. Au nord du domaine picard, on dit encore *end* (*eind*) en fai_

sant sonner le *d* final : « S'*end* aller »
s'en aller, expression usitée en Hainaut.
Hécart a cacographié en un seul mot *en-
daller*.

INCHOAT. Adj. masc. S'emploie à
Boulogne au sens de *mauvais*, en parlant
du temps. Ce mot est-il composé du préfixe privatif *in*, in-juste, et de *choat,
choète*, beau, bon? C'est une question que
je pose. L'adjectif en question existe en
Normandie et en Picardie où l'on dit :
« Une *choète* fille, » une jolie personne,
et on le retrouve dans le langage du peuple de Paris. Dans son *Dictionnaire de la
Langue verte*, M. Delvau le rapporte au
vieux français *soef*. C'est, à mon avis du
moins, une erreur, car le *t* reste inexpliqué. Ce mot, comme tant d'autres,
nous est venu du nord : vi. sax. *swete*,
doux, angl. *swet*, néerl. *suet*, même sens,
suéd. *soet*, agréable : le *s* est devenu *ch*,
comme dans *chuque*, forme picarde de
sucre.

INCLINGNER. Forme picarde du français *incliner*.

INDINGNE. Forme picarde du français
indigne. Cet adjectif a surtout le sens de
insupportable en parlant d'un enfant difficile. A l'est d'Amiens, dans le Santerre
et dans le Vermandois, le *g* est tombé et
l'on dit *indinne* que les éditeurs de Crinon orthographient *indaine* :

Jusqu'ou (au) moument qu'enne indaine ma-
râte... »

(Satyre XXVIII.)

INDUITE. Adj. fém. Indue. Terme
usité souvent dans cette seule locution :
« Heure *induite*. »
Le radical est le verbe *duire*.

INGIGNEUX. Adj. Ingénieux, industrieux, adroit. Dès le XII⁰ siècle on le
trouve au même sens avec *e* initial.

« Donvalo fut mult engignos
Et de vaincre mult désiros. »
(Rom. de Brut.)

INGNORANT. Subst. masc. Bêta,
ignorant. L'articulation nasale de l'*i* initial de ce mot est ancienne chez nous,
bien qu'on ne la rencontre pas partout :

« Condamné à LX sols par'ais d'amende mo-
dérée à VII so. VI dén. veu l'ignorance dudit
Robert. »

(Plaids de Boves, 1306.)

INGRESSION. Subst. fém. Terme autrefois usité à Amiens et qui ne figure, je
crois, dans aucun dictionnaire. On entendait par la *l'entrée en religion*. Les
notaires l'employaient dans les contrats
qui avaient pour objet de consacrer l'en-
gagement par les parents, de fournir au
couvent certains effets mobiliers person-
nels à la novice et en outre le montant
de sa dot, qui devait être versée la veille
du jour de la profession.

« Ont promis luy fournir le jour de son ingression son lict... »

(Contrat du 6 nov. 1631.)

Ingression, qui est d'origine savante,
est le latin *ingressio*, entrée. On rencontre plusieurs mots de ce genre dans les
documents picards : M. de Calonne me
signalait l'an dernier le mot *perquérir*,
rechercher, relevé par lui dans les Archives d'Amiens.

INOCHENT. Forme picarde du français *innocent*. Imbécile, idiot, surtout
idiot de naissance. On a donné aux habitants de Rumigny (canton de Boves) le
sobriquet d'*inochents* Je lis dans le
Franc-Picard des vers qui protestent
contre cette étrange qualification.

« O dit qu'à Rumgny tous ch'es gens
N'ont point bieukeop d'iraïce :
O les sorlom' ches innocents
Mais ch'est urne injustice,
Car en foit d'malins
Des tout ch' canton d' Sains
Personne n' les dégote... »

INQUIÈTES. Subst. fém. pl. Soucis,
inquiétudes. On rencontre cette expression dans l'*Evangile de St Mathieu*, traduction en picard par Ed. Paris :

« Velo (voilà) pourquoi qu'os n'deves mie
avoir des inquiètes pour l'endemain... »
(Chap. VI., V. 34.)

INRASSASIABE. Adj. Insatiable.

INSAINTIU. Adj. Ce terme est l'opposé
du simple *saintiu, santiu*, bon pour la
santé (du latin *sanativus*) qui sera donné
en son lieu.

IOU. Adv. forme picarde de *ou* : « *Iou*
qu't'iros? » Où iras-tu ?

« I n'feut pas moins passer par iou qui vutent.»
(Crinon, Sat. VI)

La prosthèse de *i* n'a rien d'étonnant :
le picard ne fait en cela que continuer la
langue d'oïl dans laquelle on trouve *ierbe*,
herbe, *iermite*, ermite, *iestre*, être, etc.

Par l'aphérèse de *l* déjà signalée, on
dit, selon les localités, *iou* ou *iu* pour
lieu : « Au *iu* de rire, » au lieu de rire.
Dans le Vermandois, on dit : « *iou* que...
au lieu que... » comme on le voit dans
notre poète Crinon :

« Ch' diabe d'bourgeos (bourgeois, proprié-
taire).....
Qu'est qu'cha li foit d'perde un peu d'r'v'nus
(revenus)
S'i risque un pos (pois) ch'est pour gagui unu'
fève ;
Iou que ch'fermier ch'est sen pain qu'in (on)
l'inyève (enlève)
En li r'prendant ses terres sans raison. »
(Sat. VI.)

ISENGRIN. Subst. masc. Loup. Expression populaire très ancienne dans
notre province comme le prouve ce passage d'un vieil auteur picard mort en
1124 : « Solebat Episcopus Laudunensis
« Taugebaldum irridendo *Ysengrinum*
« vocare propter lupinam scilicet spe-
« ciem, sic enim aliqui solent appellare
« lupos » (*Guib de Nog.*) Or ce Taug-
baud à visage de loup fut précisément
celui-là qui plus tard (1112) découvrit le
seigneur évêque de Laon, le parjure
Gaudry, dans un tonneau où il s'était
caché pour se soustraire à la vengeance
des bourgeois de Laon. Ce fut lui aussi
qui lui porta les premiers coups en le
traitant d'*isengrin*. (Voir les *Lettres sur
l'Histoire de France* d'Augustin *Thierry*)

Le terme *isengrin* n'est au fond
qu'une épithète comme le prouvent les
deux vers suivants :

« Lupus qui s'apiele en sornom (surnom)
Isengrin venoit en lor route.»
(Du Cange, Ren. couronné.)

Mais sous sa meilleure forme, c'est-à-
dire avec un *m* final, il apparaît au XIIe
siècle dans le *Reinardus* :

« Egrediens Sylvam mane Isengrimus.. »

Cette forme par *m* final s'est, avec une
légère contraction, conservée jusque de
nos jours dans le nord du domaine picard. On lit dans le Dictionnaire de l'abbé
Olinger : « *Isegrim* : bourru, grondeur,
loup. » Le sens, en Flandre, s'est, on le
voit, un peu amoindri.

Ce mot est venu du Nord. C'est une
expression figurée dont le sens est, *qui
glace d'effroi par sa férocité*, et qui est
composée de deux éléments néerlandais :
isen, faire frémir, glacer d'horreur et
grim, colère, férocité.

ITEM. En picard ce mot est l'équivalent du français *soit, je le veux bien, j'y
consens.*

ITOUT ou **ETOUT.** Prépos. et adv.
Avec, aussi. Hippeau a relevé en langue
d'oïl, mais sans *t* final, ce qui était une
faute, *itou, étou*, aussi, avec : le picard
ne fait donc que continuer la langue
d'oïl. Je trouve la forme *itout* dans cette
fin d'un compliment moderne pour la fête
d'une sœur :

« On dit que ch'est vot' fête edmain (demain);
Agréî men vœu bien sincère
Meu cœur itout et ch'romarin... »

(Mém. sur la pat. pic. par Grég. d'Essigny)

Itout, étout sont une corruption de la
forme primitive *a tot*. « Et les vit passer
à totes lor proies, » écrit Villehardouin,
c'est-à-dire : *avec toutes*. A *tout* est devenu *atout* en un seul mot, puis *étout* et
enfin *itout*.

J

JACASSE dans l'expression *Marie jacasse*, bavarde. Nous avons en picard un certain nombre d'expressions de ce genre : *Marie torchon*, sale, *Marie berdouille*, bredouilleuse, etc., et, par antiphrase, *Marie boine* (bonne) fille dissolue, femme débauchée. On sait que *jacasser* est proprement *crier comme un Jacques*, sobriquet donné à la pie.

Le mot *Jacques* a, selon les localités, des acceptions que je dois signaler. Corblet l'a relevé au sens de *rodomont*. Dans l'Amiénois (canton de Villers Bocage) il s'emploie au sens de *esprit contrariant*. A Amiens, les femmes du peuple par ironie qualifient *quiot* (petit) *Jacques*, leur mari trop débonnaire. Dans le nord du domaine picard (Hainaut) on dit : « T'es un biau Jacques, » tu es un joli coco, un homme redoutable. Le patois de Liège l'emploie au sens de *irritable*.

Ce n'est pas au sobriquet de la pie que se rattachent les acceptions du terme Jacques, être tout à la fois *contrariant* et *débonnaire, rodomont* et *peu redoutable, bon* et *irritable* : ces acceptions sont un écho lointain et affaibli des qualités et des défauts du paysan du moyen âge, de ce pauvre Jacques qui après avoir été, comme son surnom de *bon homme* l'indique, patient et résigné pendant des siècles, se leva un jour furieux, affamé, féroce, pour se livrer aux horreurs que de son nom on a appelées Jacquerie. On retrouve encore le terme Jacques dans la locution : « Prendre Jacques Déloge pour sen procureu » se sauver. Cette locution qui est au fond de la famille de *Marie jacasse, Marie boine*, etc., s'explique d'elle-même et signifie *prendre ses jambes pour défenseur*.

Au nord d'Amiens (canton de Villers-Bocage) un second membre de phrase s'ajoute et l'on dit : « Il o prins Jacques Déloge pour sen procureu, pa' ce (par ce) qu'igno (il y a) du fer à ch' quien (chien) », c'est-à-dire de la ferraille attachée à la queue d'un chien quelconque et qui met en émoi le quartier où passe le pauvre animal. Au figuré, c'est le méfait grave, inattendu, la mauvaise action, la tache à l'honneur, en un mot le scandale qui va émouvoir toute la population ou la justice, et qui oblige celui qui l'a causé à « prendre Jacques Déloge pour sou procureur ».

JACOBIN. Subs. masc. Canard morillon (*anas fuligula*); dénomination qui lui a été donnée à cause de son plumage noir ressemblant au manteau des moines Jacobins. Ce canard s'appelle aussi *diablotin*, parce que, dans les croyances populaires, les diables sont noirs.

Les Picards emploient le mot *jacobin* au sens de *gros crachat* produit par le rhume, la bronchite ou le catarrhe. Cette acception est déjà ancienne. Le *Grand Testament* de Villon (XVᵉ s.) offre le passage suivant :

« Je cognoys approcher ma soef ;
Je crache blanc comme cotton (coton),
Jacobins gros comme un estœuf. »

Il est difficile d'indiquer la raison qui a déterminé le choix de ce mot au sens de *crachat*. Les Jacobins ont été, à l'origine, de grands prédicateurs. Or c'est une ressource de savoir tousser, cracher, au cours d'un discours en cas d'embarras ou de défaut de mémoire.

Les Jacobins avaient-ils recours à la ressource de cracher souvent ?

D'un autre côté, ces moines avaient, au XVᵉ siècle, une réputation détestable : on sait que, à Amiens, ils vendaient à boire dans leur couvent situé dans la rue qui porte encore leur nom. Serait-ce par mépris que le peuple aurait attribué le nom de *jacobin* au crachat ? Etant donné

le caractère goguenard des Picards, je
penche, je l'avoue, pour cette origine que
je ne donne cependant que comme une
hypothèse, en ajoutant qu'on dit d'un
homme taré et méprisable : « I n' veut
« mie un *raquton* » : il ne vaut pas un
crachat.

JALOIS. Subst. masc. Mesure agraire
usitée surtout dans l'Aisne, et dont l'é-
tendue varie de dix-sept à soixante ares.
Quant au *jalois*, mesure de capacité pour
les grains, il répond, selon les localités,
à cinquante-cinq, soixante ou soixante-
cinq litres.

On rencontre ce mot latinisé en *galo-
tus, jalotus, jaletus*. On lit dans La
Curne :

« Deux muiz et trois puguez à la mesure de
Vervins dont le *jalois* contient quatre-vingt
verges. »

On sait que beaucoup de mesures agrai-
res — muid, setier, quartel, etc., — ont,
à l'origine, pris leur nom de ceux des
mesures de capacité dont la contenance
répondait à la quantité de grain nécessaire pour l'ensemencement des pièces de
terre. Ainsi en a-t-il été du *jalois* dont
le radical est *jal*, espèce de grande jatte
ou baquet dont l'étymologie est incertaine.

JALOUSETÉ. Subst. fém. Jalousie,
envie.

JANTIER. Subst. masc. Chantier de
cellier ou de cave sur lequel on place les
tonneaux et parfois les jattes de lait.
C'est une forme adoucie de *gantier* (V ce
mot) du latin *cantherius*.

« Item dans la cave un jantier, une chaise de
commodité. »

(Invent à la Vacquerie, 1759)

— « Dans la cave trois jantiers estimés ensemble trois livres. »

(Invent. à Amiens, 1790.)

En Artois « être su ches cantiers » signifie en style burlesque « être mort »,
parce qu'on dépose sur des *cantiers* ou
tréteaux, le cercueil d'une personne qui
vient de mourir.

JAQUIN. Subst. masc. Dans le Ponthieu et la Normandie on dit *janquin*.
Petite tasse de café qu'on sert d'ordinaire
sans soucoupe et qui ne coûte que quinze
ou vingt centimes avec le sucre et le petit
verre d'eau-de-vie. On l'appelle aussi
quiot (petit) *pot*, et, selon les localités,
bayonnette, bistoule. etc. Je lis dans
l'*Annuaire d'Abbeville* (1887) :

« Après qu'os (que nous) ons leu (avons eu)
reprins (repris) un nouvieu **janquin** et pis qué-
ques (quelques) rinchurettes... »

Voici d'après l'abbé Decorde l'origine
de la chose et du nom. « Vers 1825, le
« nommé Jean Quin (de Neslette, canton
« d'Oisemont), garde particulier de M.
« de Richmont, passant par Bouttenc-
« court, près de Blangy, entra au Café
« du père Desmoulins surnommé *la*
« *Queue Blanche*, et se fit servir pour un
« sou de café, un sou d'eau-de-vie et un
« peu de sucre. Il mêla le tout ensemble,
« et, comme on lui demandait le nom de
« ce mélange, il répondit : « Appelez le
« comme moi Jean Quin.» (*Dict. du pat.
du pays de Bray*)

Cette explication, bien que fort spiri-
tuelle, ne me satisfait nullement. Je la
donne pourtant. Si elle n'instruit pas le
lecteur, elle l'amusera : c'est un mérite
qui en vaut bien un autre.

JARBE. Subst. fém. Forme adoucie de
garbe, gerba. Il en est de même de *jarbée*,
botte de paille.

« Maison de la **Jarbe** d'or séant en ladicte
rue des Vergeaux. »

(Amiens, Acte du 8 fév. 1562)

— Deux mille de bled en **jarbe** prisé quinze
livres le cent. »

(Ibid , Invent. de 1612)

— « Item les cinq cents de **jarbées** provenant
dudit bled. »

(Ibid., Invent. de 1612)

JARNOTE. Subst. fém. C'est une autre
forme de *gernote* dont l'origine a été indiquée et qui signifie *petite truffe*, littér.
noix de terre. A Villers-Bocage, on l'appelle *cateingne* (chataigne) *d'terre*. —
Syn : *crinquignolle*.

JEAN dans la locution : *Ressembler à
Saint-Jean pleine lune*, avoir le visage
rond, épanoui, satisfait comme celui
qu'on prête à la lune sur la couverture
des almanachs.

Au moyen-âge on avait coutume de

rapporter des pélérinages, des médailles bénies portant l'image du saint personnage ou de la relique qu'on était allé vénérer. Plusieurs de ces médailles grossières, frappées en l'honneur du chef de St-Jean-Baptiste conservé dans la cathédrale d'Amiens, ont été reproduites par le Dr Rigollot dans son ouvrage sur les « Monnaies inconnues des évêques des innocents.» Or, elles représentent la relique même du chef de St-Jean-Baptiste ; mais, par inexpérience ou naïveté, les vieux artistes qui ont gravé ces médailles, ont donné à la relique la ressemblance la plus frappante avec la lune dans son plein quand on l'agrémente de traits humains. Il résulte de là que l'expression : *Ressembler à St-Jean pleine lune*, équivaut à : ressembler à une médaille de pélérinage au chef de St-Jean Baptiste.

JÉGNEU. Subst. masc. Petit pot. Le Dictionnaire de Boiste donne *jégneux* : gobelet très évasé à anse.

L'origine de ce mot m'est inconnue.

JENGLER (jaingler) Sauter, gambader, fringuer, danser de contentement. Ne se dit guère que des enfants et par extension des jeunes quadrupèdes. Il signifie *danser en mesure* dans ce passage :

« Ches violonneux faisoient jengler ches jones (jeunes) tout en épagnotant (réjouissant) ches viux (vieux). »
(Alm. du Bonh. pic. 1881)

Ce verbe nous vient de la langue d'oïl qui avait les formes *jaingler, jengler*. La dernière se rencontre dans le passage suivant d'un de nos vieux poètes picards :

« Mais au fol que je voi joglant
Et qui va de bourdes jeuglant... »
(Miser. du Recl. de Molliens.)

— « Jangleront cil ki ovrent felunie. »
(Garrient qui operantur iniquitatem.)
(Ps. d'Edwin, XIIe s.)

En langue d'oïl le sens était *railler, plaisanter, bavarder, criailler, quereller*. Nos acceptions picardes actuelles sont l'effet d'une métonymie amenée tout naturellement par l'aspect de l'agitation désordonnée, des trémoussements qui, chez les enfants, accompagnent leurs criailleries : on a donc pu passer du sens de *criailler* à celui de sauter, *danser*, etc.

Ce mot est venu du Nord, néerl, *jangelen* forme adoucie de *janchen*, plaisanter, crier, aboyer ; flam. act. *jangelen, janchen*, criailler.

Nous possédons en picard un verbe *jongler, jougler* qui a un autre sens et une autre origine, et qu'on verra en son lieu.

JET. Subst. masc. Levure de la bière. Dérivé de *jeter*.

JETIN. Subst. masc. Se prononce *jtin*. C'est un diminutif de *jet* : se dit au sens de *rejeton, surgeon*. Synonymes : *éboulon, éboulin* Ce mot s'emploie en parlant des enfants et l'on dit ironiquement : « Beye un peu : v'là-t-i un joli *jetin !* » Dérivé de *jeter*.

JEU, dans certaines localités JU. Subst. masc. On appelle ainsi l'ensemble des parties constituant l'ouverture, l'entrée d'un foyer de cheminée, y compris la corniche ou tablette formée par la grosse pièce de bois sur laquelle repose la maçonnerie de la façade de la cheminée, pièce qu'on nomme *beud* (poutre) d'jeu. (V. T. Ier le mot *Beud, Baud*.)

En Beauvaisis, à défaut de meubles pour recevoir les scallés du seigneur du lieu après le décès d'un habitant, on les appliquait sur le *jeu* de la cheminée : c'était une manière comme une autre de consacrer ou d'exercer son droit :

« Ce fait, les scellés ont été apposés sur le jeu de la cheminée de ladite maison. . »
(Scellés à Cempuis, 1781.)

L'expression est ancienne. On lit dans un *Devis* dressé à Doullens en 1584 :

« Item fournir encoires tous les geux de cheminée de cuatre et huict poulx (pouces), les genteux (sic), de même les encaventures...»

L'étymologie va montrer que ce mot remonte à une très haute antiquité, puisqu'il est d'origine latine.

Les Romains appelaient *jugum* une pique attachée horizontalement en travers au haut de deux autres piques fichées en terre, sous laquelle on faisait passer les vaincus. Les trois pièces de bois qui constituaient jadis la charpente des cheminées représentaient exactement le *jugum* des Romains : les *gantes* (gen-

teux dans le document ci-dessus) reposaient comme les piques sur le sol, tandis que le *beud de jeu* remplaça la pique horizontalement placée en travers et au-dessus. *Jugum* a donné *jeu* par chute du *g* médiale et de la finale atone *um* et changement de *u* en *eu*, comme dans *gula*, gueule, *butyrum*, beurre, *jocus*, jeu, etc. La forme *ju* s'explique par la réduction de *eu* à *u* comme dans *bu*, bœuf, *liu*, lieu, *Diu*, Dieu, *burre*, beurre, etc.

JEU ou JU d'iau ou d'ieu. Subst. masc. Jet d'eau, qu'il soit simple ou composé de plusieurs branches. Cela se disait autrefois, comme on le voit dans le *Dictionnaire domestique* (1764) où l'on trouve *jeu d'eau*. On dit : « Les eaux *jouent* », pourquoi ne voudrait-on pas que le peuple appelât *jeu* ce qui sert pour jouer ?

JOENNE (joinne). Adj. Jeune. Dans bien des localités on dit *jonne* par réduction de *oe* à *o*. La langue d'oïl avait *joefne*, *joene*, *joesne*, *jouene* ou plutôt *jovesne* (du latin *juvenis*), dans Du Cange *joenne*, comme actuellement.

JOGNEU. Subst. masc. Jeune garçon à peine pubère, sans expérience. Notre poète Crinon emploie ce terme :

« L'pus (la plus) engourdie all' (elle) ravise
    ches flus (garçons),
Et pis s' (les) attire à elle avu (avec) ses yux
    (yeux).
Combien qu'in (on) vot (voit) d'niv'lets pis
    d'quionts jogneux
V'nir (venir) alémer (allumer) leu cair (cœur) à
    ches fonrieux ? »
    (Sat. VII.)

— « Gn'a (il n'y a) qu'un jogneu qui n's'rot
    (saurait) s'habituer
A l'manigance infernale ed (de) ches femmes. »
    (Sat. XXVIII.)

Jogneu est une contraction du vieux français *joveignor*, *juveigneur*, le plus jeune, puîné, cadet (du latin *juvenior*), avec chute ordinaire du *r* final : *menteu*, menteur, *voleu*, voleur.

JEUDI - JEUDIOT. Ainsi s'appelle le jeudi d'avant le dimanche gras. C'était naguère encore ce jour-là qu'avaient lieu dans les villages les combats de coqs. Le vainqueur décoré de rubans était porté par son propriétaire chez les fermiers qui offraient à celui-ci œufs, lard, etc. Un repas, dont le plat principal consistait en une omelette colossale, terminait gaîment la fête.

Dicton :   « Jeudi-*jeudiot*
    O (on) foit batte ches cos (coqs).
Ch'ti qui n'o point d'co i tue s'femme (c'est-à-
    dire une poule). »

JOINC. Subst. masc. Forme picarde dans le Vermandois et ailleurs du français *jonc*.

« A l'apparince in (on) est jouliment r'joint
    (trompé)
In (on) prend quéfos (quelquefois) un rosieu
    pour un joinc. »
    (Crinon, Sat. VII.)

— « Un pré séant au villatge d'Authieulle nommé le grand pré à joing. »
    (Bail not. à Doullens, 1584)

Joinc est le latin *juncus* : il y a eu changement de *un* en *oin* comme dans *point* de *punctum*, etc.

JOLIMENT, en Vermandois *jouliment* s'emploie au sens de *bien*, *tout à fait*, *extrêmement*. Corblet a relevé la curieuse phrase suivante : « Il est joliment laid. »

JOLITÉ. Subst. fém. Badinerie. Au plur. en Artois, signifie *paroles aimables*. De même aux environs de Compiègne :

« Ches jolités qu'os (vous) m'dites lò, men cousin, cha m'foit risette à men cœur. »
    (Lescot, Dial. fr. pic.)

Jolité est une contraction de *joliveté*, terme très vieux en langue d'oïl.

JOMBIR, niaiser, perdre son temps. Je lis dans *les Nouvelles lettres picardes*, par Gossen (1847) :

« ... tout i' n'ira bien, et j' vous proumet de
« n' pos (pas) le laissier jombir à ravisier voler
« ches mouques ! »

De même en vieux picard :
« Mort den Biu ! De téguer pus longtemps
    ch'est folie,
Dit Jeannin ; révillons le. — Evillons, dit Marie.
    (Jeannin à sa femme alitée.) :
« Cha ho ! voles vous chi toudis foire jombir
Tant de gens ?... »
    (Suite du célèbre mariage de Jeannin.)

Le verbe *jombir* est particulier au picard. Mais, en langue d'oïl, on possédait dans la même famille les substantifs *jobel jobelin, jobelot,* au sens de *nigaud.* A l'égard de l'*o* nasalisé de notre forme *jombir,* comparez le vieux français *jombarbe,* joubarbe.

Jombir nous est venu du nord. néerl. *jobbe* qui d'après Kilianus, avait le sens de *sot, nigaud, sans courage.* C'est là aussi qu'est l'origine du français *jobard.*

JONE ou JONNE. Adj. et subst. Jeune. Le petit d'un animal. S'emploie aussi au sens d'enfant. J'ai entendu cent fois les phrases suivantes : « Combien qu' t'os de jonnes ? » (Combien as-tu d'enfants !) — « Jou qu'i sont ches jonnes ? » (Où sont les enfants ?)

Les Picards appellent *jonne homme* un célibataire, quelque âgé qu'il soit. Cependant quand le célibataire a passé l'âge ordinaire où l'on se marie, on le désigne par une double épithète, et on dit *viux* (vieux) *jonne homme.*

Dérivés : *Jonet* ou *jonnet* (jogneux, dans Crinon). jeune adolescent.

Jonelte, jeune adolescente.

Rajonnir, rajeunir.

Ici, comme en bien des cas, le picard ne fait que continuer la langue d'oïl qui avait la forme *jone,* jeune :

« Çon est ses (son) flus. si con (comme) saves,
Qui tant est d'armes aloué (prisé, varté)
Qa'il n'a milleur jone homme el (au) monde. »
(**Amad. et Idoine, XIII° s.**)

La romance du sire de Créquy dont Corblet a donné quelques strophes, commence ainsi :

« Le roy Loys le **Jone** ayant emprins sa
[croix... »

JONGLAGE et JOUGLAGE. S'emploient au pluriel au sens *d'actions* ou *gestes folâtres.* Ce sont des dérivés de *jongler, jougler* dont l'origine est le latin *joculari.*

Jougleux est un nom de famille dans les environs de Boulogne-sur-Mer.

JOQUER. Poser, s'arrêter, demeurer sans rien faire, et, par extension, cesser, tarder, chômer, être vacant, sans emploi.

Je rencontre le verbe *joquer* dans le curieux proverbe Tourquennois suivant :
« Tchi (celui) qui va (travaille) i (il) lèque
(mange, vit),
Tchi qui joque, i sèque » (devient sec, dépérit).

Ce verbe existait en vieux français :
« Pois leur a dit : Barons, nous ne poc ns joquier
[(rester-là).
Appareillez vo gent, je m'en revois arrièr. »
(**Hug. Cap. XIV° s.**)

— « Vous volles adiàs chevauchier.
Ne mie en l (un) seul lieu joquier. »
(**Guill de Hainaut, XIV° s.**)

Nous rencontrons *joquez* au XVI° s. dans un poème picard déjà plusieurs fois cité :
« Dépêchons . . . . . . ,
Me foy ! Ch'est trop joquer. »
(**Enjoll. de Coulas et de Miquel.**)

Et dans le *Mariage de Jeannin :*
« Allez tôt, radement, courez, ne joquiez wères,
Ches voisines varont, huquez-en enne poire
[(paire). »

L'emploi de *joque,* chomage, *joquer,* chômer est assez fréquent dans les vieux baux et s'est perpétué jusque de nos jours :

« Ne porra ledit preneur prétendre ou demander aucune diminution pour ce qu'il adviendroit joeq an dit molin, pour le mauvais temps, n'est en cas de fouidre du ciel. »
(**Bail not. du moulin de Beauquesne, 6 fev. 1586.**)

— « Et advenant que ledit molin joeque par le temps de huict jours, ledit sieur bailleur ou ayants causes seront tenus réduire et rabattre le temps du joeq sur ladite redevance. »
(**Bail not. de moulin dit du roy, sis à Doullens, 1592**)

— « Dans le cas ou ces réparations occasionneraient un chômage du moulin pendant plus de dix jours chaque année, le bailleur sera tenu d'indemniser les preneurs à raison de dix francs par chaque jour de joe ou chomage. »
(**Bail devant M° Moitiez, not. à Boves, 20 oct. 1867.**)

Locution picarde : « Etre à joc, » être dans la misère, être ruiné. On a passé du sens de chomage à celui de ruine, misère.

J'arrive à l'origine du verbe *joquer.*

Du Cange supposait à tort que *joquer* (*pro otiari vel feriari*) vient du latin *jocari :* ce dernier mot ne peut par la chute du *c* médial — *locare,* louer — donner que *jouer.* Brachet de son côté reconnaît et avec raison que l'origine de *jucher*, autre forme de l'ancien *joquer*, est inconnue. Le sens de *jucher*, pic. *jouquer*, être perché en l'air, n'est que secondaire et figuré. Au fond, *joquer* (demeurer à rien faire) *jouquer* ou *jucher* (se coucher ou s'accroupir) n'ont qu'une seule et même origine commune : c'est le néerlandais *hocken, huken*, rester en repos, rester à rien faire, flam. act. *hok ken, hukken*, s'accroupir. Le normand *hucher*, jucher confirme cette étymologie, justifiée par l'analogie du picard *jenneton*, hanneton.

JOR. Subs. masc. Forme picarde dans certaines localités du français *jour*. On dit *jor* ou *jour ouvrier*, jour ouvrable.

Dérivés : *Jornée*, journée. Loc. pic. « *Jornée d'unne gleinne*, » un œuf. Lorsqu'on se plaint aux paysannes de la petitesse des œufs qu'elles exposent en vente sur le marché, elles ne manquent jamais de répondre d'un air narquois : « Ch'est l'jornée « d'unne gleinne : o (on) « n'y o (a) mie rien prins. » *Jornalier*. Subst. et adj. Journalier, aux deux acceptions reçues par l'Académie.

Jornel, prononcé selon les localités *jorné* ou *jorni*. Corbiet écrit à tort *jornet*. Subst. masc. Journal, au sens de mesure agraire d'environ 42ᵃ 21ᶜ.

Corblet a relevé une forme dans laquelle le *r* final de *jour* est tombé. C'est dans la locution : « *A jou fali* », c'est-à dire : à la chute, au tomber du jour. Froissart qui était picard disait : « Après jour fallant, » c'est-à-dire : le soir, littér. Après le jour tombant.

JOU. Forme adoucie de *chou*, ce, placée après le verbe auxiliaire *être* dans les interrogations.

Ex. « Est-*jou* vrai ? » — Est-ce vrai?
« Est-*jou* ti ? » — Est-ce toi ?
Mais souvent l'on supprime le verbe être lorsque *jou* est suivi de *que* immédiatement et d'un autre verbe :

Ex : « *Jou* qu'i varot » — Est ce qu'il viendra ?
Crinon dit :
« Jou qu'in (on) put rire à vir ses blés foudus ? » (Sat. VI.)

Originairement la formule complète était bien : *Est chou* est-ce, comme le montre le passage suivant d'un vieil auteur picard :

« Li frère divent : Sire abbés, comment porons nous vivre sans eve (eau) ? — Li sains hom respondi à chiaux : Est chou (est ce) plus grans chose à Diu donner eve à vous que viande ? »
(Lég. de St-Brandaines, XII° s.)

Ce qui précède montre que Corblet a eu tort d'écrire en un seul mot *Éjou*, faute renouvelée de Hécart, et qu'il s'est trompé en voyant dans le terme *jou* un pronom (il) sous entendu.

Corblet a relevé un autre *jou*, exclamation de joie qu'on exprime ainsi : *jou! jou!* Cette exclamation n'est autre chose que le *io!* des Latins, cri que la foule poussait dans les triomphes et les fêtes : le *i* est devenu *j* comme dans *singe* de *simius, simjus*.

JOUAILLON. Subst. masc. Joueur peu habile, mauvais joueur. Ce mot appartient à la famille du verbe *jouer* : c'est un péjoratif.

JOUC. Subst. masc. Instrument de bois façonné de telle sorte qu'il pose d'une manière égale sur les deux épaules d'une personne. A sa partie moyenne une échancrure demi circulaire permet d'y emboîter le derrière du cou. Il sert à suspendre à l'aide d'une corde fixée à chacun des deux bouts les cruches ou seaux des laitières, porteurs d'eau, etc.

Cet instrument a été ainsi nommé à cause de sa ressemblance avec une *joug*, mot qui vient du latin *jugum* et qui est d'origine savante.

JOUQUER. Dormir en parlant des poules ; par extension de sens : être perché, se reposer, résider, loger, nicher. Crinon l'emploie au figuré dans le passage suivant :

« A moins d'enn ête el dupe in (on) n'pourrot | croire
Qu' dins si biau corps **jouque** eine âme ouasi | oire. »
(Satyre XIV.)

Dans le pays de Crinon, en Vermandois, on emploie à l'infinitif la finale wallo-picarde *i ;* et il en est de même dans les environs de Moreuil, Corbie, Villers-Bretonneux :

« Put-on jamois.....
Croire qu'in (on) put (peut).....,
Sans s'étraner jouqui dins des casernes,
Boire à l'mêm' bac et vive en émoucheu ? »
(Satyre I.)

Locutions picardes : « *Ete à jouque* » : être couché.

En picard on dit : *se jouquer* ou *s'ajouquer,* s'accroupir, s'abaisser sur les talons.

Dérivés : *Déjouquer,* faire sortir du lit, dénicher.
Déjouque dans la locution :
Au déjouque, au lever.

Crinon écrit :

« In (en) s'déjouquant ch' peuve (le pauvre)
i s'cou' s'érailles.
Coum' (comme) un moinel.... »
(Satyre VIII)

On a vu sous *joquer,* que le sens de *se percher* donné à *jucher,* n'est que secondaire et métaphorique. Pour le prouver je relève quelques exemples très anciens qui excluent absolument l'idie d'*être posé sur une perche.* On verra que *joquer* et *jucher,* pic. *jouquer* ne sont qu'un seul et même mot sous diverses formes.

« Ai soir quant vint à l'avesprer
Il (les moineaux) s'alèrent ai soir colchier (cou-
| cher
Là où il soloient jochier (s᷿ richer)
Es tas de blé.... »
(Rom, de Brut, XII᷿ s.)

— « Quant nous venrons jà à l'ostel,
Nos maistres sans penser à el (lui)
Il t'aportera de l'avaine ;
Et s'il voit qn'ais eü grand paine (travail),
Sus ton dos jettera sa cloque (manteau),
Et puis par daiès (près de) toi se joque (se cou-
che, se repose). »
(Poés. de Froissart,)

— « Qui avec mal-plaisant se couche
Souvent luy le vent se jouche (se pose, couche).»
(Gab. Meurier, Rec. de Dictons, XVI᷿ s.)

L'origine de *jouquer* est la même que celle de *joquer* qu'on a vu plus haut. Il est remarquable que le changement de *h* en *j* présenté dans le français *jucher* et dans le picard *joquer, jouquer* ainsi que dans *jenneton* pour *hanneton* se retrouve dans l'écossais *to jouk,* se courber, s'in-

cliner, baisser la tête, dont le radical est le vieux saxon *hulc* auquel se rapporte *hucken* d'où *joquer* et *juquer, jouquer.*

JU. Forme picarde du français *jeu.*
Juer, forme picarde du français *jouer.* Nos formes sont aussi anciennes que la langue d'oïl : je ne donne qu'une seule citation :

« Sot jo or fous qui on doive gaber ?
Vilainement poés (pouvez) vo (votre) ju mener ;
Certes, je n'ai cure de vo (vous) juer,
Laissez m'en pais (laissez-moi en paix) »
(Alicans, XII᷿ s.)

Dérivé : *Juette,* place ou endroit affectionné par les lapins pour jouer ou folâtrer. S'emploie aussi dans mon village et dans les environs au sens de *jouaillon* qu'on a vu plus haut. On dit : « Ch'est une *juette* » c'est un maladroit, une mazette.

JUISER. Verbe actif. Tourmenter, obséder, tracasser, contrarier au suprême degré. C'est à tort que l'abbé Corbiet limite le sens et l'emploi de ce verbe à quelques circonstances particulières, à tort aussi qu'il indique pour origine le mot *Juif. Juiser* est dérivé du vieux substantif *juise* qui signifiait *jugement* et plus spécialement l'ancien jugement de Dieu ou combat judiciaire et aussi l'épreuve par l'eau ou le fer chaud. Ce très ancien substantif figure aux coutumes confirmées en 1097, par Guillaume le Conquérant : on le latinisait en *juisium* (V. Du Cange). Au XII᷿ siècle, on le rencontre dans un article de la Charte confirmative de la commune de Soissons, année 1181 :

— « Pur ceo ne resurdrunt li felun el **juise,**
ne li pecheur en le asemblée des justes.
Propterea non resurgent impii in judicio.....
(Ps. d Edwin, XII᷿ s.)

— « Véez cum grant dolur quel mort et quel **juise** (martyre).
Suffreit à icel tems la sainte mére Iglise. »
(Vie de St-Thomas, XII᷿ s.)

Le verbe *juiser* existait en langue d'oïl (V. Hippeau) au sens de *juger :* il y a eu en picard une extension de sens parfaitement justifiée par les explications et les citations qui précèdent.

Juise, à mon avis, vient du latin *judicium* par la chute du *d* médial donnant *ju'icium*.

JUMENTIER. Subst. masc. Paillard (dit l'abbé Corblet). L'expression est due évidemment à une comparaison au cheval étalon : le radical est *jument*. Ce mot se rencontre en langue d'oïl. Mais la signification précise à cette époque ne me semble pas bien déterminée. Les continuateurs de Du Cange l'ont relevé d'après le seul vers suivant, où l'on reconnaîtra que le sens de *goujat, valet d'écurie*, qu'ils lui ont attribué, ne paraît nullement démontré :

« Icil (celui ci) n'est mie ne garz ne jumentier. »

(Agolant.)

JUPEL subst. masc. Se prononce *jupé*, comme *ratel, monchel* se prononcent *ralé, morché*. A donné le diminutif *jupelinne*. Ces termes signifiant *casaque, jaquette, blouse, cape de berger*.

Au nord du domaine picard on appelle *jupon* une jaquette, une veste d'homme.

On trouve dans les documents *jupé* pour *jupel* à ce dernier sens :

« Item une paire de guettes (guêtres) un jupez de toille et d-ux chapeaux. »

(Scellé à Flesselles, 1749.)

— « Si tu les revois (il s'agit d'hommes d'affaires) ils ont des jupez tout embertouillés d'ergent ; ya (ils) ont des perriques ed carieux au leu ʒ'ête comme les bottes d'treule. »

(Dial. entre deux payracs, MM. XVIII° s.)

— « Si t'avois yeu (eu) et (ta) belle jupplaine ed (de) toile blanque, et pis un tiot mouiet et fraine ('arine) sud tête, tu (ou) t'é.oit prins por un monsieu. »

(Ibid.)

Jupel a la même origine que *jupe* lequel est venu de l'arabe *jubbet*, pelisse courte et de dessous.

JUS. Adv. En bas, à bas, par terre. De même au nord du domaine picard où l'on dit : « *Tout jus* » tout en bas ; *ruer jus*, abattre, renverser par terre.

Ce terme est aussi vieux que la langue : on le rencontre dans tous les vieux auteurs et il figure encore comme bon français dans Rob. Estienne (1549) qui dit : « Ruer jus : *deculere* ». En 1643, D'Arsy dit : « *Jus* pour *bas* est mot picard et vallon. »

Jus vient du bas latin *jusum* qu'on trouve dans Saint Augustin au sens de *en bas, à terre*.

JUSTE. Camisole, casaquin. A donné au même sens le diminutif *justin*. On ne peut voir dans notre *juste* picard qu'un débris de l'ancien composé *juste-au-corps* de femme. — Une citation de notre poète Crinon :

« Ches bonnets blancs surtout n'rêve't eq (que) | bellures...
I vous mettreint (mettraient) . . . .
Edsus leu dous (dos) tout le r'venu del mason,
Tout y passerot pour leus peindants d'érailles....
Justin d'couleur, par dessus, canezous,
Coutron broudé, et... pas d'q'mise pas d'sous. »

(Satyre VII.)

JUTER. Produire, rendre du jus. « M'pipe *jute* », dit le fumeur picard.

Le *t* de *juter* venu de *jus* n'est pas plus étonnant que le *t* de *caillouter* venu de *caillou*.

K

Cette lettre dont nos auteurs patois contemporains font un étrange abus, n'est cependant pas plus picarde que française. L'abbé Corblet a cru devoir y sacrifier ; mais, pour mon compte, je ne le suivrai pas dans cette voie qui est condamnée par nos paysans eux-mêmes. Je les ai entendus en effet se plaindre de la difficulté qu'ils éprouvent à lire les productions patoises que publient chaque année nos almanachs et aussi de temps à autre les journaux du Département. Il y a donc, à tous les points de vue, nécessité de redresser les anciens errements. Il est bon de signaler au surplus que les savants des trois derniers siècles qui ont eu occasion de citer des expressions picardes, les ont orthographiées sans K : on en a vu maints exemples dans mes *Études*. Au moyen-âge, chacun le sait, on employait indifféremment dans les textes *k, c, qu* ; mais nous ne sommes plus au moyen âge, et nos paysans, en cela aussi académiciens que les Immortels, n'admettent pas, par exemple, qu'on écrive *ki* pour le pronom *qui*. Du reste, les anciens grammairiens français excluaient formellement la lettre K de l'alphabet : notre compatriote Sylvius écrivait *queval*, cheval, *quien*, chien et non *keval, kien*.

L

LACH. Forme picarde du français *lasc*.
Cette forme existait en vieux français :

« Et s'entreflèrent parmi les hyaumes tant
que tout li lasb sont dépecié. »
(H. De Valenc. XIV° s.)

Lach, nœud coulant, signifie aussi
collet à prendre le lapin ou encore *lacet*.
Se dit à Tourcoing au sens de *nœud de
cravat*.

Lach avait donné en vieux picard le
diminutif *lachon*.

« Les richesses le tiennent [l'avare] comme
fait le lachon l'oisel... Le riche n'a mie les
richesses... »
(Œuvres anonymes originaires du Vermandois éditées à Lausanne en 1843.)

Lach vient du latin *laqueus* comme
puich, forme ancienne de *puits*, du latin
puteus. De même que *puich* a donné les
dérivés *pucher*, puiser, *puchoir*, puisoir,
épuchelle, instrument pour épuiser, de
même *lach* a donné les dérivés suivants :

Lacher, tricoter.
Lachoire, tricoteuse.
Lachet, laçet pour vêtement ou chaus-
sure.
Lachis, sorte de réseau ou tricot.

Ces deux dernières formes se rencontrent dans les vieux inventaires dressés à
Amiens :

« Une grosse de lachetz. »
(1596.)

— « Un tap's de lachis. »
(1594.)

— « Trois pentes de lict de thoille de laine
avecq deulx tours de lachis, avecq trois aultres
pièches de lachis en forme de courtine. »
(1595.)

— « Une paire de manche de lachy faicte à
l'aguille. »
(1595.)

LACHERON ou *lancheron* et dans certaines localités *lachon*, contraction de
lacheron. Subst. masc. Laiteron des
champs et des jardins. La forme picarde
lacheron existait en langue d'oïl (V. Hippeau) : j'ignore son origine.

LADONC. Subst. masc. Se prononce
ladon. Moment, temps, époque. Dans mon
village et dans les environs, les paysans
disent : « *Al ladon lò* », en ce moment là,
à cette époque là.

Ce mot est composé de deux éléments.
Il y a là un reste du vieux français *adonc*,
alors, venu du latin *ad tunc*, et de l'article *le* que le picard y a ajouté. Nos
paysans disent *ladonc* pour *le adonc*,
l'adonc comme on dit en français *lendemain* pour *le endemain, l'endemain* : il
y a eu agglutination de l'article.

LADRAILLE. Subst. masc. Mauvais
sujet, vaurien. Se dit au nord d'Amiens
dans le canton de Villers-Bocage. A
Arras, ce terme signifie : *individu grossier
et de la plus basse condition*.

Ce mot est un dérivé de *ladre* non pas
au sens de *lépreux* mais au sens figuré
de individu insensible aux affronts, au
déshonneur.

LAFRER et **LAFER.** Manger avile-
ment, goulûment ou avec un certain bruit
des lèvres ressemblant à un clapotage.
Dans le Nord du domaine picard, on
ajoute le préfixe péjoratif *ber* :

« A sept heures et demie chent vingt chinq
personnes s'mettieut à taffe (se mettaient à
table) pour berlafer. »
(Tourcoing, Le Brouteux, 10 déc. 1882.)

Dérivés : *Lafreux*, gourmand, goinfre.
Lafrée, la part copieuse nécessaire à un gourmand
pour se remplir l'estomac.

L'étymologie de ce mot a été indiquée
dans *Galafrer*.

LAICHER. Forme picarde dans certaines localités du français *laisser*. On emploie aussi *laissier* qui existait en langue d'oïl. Dans mon village et dans les environs de Corbie, Moreuil, Villers-Bretonneux, etc., on use à l'infinitif de la finale wallo-picarde *î* et l'on dit *laissî*. Au futur, on emploie *lairai*, contraction de *laisserai*. Cette forme remonte à la langue d'oïl.

> « Fai tant que je soie créus ;
> Saches tu bien se (si) tu le fais
> Toi et les tiens lairai en pais.
> (Rom. de Mahom, XIII° s.)

Une citation pour notre forme *laissier*. Colart Lefèvre dit Le Comte comparaissait devant le bailli de Boves, le 10 sept. 1509, sous la prévention d'avoir *laissié aller ses chiens sans landon après les deffenses à luy faites, lesquelz chiens font grant dommage aux vingnes (vi gnes), mais il en est sorti quitte pour ceste fois et luy a esté fait d'effense de non laissier aller chiens sans landon,*

> (*Plaids de Boves.*)

Dérivé : *Laise.* Subst. fem. Limon et herbes que la mer dépose sur ses bords en se retirant (*Affiches de Picardie*, 1776). Mais dans l'expression suivante : *Laisse de mer*, parties inférieures du littoral picard que la mer abandonne et couvre à chaque reflux, le substantif garde les deux *s*.

LAIDIN. Dans mon village et dans les environs, on appelle *laidin* un homme un peu rageur ou d'un caractère difficile. Ce terme est un diminutif de *laid*.

C'est à *laid* que se rattache un mot composé que l'abbé Corblet cacographie *laizius* dont le sens est : *personne qui louche* et qui est synonyme de *gognot* Ce mot doit s'écrire *laids yux*, c'est-à-dire : *laids yeux*, épithète qui est une injure comme il y en a tant dans le vocabulaire des paysans picards : *grosses mouzes*, grosses lèvres, *gros c..*, gros c..., *quiots yux*, petits yeux.

LAIGNE ou *laingne*, mieux *lingne*. Subst. masc. Bois, spécialement le bois à brûler. Dans son Dictionnaire de 1549, Rob. Estienne dit : « *Laigne*, mot de Picardie sigdifiant bois, venant du mot latin *lignum*. » Ce terme a donné le collectif *laignie*, quantité de bois, que Corblet cacographie *laignis*. On rencontre dans les documents les formes *laingne, laigne* :

> « Item que chacune mesure de ladite ville de Villers-Bretonneux me doit corvée le nny (nuit, veille) de Noël que on appelle foués. Et qui a car ou carette, il me doit paїer de dix care ou carettes (charretée·). Et li hoste qui n'ont carette vont amaseer et carqnier charger) le laigne au bos de Morgemont »
> (Dénombrement de l'année, 1387.)

> — « Messire Engerrans de Coucy en sa fortaresse que il a à Estrées fera palis et bretecque de laigne telle comme il vora. »
> (Cartul. de Guise, 1223.)

> — « Sur un astre (âtre) apparlent un boin fu (bon feu) de laigne, de tourbes ou de carbou. »
> (Dial. pic. flam., 1340.)

Un vieil historien picard écrivait *langne* et donnait à ce mot le genre féminin. Je lis dans *Li estoires de chiaux qui conquisent Constantinoble* :

> « Ils vont prendre en le chité par nuy (nuit) nés (nefs); si les font il emplir toutes de bien secke laungne et de lardons dejens ; si font il bouter le fu (feu) ens »
> (Robert de Clary, XII° s.)

Je dois communication de cet ouvrage fort curieux et assez rare à l'obligeance de M. de Guyencourt.

LAINGNE. Subst. fém. Forme picarde du français *laine*. Le peuple à Amiens dit *lagne* comme il dit *semagne* pour semaine.

Dans la majorité des localités, on emploie *laine* comme en français.

Dicton picard :

> « Cho (cela) n' tient ni à ch'rouet, ni à l'laine, Cho tient à ch'marmousé qui l' mène. »

On dit cela en parlant des gens mal habiles, ou des mauvais ouvriers qui, pour donner le change, se plaignent toujours d'avoir de mauvais outils ou des matériaux défectueux.

LAINGUE. Forme picarde dans certaines localités du français *langue*. Cette forme existait en langue d'oïl dans laquelle on rencontre aussi *lengue*.

> « Il ont lour laingues aguisées et afilées com laingue de serpent. »
> (Psaut. lorr., XIV° s.)

— « Il aguisièrent lur lengue si comme serpens. »

(Psaut. d'Edwin, XIIe s.)

La forme *laingue*, *lingue* a donné plusieurs dérivés :

Berlingue. Subst. fém. Petit morceau, lambeau, morceau déchiré et pendant : c'est un synonyme de *languette*, de *berlafe* et de *berluque*.

Berlingot, petit carré de sucrerie de diverses couleurs, taillé irrégulièrement et à facettes un peu bombées.

Berlinguet, sobriquet qu'on donne à un vieillard dont les dents ont disparu et qui, en parlant, laisse entrevoir le bout de s' *lingue* Au féminin on dit *berlinguette*. Il existe à Flesselles (canton de Villers-Bocage) une famille qui, depuis plusieurs générations, est complètement et naturellement dépourvue de dents dont on désigne les membres dans le pays sous le nom de *ches Berlinguets*.

Ce terme nous rappelle l'épitaphe qu'on dit avoir existé dans le cimetière Saint-Denis d'Amiens :

« Cy gist Gauthier dit **Brelinguette**
Qui cy dessous les tanpes guette. »

La métathèse du préfixe *bre* pour *ber* est la même que l'on rencontre dans le français *breloque* pour *berloque*.

Les terrassiers des environs d'Amiens appellent *laingue ed cot*, langue-de-chat, à cause leur forme, les hâches préhistoriques en silex qu'ils trouvent dans leurs fouilles.

LAINURE ou LINURE. Subst. fém. Déchets de laine de diverses origines, laine courte tombée du métier à tisser pendant la fabrication : on en fait à la campagne des matelas et des traversins. Effilure de laine provenant d'un tissu grossier tel que le tricot.

Ce mot est un dérivé de *laine* : on le rencontre souvent dans les vieux inventaires.

« Une couche de bois garnie de deux matelas de linure... »

(Amiens, 1738.)

— Item une livre et demy de lainure estimée douze sols. »

(Vaux-les-Amiens, 1739.)

— Item un lit en tombeau garni de sa paillasse, deux matelas de linure. »

(Amiens, 1790.)

LAISSE ou *lesse* ou *less*. Mot d'orthographe incertaine qu'on emploie à Fins (canton de Roisel) pour désigner la sonnerie spéciale par laquelle la cloche de l'église annonce un trépas.

Faut-il voir là le néerlandais *lesse*, avertissement, avis ? Le sens et la forme cadrent parfaitement : *Laisse* ou *lesse* n'est-il autre chose que *glas* avec adoucissement ordinaire en picard de *a* en *at*, *e* et chute de la lettre initiale comme dans *raquer*, *cracher*, *hoc*, *croc*, etc.? J'avoue que je penche pour cette dernière étymologie (Voir pour la chute des lettres initiales la fin de la lettre H où j'en donne de nombreux exemples.)

On sait que *glas*, vi. fr. *clas*, vient du latin *classicum*, signal donné par la trompette pour rassembler les soldats; dans le latin ecclésiastique, signal donné par la cloche pour avertir les moines de se rendre à l'église. On trouve aussi *classicum mortuorum*, glas des trépassés.

LAITINAGE. Subst. masc. collectif. Laitage, c'est-à-dire aliments, tels que lait, crème, fromage mou et beurre. On dit des hommes qui ne font guère usage de viande qu'ils ne vivent que de *laitinage*.

Le terme *lait* du latin *lactem*, se trouve dans les composés qui suivent :

Lait beurré. Subst. masc. Lait battu, babeurre. La forme la plus régulière dans l'ancien français était *lait esburré* ou *ébeurré*, c'est à dire lait dont le beurre a été retiré : le picard a laissé tomber l'*e* privatif. Cette chute est fort ancienne, car on lit dans les *Dialogues pic. flam.* de 1340 :

« Cateline vend le milleur frès bure que on puist mengier et si (aussi) vend doulx let (lait) et let burré. »

Lait boull ou *lait boulu*. Subst. masc. La *bouillie* de l'Académie. Ce composé est très ancien On lit dans les *Evangiles des Quenouilles* (XVe siècle): « Quant une fille mengue (mange) par coustume *lait bouly* à la paielle (poêle) voulontiers pleut à ses nopces. » Et dans l'*Anthologie picarde*, déjà plusieurs fois citée :

« Et je souhaicte très fromages et civos
Tarte à poret, lait bouli et matons »

(Souhaits d'un paysan, XIIIe s.)

Lait fremi, lait fermi. Subst. masc. Soupe au lait, ainsi nommée parce qu'on laisse non pas bouillir mais seulement frémir le lait avant de le verser sur les tranches de pain.

Lait prins. Subst. masc. Lait caillé ou *prins* (pris) naturellement.

PROVERBE PICARD :

Temps d' lait prins (moutonné)
« Ch'est de l' pleuve (pluie) pour d'main. »

LAITRON. Subst. masc. Poulain qui tette encore ou plutôt *bon à serrer.* Une forme particulière au Doullennais était autrefois *laiteriau* qui était, comme *lai tron,* un dérivé de *lait.* Ces deux formes se rencontrent dans les vieux documents, baux, inventaires, etc.

« Ung laitron agé de six mois. »
(Invent. à Amiens, 16 2?)

— « Cincq poulains, çavoir : trois laiterons et deux antenois. »
(Invent. à Amiens 1622)

—, « Sera encoir tenu ledit prenenr livrer et fournir par chascun an ung poullain laiteriau et âgé de six mois procédant des ans juments. »
(Bail not. à Doullens, 1579.)

LAITUAIRE. Vilain, dégoûtant dans le Glossaire de l'abbé Corblet qui a pris le terme et sa définition sur une liste de mots patois donnée par l'adjudant Henry dans son *Essai sur l'arrondissement de Boulogne,* 1810. Cette liste porte l'intitulé suivant : *Vocabulaire des mots patois du Boulonnais dérivés de la langue celtique.* On y trouve en effet avec un *h* le mot *laithuaire* que l'auteur tire du celtique prétendu *luith,* mort. Ce mot mériterait d'être mieux expliqué que ne l'a fait Henry. Prière aux Boulonnais qui s'occupent du patois picard de vouloir bien me renseigner.

LAMBIER. Subst. masc. Mauvais sujet, vaurien, débauché, voyou, escroc de bas étage. Se dit à Amiens.

Origine incertaine. Serait-ce le simple de *ferlampier* avec adoucissement de *p* en *b* ?

LAMBILLE. Subst. fém. Petit morceau, petite pièce. Ce terme appartient évidemment à la famille du français *lambeau,* jadis *lambel,* en picard *lambieu.*

On sait que *lambel* est resté en langue héraldique.

L'origine de *lambel* dont *lambille* est une sorte de diminutif, est très controversée et il est difficile de se prononcer.

LAMBINAGE. Subst. masc. Hésitation, irrésolution, lenteur à entreprendre ou à faire quelque chose. On dit au même sens *lambinerie.*

Dérivé : *Lambineux,* adj., qui lambine, au féminin *lambineuse,* même sens Syn. *Landroneux, landronoire.*

L'origine de *lambiner* est connue.

LAMBIQUER. Distiller à l'aide de la *lambique* ou *lampique.* Ces deux derniers termes sont des formes picardes du français *alambic* dont l' *a* initial est tombé.

LAMBRIÉ ou LAMBRIER. Orthographe à déterminer. Subst. masc. Individu très haute taille, maigre, dont la démarche est disgracieuse et mal assurée. Se dit aussi d'un cheval offrant le même aspect et les mêmes caractères.

Origine inconnue. — Corruption de *lévrier* ??

LAMIER. Subst. masc. Fabricant de lames ou peignes des métiers à tisser. Ce terme est un dérivé de *lame.* On lit dans le *Règlement pour la Manufacture d'Amiens,* article 1722 :

« Défense aux lamiers et rôtiers d'exposer en vente aucunes lames ri rôts, qu'ilz n'aient été visités et marqués à l'Hôtel de Ville »

Le mot *lamier* se trouve consacré de nouveau dans l'arrêté du Préfet de la Somme du 7 mars 1874 sur les professions assujetties à la vérification des poids et mesures.

LANCHER. Lancer ; tisser à la main, parce que le tisserand lance, pic. *lanche,* sans cesse la navette.

Dérivés : *Lancheu.* Subst. masc. Tisserand.

Lanchure. Subst. fém. Fils de trame préparés pour être employés au tissage ; la trame même.

La forme *lancher,* lancer est très ancienne.

« Saül guardad vers David, et erranment la
lancbad (sa lance). et bien entesad (tendit) que
parmi le cors le feriet. »
(Liv. des Rois, XIIe s.)

« — Jacob Cloquet a co' fessé avoir volu lancher son conuteau sur ledit Guillaume... »
(Plaids de Boves, 1507.)

« — Les camelots appelés gros grains seront
faits tout double de fil retors de chaine et de
lancbure. »
(Ordonn. de l'Echev. d'Amiens, 1612.)

Le dérivé *élancher* (s'), s'élancer, est
aussi fort ancien.

« Car li fus (feu) tant s'efforchoit jà
Et la flambe tant s'avanchoit,
Que sour (sur) l'église s'élancboit. »
(Vie de saint Eloi, XIIIe s.)

LANDIE. Subst. fém. Ce terme, à ma
connaissance du moins, ne s'emploie plus
aujourd'hui. Mais il appartient au vieux
picard dans lequel il se disait en style
burlesque au sens de *fille, femme*, comme le montrent les citations suivantes :
« Est-i temps de porter batizier che poopard ?
Chà ! (ça dit Moairiette) appretez vos patards.
Approchez, tenez là, sus, venez ; hau ! landies,
Sus, venez o' tretous... »
(Suite du cél. mar. de Jeannin.)

Le repas de baptême du *poupard* fut
copieux et le vin largement servi. Les
têtes s'echauffent ; on se dispute à table :
« L'un disoit : « Tt (tu) n'as point la chère assez
[hardie !
Et un autre crioit : « Che n'est qu'einne (une)
[landie !
(Ibid)

Il paraît qu'à l'origine ce terme servait à désigner le *pudendum* féminin :
son étymologie est fort incertaine.

D'après les glossaires du XIIIe et du XIVe
siècles, ce terme désignait à l'origine le
pudendum féminin ; par synecdoche le
nom de la partie a été ensuite donné au
tout : de là le sens de *fille, femme*. Cela
n'a rien d'étonnant, et je pourrais, si les
convenances le permettaient, produire
des expressions à peu près identiques.
On sait d'ailleurs qu'une partie de l'acou-
trement, la coiffure, a fait, en picard,
donner à la femme le nom de *bonnet
blanc*, à l'homme celui de *capieu*.

L'origine de *landie* est obscure et incertaine.

LANDIER. Vexer, molester, ennuyer,
tracasser. Ce verbe, qui est trisyllabique

et aujourd'hui inusité, se rencontre dans
le *Véritable Discours d'un logement de
gens d armes*, par Legros, déjà cité, et
qui est de l'année 1654 :

« En (on) m'a trop landié por m'en taire tout
coy. »

On trouve dans Cotgrave *landyer*, ennuyer, déranger.

Ce terme, sauf la nasalisation, est le
même que *ladoyer*, qui existait en langue
d'oïl au sens de *offenser, injurier, bles-
ser, outrager, maltraiter*. A l'égard de la
finale *ter* pour *oyer*, comparez le picard
nier, noyer, *neller*, nettoy r, etc.

LANDIMOLLE ou **LANTIMOLLE.**
Subst. fém. Dénomination picarde de la
crêpe, pâte liquide composée de farine,
eau, lait, jaune d'œuf avec addition de
sel ou de sucre et que l'on fait frire en
couche légère dans la poële. On l'appelle
aussi *raton*.

J'ajoute qu'on dit aussi *annimolle* et
andimolle.

L'absence de tout document et l'incer-
titude de l'orthographe rendent impossible toute recherche étymologique.

LANDON. Subst. masc. Fort bâton
d'environ quatre-vingts centimètres de
longueur suspendu perpendiculairement
au cou de la vache laissée libre au pâturage ou sur les jachères et qui a pour
effet de l'empêcher de courir, système
encore usité dans plusieurs localités, notamment dans le canton de Villers-Bocage. On en mettait autrefois de moins
longs au cou des chiens laissés à l'aventure, comme on le voit dans les citations
suivantes :

« Ne peuvent (les habitants) mener avec eulx
esdites garennes at cuns chiens sans par iceux
chiens porter le landon ou bastou pendu à leur
col. »
(Cout loc. de Boves, 1507.)

— Deffenses ont esté faites à tous de non laissier aller chiens par les champs, vingnes (vignes)
et bois sans landon. »
(Plaids de Boves, 1509.)

Ce terme est très ancien chez nous. On
le rencontre dans un auteur picard du
XIIIe siècle au sens du fort et long bâton
servant à conduire et à maintenir à distance l'ours que l'on mène de ville en
ville. Ce bâton devait être attaché par un

bout au cou de l'animal. Voici au surplus le passage. Il y est question de plusieurs individus qui avaient formé le complot de massacrer saint Eloi dans une localité proche de Noyon. Mais étant devenus tout à coup fous furieux, disposés à mordre, en d'autres termes possédés du démon, on fut obligé de les enchaîner et de les conduire au *landon* comme des ours :

« Tout ensemble sy comme il erent (ils étaient)
Furent mout tost plein d'anemis (de diables)
Qui dedans aus (eux) se furent mis,
Lors les convint encaïner (enchaîner)
Lors les estut (convint) ensi (ainsi) mener
Comme on maine (mène) l'ours en landon. »
(**Miracles de saint Eloi**)

Ce terme *landon*, comme le montre sa finale, est un diminutif. Le radical vient des langues du Nord, anc. néerl. *laede*, pieu, bâton. (V. Kilianus.) Ce radical a persisté dans le flamand qui appelle encore *lade* le bois d'un fusil. *Landon* existe au nord du domaine picard. En Hainaut, il signifie *volée*, pièce de bois accrochée à l'extrémité du timon pour y attacher les chevaux de volée.

LANGET. Subst. masc. Lange, drapeau de petit enfant. On dit au même sens *langeron*.

« Raccommodé un langet de laine dix sous. »
(**Compte de L. Fontaine, lingère
à Amiens, 1838.**)

On trouve au même sens en vieux français les formes *langeon*, *langeot* qui sont, comme nos formes picardes, des diminutifs de *lange*. Notre compatriote Sylvius tire *lange* du latin *lineus*, fait de lin. C'est une erreur : *lange* vient de *laneus*, fait de laine. En langue d'oïl, *lange* et *linge* désignaient deux étoffes différentes, le dernier terme ne s'appliquait qu'à la toile de lin, le premier à l'étoffe de laine :

« N'ai robe de lange ne de lin. »
(**Rom. de Renart**)

Une distinction analogue existait entre *lincheul*, drap de lit en toile de lin, et *langeul*, drap de lit en laine.

« ..... et si (aussi) doit avoir un lanjuel à gésir... »
(**Acc. entre J. de Hédincourt et l'Abb.
de St-Jean d'Amiens, 1257.**)

LANGREUX. Adj. Chétif, valétudinaire. Se dit aussi des arbres dont la vé-

gétation languit. Ce mot est une contraction déjà ancienne du vieux terme *languereux* employé au XIIIᵉ siècle par un vieux poète picard :

« Commandoit qu'on li aünast (rassemblât)
Et amenast en sa présence
Tous les povres sans différence
Qui de mengier mestier (besoin) eüssent,
Pelerins, contrais (contrefaits), langereus
(g dur)
Mendis, avules et flévreus. »
(**Miracles de saint Eloi.**)

Languereux était un dérivé du verbe de langue d'oïl *languerer*, être en langueur (V. Hippeau), dont le radical est le latin *languere*.

Il n'existe aucune relation entre l'adjectif picard *langreux* et celui que l'abbé Corblet cacographie *élangré*. *Elangré* est une faute de lecture. Hécart, à qui Corblet l'a emprunté, écrit, dans son dictionnaire de 1826 : « *Elandré*, mince et allongé, maigre et effilé. » Et il ajoute : « Mot picard. » Ce dernier mot ne se rattache pas à *languir*, mais au vieux Léerlandais aujourd'hui perdu, conservé pourtant en anglais avec la même signification : *slender*, mince. (V. *Kilianus.*)

LANGUARDER ou *linguarder*. Bavarder. A donné les dérivés *languardeur*, bavard, *languardage*, bavardage. Je lis dans le *Contentement de soi-même*, par H. Lescot, dialogues franco-picards déjà cités :

« Tous chés languardages lò cha li foit tourner sen bounet d'travers. »

Toutes ces formes viennent du vieux français *languart*, *linguart*, bavard.

Au radical *langue*, se rattachent *languoter*, bavarder, *languotage*, bavardage, *languoteur*, bavard, au fém. *languotoire*.

LANGUINNE. Subst. fém. Langueur au sens d'état maladif apparent et prolongé, avec perte successive des forces. Ce mot est déjà ancien. Les continuateurs de Du Cange ont relevé la forme *languine* au sens de langueur, faiblesse prolongée.

« A l'occasion desquels coups icelui Ancel a esté en grant languine. »
(**Lett. de remiss. 1443.**)

Le mot qui vient de nous occuper est un dérivé de *languir*. J'ajoute que ce dernier verbe a donné en picard le dérivé

languirie qui se dit au même sens que
languinne.

Au même radical se rattache le verbe
neutre *languiner* qui se dit à Villers-
Bocage au sens de *être en languinne.*

On donne à Douai et aux environs le
nom de *sainte Languinne* à une statue
de sainte Léocadie, érigée dans l'église
de Saint Pierre à Douai, parce que cette
sainte y est invoquée par les gens naïfs
contre les *mals de langueur.*

« Un vot (on voit) dans l'église Saint Pierre.
sainte Léocadie qu'on (on) i' sert pou (pour)
ches mals d' langueur ; ch'est pour cha qu' ches
gens du dehors qu'ils l'appelent sainte **Lan-
guenne.** »

(**Souvenirs d'en homme d' Douai, 1863.**)

C'est sous l'influence des mêmes idées
naïves et de l'esprit goguenard de la race
picarde que le saint Éloi de l'église de
Lavicogne (canton de Domart) est devenu
saint Cleutier, parce que les habitants
des villages voisins y viennent invoquer
son intercession contre les clous (*cleus*
en picard) et furoncles.

LANIÈRE. Adj. fém. Se dit de la vache
qui n'a pas eu de veau dans l'année.
Dans le Boulonnais, la forme est *linière.*
Dans mon village et dans les environs,
on dit *aloyère, euyère,* au même sens.
Lanière, linière sont, comme les deux
formes précédentes, des corruptions de
alainière ou plutôt de *halainière* lequel
vient probablement du néerlandais *hael,*
sec, desséché. On sait que la vache qui
n'a pas eu de veau dans l'année donne
peu de lait et que, pour cette raison, on
l'appelle aussi *vaque sèque.*

LANME. Forme picarde nasalisée de
lame.

LANTIMÈCHE. Nom bouffon, sans
signification précise, que les hommes du
peuple à Amiens se donnent parfois entre
eux par plaisanterie. On dit à un homme
d'un certain âge : *Père Lantimèche.* Ce
mot, dans le patois de Paris, signifie :
jocrisse, imbécile ; j'ignore son origine.

LANTIPONNIER. Homme lent, irré-
solu, marchandeur. C'est un dérivé du
verbe populaire *lantiponner,* tenir des
discours frivoles, inutiles et importuns.
Il a eu extension de sens.

Littré dit que *lantiponner* est probablement un dérivé de *lent* avec le verbe
patois *ponner,* pondre, quelque chose
comme *pondre lentement.*

J'admets cette origine. Mais je ferai
observer que nous avons en picard, au
même sens que *lantiponnier,* le mot
lamponnier et par permutation de *l* en
n, namponnier. Je connais à Hangard un
marchand de vaches qu'on appelle
ch' lamponnier ou *ch' namponnier,*
c'est à-dire le *conteur de contes,* l'*amu-
seur,* le *marchandeur,* un très brave
homme du reste. Or *lamponnier* est un
dérivé de l'ancien terme *lamponner,*
lanterner, ennuyer, niaiser, gausser.
(V. Cotgrave, Ch. Oudin, Nat. Duez,
C. Trogney.) *Lamponner* vient de *lampe,*
comme *lanterner* de *lanterne.* Mais je
demande si *lantiponnier* ne serait pas
lamponnier avec *ti* adventice. Dans le
français *lantiponner,* le *a* de *lanti* (du
latin *lente,* lentement), est loin d'être
justifié.

LA OU ou *là iou ?* Interrogation, pour
où, iou ? « Là iou qu' j'irai ? » Où irai-je ?
Il en était de même autrefois.

« Se (si) cele n'est moie (mienne)
Là où mes (mon) cuers s'otroie,
Faillie est ma joie... »
(**Jehan Moniot, Poés inéd., publ. par
M. G. Raynaud, 1882**)

— « ... là où ont esté prins et remis les i.
biens. »

(**Invent. à Amiens, 1557.**)

LAPARD et **LAPEU.** Subst. masc.
Grand buveur, ivrogne ; et, par une
seconde extension du sens, glouton,
grand mangeur, parasite.

« A (elle) nos (nous) o (a) traités du heut en
bos (bas), d' cœurs falis d' lapeus... »
(**Le Colporteur de la Somme, almanach
de 1888.**)

Un autre dérivé du verbe *laper* est
lapoire que Corblet définit : *breuvage
qu'on lape* et qui, dans Crinon, signifie
mauvaise soupe aux légumes :

« Quant à del' chair, ign'a qu'à l' fête ed Pâque
Qu'in (on) foit l' dépeins' d'un méchant mour-
[cheu d' vaque...
L' restant d' l'ennée, in (on) n' vit presqu' que
[d' lapoire,
D' soupe à l'oseille avu (avec) ed' ieu à boire. »
(**Sat. VI.**)

Il existe au nord du domaine picard deux autres dérivés de *laper*. Le patois liégeois a *lapage*, mauvais potage, et le patois de Mons dit *lapure*, breuvage composé pour les vaches.

Pour l'origine de *laper*, voir sous *fer-laper*, T. 1ᵉʳ de mes *Études* sur le patois picard.

LAPET et LAPETTE. Le premier de ces termes signifie *babil*, *caquet*. Il est le produit d'une double métaphore et représente un diminutif masculin du type *lape* dont le sens propre (v. *lambille*) répond à *pièce*, *morceau*, *languette* (de chair ou d'autre chose). Les Picards en ont fait une application assez naturelle à la langue et, ce qui le prouve, c'est cet autre terme picard *ferlape*, qui, dans Crinon, signifie également *langue*. La langue étant l'agent le plus apparent du babil, il était très naturel que par métonymie l'on donnât à celui-ci le nom de *lapet*. Ne dit-on pas journellement au même sens : Quelle platine ! c'est-à-dire : quelle langue !

Nous avons aussi dans l'Amiénois le diminutif féminin *lapette*, bout, pièce ou morceau de linge qui se montre d'une façon irrégulière par l'ouverture ou au bas et au-dessous du principal vêtement. « *A l' lapette ! A l' lapette !* » est un cri affectionné des enfants du peuple qui le lancent aux personnes dont les vêtements en désordre laissent entrevoir un bout de la chemise ou d'un autre vêtement de dessous.

Un autre diminutif masculin existait jadis dans le nord du domaine picard : c'était *lappequin*, devant de culotte, *braguette* de l'ancien français, sorte de languette mobile en étoffe et de forme peu décente d'après les vieilles gravures, qui devint plus tard le large *pont* que j'ai connu et, comme beaucoup d'autres, porté dans mon jeune âge.

J'ai dit que Crinon emploie *ferlape* au sens de *langue*. Voici le passage, qui est d'ailleurs très curieux :

« I n' sont peu (pas) r'chus si bien tous ches
      [seulards
Quand il er'vient' (reviennent) ou (au) gîte...
El' femme souvent s'glamente et pis s'emporte...
Apris (après) ches mouts (mots) ch'est à cœups
      [d' poing qu'in (on) s' bat
Et qu'in termine ourdinairment ch' débat.

Quand un ivroingne ! l' rabuque et pis l' tape,
Es (sa) femme a n' dot (ne doit) s'en preune
     [(prendre) qu'à s' ferlape :
Femme ed' buveu qui n' sait s' taire à propous
      [(propous)
Risque à cœups d' poing d' foire écraser ses
      [pous. »
     (Sat. XI, L'ivrognerie.)

Les éditeurs de Crinon rendent *ferlape* par *mauvaise langue*. On voit par le passage ci-dessus que ce terme répond simplement à langue.

LAPIDE. Subst. fém. Tourment, vive contrariété, irritation, grand embarras. « Ch'est unne (une) grande *lapide* ! » ou : « Quelle *lapide* ! » dit-on quand on ne sait plus où donner de la tête.

Lapide est un dérivé du verbe *lapider*, tourmenter, accabler, obséder, exercer des actes répréhensibles sur une personne du sexe.

« Hélas ! que d' geins lapidés par el sort
Ont leu (eu) l'idée ed (de) cherchi dans la mort
Le r'pous... (le repos). »
    (Crinon, Sat. XXVIII.)

Lapide est aussi un substantif des deux genres. On dit : « Un ou une pauve (pauvre) *lapide* », un pauvre diable, individu courageux qui, malgré la somme de travail qu'il fournit, a beaucoup de peine à subsister. Se dit aussi des bêtes de somme surmenées. Notre poète Crinon écrit :

« A ches bourgeos no sort ! drot (devrait) foire
      [hide,
Même étant riche in (on) n'est colre que *lapide*. »
      (Satyre VI.)

Une autre forme du même mot est *lopite*.

LAQUER. Forme picarde dans certaines localités du français *lâcher*, du latin *laxare*. A donné le dérivé *laque*, adj. lâche, non tendu, desserré. Cette forme, usitée au nord du domaine picard, est fort ancienne. On lit dans la *Légende de saint Brandaines*, qui est du XIIᵉ siècle :

« Apries trois jours et trois nuis, li veus cessa... Li sains pères dist : « Métés les navirons (avirons) dedens le nef et laskiés les volles. »

LARCHINEU. Subst. masc. Voleur. Dérivé de *larchiner*, voler, lequel est lui-même un dérivé de *larchin*, vol. J'écris ces mots comme on les prononce ; mais l'orthographe étymologique est, on le sait : *larrechiner*, *larrechin*, ce dernier venu du latin *latrocinium*. Nos formes picardes chuintantes sont anciennes. On lit dans la *Légende de saint Brandaines* :

« Jà n'avingne (advienne) que aochuns de nous corrompe se vois (voie) par larrechin. »

— Veu le procès fait à l'encontre de Colin Heuel dict Hallart pour raison d'un sacrilège (vol) par lui commis en l'église de Sains et de plusieurs autres larchins contenus ou (au) dict procez... avons le dict Huel condamné à estre fustigné d'escourgies (escourgés) par les carfours du dict Boves »
(**Plaids de Boves**, sept. 1524.)

On voit dans les mêmes documents qu'en l'année 1515 des poursuites furent exercées contre Martin Letellier *pour avoir larchiné et prins bois des ramiers des bois dudit Boves.*

LARDE. Adj. fém. Se dit de la vache phthisique : *vaque larde*. On appelle de même *viande larde* la chair de cette sorte de vache que vendent certains bouchers peu scrupuleux. Cette viande se reconnaît aux petits globules aqueux disséminés dans son tissu.

Larde est probablement une métathèse de *ladre*. On sait que le porc ladre est celui dont la chair — surtout le dessous de la langue sont garnis de petits points blancs.

LARDÉ. Subst. masc. Pâté froid en croûte. Au moyen-âge, on le désignait sous le nom de *lardé en pain* ou seulement de *lardé* :

« Et del cerf firent bons lardés. »
(**Renard**, XIIIe s.)

« Car longement avoit juné (jeûné)
Et ales li orent donné
Vin porri (léger), pain noir et lardés. »
(**Ibid.**)

De même au XVIIe siècle dans le *Mariage de Jeannin* :

« Et pis de chamailler à deux mains : tique-
[toque !
Héquent tout par morchaux et de foire pâtés
Et de foire watiaux et de foire lardés. »

Et ailleurs :

— « Des gros watiaux moufius, des flammiqu' à
[l'ognou
Des fèves cuit' au lard, des lardés, des cau-
[chons. »

Lardé, comme beaucoup d'autres ter-

mes, nous vient, on le voit, de la langue d'oïl : c'est un dérivé de *larder*, garnir de lard.

Larder se dit en picard du feu qui flambe : il signifie aussi brûler ou chauffer très fort. On dit en parlant d'un feu vif ou d'un soleil ardent : « I m' *larde* ». *Larder*, à ces deux sens, est pris au figuré dans l'acception du français *larder*, piquer, darder. (V. Littré.) On le rencontre du reste au figuré dans les auteurs du moyen-âge :

« Cil boire (boisson) mon désir atise
Et mon cuer fait frire et larder. »
(**Myst.** cité par **M. Delboulle.**)

LARDIER. Subst. masc. On appelle aujourd'hui *lardier* un carré formé de quatre planches garni de barres de bois disposées en claire voie que les paysans suspendent au plafond de la cuisine pour y placer la viande de porc quand ils la retirent du saloir. Comme le lard est la partie la plus importante de cette viande, on a donné à cette suspension le nom de *lardier*.

Au XVIIIe siècle, on appelait *lardier* une sorte de garde-manger ou huche, probablement parce qu'on y plaçait, avec le pain, des pièces de lard :

« Un coffre de bois blancq nommé lardier. »
(**Invent. à Fouencamps**, 1704.)

Ce terme figure dans l'*Enjollement de Colas*, année 1634 :
« Je te donrai un très biau fontacu (culotte)
Et des bouzett' aussi du filé de no canvre
Qui est dens no lardier au cornet (coin) de no
[cambre. »

Lardier nous vient de la langue d'oïl. Du Cange, sous *lardarium*, donne la citation suivante :
« Trois bacons avoit en un mont (tas, monceau)
Chez un preudhome en uu lardier. »
(**Renard.**)

LARDIÈRE. Les Mobiles et les Mobilisés de la Somme furent pourvus pour la campagne de 1870 de gilets de chasse en saine : ils ne disaient pas : « Mon gilet », mais : « Mon *lardière* ». Ce terme s'explique par le fait que ces gilets provenaient, dit on, de chez M. Lardière, fabricant à Corbie, lequel fut nommé préfet de la Somme après la révolution du 4 septembre.

LARGUE. Adj. des deux genres. Forme
picarde du français *large* dans laquelle
le *g* dur du latin *largus* a persisté jusque
de nos jours. On lit dans un inventaire
dressé à Amiens en 1622 :

« Six estilles à faire largue sarge (serge). »

Dérivés : *Largueur*, largeur.
      Alarguir, élargir.
      Relarguir ou *ralarguir*, ré
      largir.

Le second de ces dérivés existait en
langue d'oïl :

« Bien sachés que se (si) il avient que aucun
home... veulle alargir sa maison sur son mur... »
                    (Assises de Jérus.)
— « Comm' ches grand's dam's (dames) bien
                    étoffées
  Sam'di dins l' vill', j' t'ai acaté
  Un bieu grand cotron tout gonflé :
  Pour avoir bonn' mine
  Faut de l' crinoline ;
  Seul'ment si l' mod' (mode) lò continue,
  Faudra bien relarguir ches rues. »
       (Arras, Entretien de Colas, 1857.)

LARINÉE. Subst. fém. Bouffée de
mauvaise odeur provenant d'un égout,
de vêtements imprégnés d'ordures, etc.
Se dit en Artois, comme on le voit dans
la *Revue des patois gallo-romains*, t. 1er,
année 1887. *Larinée* n'est autre chose
qu'une altération de *flairinée :* il y a eu
chute de la lettre initiale *f*, fait fréquent
en picard, ainsi que je l'ai montré à la
fin de la lettre H. Pour l'étymologie, se
reporter à *flairinée*, t. 1er de mes *Etudes
pour servir à un glossaire étymologique du patois picard.*

LARRINEUX. Adj. et subst. Maraudeur. Le radical de ce mot est le vieux
français *lerre*, du latin *latro*. Il ne faut
pas le confondre avec *larineux* qui a la
même origine que *larinée* et qui signifie
individu d'une curiosité indiscrète, qui
flaire ou *met le nez partout*. Dans *larineux*, comme dans *larinée*, il y a eu
chute de l'initiale *f*.

LARRISSER. Je rencontre ce verbe
dans notre poète Crinon qui, d'après une
note de ses éditeurs, l'a employé au sens
de *marcher sur un terrain en pente.*

Voici le passage :

« Après avoir couru dins ches vallées
In (en) larrissant i (ils) grimp't à ches heuteurs. »
                (Satyre XXIII.)

Larrisser est un dérivé de *larris*,
friche, coteau inculte, mot de langue
d'oïl qui a persisté dans la vallée de la
Somme. Le sens de notre verbe s'explique
par le fait que les *larris* se trouvent sur
les pentes incultes. *Larris*, en bas latin
larricium vient, d'après Cocheris, du
teuton *laer* (prononcé *lar*). vide, inculte.
Laer est resté dans le nom de plusieurs
localités du Pas de Calais et du Nord :
Saint-Martin-au-Laert, *Oxelaere*, le
Lart, *Leers*, etc.

LATTERÉ (latré) probablement pour
latterel. C'est ainsi qu'on dit *monché*,
raté, etc., pour *monchel*, *ratel*. On
appelle ainsi les espèces de lattes en bois
léger d'environ 27 millimètres d'épaisseur
sur 35 à 40 de largeur, destinées à retenir
le crochet des pannes d'une toiture.
C'est, à mon avis, un diminutif de *latte :*
pour le *r* comparez *dameret* de *dame*.

A *latte* se rattache une locution picarde.

Pour faire peur aux enfants, on leur
dit quand ils veulent aller partout et
surtout la nuit : « Gare ches *latt'usées.* »
Les *latt'usées* comme les *briq'assis*
(briques assises) sont des êtres imagi-
naires que l'on suppose hanter les gre-
niers. *Latt'usées*, que Corblet cacographie *latusée*, est une contraction de
lattes usées.

LATTÉS. Subst. pl. Ce terme se rencontre dans la locution suivante recueillie par Ed. Paris : « Foire des *lattés* »,
c'est-à-dire des *flaflattes*, des caresses.
Au figuré, *lattés* se prend en mauvaise
part.

Latté est tout simplement *flatté* avec
chute de *f* comme dans *larinée* pour
flairinée. Ce substantif est venu de *flatter*
absolument comme le substantif *raté* de
rater.

Dans mon village et dans les environs,
les paysans emploient au singulier seulement, une variante de *laté :* c'est *lalatte*, dans laquelle il y a réduplication de
la syllabe initiale comme dans les mots
enfantins *pépère*, *mémère*, *suseur*,
etc. *Lalatte* est donc ici pour *latté* lequel
est *flatté* (de *flatter*) avec la chute d'initiale signalée ci-dessus.

Locution picarde : « Foire un *lalatte* »,
faire une caresse.

Pour Brachet, *flatter* est d'origine inconnue. Littré, d'après Diez, le rapporte au germanique scandinave *flat*, plat, uni, anc. h. all. *flaz*, de sorte que *flatter* serait proprement *rendre uni* avec la main, d'où le sens *flatter, caresser*.

Je ferai observer en passant que le féminin de *flatteur* est *flattoire* et cela depuis bien des siècles, comme on le voit dans Froissart qui était picard et qui écrit :

> « Vérité est bons amés (aimée)
> Pour ce qu'elle n'est pas flatoire... »
> (**Poésies, XIV° s.**)

LAUSANGIER. Flatteur, cajoleur. J'écris ce mot tel que je le trouve dans Corblet; mais les citations que je vais donner montrent qu'il faut l'orthographier *losangier*. Cette expression nous vient de la langue d'oïl.

> « Ne voit pas estre losenger (trompeur)
> Ne (ni) vera lui faos ne mensonger. »
> (**Chron. des Ducs de Norm , XII° s.**)

> « Par le conseil Makaire . . . . . .
> Un mavais losengier (perfide) . .
> (**Aïol, 1200.**)

Le sens a été d'abord *trompeur, menteur, perfide*, puis *flatteur*. Ce mot est venu du Nord, vi. sax. *lɛasunge*, mensonge . (V. Somneras.)

LAVAINDER. Laver la vaisselle. Ce verbe appartient à la famille du français *lavandier, lavandière*.

Dérivés : *Lavaindier*, seau ou cuvette en bois pour conserver les lavures de vaisselle qu'on donne aux porcs. Ce terme n'est pas moderne; je le rencontre dans un inventaire dressé à Flesselles en 1746 :

> « Dans la cuisine, une petite armoire, une potière, un séage (sorte d'étimier peu élevé), un banc, un porte-essu-main et un lavaindier. »

Au verbe *laver* se rattachent les dérivés suivants :

Laverie, buanderie. Syn. buerie.
Lavuris, lavure de vaisselle.
Lavurier, seau ou cuvette en bois contenant les lavures de vaisselle.

Ces deux termes sont anciens.

> « Ung laveurier prisé cinq sols. »
> (**Invent. à Pierregot, 1618.**)

> « Un lavurier prisé cinq sols. »
> (**Invent. à Vaux, 1783.**)

Je lis dans une chanson inédite qui remonte au commencement du XVIII° s. et dont l'auteur aimait trop le gros sel :

> « . . . .
> Je vous ferai un pâté d' mouques...
> Et je vous don'rai à boire
> Du lavuri d' no cochon. »

Dans mon village et dans les environs, *lavurier* se dit au figuré d'une boisson qui n'est pas claire, d'une soupe sans goût et mal apprêtée : « Quoi qu' tu m' donnes lò, dit un mari à sa femme; ch'est du *lavurier* ? »

J'ai écrit plus haut *laverie*, buanderie, synon. *buerie*. Ce dernier mot est un dérivé de *buer*. D'après Brachet, *buer* est d'origine inconnue. Littré dit qu'on ne peut tirer ce terme d'un radical latin *buere* qui est dans *imbuere* et qu'il faut un *c* ou un *g*. A mon avis, *buer* nous est venu du Nord, non sous sa forme actuelle, mais sous la forme *buguer* dont le *g* médial est tombé : vi. néerl., aujourd'hui perdu, *buicken*, buer, faire la buée, laver, (V. Plantin et Kilianus.). M. G. Métivier a relevé en vieux français *buguer*, faire la buée, je regrette qu'il ne donne pas son autorité. La gutturale médiale tombée en français a persisté dans l'anglais *to beuck*, lessiver, *bucking*, lessive, buée, bas-breton *buga*, buée, poitevin *bugeaïe*, buée, berrichon *bugée*, lessive, auvergnat *bugado*, lessive, provençal *bugada*, lessive.

LAYAGE. Subst. masc. Action de percer des laies, layons ou sentiers dans les taillis que l'on se propose de mettre en vente. Ce terme est un dérivé du verbe *layer*.

> « A vendre par adjudication deux cents portions de taillis et cinq cents fagots de layage dans le bois de la Belle Epine. »
> (**Annonce parue dans les journaux d'Amiens 1885.**)

LAYANT. Selon Corblet, signifie dans le Boulonnais *salamandre* et *lutin*. Je ne connais ce terme que par son article. Pour le mot *lutin*, nous savons tous ce que cela veut dire, bien que personne n'ait jamais vu le prétendu esprit de ce nom. Mais *salamandre* comportant deux acceptions, notre abbé eût bien fait d'indiquer à laquelle des deux doivent s'arrêter ses lecteurs. Si, par *layant*, les Picards du Boulonnais entendent désigner un être tout aussi chimérique que le lutin, c'est-à dire la salamandre qui vivait au milieu des flammes et s'en nourrissait, le radical serait le vieux néerlandais, aujourd'hui perdu, *laeye*. flamme, lumière, *laeyen*, brûler. (.. Kilianus.) On remarquera que cette origine pourrait convenir de même pour le second sens (celui du lutin pris au figuré); car c'est à leur caractère très éveillé, que certains enfants doivent cette qualification de *lutin*. On a relevé le nom de *Loyante* donné à une petite fille par amitié. Si, par salamandre, on entend celle des naturalistes, l'étymologie du synonime *layant* reste dans l'état où Corblet l'a laissée, c'est-à-dire inconnue ou du moins à découvrir.

LE. Article des deux genres en patois. Il en fut de même de tout temps dans le dialecte picard. (V. *Burguy, Gramm. de la langue d'oïl.*)

« . . . deux sestiers de blé que li rendoit Leurens et aportoit à le maison. »
(**Charte de 1254, Abbeville.**)
— « . . . le moitié d'un tenement qui siet en le rue Noatre-Dame. »
(**Charte de 1254, Abbeville.**)

De même encore officiellement au XVIe siècle :

« Une ymayge de le Vierge Marye... ung demy coquet à le bière. »
— « Jehan Meulael cousturier demourant à Amiens rue de le Croohe. »
— « Fremin Lenoir hortillon demourant à le Queue de Vacque.
— « Noël Leclerq demourant à le Nœufville. »
(**Invent. dressés à Amiens.**)

LE, pronom relatif, est aussi des deux genres dans notre patois et le *e* tombe même devant une consonne. Un paysan dit : « V'lò (voilà) m' part : tu ne *l'* prendros point. » Il en était de même jadis dans le dialecte picard :

« Di (Dieu) nel' (ne le) velt (veut) mie...
Que demandes ? Nel' ses (sais) tu bien. »
(**Lég. de St-Brandaines**, XIIIe s.)

LÉCHERIE. Subst. fem. Friandise. Ce mot nous vient de la langue d'oïl, mais son sens s'est bien amoindri. Il répondait à l'origine à *gloutonnerie*, puis, par extension, a *convoitise, concupiscence, libertinage*, etc. En sa qualité de picard, le Reclus de Molliens employait le *c* dur ou *k* au lieu du *c* chuintant. De même *léker*, se livrer au libertinage.

« Quel fruit puet (peut) faire terre séke ?
Et quelle voix (voix) a chil ki péke (pèche)
De reprendre autoni de pékier ?
Chil cui lekerie empeke
S'il veut blasmer autoni qui leke ? »
(**Miserere**, strophe 29.)

Le *c* dur picard se rencontre dans l'adjectif *lekière* (lécheur), débauché, adjectif qu'on retrouve dans le même poëme. Le féminin était *lekeresse* et, pour les besoins de la rime, *lekerelle*.

« Havart ! dit Mors à obel musert
Ki de lékerie tous art (brûle entièrement)
Por l'amour de se lékerelle... »

Le *c* dur se rencontre à la même époque dans la latinisation de *lekière* debauché. Un article de la Charte d'Amiens porte :
« Qui pugno aut palmâ perturbatorem vel lecatorem... »

De même dans les dérivés suivants :

Léquer, bien manger, lécher, au figuré flatter bassement.
Lèque, liquée, un brin, un peu, litt. un petit morceau, une tranche mince, c'est-à-dire ce qu'on peut enlever en une fois avec la langue.
Lèque plot, lèche-plat, parasite, coureur de franches-lippées.
Pourléquer et *porléquer*, lécher, embrasser de bon cœur. *Se porléquer*, sécher ses lèvres après avoir mangé ou bu quelque chose de savoureux. Signifie aussi *se baisoter sans fin.*
Keléquer. lécher tout à fait.
Léqueu. mangeur, buveur, au fem. *léquotre.*

Quelques citations intéresseront le lecteur :

« Mais tu carnens,
Tu aimes d'amour afolant,
Te car, ki te maine folant.
Beuvant, lécant et caro art. »
(**Récl. de Molliens**, XIIe s.)

— « Dès or s'en vait li singes qui forment fu
| navrés. .
Del sanc (sang) lèque la plaie... »
(**God. de Bouillon**, XIII° s.)
— « Quand chil . e fu partis du Vesque (évêque)
Qui ne prisa mie une leske
De pain musi, cheile sentence... »
(**Mir. de St-Eloi**, XIII° s.)
— « Tout' ches farottes d' bachelettes
Ell' s'en vont œciller des noguettes...
Et quant y se peut' rencontrer
Ch'est toudis à se bajotter ;
Y su frotvei t, y se pourleste ;
Veih l' train de ches bachelettes
Souvent encor' ell' for t bien pire !
Des cos's (choses) que je n'oseroia vous dire. »
(**Sermon naïf... en patois de Tourcoing**,
Édit. non datee, sircà 1700.)

L'étymologie de *léquer* est la même
que celle du français *lécher*.

LECHON. Subst. fém. Forme picarde
de *leçon*; du latin *lectionem*. Cette forme
est très ancienne.

« C'oistriers (moines), ordene te persone
Ke male r ovele n'en sone.
Selon le régulr lechon
Dou fol sisele toi dessochone ! »
(**Le Reclus de Molliens**.)

A l'égard du verbe *dessochonner*, littéralement *desassocier*, se reporter à
chuchon, *chochon*, t. 1er de mes *Etudes
pour servir à un Glossaire du patois
picard*.

— « Bien li plaisoient les lechons
Que il ooit (entendait) lire à lor table.»
(**Mir. de St-Eloi**.)
— « ..... à la charge d'ong obeyt (obit) à
haulte voix et trois lechons à perpétuité.. »
(**Test. de Jehan Pecoul**, 1593.)

LÉGAT SALUTAIRE. Location inusitée
aujourd'hui. On entendait par là, dans
notre contrée, l'ensemble des disposi-
tions testamentaires relatives aux messes,
aumônes, etc., imposées par le défunt
pour le salut de son âme.

« Elle s'est aydée dudit argent pour en payer
le légat salutaire après le trespas de son mary.»
(**Invent. à Amiens**, 1619.)

Légat se rattache au même radical que
le français *legs*.

LÉGEROT. Adj. Un peu léger, frivole.
C'est un diminutif de *léger*.

LÉGUENME ou *légueume*. Formes
picardes du français *légume*. Ce terme

est du genre féminin dans notre patois :
c'est sans doute pour cela que le père
d'un député de la Somme disait en ma
présence : « Je préfère *la légume* à la
viande. »

Dérivé : *Léguenmage* , subst. coll.
désignant les légumes dont
on use d'ordinaire à la
campagne.

LEIPZIS. Sorte de serge qu'on fabriquait à Amiens au siècle dernier. (V.
Encyclop. du Commerce et *Dict. domest.*)
La longueur des pièces variait selon la
couleur de l'étoffe. Ce terme vient probablement de la ville de Leipzig. C'est
l'histoire de *bougie*, de *calicot* et de tant
d'autres mots.

LEISI (à). Locut. adv. A loisir. C'est à
tort que l'abbé Corblet écrit *laisi*. Le patois a laissé tomber le *r* final comme dans
plaisi, plaisir. C'est du reste avec *e* qu'on
le rencontre en vieux français aux XII°
et XIII° siècles.

« Carlemaines e Franceis se cuchent (cou-
chent) à leisir. »
(**Voyage de Charl. à Constantinople.**)

LEMAIS ou *lemetz*, *lemez*, *lemoël*,
prononcé *lemoë*, *lemoil*, *lemois* et *lemoy*.
Subst. du genre féminin ou masculin selon les lieux et le temps. Pétrin, maie,
huche à faire le pain. Telles sont les formes diverses, plus ou moins corrompues,
sous lesquelles apparaît ce substantif au
cours des deux derniers siècles dans les
inventaires du Beauvaisis et de l'Amiénois. Il est permis de supposer qu'il n'a
pas encore entièrement disparu.

« Ung lemoy à faire pain. »
(**Invent. à Amiens**, 1606.)
« Ung lemois, ung sceau, ung tamis. »
(**Ibid**. 1608.)
« Trois cuviers, deux lemais. »
(**Ibid**. 1670.)
« Item dans le bultoir, une lemaiz... »
(**Ibid**. 1750.)
« Une lemez de bois et un étimier. »
(**Ibid**. 1781.)
« Une lemetz à faire du pain. »
(**Vente mobil. à Gempuis** 1783.)

Dans toutes ces formes. l'article s'est
agglutiné au substantif et le substantif
mois, *maiz*, *metz*, *moy*, etc., est tout
simplement soit le français *maie*, soit le
picard *moie* du latin *magida*.

LEMION ou *leumion, lumion, leume-ron* et *lumichon*. Subst. masc. Lumignon, partie incandescente de la mèche d'une lampe, bougie ou chandelle. La dernière de ces formes est le *lumichon, limechon* de la langue d'oïl. Les autres sont des corruptions et contractions de *lumignon*, lequel vient du latin fictif *luminionem*, dérivé de *lumen*, lumière. *Lumeron* me paraît être un diminutif d'un type *lume*, de *lumen*.

LENDIT (Croix du). A la limite du territoire de la banlieue d'Amiens, sur le bord du chemin qui conduit à Corbie, se trouve une croix que le peuple appelle la *Croix du Lendit* et même du *Lundi* Une autre forme erronée *Croix de Landy* apparaît sur la carte de l'Etat-Major, encore bien que Cassini ait respecté la bonne en écrivant : *Croix de l'Indict.* Cette dernière forme est étymologique car le terme *lendit*, abstraction faite du *l* ou plutôt de l'article *le* qui s'est agglutiné, vient du latin *indictum*, pris au sens de *indication* et par extension, de *marché, foire, fête.* Entre autres citations données par Du Cange avec cette dernière acception, figure celle d'une charte émanée d'un pape du nom d'Innocent, ainsi conçue :

« Indictumqueque, sicut hactenus, Corbeiensis ecclesia celebrare consuevit, vobis confirmamus, et ne quis eos qui ad ipsum indictum conveniunt, in bonis vel in personis offendere vel molestare proesumat, auctoritate apostolicâ prohibemus. »

Il n'entre pas dans mon sujet de parler de la procession et de la *Croix de Lendit.* Les amateurs trouveront sur ce sujet à la Bibliothèque d'Amiens deux articles très intéressants dans le Journal intitulé *Affiches de Picardie*, in-4°, années 1777 et 1779.

LENTILLART. Subst. masc. La paille, les tiges battues de la plante nommée *lentille.*

« Item environ un demy cent (de bottes) de lentillard. » (sic.)
(Invent. à Vaux en Amiénois, 1756.)

Je considère la lettre *r* comme adventice et le *d* comme mis à la place et au lieu d'un *t* : il faut donc lire *lentillat,* comme on dit *hoyat, favat* tige sèche de fève, *pesat,* tiges de pois séchées.

LÉPE. Forme picarde du français *lippe* dans les environs de Villers-Bocage, Acheux et Douilens. On trouve *lépe* en langue d'oïl (V. Hippeau), et dans le Hainaut on dit encore *lépe*, lèvre.

LETTRON. Cacographie de Corblet pour *laitron*, jeune poulain, terme relevé en son lieu.

LESQUE. Sorte de plante de la famille très nombreuse des carex. On l'utilisait à Berck, comme ailleurs le hoyat, pour limiter l'invasion des sables du rivage. Je suppose que cette plante s'y trouve encore aujourd'hui et que son nom s'y prononce *lèque.* Comparez le terme français *laîche,* dénomination d'une autre espèce de carex.

« Item par la coustume dudit lieu (Bercq sur la mer) quiconque coppe, arrache ou emporte les lesques estans audit lieu, sans congié, commet envers le seigneur amende de X sols parisis; et sont lesdits lesques en manière de grandz joncz (joncs) croissans, qui entreviennent les sablons ensemble et qui empeschent que lesdits sablons ne puissent voller, gaigner ou emprendre (entreprendre) sur ladite ville. »
(Boulhors, Cout. loc du Baill. d'Amiens. 1507.)

Le glossaire d'OElfric traduit au X° s. *carex* par *lisca* et Papias dit au XI° s. : *Carex, herba acuta, vulgò lisca.* Là est l'étymologie de *lesque.* Quant à *lisca*, c'est, d'après Littré, l'ancien haut allemand *lisca*, fougère, roseau.

LEU. Subst. masc. Forme picarde de *loup*, du latin *lupus*. Cette forme existait dans le vieux français, c'est-à-dire dans le dialecte picard qui en était partie intégrante.

— « Les leus oït (entendit) uller (hurler). »
(Berte, XIII° s.)
— « Li leu qui mouton sembleroit... »
(La Rose, XIII° s.)

Tout le monde connaît le dicton picard qu'on rencontre dans une des fables du bon La Fontaine :

« Biau sire leu n'écoutez mie
Mère tenchant sen fieu (fils) qui crie. »

Nous avons à Amiens l'église et la chaussée *Saint-Leu* et dans l'Oise la commune de *Saint-Leu Taverny*, etc.

L'usage étant parmi les ouvriers amiénois de recommencer, après l'été, à travailler à la lumière vers le temps de la fête de Saint-Leu, il en résulta ce dicton :

A Saint-Leu,
L' lampe à ch' cleu.

La *rue du Loup* à Amiens s'appelait autrefois *rue du Leu qui va à Rome*. Une lettre en parchemin de l'année 1577 parle d'un Nicolas Longuespée ayant acquis *trois maisons sseant rue du Leu qui va à Ronme*. Le P. Daire, dans son *Histoire d'Amiens* dit : ces mots *qui va à Rome* sont une corruption de ceux-ci : *qui varonne*. Cette dénomination, ajoute-t-il, provenait d'une enseigne. Tout cela n'explique rien du tout. Mon opinion est celle-ci : Il y avait au XV° siècle un vieux proverbe qui disait : « Le loup alla « à Romme et y laissa de son poil et rien « de ses coustames. » (V. *Proverbes français* dans Leroux de Lincy.) Cotgrave donne le même dicton. Ni l'un ni l'autre de ces deux auteurs n'a commenté le proverbe en question, sans doute parce que l'intelligence en est facile. Il y a de beaux siècles que les pélerinages sont tombés en discredit. En fait on n'en revenait guère meilleur et le résultat le plus clair de ce voyage était un notable allègement de la bourse, en d'autres termes : on y laissait son poil sans acquérir aucune vertu. Si donc la rue du *Leu qui va à Rome* doit son nom à une enseigne, cette enseigne était du genre satyrique, fait qui s'explique par le caractère essentiellement goguenard de la race picarde, surtout quand il s'agit de certaines pratiques, prières ou cérémonies religieuses.

Dans mon opinion, le *varonne*, laissé inexpliqué par le P. Daire, est tout simplement une contraction et une corruption des trois mots *va à Rome*.

Dictons, locutions et proverbes picards :

L' mort d'un quien, c'hest l' vie d'un leu : un malheur profite toujours à quelqu'un.

D'un individu sans capacité et sans ressources, on dit : « *Ch'est un pauvre leu.* » Dans mon village on dit en outre : *Pauve comme un leu.*

— « Si o (on) savoit ches treus
On prendroit ches leus. »

Si l'on pouvait tout prévoir, l'on pourrait tout éviter.

D'un individu qui raconte des histoires invraisemblables on dit : « I (il) foit (fait) des contes à tuer des *leus* à cœups (coups) d' bonnet. »

— « I r'sanne (ressemble) à un leu :
I cache sen mulieu. »

Se dit d'un homme qui voulant voir on écouter sans être vu, ne se cache pas bien.

Les habitants de Montonvillers sont appelés par leurs voisins *ches leus*. Ces voisins ont du reste aussi leurs sobriquets : « *Ches cots* de Villers-Bocage, *ches serpents* de Talmas, *ches calotins* ou *ches Pères d'Église* de Rainneville, *ches beudets* de Flesselles, *ches mulets* de Saint-Vast, etc. »

Leu se rencontre dans le nom de famille *Leleu* (le leu, le loup), qui est celui de l'honorable président de la société des Antiquaires de Picardie, en cette année 1888. C'est une appellation comme *Lebœuf*, le bœuf, *Lecat*, le chat, *Lequien*, le cuien, etc. Si *Leleu* venait du vieux terme *esleu* (élu), dénomination d'un ancien magistrat municipal, il s'écrirait *Léleu* ou *L'Esleu*, témoin le nom de M. L'Eleu de la Simone, ancien conseiller à la Cour d'appel d'Amiens.

Composés picards ou à formes picardes :

Queue d' leu. Subst. fém. Le bouillon blanc, ainsi dit à cause de la ressemblance de sa tige avec la queue du loup.

Leu-warou, leu-wérou ou par contraction *leu-érou.* Subst. masc. Loup-garou, être imaginaire dont l'invention remonte à la nuit des temps. Au figuré espiègle, mauvais garnement, diable.

Nos ancêtres picards supposaient à cet être un faible pour la chair humaine.

« Ausi com fait li warous leus
Qui de char d'omme est f'mali us (affamé).»
(Gaut. de Coinsi, XIII° s.)

Signalons un fait peu connu :
Leu warou a été une épithète donnée à un corps de troupes levé à Amiens vers l'an 1470 et qui sut bien vite se faire craindre des Bourguignons.

« Faites trembler les leux waroulx
Qe en Amiens avez créés,
Car à la fin seront escoulx (secoués, battus)
Quelque chose que vous brassés. »
(Ch. hist. et pop. publ. par Leroux de Lincy.)

Leuwarou est une exclamation de surprise et d'étonnement. On y ajoute souvent : *démon,* disant *Leuwarou démon!* Cette expression remplace *diable* dans une foule de locutions : *bruit d'leuwarou, travail d leuwarou,* etc.

Dans le dialecte picard, la femelle du *leu* s'appelait *leuve.* « La lettre d'amors ke Renars envoia à dame Hiersent la *leuve* » est le titre d'un des chapitres de *Renart le nouvel,* poëme dû à Jacquem Gielès de Lille qui écrivait au XIIIᵉ siècle. On dit au siècle suivant dans les *Dialo gues pic. flam.* déjà plusieurs fois cités :

« S mon le veneur a prins un leu et une leuve »

Cette citation rappelle un dicton qui concerne la famille de Cacheleu, très ancienne en Picardie. Voici la phrase :

Monsieur d'Cacheleu
O prins (prie) ein leu ;
S'il auroit couru, i n'auroit prins deux.

La famille de Cacheleu portait pour armoiries trois pattes de loup d'or sur fond d'azur.

On sait que *leu* vient du latin *lupus,* loup. Quant à *warou,* il est d'origine germanique, suédois *varulf,* lequel est composé de *var,* homme, et de *ulf,* loup et signifie proprement *homme loup.*

LEUATE. Adj. Je n'ai jamais entendu ce mot ; mais je le trouve dans Corblet avec le sens de *sombre, lugubre, ef frayant.* Comme le nombre des choses offrant ce caractère est fort considérable et de diverses natures, l'auteur eût bien fait de spécifier celles auxquelles con vient particulièrement l'épithète picarde en question. La désinence *ate* correspond à la désinence française *âtre ;* mais je ne saisis pas le sens que peut avoir le radical *leu.* Cela se dit il en parlant de l'aspect d'une personne, de sa figure, de ses yeux ? Dans le cas de l'affirmative, notreterme doit être placé dans la famille du type *leu,* loup.

Faut il rapporter au même radical *leu,* l'adjectif *leurique,* qualification que notre poète Gresset donnait au patois du quartier Saint-Leu d'Amiens ! Je reproduis le passage de la lettre que notre illustre compatriote adressait à sa sœur le 1ᵉʳ août 1735 :

« Ave donc, ma sœur ; tu m'as fort réjouy par ta lettre picouarde ; tu içals le Dictionnaire

leurique comme une peinture : ta plume est là dessu pûs boene qnel' mienne... »

(Lett. autogr. comm. en 1877 par M. Victor de Beauvillé.)

LEUCHIFER. Les paysans disent en parlant d'un mauvais sujet : « Ch'est un vrai *Leuchifer* », c'est-à-dire un vrai diable. Ce terme est aussi une exclamation de dépit et équivaut à : *Leuwarou démon!* Etym. *Lucifer,* l'un des noms du diable.

LEUDE. Subst. fém. Ne s'emploie que dans la locution ironique : « Donner une *leude* », c'est à-dire *donner une verte réprimande, faire de vifs reproches.* Ce terme est le latin *laudem,* louange.

LEUDRER. Dans mon village et dans les environs, les paysans qui ont marché dans des chemins boueux dis-nt : « Je m' sus *leudré* », je me suis crotté, sali de boue. Quand ils font un charivari, ils trempent des houssines dans l'eau bourbeuse des mares et en aspergent les personnes qu'ils rencontrent dans les rues : ils appellent cela *leudrer.*

Le radical de ce mot est le latin *lutum,* boue. Peut être a-t il existé dans le latin populaire une forme *luterare,* fréquentatif de *lutare,* car nous ne connaissons pas tous les mots dont usaient nos ancêtres Gallo-Romains.

LEUÉE, *leuhée, lohée* ou *loée.* Subst. fém. Sorte de pâtisserie fort grossière en usage à Abbeville. « La *loée,* dit M. A. « de Pailly, est une pièce de pâtisserie « de forme arrondie et du poids d'une « demi livre qui renferma entre deux « croûtes semblables à celle du pain une « pâte levée que l'amateur imprègne de « beurre pendant qu'elle est chaude. » De son côté, M. Prarond écrit : « La *loée* « était surtout une pâtisserie de carême : « les familles soupaient avec une paire « de ces gros coussins de pâte. » On rencontre la forme avec *h* dans plusieurs de nos vieilles productions patoises, mais sans définition précise du mot à cette époque. C'était bien le nom d'une pièce de pâtisserie plus légère assurément que celle d'Abbeville.

« Quand che vint à direr, os fîmes la grand
| chére
Ayant les reins au fu, assis en des cayères.
On os fumes servys d'un boen plat da poirée
Et des collets cabus aveu de l'chicoirée,
Des oras cochons rôtis atout la cameline,
Des tartes, des pâtés tout foyts de blanque
| frinne
Watiaox prêtrys à-z-œufs tout gaunys de
| saffren,
Ces écaudys vollants tout rebordés de crens
| (crème)
Warlingurs, craquelins, . . . piques lardés.
Forche cachemusiaux et antant de lohées. »
(Mariage de Jeannin.)
— « Je feray le banquet aveuque forche rôts ;
T'en mangeras teu sau, aussy flans et brionches,
Lohées et craquelins. des écaudys à forche... »
(Enjoll. de Coulas, 1694.)

On trouve en langue d'oïl *loü*, gros
morceau bon à manger. En patois de
Liège, on disait au siècle dernier et l'on
dit encore aujourd'hui *lohi*, lopin, gros
morceau de viande, de pain, etc., au
figuré : gros Roger-bon-temps, gros ré-
joui.

Etymologie incertaine. Le normand a
lobet, lopin, morceau. *Loée* serait-il le
même mot que *lobet* avec chute du *b*
médial et changement de genre entraî-
nant logiquement changement de finale ?
Il ne faut jamais oublier que nos ancêtres n'étaient pas des académiciens, qu'ils
étaient très fantaisistes dans leur orthographe et que notre patois a donné le
genre féminin à une foule de mots qui
sont du genre masculin en français, témoin *légume* dont j'ai parlé plus haut,
œil au singulier, etc.

Loée, leuée, lohée n'était-il à l'origine
qu'une simple épithète comme par exemple *écaudé*, pièce de pâtisserie. Dans ce
cas, le terme viendrait d'un ancien adjectif néerlandais aujourd'hui perdu :
luck qui, d'après Kilianus, signifiait
poreux, spongieux : la gutturale dure
se serait adoucie en la douce *g*, puis
changée en *h*, comme dans *mahon*,
lequel provient d'un type *mag*, pavot.
Ainsi se justifierait la forme *lohée*.

LEUMER. Verbe act. Ne s'emploie, je
crois, que dans la locution : « *Leumer*
ches us », examiner un à un les œufs
devant une lumière pour s'assurer qu'ils
ne sont pas gâtés.
Ce mot se rapporte à une forme *leume*,
du latin *lumen*, lumière.

LEUNE et LENNE. Formes picardes
du mot *lune*, du latin *luna*, d'où *lendi*
forme picarde de *lundi*.

LEUNETTE. Forme picarde de *lu-
nette*. On dit aussi *lennette*. Il en était
de même dans les anciens inventaires :
« Deulx petites boittes plaines de lenettes. »
(Amiens, 1596.)
— « Trois paires de leunettes prisées X sols.»
(Ibid. 1621.)

LIACHE. Forme picarde de *liasse*. De
même autrefois :
« Plusieurs pièches estans en une liache. »
(Invent. à Amiens, 1696.)

LICHER. Forme picarde du français
lisser. Dans le Vermandois et jusque
près d'Amiens (cantons de Corbie, Boves,
Moreuil), on use de la finale wallo-pi-
carde *î* et l'on dit *lichî*. C'est une forme
qu'emploie notre poète Crinon :
« In (on) s' plaint qu' ches fill' il ont peur ed
| ches flaques,
Qu'i n' vot' pus traire et ni tourqui ches vaques...
Cha n' devrot point nous alauer (sembler) troup
| étraioge...
S'il ont pus quair (cher) à licht leus (leurs)
| cavieux
Qu' d'aller porter à boire à ches quiouts (petits
| vieux (veaux) »
(Satyre XII.)

LICO. Forme picarde du français *licol*.

LIE. Ca terme est du genre masculin
en picard, on dit : « Du *lie* d' vin, de
cidre, de bière. »

LIENCHE. Ancienne forme picarde du
français *liesse*, aujourd'hui inusitée. On
lit dans un inventaire dressé à Amiens
en l'année 1596 :
« Ung petit tablet rond (médaille) d'argent
doré, là ou est emprins une Nostre-Dame de
Lienche et une Sainte-Barbe. »
On a retrouvé et conservé de ces sortes
de médailles remontant aux XVe et XIVe
siècles qui portent en légende N. D. de
Liense, Liance. »
On sait que *liesse* vient du latin *lætitia*,
joie, allégresse.

LIÈTE. Subst. fém. S'emploie au nord
du domaine picard (Saint-Omer) au sens
de *canal, petit cours d'eau* creusé ou
endigué de main d'homme.

Ce genre de ruisseau s'appelait autrefois *leed*, conduit, en patois *liette*. Ce mot est d'origine néerlandaise : *leeden, leyden*, conduire, *leyde*, aqueduc (V. Kilianus) ; *leyde*, un conduit à mener l'eau en quelque lieu, dit Plantin au XVIᵉ s.

LIGNIER. Forme picarde du substantif français *linier*, marchand de lin teillé, travaillé, par lui-même ou par des ouvriers. Cette forme nous vient de la langue d'oïl qui avait *ligne*, lin, et *lignière*, champ semé de lin. Ce dernier terme est resté chez nous un nom de lieu : nous avons, dans la Somme, *Lignières-Chatelain, Lignières* (canton d'Oisemont) et *Lignières-lès-Roye*.

LILAC (lilaque). Forme picarde du français *lilas*. Dans le canton de Villers-Bocage, on emploie au même sens le diminutif *lilaquet*.

Origine inconnue.

LIMBARD ou *limbart*. Subst. masc. Bordure à un vêtement. Ce terme est particulier au picard ; on le rencontre dans les anciens inventaires :

« Un chapperon de drap noir à limbart à usaige de femme prisé IIII livres »
(Amiens, 1577)
— « Ung chapperon à limbart de drap noir... »
(Ibid. 1576.)

Ce mot vient du latin *limbus*, bord.

LIMECHON et *lémichon, limachon, limichin* et *calamichon* qui est une déformation de *colimaçon*. La forme *limachon* était en usage à Amiens au XVIᵉ siècle. Un inventaire de cette époque porte :

« Maison et pourprins où pend pour enseigne le limachon séant rue de Beauregard » (rue des Trois Cailloux).

La forme *émichon* relevée par Corblet est remarquable par la chute du *l* initial. La forme diminutive *limichin* est restée un nom de famille. Toutes ces formes sont des diminutifs de *limace*, venu du latin *limacem* : le *c* doux est devenu *ch* en picard.

LIMERO et *lumero*. Formes picardes du français *numéro* : il y a changement de *n* en *l* comme dans *lommer*, nommer, etc.

Je rencontre la première de ces deux formes altérées dans une chanson picarde inédite chantée à la fête de la *Sainte-Barbe* à Amiens, le 4 décembre 1849 :

« J'étois là parmi tout ch' bleu monde
la (lia) me r'bayoient men limero. »

LINAS. Subst. masc. pl. Chevelure disposée en bandeaux collants sur le front, les tempes et les joues, mode suivie par les femmes il y a environ cinquante ans. Ensuite sont venus les bandeaux bouffants. Ce terme était encore employé en 1880 dans le canton de Villers-Bocage.

Etymologie inconnue ; expression d'ailleurs éphémère comme la mode qu'elle désignait.

LINCHEU pour *lincheul*. Subst. masc. Drap de lit. Il en était de même autrefois dans notre contrée, c'est-à-dire vers 1340.

« Ore, faut il des lits : lits de plume pour les riches sus dormir et reposer, lits de bourre pour povres, ...couvertoirs et kieute-pointes, lincheus et orilliers. »
(Dialog. pic. flam)
— « Deux lincheux de toille de chanvre, trois lincheux de toille de lin prisés ensemble LX sols. »
(Invent à Amiens, 1557.)
— « Deux lincheulx de thoille d'estouppe... »
(Ibid. 1518.)

L'origine de ce mot, qui est la forme picarde de *linceul*, est le latin *linteolum*, dérivé de *linum*, lin.

Lincheux est le nom d'un village situé près d'Hornoy. Nous avons *Barly* près de Doullens et *Sommereux* près de Grandvilliers. Or, sur ces trois noms de lieu les Picards des environs de Poix font le jeu de mots suivant quand, le soir, leurs paupières s'appesantissent :

« Je m'sens en aller à Barly (barre du lit), après j'm'en irai à Lincheux (draps), pis (puis) d'là à Sommereux (sommeil) »
(Notes manusc. de G Remiault.)

Naguère les marchands de toile ambulants avaient une façon particulière d'éveiller l'attention des ménagères de la campagne en criant dans les rues des villages :

« De l'toile à lincheux
Pour couquer (coucher) à d'ux. »

LINE. Forme picarde du français *ligne*. A donné le dérivé *linée*, lignée, race, famille. Ces deux formes existaient en langue d'oïl. Nous avons de plus la forme *lingne*, ligne.

« Approuvé les douze lingnes raturées à la page sixiesme. »
(État des lieux à Sommereux, 1733.)

LINGETTE. Adj. fém. Usité dans cette seule locution : toile *lingette*, toile de lin légère, dont on fait des serviettes et du linge pour les enfants. La langue d'oïl disait *linge* au même sens.

Notre diminutif *lingette* se rattache au latin *linteus*, fait de lin.

Au même radical se rattache l'adjectif *linge*, mince, élancé, fluet. On dit d'un homme : « Cn'est un grand *linge* ». Du sens propre de *linge*, qualificatif appliqué à la toile ou à l'étoffe de lin qui est légère, mince, on a passé à celui de *fluet*, maigre, élancé. Ce terme existe au même sens en provençal.

LINGNE. Forme picarde de *ligne*, ficelle avec hameçon pour pêcher. Cette forme est déjà ancienne chez nous.

« Ung javelot, une lingne à pescher poisson... »
(Invent. à Amiens, 1583.)

On a vu plus haut qu'on trouve dans le dialecte picard les formes *laigne*, *laingne*, *lingne* signifiant *bois* et plus spécialement *bois à brûler* et venues du latin *lignum*, même sens. J'ai oublié de signaler un dérivé qui est encore en usage dans les environs de Doullens : c'est *déligner*, enlever les basses branches d'un jeune arbre pour qu'il puisse acquérir un plus grand développement en hauteur.

LINOTER. Caresser, flatter, traiter avec douceur. On dit d'une mère qui a bien soigné et même un peu gâté ses enfants, qu'elle les a bien *linotés*. Ce terme a donné le dérivé *linoteu* dont le sens est *individu qui a des paroles mielleuses*, et, par extension, *qui cherche à tromper par des manières insinuantes* Dans certaines localités, ce terme signifie *homme qui s'amuse à des riens* : c'est encore une extension de sens qui s'explique d'elle-même.

Linoter et son dérivé *linoteu* me paraissent avoir une relation assez étroite avec la locution familière française : *tête de linotte*, individu sans jugement et d'un caractère léger. On sait du reste que la linotte est un oiseau dont le chant n'est pas sans charmes.

LINUISE ou par aphérèse *inuise*, ou encore avec *s* dur *linuisse*. Subst. fém. Graine de lin. Les continuateurs de Du Cange ont relevé une forme *lignuis*. Ce terme qui est toujours en usage, se rencontre souvent dans les anciens documents.

« Linuise, cannise, olliette, se (il) on le vent (vend) en le ville, on n'en doit ne tonelieu ne travers. »
(Cart de Doullens, circa 1300)

« Item pour deulx boisseaux de linuis à semer... »
(Compte de la Léproserie de Tanfol, près Picquigny, année 1315)

— « Un demy septier de linuise estimé trois livres. »
(Invent. à Cardonnette, 1782.)

Le mot qui vient de nous occuper se rattache au radical latin *linum*, lin.

La forme *inuise* est remarquable par la chute du *l* initial de *linuise*.

LIROT et *lurot*. Subst. masc. Jeune canard qui n'a encore que du duvet. On donne aussi ce nom, comme expression de tendresse, à de jeunes enfants.

En patois normand, *lirot* a le sens de *caneton*.

Locution picarde : « Être frais comme un lirot », être mouillé, trempé jusqu'aux os. Comparaison fort juste ; car le jeune lirot que la nature pousse à se mettre à l'eau dès sa naissance, en sort aussi mouillé que si son duvet était du coton.

En langue d'oïl, *lirot* signifiait proprement *loir*, mot qui vient du latin *glirem*, loir, par la chute du *g* initial. Nous avons sans doute assimilé le jeune canard au lirot à cause de son duvet exactement semblable au pelage du loir.

La rue des *Lirois* à Amiens, actuellement rue du Lycée, doit probablement son nom à une famille *Lirot* qui a pu soit demeurer là, soit posséder les terrains où se trouve la rue. C'est ainsi que nous avons la rue des *Kincheraux*, des *Louvels*. Le diminutif *lirot* n'est pas, comme nom de famille, plus étonnant que *mulot, limickin, malot*, bourdon, *coquelet*, jeune coq, *baudelot*, petit baudet, etc.

Il y a à Corbie et dans les environs plusieurs familles *Loir, Loire*, et un de mes amis, architecte à Paris, s'appelle *Loirot*.

Je ne reproduis par les lignes empruntées au P. Daire par l'abbé Corblet, parce que, à mes yeux, elles sont entièrement erronées. Il n'y a jamais eu de rapport entre la foire d'Amiens (24 juin) et *Saint Jean Liroons* ou *Décollacé* dont la fête se célébrait le 29 août.

LISETS. Subst. masc. pl. Rubans ; copeaux en forme de rubans produits par le rabot du menuisier. En ancien français, on donnait le même nom au liseron. En ce cas *liset* est un diminutif de *lis*, du latin *lilius* pour *lilt. m. Liset* appartient à la famille du français *lisière, liston*, du picard *liste, liston*, dont l'origine sera ci après indiquée.

LISIÈRE. Les Picards appellent ainsi la couche de pâte qui, n'ayant point levé à la cuisson, demeure compacte et serrée comme une sorte de mastic.

On sait que *lisière*, bande, est pour *listière*. Il y a eu réduction de *st* à *ss*, puis à *s*. *Listière* vient du haut allemand *lista*, bordure.

LISTE. Ce terme a, en picard, la signification de *bord, lisière*, ou plutôt de *limite* d'un champ considéré dans le sens de sa longueur. Les notaires du Doullennais se servent encore de cette expression et disent, dans la désignation des tenants et aboutissants : *tenant d'une liste à..., d'autre liste à...*

Etymologie indiquée au mot précédent.

LISTON. Ce terme a, en picard, le sens de *ruban* aussi bien pour chapeau d'homme que pour bonnet de femme.

« Prépar' ch' lo qu' nous avons d' pus bleu Mets un liston à men capiau. »

(Entret. sur la fête d'Arras, 1839.)

Même étymologie que *liste*.

LITÉE. Substantif féminin. Nichée, nitée. Au XIIIe siècle, ce terme avait le sens de *ventrée, portée*. Le Chancelier de l'Eglise d'Amiens, Richard de Fournival, écrivait dans son *Bestiaire* :

« Ce est la nature de la singesse (guenon) que ele a deux faons à une litée. »

Ce terme appartient à la famille du mot *lit*, du latin *lectus*.

LITE. Subst. fém. Ligne formant la limite de chaque côté d'un jeu de paume ou de tamis établi en plein air.

Même origine que le mot *liste* donné ci-dessus. Le *s* était déjà tombé en langue d'œil qui disait *liter*, border, *liture*, rature, *liter*, tirer une ligne sur l'écriture pour l'annuler. (V. Hippeau.)

LITE. Subst. fém. Ligne supérieure d'une façade en charpente et torchis. Lorsqu'on surélève cette façade sans que cela puisse constituer un étage proprement dit, cette surélévation s'appelle *litage*.

Même origine que le mot précédent.

LITEL, *lité*, et dans certaines localités *liti*. Subst. masc. Truelle étroite et allongée à l'usage des maçons et surtout des plafonneurs.

« Item deux fourchers avec une sole (sole)... un litelle. »

(Invent. à Vaux, 1729.)

— « Item une paire de forges (forces, cisailles) un litel »

(Ibid. 1739.)

— « Item une plarne, une tarelle, un litex. »

(Invent. à Villers-Bocage, 1789.)

LITER. Crépir, enduire, plaquer de mortier, de torchis, un bâtiment, une palissade.

Dérivé : *Litée*, plaque de boue, de fange.

Ce terme est une altération de *luter*, du latin *lutare*.

LITRELLE et par abus ou changement de *l* en *n*, *nitrelle*. Subst. fém. Liseron sauvage à fleurs blanches, le *convolvulus sepium* des botanistes.

Ce diminutif se rattache au radical *liste*, donné plus haut.

LIU. Subst. masc. Forme picarde du français *lieu*. Dans la locution *au lieu de, au lieu que,* le mot *liu* se prononce *u* : le *l* tombe comme dans *ieuve,* lièvre, etc.

LIUE. Subst. fém. Forme picarde de *lieue.* On dit aussi *iue* par chute de *l* initial.

La forme *liue* est fort ancienne.

— « Trois povras liues i comte l'an d'iqui. »
(Trois petites lieues y compte t on d'ici.)
(**Mort de Garin,** XIIe s.)

LO. Forme picarde de l'adverbe français *là.*

LOAGER. Celui qui donne en location. Mais autrefois ce terme, dans nos anciennes coutumes, signifiait le contraire :

« Le propriétaire peut arrester (saisir, gager) les biens de son fermier ou **loager** étant sur son lieu... »
(**Comté de Boulogne.**)

A Amiens, nous appelons *loager* ou *louager* celui qui loue au public chevaux et voitures de place ou de voyage.

Le radical de ce terme est le latin *locare,* louer.

LOCAR ou *locart,* dans mon village et les environs *nocar* par changement de *l* en *n*. Adjectif usité dans cette seule locution : *blé locart,* blé roux, barbu, c'est-à-dire dont l'épi est armé de nombreux poils ou filets.

Littré donne *locar,* mais sans indiquer l'étymologie. Ce terme nous est venu du Nord, néerlandais *lockaerd,* poilu (Kilianus), *lockaert,* touffu (L. D'Arsy). Le radical *lock* venait du vieux saxon *loca,* poil, crin. (V. Somnerus.)

LOINDEUR. Subst. fém. Distance, éloignement d'un lieu. On dit aussi *lointeur.* Les Picards ont tiré *lointeur* et *loindeur* de *loin,* comme *avanteur,* profondeur, de *avant*. De même encore qu'ils disent d'une mare qu'elle est *avante,* profonde, de même ils disent : « L' route est *lointe* », c'est-à-dire éloignée, loin. Le français *bien* a aussi, en picard, une forme féminine qui est *biente.*

On trouve au XIVe siècle *lointieu* au sens de *éloigné.*
(**Du Cange,** longiscous.)

LOINSEAU, mieux *loinceau,* autrefois aussi *loiseau.* Subst. masc. Peloton de fil, de laine, de coton, de chanvre, etc. Dans mon village et dans les environs (Boves, Corbie, Moreuil) on dit *lincel* (prononcé *lincé*) ou avec finale wallo-picarde *lincî.* On dit *lonseau* dans les environs de Douai, et *lisseau* en Normandie.

On rencontre plusieurs formes dans les inventaires d'Amiens :

« Ung **loiseaulx** de fillé d'estouppe. »
(1576.)

— Six **loiseaulx** de fillé d'estouppe. »
(1576.)

César Trogney écrit en 1640 : « Un *loinseau* de fil, mot picard pour peloton.» Les continuateurs de Du Cange sous *Loicellus* ont relevé la même forme comme picarde. En langue d'oïl, on trouve *loissel, loinselet, luchais, luisel, luiseau,* petit peloton de fil. Les glossaires des XIIIe, XIVe et XVe siècles offrent les formes *luisseau, lonseau, loysel* : ce dernier terme est traduit par le mot latin *globicellus.*

Littré a relevé comme forme usitée dans quelques provinces *lisseau,* peloton, et il tire ce terme de *lisse.* Cette étymologie est erronée. *Lisseau, loinseau, loiseau, linsel,* etc., n'est autre chose que le terme *glisseau* qui existait en langue d'oïl (V. Hippeau) au sens de *peloton.* Ce fait était connu de Cotgrave qui dit : « *Gliceau, glisseau,* a bottom of thread, *vieux mot* ». *Gliceau,* a l'origine *glicel,* se rattache au radical latin *glomus,* peloton, et vient sans doute d'un diminutif *glomicellus* comme *rinceau,* de *ramicellus,* diminutif de *ramus* : la gutturale initiale *g* est tombée comme dans *loir* de *glirem* et dans une foule de mots qu'on a vus à la fin de la lettre H.

LOLIOT, en Ponthieu *luliot,* ailleurs *louriot* et, par chute de l'initiale, *uriot.* Subst. masc. Formes picardes du français *loriot,* mot venu du latin *aureolus* qui signifie *qui est de couleur d'or.* Dans mon village et les environs où le son *ot* devient *out,* on dit *loiriout.*

Comme le français, le picard dit *compère* ou *copère leuliot, leuriot,* etc., aux deux sens de *loriot,* oiseau, et de *orgelet,* affection qui se développe sur le bord des paupières.

Les commères du Nord au XV* siècle attribuaient à une cause bien singulière l'affection dite *orgelet*, qu'elles qualifiaient simplement *leurieul*.

« Lα dame Abonde du Four dit : Je vous asseure que pour plus... entre deux maisons ou contre le soleil, on waigne le mal des yeulx qu'on appelle le *leurieul* »

(Evangiles des Quenouilles.)

Aux environs d'Amiens, ce mal est la punition de ceux qui embarrassent d'ordures la voie d'un saint personnage. Les gens du canton de Villers Bocage disent d'un homme : « Il o (a) attrapé un compère loriot : feut (il faut) qu'il euche (ait) qui... das (dans) ch' sentier d' monsieu l' curé. »

LOMBARD. Subst. masc. Frelon, espèce de guêpe trois ou quatre fois plus forte et plus longue que la guêpe ordinaire et dont le bourdonnement est presque effrayant. Au nord d'Amiens (canton de Villers-Bocage), on l'appelle *bombarde* dont la forme *lombara* n'est qu'une corruption, puisque le radical de ce terme est le latin *bombus*, bruissement, bourdonnement.

Le mot *lombard* signifiait aussi, en vieux français, *banquier, changeur*, parce que, originairement, les banquiers étaient, en majorité, natifs de Lombardie. Il existe encore à Amiens une *rue des Lombards*.

LOMMER, Forme picarde à Amiens et ailleurs du français *nommer*. Il y a eu changement de *n* initial en *l* comme dans *luméro*, numéro, etc. Ce changement remonte fort loin.

« Et les II autres gestes droi cy lommer m'orée. »

(Trouvères du Nord, XIII* s)

LONG. Adv. Loin. Se dit au nord d'Amiens et ailleurs.

« J'ai seu (su) par no tante Louison
Qu'in (on) f'ra part'r un gros ballon
Ch'est pour l' marcredi, nous irons
Nous s' mettrons dins l' plainne
Tu voiras, Jacqueleine,
Qu'l (il) s'en ira si long, si long
Qu'in (on) l' voira p'tit comme un ognon. »

(Fête d'Arras, 1821.)

Cette forme non diphtonguée est ancienne dans notre contrée. On trouve au XIV° siècle dans le Vocabulaire de Douai : « Distare : *estre long*. »

On sait que *long*, comme *loin*, vient du latin *longe*.

LONGINER. Lambiner. Le verbe est un dérivé du substantif *longin*, homme extrêmement long à tout ce qu'il fait, mot qui se rattache au latin *longus*.

Au même radical se rattache l'expression *longivo* qui s'applique à un homme lent dans ses actions ou sa démarche. Cet homme est littéralement un *lentement-va*, mieux un *va lentement*. C'est ainsi qu'on dit de que qu'un : « Ch'est un *peu-parle* », littéralement, un homme qui *parle peu*, « un *las d'aller* », un paresseux. On sait que *longis*, lent, est français.

Une observation à propos de ce dernier mot.

Corblet écrit : « On dit en français : *C'est un saint longis*. Longis est le soldat qui perça d'un coup de lance le côté de Notre-Seigneur et qui, après s'être converti, fut martyrisé à Césarée en Cappadoce. Notre abbé, qui était pourtant hagiographe, donne en fait et bien innocemment une existence de trois siècles au saint en question. Il a confondu et réuni en un seul personnage deux individus distincts, savoir le lancier de la Passion et un saint Longis qui fut martyrisé à Césarée en Cappadoce le 15 mars de l'an 304.

(V. *Vocab. hagiol. par le chanoine Chastelain, 1691.)*

LOQUETTE Subst. fém. Petite loque. Ce mot est un diminutif de *loque* lequel vient de l'ancien haut allemand *loc*, chose qui pend.

Ce mot se rencontre dans une locution très curieuse.

On sait que certains paysans ont l'habitude d'avoir leur petite bourse à part et cela à l'insu de la ménagère. Ils mettent quelques pièces d'argent dans un chiffon qu'ils cachent avec soin : cela s'appelle *avoir s loquette*, c'est-à-dire *sa petite bourse*. « A l' *loquette!* A l' *loquette!* » est encore une exclamation que les enfants poussent derrière les gens dont le linge déborde sur les vêtements.

Loquette est aussi la dénomination

picarde du poisson à barbillons nommé *mustèle*, le *cobitis barbatula* des naturalistes : c'est un diminutif à forme dure de *loche*.

Littré rapporte *loche* à l'espagnol *loja* et à l'anglais *loach*. Cette étymologie est errorée. C'est à cause des barbillons que ce poisson porte au museau que le nom de *loc*, d'où le diminutif *loquette*, lui fut donné par nos Picards du littoral. *Loche*, comme *loquette*, sont venus du Nord, néerl. : *lock*, poil, barbe.

L'étymologie de *loche*, *loquette*, est donc la même que celle de *locart* qu'on a vu plus haut.

LOQUIER. Subst. masc. Marchand chiffonnier ambulant.

Ce mot est dérivé de *loque*.

Les *loquiers* circulaient jadis avec un âne ou un mauvais cheval ; et on dit en picard de deux hommes qui se font des mamours, qu'ils *s'embrachent comme ues beudets* ou *comme des quevaux de loquiers*. J'ignore l'origine de cette locution.

LORGNARD. Adj. et subst. Se dit d'un homme qui a l'habitude d'epier sans avoir l'air de le faire. Ce terme est un dérivé du verbe *lorgner*, mot d'origine germanique, allemand - suisse *loren*, épier, regarder, néerl. *loeren*, observer, regarder de travers.

Les paysans de mon village donnent la qualification de *lorgnoire* à une femme qui est sournoise et à une vache qui a l'habitude de heurter après avoir regardé les gens de travers.

LORICARD. Subst. masc. Grognon, groudeor, personne d'humeur habituellement maussade, morose. Ce terme s'emploie très souvent au nord d'Amiens. dans le canton de Villers Bocage. On ne le rencontre pas en langue d'oïl, bien qu'il soit ancien. Palsgrave dit au XVIe siècle : « *Lorrel*, fétard, paresseux, indolent, *loricard*. » Cotgrave écrit au XVIIe siècle : « *Loricard*, lourdaud, paresseux, lâche, poltron. De là le verbe *loricarder*, perdre son temps. »

Le radical de ce mot est le néerlandais aujourd'hui perdu *loerisch*, sot, stupide, s'acquittant mal de ses fonctions : il y a

en en picard extension de sens facile à comprendre.

LORSIGNO. Forme picarde du français *rossignol*. Nous avons aussi les formes *orsigno*, *orsignou* par la chute de l'initiale, *oursigno* (Corblet et Marcotte). On trouve en langue d'oïl *lorsignos*, *lousignol*, *louscignol*, *orsignox*, *orsingnot*, *loursinol*, etc. L'auteur du poème *Aucassins et Nicolete* qui écrivait en dialecte picard emploie *lorseinol* :

« Nicolete jut (se couche) une nuit en son lit, si vit la lune luire cler par une feneatre et oït le lorseinol canter en garding. »

'L'origine de *rossignol* est connue : latin *lusciniola*.

LOSSE, *loste* et *lostre*. Subst. masc. Vaurien, polisson, et, par extension, enfant mal propre. De là cette locution relevée *de audilu* par Gabriel Rambault : « Il est foit (fait) comme un *lostre* », c'est-à-dire *tout couvert de boue*, sale. En langue d'oï, on trouve *losse*, badin, *losterie*, badinage. (V. Hippeau.) Dans le Boulonnais, au témoignage de M. De Seille, *losse* a le sens de *feignant*. En Hainaut, on dit *losse*, *loste*, *lostron*, polisson, vaurien, *losterie*, polissonnerie, friponnerie.

Dans les formes où il se rencontre, le *t* est adventice. Ce mot vient du néerlandais *los*, libre : Il fut pris ensuite en mauvaise part et prit le sens de *libertin*, *polisson*, *vaurien*, *fripon*.

LOTÉE. Subst. fém. Réunion en un lot d'adjudication, de plusieurs arbres à vendre sur pied, nombre déterminé de poiriers ou pommiers dont la récolte encore pendante doit être vendue en un seul lot.

Ce terme se rattache au verbe *loter*, partager en lots, qui est un dérivé du français *lot*, mot d'origine germanique, ancien haut allemand *hloz*, portion.

Dans mon village et dans les environs (Corbie, Boves, Moreuil), où *ot* devient *out*, le mot *lot* est devenu *lout*, et l'on dit *lout d'abes*, lot d'arbres, comme on dit *lout d' bière*, *lout d' lait*, lot de bière, lot de lait, mesure de capacité d'environ un litre.

LOUCHÉE. Subst. fém. Contenu d'une louche. En français, la louche est la cuillère à servir le potage ; il en est de même en picard, bien qu'on dise aussi *louche à pot* parce que cette cuillère sert à retirer le bouillon du pot au feu. Mais, dans une foule de localités, la cuillère à bouche s'appelle *louche* et cela depuis fort longtemps, comme on va le voir. Nous avons laissé tomber le joli diminutif *louchette* usité au XVIᵉ siècle dans nos contrées au sens de petite cuillère.

« Or faut il avoir louche de bos (bois) et pot-louches (cuillères à pot). »
(Dial. pic. fl.)

— « Deulx louches d'estaln, deulx louches de fer, deulx louchettes d'errain. »
(Invent. à Amiens, 1588.)

LOUCHE-POIL. *Poil* se prononce comme s'il y avait deux *l*. Dans certains cantons on dit *louchepois*, prononcé *louchepos* par réduction ordinaire, surtout en Vermandois, de *ois* à *os*. Subst. masc. Cloporte ou porcelet. On l'appelle aussi *machepain* ou *pou-à-cochon*, parce que le cloporte ressemble beaucoup au gros et large pou du porc. J'ajoute que les Anglais le nomment *vood louse*, pou des bois.

Notre terme picard est fort ancien. On le rencontre employé comme sobriquet. En 1279, un homme de Flocourt, près de Péronne, était appelé...

« Gauthier dit Louchepois... »
(Cocheris, Doc. man. relat. à l'hist. de la Picardie.)

Dans son ouvrage *Eléments des sciences naturelles*, notre savant compatriote Constant Duméril a donné quelques synonymes patois des dénominations françaises qu'il emploie : on y rencontre entre autres notre terme picard *louchepois*, cloporte.

Ce terme est composé de deux éléments. *Louche* est évidemment le même mot que le *louse*, pou, du composé anglais *vood louse*, qu'on a vu plus haut, vi. eax. *lus*, pou, dan. *luus*, isl. *lus*, pou. Le second élément *pois*, par corruption *poil*, est d'origine incertaine. Il se peut que ce complément soit dû à cette particularité que le cloporte au moindre contact inattendu se roule en une boule ressemblant à un pois. Ou bien il faut y reconnaître le mot *poix* de la langue d'oïl, lequel d'après Hippeau (s'il a bien lu) aurait signifié *porc*. Dans ce dernier cas, *louchepois* répondrait à notre expression picarde *pou à cochon*.

LOUDIER et *louidier*, *lodier*, dans mon village et les environs *lourdier*. Subst. masc. Courtepointe, couverture de lit piquée et ouatée. Au lieu de ouate certaines ménagères y font mettre de la laine ; autrefois on y employait des plumes et de la bourre. Ce terme se rencontre dans les inventaires anciens et modernes.

« Ung loudier garny de pleume... »
(Amiens, 1585.)

— « Item un loudier foré (fourré) de laine... »
(Flesselles, 1750.)

— « Une courtepo'nte ou loudier en toile à carreaux... »
(Montigny, 1831.)

Ce terme avait au XIVᵉ siècle la signification de *surtout* à l'usage des bergers, surtout très probablement velu.

« Lors prirent à entrechangier
Leurs abis (habits) de la bregerie,
Gobius vestit un grand loudier
Et Guillot une sousquanie. »
(Froissart, Poës.)

Il est probable que *loudier* vient d'un radical germanique qu'on trouve latinisé au commencement du XIIᵉ siècle en *luterium*. (V. Du Cange.) Ce radical est le vieux saxon *lotha*, couverture, vêtement de dessus, irland. *lothar*, sorte de vêtement, anc. h. all. *lôdo*, surtout, anc. nor. *lôd*, qualité de ce qui est velu. Il est remarquable du reste que le radical germanique *lut*, *lod* est le même que le radical latin *lod* qui est dans *lodix*, couverture de lit.

LOUFER et *loufrer*. Manger gloutonnement, avec avidité. Ce verbe a donné les dérivés *déloufer*, vomir, *loufrément*, goulûment. Le patois de Liège a *lofeu*, grand mangeur, *louffeter*, faire la moue, *louffe*, moue.

Loufrer, *loufer* est le même mot que *lafrer* donné à son rang, sauf le changement de *a* en *ou*. (V. *Galafrer*, t. 1ᵉʳ de mes *Etudes pour servir à un Glossaire du patois picard*.) Comparez pour le changement des voyelles le *berloufe* du patois de Tourcoing et le picard du centre *berlafe*, portion d'étoffe déchirée et pendante.

LOURDIES. Subst. fém. pl. Sensation de vertige, de syncope. Ce terme s'emploie, au témoignage de M. Ern. De Seiller, à Boulogne-sur-Mer. L'origine de ce mot est l'adjectif latin *luridus*, pâle, blême, blafard, terne, jaunâtre. Il y a simple métonymie dans le terme picard : pas de syncope sans pâleur. Du reste, dès le XIII° siècle, on voit en Picardie l'adjectif *lorde* signifiant par extension de sens *stupide, idiot*.

« Et la lettre (histoire) . . . . . .
Dit jà soit que moult fust lordes (on parle d'un
[homme)
Et qu'ainsi fust roides et gordes (gourds)
Comme une beste ou une eschame (banc)...
(G. de Coincy, Miracles de N. D.)

LOUVET ou *louvel* prononcé *louvé*. Adj. et subst. Glouton, gourmand. On dit d'un homme qui mange beaucoup et avidement : « Ch'est un vrai *louvet*. » Ce terme, qui est un diminutif, est un dérivé de *louve* et signifie proprement loup ou plutôt *petit d'une louve*. Inutile de dire que *louve* et *loup* sont renommés pour leur appétit vorace.

Les deux diminutifs picards sont restés des noms de famille. Nous avons à Amiens la rue des *Louvets* ainsi dite probablement parce qu'une famille Louvel résidait là, ou possédait les terrains où fut créée la rue en question. Cette même famille possédait aussi la terre de Glisy.

LOUVICHE. Adj. des deux genres. Ce terme a absolument le même sens et le même radical que *louvet* : il n'en diffère que par sa finale *iche*, finale qu'on retrouve dans le picard *ieuiche* (aqueux) et dans le français *godiche*. L'expression n'est pas nouvelle et on la considérait autrefois comme française.

« Louvich, vorax qnales sunt lupi famelici. »
(Dict. de Rob. Estienne)

On trouve dans Cotgrave l'adverbe *louvichement*, à la façon d'un loup.

LOYER. Forme picarde du français *lier*, du latin *ligare*, même sens. Dans certaines localités on dit *leuyer*. *Être loyé*, être marié.

Dérivés : *Loyen* (loyain), lien.
Loyage, action de lier.
Loyure, verge de bois vert tordue, ainsi disposée pour servir à attacher une haie vive ou sèche, ou un fagot.
Loyeu, l'homme qui lie les gerbes.

Plusieurs de ces formes se rencontrent dans le vieux français, c'est-à-dire dans le dialecte picard qui en faisait partie intégrante.

« Les mains lui ont loié... »
(Berte, XIII° s.)
— « Et Mabios Blivus a pris Raoul le castelain de Christople et l'a fait loyer sur un povre roncin. » (H. de Valenc., XIII° s.)
— « Si (ainsi) les fist très bien loyer et atakier (attacher) à bonnes cordes. »
(Rob. de Clary, historien picard déjà cité.)
— « Toy qui me tiens loyé par de gros et ruides loyens, occis moy. »
(Oligès, poème publié à Halle, 1881.)

J'oubliais l'expression *loyeu d'aguillette*, noueur d'eguillettes, sorcier, devin, magicien, qui, par ses maléfices, empêche l'usage et la consommation du mariage. Je la rencontre dans le compliment adressé à Gresset en 1751 à l'occasion de son mariage :

« I (il, c'est à dire le curé de Saint-Martin)
I diait comme y (il) feut en hochinant s' ma-
[quoire :
Gresset conqu'ro lundi aveu l' fille Galand ;
O (nous) ly crions enhoy pramier et derain ban
I no fit graoment rire et surtout ches fillettes
Quand i damoit au bout ches loyeux d'aguil
[lettes. »
(Vie de Gresset, par le P. Daire.)

LU. Ce terme, dont j'ignore le genre, s'emploie au sens de *lumière* dont on s'éclaire la nuit. Il en est de même à Tourcoing :

« Paufes (pauvres) malhureux trenant (tremblant) d' frod (froid) en d'sous d'ein (un) habit tout défrlouré dins (dans) eicne (une) champe (chambre) sans fu (feu) ni lu. »
(Le Brouteux, déc. 1881.)

Cette locution du reste est ancienne : « Il n'y a ne fu ne *lu* », *id est : Ibi neque ignis neque lux.* » (*Sylvius. Isag.*, 1531.)

On trouve en langue d'oïl *lus, lu*, lumière. (V. Hippeau.)

L'étymologie est le latin *lux*, lumière.

LU. Subst. masc. Lieu, au sens de demeure, domicile, dans la locution suivante : « N'avoir ne fu ne *lu* », être sans asile, locution recueillie *de auditu* par Gabriel Rambault. On disait autrefois en français *leu*, comme on le voit dans Cotgrave et dans Pasquier : le *eu* de. *leu* s'est réduit à *u* en picard.

On sait que *lieu* vient du latin *locus*.

LUBERQUIN et *liberquin*. Subst. masc. Vilebrequin. La première de ces formes s'emploie dans le canton de Picquigny, la seconde dans celui de Villers-Bocage. Dans d'autres cantons on dit *viberquin* ou *hiberquin* lequel a été donné à son rang.

LUISEL (luisé) mieux *lusel, luseau, lusieu* (en Vermandois), *lusiel*, dans mon village et les environs *lusî*. Subst. masc. Cercueil. Ce terme est très ancien dans nos contrées.

« Que il ne soit nus (nul) si hardi ki face (fasse) luisiel, puis ore eu avant, se de blanc bois non (tournez : sinon de bois blanc) sur le forfait (amende) de C sols, et banis de la vile, et sor (sur) verdra le luisiel. »
(Ordonn. de l'an 1484, Rec. Taillar.)
— « Walerant fait luisieus. »
(Dialogues pic. G. circa 1340.)

— « Et estoient ces deux corps en luisiaux. »
(Mém. de St-Aubert, 1420.)

— « Osté et transporté ung ilocheul de dessus le luzet et corps de feu maistre Authoine. »
(Eschev. d'Amiens, Délib. de 1481.)

Notre poète Crinon emploie *lusieu*.
« Un jour i vient, un jour tout (tôt) ou bien tart
Qu'in (on) a bieu s' plainde et bien s' tenir à
[ches branques,
Qu'i (il) feut laisser là l'toilett- et pis ch'fari ..
Ches bieux soyons, pour un habil'ment d'plan-
[ques,
Et qu'in (on) n'a pas en entrant dans ch' lusieu
Q' sen bon ernom (renom) pour erq'maindre
[s' n'ezien. »
(Satyre XIX)

Lusel vient du *loce'lus*, petite boîte, petit coffre : il y a eu extension de sens.

On a découvert il y a trois ans sur le territoire du village de Marchélepot (canton de Nesle) des tombes et des antiquités gallo-romaines. Tout cela se trouvait dans un lieu dit *Champ des lusels* ou *des lusieux*.

Un mot à propos de Marchélepot.

Ce village, comme beaucoup d'autres, notamment Marcelcave, doit une partie de son nom à son patron, saint *Marcel*, en picard *Marchel*. Mais qu'est-ce que la finale *pot ?* L'abbé De Cagny voit là le mot

poste, de sorte que *Marchélepot* serait *Marchel les postes*. Mais le *s* de ce mot a persisté dans *poste, posture* aussi bien en picard qu'en français. Cette étymologie est donc inadmissible.

Il est fort probable qu'il y avait au village de *Marchel* une fabrique de poterie et que pour le distinguer de *Marchelcave* il a été appelé jadis *Marchel les po's*, absolument comme le village de *Conchy les pots* près de Noyon ; puis les trois mots se sont, par contraction, réduits à un seul qu'on a écrit *Marchélepot*.

LUISEUR. Subst. fém. Lueur, au sens propre. Se dit au nord d'Amiens, entre cette ville et Doullens. Ce terme se rattache par son radical au verbe *luire*, surtout à son participe *luisant*. Il n'a rien d'étonnant si l'on songe qu'on trouve *luisable* en langue d'oïl.

« Li mandement del Seignur luisable enlu-
| minanz oilz. »
« Mandatum Domini lucidum illuminans oculos. »
(Psautier d'Edwin, XII* s.)

LUMELLE. Subst. fém. Lame de couteau. On trouve en langue d'oïl *lemelle*.
« Il saisit un espié dont trenche la lumelle. »
(Chev. au Cygne, XIII* s.)

L'étymologie a été indiquée sous *alemelle*, t. 1er.

La forme *alumelle* est toujours en usage chez nous. On la rencontre dans cette phrase proverbiale au nord d'Amiens :

« Ch'est comme à ch'coutieu de cor'eu : I f'ut y remette eine (un) manche et pis eine alemelle. »

LUMIER. Forme picarde de *limier*. Outre le sens de *limier de meute*, ce terme a celui de *vaurien, polisson*. On dit aussi d'un individu glouton : « I meinge comme un *lumier*. »

LURES. Subst. fém. pl. Sornettes, contes. Ce terme n'est autre chose que le *leurre* (tromperie) du français : il y a eu réduction de *eu* à *u* comme dans *jeu* pic. *ju* et amoindrissement de sens.

Dérivés : *Lurettes*, dimin, même sens.
Lurer, tromper, amuser par des contes.
Berlurer, même sens.

On sait que *leurre*, pic. *lure*, vient de l'ancien haut allemand *luoder*.

A la même famille et avec préfixe réduplicatif appartient le verbe *relurer*, tromper, que Corblet écrit *arlurer* parce qu'on le prononce ainsi dans certaines localités, à la mode d'Artois. *Reluré* a le sens de *malin, rusé, habitué à faire des dupes.*

LUS. Subst. masc. Brochet. Nous tenons de la langue d'oïl ce terme qui nous vient du latin *lucius*, même sens.

LUSETTE. Subst. fém. Hochet d'enfant, petit jouet, amusette. A la même famille appartient *lusot*, feignant, musard, flâneur. Ces mots se rattachent au radical latin *lus* qui est dans *lusus*, jeu, plaisir, amusement.

Dans le Vermandois, on ne dit pas *lusot*, mais *luson*, comme on le voit dans notre poète Crinon :

« Joulis talents pour des grosses lusons
Qui ne s'ront pas deux jours à leu (leurs) ma-
sons. »
(Satyre XII.)

Au même radical se rattachent les dérivés *lusoier*, perdre son temps, s'amuser à des riens et *lusiner* qui a le même sens.

LUTELER. Crépir, recouvrir d'une couche de mortier ou de boue. Ce terme est un diminutif de *luter*, du latin *lutare*. Comparer le français *écraser* et le picard *écraseler*. J'ai entendu un plafonneur dire *muteler* par permutation de *l* en *m*.

LUTRON, mieux *luteron* et *luteronier* (Corblet), et par syncope *luronier, luronneu* (El. Paris), au fém. *luronnoire*. Subst. Lambin, musard, celui qui s'amuse en travaillant ou qui s'occupe de minuties.

A la même famille appartient :

Lutourner, s'amuser à des riens : le *r* a été transposé et *lutourner* est pour *lutronner*. Il y a eu transposition du *r* comme dans *burler* qui se dit pour *brûler* dans certaines localités au nord d'Amiens. Comparez lat. *pro*, fr. *pour*.

Luroner, lambiner, s'amuser en travaillant, aller et venir sans but, perdre son temps.

Luronage, petits travaux tels que raccommodages, ragréments, etc, qui prennent plus de temps qu'ils n'apportent de profit, chose de peu de conséquence.

A la même famille appartiennent aussi les mots *luron lurette* dans la locution adverbiale « *Tout luron lurette* », usitée dans le Vermandois et dans l'Amiénois et qui signifie : *Tout doucement, tout à l'aise.* Je rencontre cette locution dans notre poète Crinon :

« Tandis que ch' peuve (pauvre) et tout luron
      | lurette
El (le) long d' ches qu'mins (chemins) i prou.
      | moins s' bourlette (là on)
Ou s'i fat queud à l'abri d' quid (quelque) quiot
      | (petit), bous (bois)
I s'épagnole et s'endort ou (au) redous. »
(Satyre VIII.)

Le type des différentes formes qu'on vient de voir est *lutron* qui est une contraction de *luteron* lequel nous est venu du Nord, néerl. *leuteren*, tarder, être lent, agir avec négligence. (Kilianus.) Ce mot s'est conservé dans le flamand qui dit encore *leuteren*, lambiner. (V. Olinger).

LUTRONE. Subst. fém. Grive litorne, la grosse grive. Dans Marcotte, ce terme signifie *merle draine*, le turdus viscivorus de Linnée (*Anim. vertéb. de l'arrond. d'Abbeville*). A l'est d'Amiens (Longueau) et au nord (canton de Villers-Bocage), *lutrone* signifie simplement *grive*.

Notre terme me paraît être une corruption de *litorne* : il y a eu changement de *i* en *u* et transposition de *r* comme dans *Fremin, Firmin, fremer, fermer.* Quant à *litorne*, son origine est inconnue.

M

M'. Pronom personnel et adjectif possessif féminin ; *me*, *ma* et *moi* après le verbe.

— « I m' diro », il me dira.

— « Porte cho à m' femme, » porte cela à ma femme.

— « Disez m' cho ? » dites moi cela ?

La langue d'oïl disait également *me* pour *ma* et pour *moi*.

MA. Subst. masc. Mal. Se dit surtout dans le Vermandois. Notre poète Crinon écrit :

« Ch' bonheur qu'in (on) rêve et qu'in admire
| d' lorg (loin),
A forche d' ma et d' ruse et pis d' patienche... »
(Satyre **XXIII**.)

De même en vieux picard :

« Compère, che n'est point que je l'aimme (Mazarin) ; si je li souhaite du bien, ch'est que je n'oderois li souhaitter du ma. »
(**Dial. de trois paysans picards**. 1649.)

— J'eus bien du ma d'en être déblavé (débarrassé). »
(**Vérit. disc. d'un log. de gens d'armes**, 1654.)

L'origine de ce mot est le latin *malum*, mal. Nous avons aussi la forme *mau* qu'on verra à son rang.

MÂ prononcé très ouvert : *mah*. Subst. masc. Dépôt naturel formé par le temps au fond des mares et qui a la propriété de les rendre parfaitement étanches. Quand on nettoie une mare, il est bien recommandé aux ouvriers de ne pas aller jusqu'au *mâ*, dans la crainte de l'endommager et de causer des fuites d'eau. On appelle aussi *mâ* la matière grasse, glissante, qui recouvre le pavé des cours humides et rarement lavées. Il en est de même pour la croûte de nature calcaire plus ou moins mince qui s'attache au fond des instruments de cuisine où l'on fait bouillir l'eau de certains puits. Ce terme est usité au nord d'Amiens, dans les cantons de Villers-Bocage, Doullens, etc. Il est d'origine germanique, néerl. *maed* (à long) et *made*, fange, boue (Kilianus), *made*, fange, ordure (L. D'Arsy). Du sens de *fange* à celui de dépôt formant croûte, il n'y a qu'un pas, puisque la fange tend par elle-même à former dépôt.

MA. Plus. On dit : « J'aveis trois vaques. Je n'ai vendu unne et je n'ai pus *ma* qu' deux », c'est-à-dire je n'en ai plus *davantage* que deux. *Ma* est une apocope de *mais*, du latin *magis*.

MABE et *mabre*. Subst. masc. Marbre ; petite bille en pierre ou en verre de couleur dont se servent les enfants pour jouer à la fossette. En Artois et en Hainaut, la labiale douce *b* remonte à la forte *p* et l'on dit *mape*, *marpe*. Toutes ces formes sont déjà anciennes.

« Et fust ore (alors) plus deure que mabre. »
(**Clef d'amour**, XIVᵉ s.)

— « Urg petit mannequin (petit homme) tirant une espine hors de son pied fait de **mabre** blanc. »
(**Invent. dans les Emaux de Laborde**.)

— « Ung creuchefix de mabre .. »
(**Invent. à Amiens**, 1563.)

— « I (les enfants) s'amuss'
Au bouchon, à l' toupie, aux mapes. »
(**Le Carillon d'Arras**, 1884.)

Ce terme vient du latin *marmor* : il a subi, on le voit, les mêmes altérations que *arbre* qui, en picard, s'est réduit à *abe*.

MACHE. Subst. fém. Forme picarde du français *masse*. On la rencontre au sens de *masse d'armes* dans nos anciens inventaires.

MACHÉ (Corblet). Sans doute pour *machel* ou *machet*, aussi *maquet*. Subst. masc. Monceau, amas, mente, foin ou fourrage mis en tas. La langue d'oïl avait *mace*, *mache*, amas, *maque* et *maquet*, amas, monceau, meule. Ce terme a la même origine que *masse*, latin *massa*. Le diminutif *maquet* est resté un nom de famille dans les environs d'Abbeville, notamment à Maison-Ponthieu.

MACHE-PAIN. Cloporte. Ainsi dénommé parce que cet insecte fréquente les buffets humides des gens de la campagne et s'attaque surtout au pain qu'il *mache* ou mange.

MACHON ou MANCHON. Subst. masc. Forme picarde du français *maçon*. Notre poète Crinon écrit :

« Cheux qu'il ont...
Drechi ches rues et bâti ches palais...
N'oat-i pas pris bien du ma (mal) pour es (les)
| eutes (autres)
Sans s'inquiéter ed (de) mourtchi (mortier) ni
| n'manchon. »
(**Satyre XXIII**)

La forme nasalisée *manchon* est, je crois, peu ancienne, car les vieux actes n'offrent que la forme *machon*.

« Sont comparus Raphaël Roze maistre machon demeurant à Douliens. »
(**Acte not.** 1582.)

— « Jehan Venger m⁰ machon demeurant à Amyens... »
(**Invent. à Amiens**, 1620.)

Cette forme existait en langue d'oïl au sens de *tailleur de pierres* :

Le quens (comte) Guillame mie ne se targa
| (tarda),
Isnelement por les machons manda,
Et carpentier quanques il en trova. »
(**Aliscamps**, XII⁰ s.)

Dérivés : *Machonner* ou *manchonner*, maçonner.
Machonnerie, *manchonnerie*, maçonnerie.
On sait que *maçon*, pic. *machon*, vient du latin *macionem*.

MACHUE. Subst. fém. Forme picarde du français *massue*. En Hainaut, on dit *machuque* : de là certainement nos expressions *machuquer*, *machoquer* qu'on verra plus loin. En langue d'oïl, on trouve *mache*, *maque*, *machue*, massue; *machot*, coup de massue, *macher*, meurtrir avec une massue. Notre forme picarde est ancienne :

« Il ne portent oels (avec eux) ne lance ne espée
Mais gisarme esmolue et machue plomée. »
(**Ch. d'Antioche**, XIII⁰ s.)

MACHUQUER, *machoquer*, *manchoquer*. Meurtrir, faire des contusions, heurter, bossuer un objet ; par extension, faire du bruit et, au figuré, tarabuster. A Lille, *machuquer*, bosseler, *machuque*, coup, *machuqué*, *machuqueté*, qui porte des traces de coups ou de contusions. A Arras, *machuqué*, fortement marqué de la petite vérole : « Tout m'figure est encore tout *machuqué* del tiote (petite) vareuil. » (*Entret. de Jacqueline*, 1805.)
Dérivé : *Machoque*, mauvaise montre, instrument de mauvaise qualité, sans doute ainsi dit parce qu'on suppose que l'objet a été maltraité. Se dit dans mon village d'un individu lourd, maladroit.
J'oubliais que nous avons aussi le diminutif *machoqueler*, gêner, incommoder. Je lis dans le *Franc-Picard* (almanach de 1889) ce qui suit :

« Ches guibolles de ch' grand Carcasson (assis dans un wagon) ne tenoïentt point en plache ; ses voisins en étoient machoquelés. »

Toutes ces expressions se rattachent au type *machue*, massue qu'on a vu plus haut.

MACRIEU. Forme picarde (à Amiens et les environs) du français *maquereau*. On verra plus loin que nous avons aussi la forme *maquerieu*.

MADELEINE. Subst. fém. *Espèce de méduse, animal marin*, dit l'abbé Corblet. Il n'existe ni méduse, ni par conséquent aucune espèce de méduse. Il s'agit probablement ici du zoophyte nommé *Tête de méduse*. Les Picards du littoral l'auraient-ils appelé *madeleine* par suite d'une comparaison fort superficielle entre la chevelure désordonnée de la méduse mythologique et celle de la patronne des filles repanties qu'on représente tonjours échevelée ?

Madeleine est aussi la dénomination d'un espèce de cerises de couleur blanche et rouge et d'une chair tendre. Ce fruit a-t-il été ainsi nommé parce qu'il arrive à maturité vers le 22 juillet, jour de la fête de sainte Madeleine ?

MADO. Subst. S'emploie surtout en parlant d'une femme lourde, maladroite, peu intelligente. Au nord du domaine picard, en Hainaut, on qualifie *madou* une femme qui est grosse, pesante, et l'on dit *madouiller*, manier malproprement ou sans précaution. Au pays de Liège, on dit *madoule*, bégueule, mijaurée, femme à manières affectées et ridicules.

Il existe dans le canton d'Acheux (arrond. de Doullens) une forme que je tiens à signaler : c'est *madro*, qui se dit là d'une femme grosse, joufflue, mal tournée. Il y a eu dans cette contrée addition de *r* comme dans le picard *patrouiller*, français *patouiller*, etc.

Toutes ces expressions, plus ou moins régulières sous le rapport de la forme, plus ou moins justes au point de vue des acceptions, sont de la famille du vieux français *maudolé*, mal taillé, mal bâti, du latin *male dolatus*. La langue d'oïl disait *maudolé*, mal construit, mal fait. (V. Hippeau.) La syllabe finale est tombée comme dans le picard *ahu* (maladroit), français *ahuri*.

MAFLÉ. Adj. Enervé, fatigué, abattu, sans forces.

« I b'soit (il faisait) eine caleur telle qu' da (dans) ches camps os (nous) n' pouvoîmes (pouvions) mie foire usage d' nos bros (bras), os étoîmes rendus, *maflés* ; os aglavoîmes. »
(Frans-Picard, almanach de 1868.)

Il en était de même en vieux picard :

« Ch'est eine honte aussi de nos tenir ainsin nuit et jour à rien foere (faire). » — Il est vrai, dit Moerle ; j'en sus (suis) toute *mafflée*. »
(Suite du Cél. Mar. 1643)

Au nord du domaine picard, à Lille, on rencontre le verbe *mafler* et l'adjectif *maflant*, au sens de *importuner*, *ennuyant*. Ce mot nous est venu du Nord, d'un radical néerlandais *maf*, lequel existe encore dans le flamand actuel au sens de *lâche, mou, las, fatigue*. (V. Olinger.)

MAGNAQUE, *magnain*, *magnen*. Subst. masc. Chaudronnier. La langue d'oïl avait les formes *magnan*, *magnen*, *magnien*, *meignan*, *meignier*, etc., etc. *Magnan* signifiait à la fois *chaudron* et *chaudronnier* : il est resté un nom de famille dans beaucoup de contrées. Son origine est restée jusqu'ici introuvable.

MAGNI pour *magnier*. Cette forme wallo-picarde par sa finale *i* s'emploie dans le Vermandois, une grande partie du Santerre et jusque près d'Amiens, à Villers-Bretonneux, Corbie, Moreuil, Boves. Ailleurs on dit *magnier*, *magnier*, *manier*. Subst. masc. Meunier.

Proverbes : *Risée d'magnier*, rire forcé. Se dit au nord d'Amiens.

Ches magnîs ch'est tous voleus : les meuniers sont tous des voleurs. Se dit dans mon village et dans les environs.

Notre poète Crinon écrit :

« L'buche sen pain ci d' crédit mon (chez) ch'
| megei,
I faut que l' femme all' s'en voche (s'en aille) à
| l'oumône. »
(Satyre XI)

Voici les formes qu'on rencontre dans les anciens documents :

« Charles Apperon magnier demeurant à Amyens .. »
(Invent 1557.)

— « Il' (les bourgeois d'Amiens) ont des feimes (femmes) qui sont si belles et si bien nourries (nourries) qu'al' on' de l'graich- (graisse) jusqu'à leus talous ; al' (elles) sont pus (plus) époisses par leu gard eu que l'frime d' no manier quand al' o acouqué d'trois flux (garçons). »
(Dialogue entre deux paysans, Ms. de l'an 1755)

Dérivé : *Manée* et *mannée*, aussi *meunée*. Subst. fem. La quantité de blé qu'on confie en une fois au meunier pour qu'il la transforme en farine et son. La langue d'oïl disait au même sens *mounée*. *Manée* se retrouve dans le composé *cache-manée* ou *cache-meu-née*, garçon meunier qui prend les *manées* à domicile chez les clients.

Magnier du picard, vient, comme le français *meunier*, du latin *molindinarius*. Notre terme est resté un nom de famille très répandu sous les formes *Magnier, Magniez, Mannier*, etc.

Le vieux picard avait un derivé que je tiens à signaler : c'était *mangnerie*, meunerie, mouture. On lit dans un ancien *Coûtumier* de Picardie édité par M. Marnier :

« X libres de rente à prendre sur le franque mangnerie du molin le Conte. »
(Docum. du XIV° s.)

MAGNIÈRE, *mangnière, maingnière*. Subst. fém. Formes picardes du français *manière*.

Dérivé : *Emmagniérer* (s'). Verb. pron. Prendre le tour, la manière, devenir adroit pour bien exécuter un travail manuel.

On qualifie *mal emmagniéré* un homme lourd, maladroit.

Notre *n* mouillé picard (gn) est très ancien dans ces formes.

« Monseigneur Jehan de Gaucourt évesque d'Amiens manda tous les doyens et curés de son évesqué, par magnierre de senne (synode).
(Doc. de 1475 cité dans la **Picardie** 1880.)

— « Après fallut souper, enain qu'est le men-
gnière.
Puis remenry conquer et men père et me mère. »
(**Mariage de Jeannin**, XVI° s.)

MAGNON. Subst. fém. Femme habillée d'une façon groteeque ou peu soignée ; fille de mauvaise vie. Les petites filles de mon village appellent *magnon* la poupée qu'elles habillent vingt fois par jour d'une manière différente et plus ou moins ridicule.

Magnon est une corruption de *mayon* qui n'est autre chose que l'ancien nom syncopé *Marion*, diminutif de Marie.

On rencontre l'appellation Mayon dans la curieuse épithaphe qui existait jadis dans le cimetière Saint-Denis à Amiens :

« Chy gist Mayon Fouré
Qui garda sa virginité
Tant l'hiver que l'été
Requiescent in pace. »

Magnon se retrouve dans le composé *magnon-foireuse*, rouge-gorge. A Villers-Bocage on dit *magnonne*, dans le Doullennais *mayonne*, et ce qui est mieux *mariole*.

MAGNOT à Amiens, ailleurs *moignot*, dans mon village et les environs *moignout*, par le changement de *ot* en *out* déjà plusieurs fois signalé. Subst. masc. Enfant de chœur.

La forme *magnot* est déjà ancienne. Un acte de décès dressé à Camon le 7 juin 1761 porte que le défunt, jeune garçon de huit ans, du nom de Lesselin et fils du magister du lieu, *étoit magnot à Notre-Dame d'Amiens*. La seconde forme *moignot* est beaucoup moins gâtée et est signalée au sens de *enfant de chœur* par les continuateurs de Du Cange. *Moignot* est un diminutif de *moine*.

MAGRÉ. Prép. Syncope du français *malgré*. Un sermon manuscrit porte : « Après tout cho, on n'peut point foire (faire) l'impossibe. Je n' peux point vous sauver *magré* vous. »

MAGUET et *maguète*. Seront donnés sous *marguet*.

MAHET. Orthographe incertaine. Subst. masc. Mendiant (dans le Laonnois). Ce terme est donné comme sobriquet aux habitants de Beaumont (canton de Chauny) qu'on qualifie *mahets*.

J'ignore l'origine de ce mot.

MAHON. Subst. masc. Dénomination picarde du petit pavot rouge des champs, dit coquelicot. Ce terme est fort ancien ; il existait en langue d'oïl. (V. Hippeau.) Les continuateurs de Du Cange l'ont relevé aussi et ils y ajoutent le dérivé *mahoner*, arracher le mahon. Il figure dans les additions faites par les éditeurs de La Curne dans lesquelles on lit ce qui suit :

« D'une pognie (poignée) de gerbe (sic. coquille pour herbe) que on dit mahon que ladite femme cueillit en allant son chemin, batit (frappe) sur les fesses d'icelle jeune fille. »
(**Lettre de Remiss.**, 1401.)

Nous avons en picard un dérivé ou plutôt un composé burlesque ; c'est *garde-mahon*, garde-champêtre.

Mahon se rattache au radical germanique *mag*, pavot, œillette que l'on retrouve dans le composé allemand *ol mag*, pavot à faire de l'huile : la gutturale *g* s'est réduite chez nous à une aspirée : *h*. Le suffixe *on* de notre forme picarde marque un diminutif: *mahon* est donc *petit pavot*. La gutturale n'a pas plus persisté dans l'allemand que dans le vieux français et le picard, car aujourd'hui l'allemand a le *h* comme nous puisqu'il dit *mohn*, pavot.

MAHONNER. Forme syncopée de *mangonner*, mal prononcer, bredouiller, écorcher les mots et la grammaire. Le radical est le picard *mangon* qu'on verra plus loin. J'ajoute que nous avons le dérivé *mahonneux*, celui qui *mahonne*, au féminin *mahonnoire*. Ce dérivé s'emploie dans mon village et dans les environs.

MAHONNER (se). Verbe pr. ou *mahonner*, verbe neutre : combattre, se battre à coups de poing. Terme picard encore officiel, puisqu'il figure dans un arrêté municipal d'Amiens resté en vigueur et dont l'article 22 porte :

« Il est expressément défendu aux jeunes gens de s'attrouper, soit dans les rues, soit sur les remparts... pour se battre ou mahonner et se lancer des pierres, balles..., »
(Arrêté de l'An IV.)

Même défense au XVI° siècle, mais pour des raisons différentes :

« Le 1er février 1571 le sieur Bazot représente au corps de ville (d'Amiens) qu'il serait à propos de défendre aux habitants de s'attrouper pour se mahonner, de peur qu'estant attroupés ils n'aillent fondre sur les protestants les festes et dimanches au retour du presche. »
(A. Bigant, Deux Ligueurs de Picardie, 1874.)

Dérivés : *Mahon*, mêlée, tumulte, rixe, culbute de plusieurs personnes ensemble, cabriole.
Mahonnage, combat à coups de poing.

« C'ment chonq postuleus (prétendants)! On n's'entendro mie jamois por en coisir un qui convienche à tout un chacun. Si ch'est cho, qu'o (ou) warde l' République. Autrement che seroit un mahon, un touillis à n' point s'y reconnoîte. »
(Les quatre Gard. champ., 1849.)

Du Cange rattache *mahonner* au nom du prétendu prophète Mahomet que les anciens trouvères appelaient *Mahom*. C'est là, je crois, une erreur. Le radical de ce terme est le vieux néerlandais *manghe*, sorte de machine de guerre, radical qu'on retrouve dans le vieux français *mangonneau*, machine à lancer des pierres : la gutturale s'est changée en aspirée comme dans le mot précédent et on a pu passer facilement du sens de lancer des pierres à celui de combattre, se battre.

MAHOURA. Je trouve ce terme dans Corblet au sens de *informe, mal fait*. Je suppose qu'il est originaire d'une localité ou le *e* fermé se prononce *è* et presque *a*, comme dans les environs d'Acheux, Villers-Bocage, Contay, Warloy, etc. A mon avis, ce mot doit s'écrire *maouré* : il est composé de *ma*, mal, et *ouré*, syncope de *ouvré*, de sorte que le sens est *mal ouvré*, mal fait, informe.

MAHOUSE. Subst. fém. Truie, laie; par extension : grosse femme, femme malpropre, méchante, dissolue. Cette expression est très usitée au propre et au figuré. En Artois, le *s* est dur : *mahousse* :

« Jou qne (est-ce que) te crois que j'm'en vos (vais) m' laicher (laisser) amidoler comme cho par cheile mahousse lò ? »
(Edmont, Revue des patois gallo-romains)

En patois de Namur, le *r* final du préfixe *mar* a persisté et l'on dit *marhouse*, gourgandine, femme de mauvaise vie :

« Et tot d' aute (suite) qui (que) voste aute fi (fils) qu'a mingt s' ben (bien) avou (avec) des marousses est revinu, vous avoz toué li gros via (veau). »
(Version wallonne de la Par. de l'Enf. prod.)

Mahouse est un mot composé. Il y a là d'abord le préfixe péjoratif *mar*, réduit chez nous à *ma*. *House*, à mon avis du moins, se rattache à un radical germanique *sug*, vi. sax. *sugu*, truie, dont le *s* initial serait tombé pour être remplacé chez nous par l'aspirée *h* comme il l'a été dans l'anglais *hog*, porc.

MAIGRIOT. Adj. et subst. Maigret, fluet, grêle.

« Einne (une) tiote (petite) **maigriote** li b'soit (faisait) face. »
(Fr. Pic. Annuaire de 1889.)

Nous avons au même sens le diminutif avec nasale *maingrelet* qui était française au XVI° siècle et que Cotgrave cacographiait *mingrelet*.

Nos formes picardes viennent de l'adjectif *maigre*, lequel vient du latin *macer*, même sens.

MAILLARD. Subst. masc. Canard domestique mâle. Cette forme nous vient de la langue d'oïl qui disait aussi *malars*.

« Lez un estan (étang) une **maillars** li sailli. »
(Ch. du vilain Hervé, dans Duméril.)

La forme picarde et la forme française *malart* sont restées des noms de famille assez répandus dans nos contrées et ailleurs. Ce terme est, d'après Littré, d'origine inconnue. Du Cange a relevé dans une charte la latinisation *malhardus* dont la finale semble indiquer un suffixe intensitif. Le canard mâle étant toujours pétulant et parfois assez lascif, je demande si ce mot ne viendrait pas du vieux néerlandais, aujourd'hui perdu, *mallaerd*, vif, pétulant, lascif, dérivé du simple *mal*, même sens, d'où le verbe *malen*, que Kilianus traduit par le latin *lascivire, insanire*, etc. D'autre part, il existe en picard un verbe *mailler*, crier comme un canard mâle. Le mot *maillard* peut donc être une onomatopée venue du cri de l'oiseau, si l'on préfère adopter cette seconde étymologie. *Mailler*, crier comme un canard, est opposé à *coiner*, crier comme une cane.

MAILLER. Battre sur une aire les tiges supérieures du lin pour en séparer la graine. On se sert à cet effet d'un maillet en bois de peu d'épaisseur, mais à large surface, nommé en picard *mailloir*.

Dérivés : *Maillage*, action de mailler du lin.

Mailleu, ouvrier qui maille.

Ces termes sont usités dans les localités situées au nord d'Amiens où l'on cultive et travaille le lin. Le nom de l'instrument dit *mailloir*, figure dans les anciens inventaires de la contrée :

« Deux **mailloirs**, une escouche, un vieux baquet. »
(Flesselles, 1749.)

— « Item un louchet, deux **mailloirs**, un pistolet.. »
(Ibid. 1766.)

L'étymologie des termes qu'on vient de voir est la même que celle de *maillet*, *maille*, latin *malleum*.

A propos de *maillet*, rappelons un proverbe picard :

« Ch'est comme à l'hôtel des Trois-Maillets
| (armes parlantes des Mailly)
Tout est cuit, rien de prêt. »

C'est-à-dire : maison mal réglée, sans ordre, où rien ne se fait en temps convenable.

MAILLOT. Subst. masc. Dénomination au nord d'Amiens (canton de Villers-Bocage) du jeu de boule appelé ailleurs *jeu de croche*, en français *maille*.

Dans le Boulonnais, le diminutif *maillot* a le sens de *gros maillet*.

MAINCHE. Subst. fém. Forme picarde dans certaines localités, surtout dans le Vermandois, du français *manche* :

« I (ils) tiennent l' pelle pa' (par) l' **mainche**. »
(Crinon, Sat. VI.)

Cela est une locution proverbiale dont le sens est : « Ils sont les plus forts, les maîtres. »

C'est une faute d'écrire *minche*, comme l'ont fait et le font certains auteurs picards, entre autres l'auteur du curieux *Sermon de Messire Grégoire*, (XVII° siècle), qui dit :

« J'avons coire d' pus belles et d' pus vielles verliques (sic) qu'i n'y euche dins tout l' monde. J'avons dins ch' l'aumoile d' bos ganne (bois janne) l' mitant du Sautier de David d' no père Adam, einne (une) **minche** de l' quemise de l' première vêture d'Abel, einne pleume de ch' corbiau qu' Noé épavauda hors de ch' l'arche. »

MAINGER. Forme picarde du français *manger*, du latin *manducare*. Dans mon village et les environs, on emploie la finale wallo-picarde *î* et l'on dit *maingî* aussi bien pour le verbe que pour le substantif verbal.

La forme picarde est très remarquable en ce qu'elle nous offre un exemple du changement de *an* latin en *ain*, exemple qui est à ajouter à ceux que j'ai donnés T. Ier, p. 224 et 225.

Dérivés : *Mainge-bren.* Subst. masc. Scarabée qui vit dans les ordures et les excréments.

Mainge-tout, espèce de haricots dont on mange la cosse aussi bien que la fève.

Mainge-profit, homme qui dissipe ce qu'il gagne.

Loc. pic. : « Chés qniens ont maingé chés beues », les chiens ont mangé la boue, c'est-à-dire : Il a gelé très fort.

On dit d'un individu énergique : « I n' laisseroit point mairger sen lard su (sur) s'n assiette. »

Je ne puis oublier le dicton : « *Amiénois, maingeux de noix* », allusion à la surprise d'Amiens par une troupe espagnole en 1597.

Je rencontre le verbe *mainger* orthographié *minger* dans le *Sermon de Messire Grégoire* cité plus haut :

« Foites tout cha que j' vos dirai, et pis l' Seigneur vos donra à tertous chaqu'on eune tiote cabuite dorée d' gaune (jaune), avuc ed' biaux dimants, dés carelles por vos mettre à l' coyette tout l' temps ed (d-) l'éternité ; et pis os (vous) maingerez du bon rôt et pis du bon chuqne (sucre) tout vo saû (saoûl), os s'rez (serez) aises coumme dés tiots cats ; chan (ce) que j' vos souhaite à tertous... »

MAINÉE, *mainnée, manée*. Subst. fém. Une poignée, c'est-à-dire autant que la main peut contenir. On le dit aussi par extension de ce que peuvent contenir les deux mains réunies et même les deux bras, et cela depuis longtemps, car notre compatriote Sylvius expliquait déjà *manée : id est quantum manibus et brachiis capi potest.* Ce terme nous vient de la langue d'oïl qui avait *manée, mannée*, poignée, autant que la main peut prendre, du latin *manus.* (V. Hippeau.)

Loc. pic. : Porter ou transporter *à mainnée*, c'est-à-dire *à la main*, sans panier ni manne ni lien quelconque.

MAINOTTE, dans mon village et les environs *minotte*. Subst. fém. Petite main. C'est un dérivé de *main* et c'est une anomalie que le français l'orthographie *menotte*. La forme *minotte* est restée un nom de famille : un de mes camarades d'études, ancien contrôleur des contributions directes, s'appelle Minotte, très probablement parce qu'un de ses ancêtres avait la main fine et délicate.

MAINTIEN. Subst. masc. Le manche du fléau des batteurs de blé et autres céréales. Cette expression remonte fort loin, puisqu'on la trouve latinisée au XIIIe siècle en *manutentum :*

« Flagellorum tres partes sunt : manutentum, virga et cappa. »

(I. de Garlande.)

Ce terme est un substantif verbal du verbe composé *maintenir*, du latin *manu tenere*, tenir à la main.

MAIRERIE. Subst. fém. Mairie. La forme française est plus douce que la forme picarde, mais bien moins logique et bien moins régulière. Si l'on continue de sacrifier à la douceur, un temps viendra où l'on dira *bizarie, teinturie.* La langue d'oïl disait avec raison *mairerie* puisque ce mot est un dérivé de *maire*, latin *major.*

MAIRIEN. Subst. masc. Bois à faire des douves. En Artois, on dit *marien.* A l'origine ce terme signifiait toute espèce de bois de construction. On trouve en langue d'oïl notre forme *mairien :*

« Là furent carpentier...
Qui tranchoient mairiens en la f(or)est naye. »
(God. de Bouillon.)

Dans les anciennes Coutumes du Baillage d'Amiens, art. 210, on trouve *marian*, autre forme de langue d'oïl.

Notre *mairien* comme le *merrain* du français, vient du bas latin *materiamen*, dérivé de *materia*, bois de construction.

MAIRIER. Subst. masc. Marguiller. Ce mot est une contraction du *mairilier* de la langue d'oïl qui disait aussi *marruglier, maraglier, marglier, mairglier.* C'est de ces deux dernières formes qu'est venue, par la chute du *g* médial, notre forme *mairlier* relevée par l'abbé Corblet. D'anciens documents d'origine picarde présentent les variantes suivantes : *marreglier, manglier, maneglier, men-*

glier, *méglier*, *merglisier*, le tout au même sens de *marguiller* ; mais à Boves, *maneglier* signifiait *administrateur municipal, échevin* :

« Item deulx lettres en parchemin... l'une. l'autre du v° jour de nov. audict an 1497 portant le remboursement de cent solz de cens faict aulx manegliers de l'esglise St Remy. »

(Invent. à Amiens, 1576)

— Ce qui est deu au curé de St-Leu pour les obits, messes et ce quy se chante, les mégliers payant pour l'année 1641.

(Note du curé **Pierre De Metz**, **Regist. des Mariages**.)

— « Martin Pincbemel, Enguerrain Potier, Pierre Cressonnier et Jehan Boullefroy, demourant à Boves es'uz et demonrez manegliers et eschevins... ont le jour d'huy fait serment par devant Monsieur le bailli, de garder les droix et auctoritez de lad. ville et faire le proufit d'icelle. »

(**Rég. aux Plaids de Boves, 1521.**)

Toutes nos formes picardes plus ou moins régulières ou contractées viennent, comme le français *marguiller*, du latin *matricularius* (dans les textes du moyen âge), celui qui tient le registre, la matricule de l'église.

Notre forme *mairier* nous donne un exemple d'une forte contraction : il y a eu comme un écrasement de la consonne et des voyelles médiales. Ce fait n'est pas rare dans notre patois. C'est ainsi que *atelier*, *chandelier*, *ratelier*, etc., sont devenus *atier*, *chandier*, *ratier*. Cette contraction donne la clef d'un certain nombre de noms de famille autrement inexplicables :

Plichon est une contraction du picard *pelichon*, petite pelisse.

Carlon est une contraction de *carreton*, charretier ou conducteur d'un car, char.

Garnier est une contraction de *garennier*, garde d'une garenne.

Le nom de notre célèbre compatriote *Fusier* n'est autre chose qu'une contraction de *fuselier*, fabricant de *fusels* ou fuseaux, mot qui a disparu du patois, mais qui est resté lui-même un nom de famille, puisque le curé de mon village en 1789 était M. Fuselier.

MAISIAU. Terme depuis longtemps inusité. Je ne le rappelle que parce qu'il se présente souvent dans les vieux documents et que l'abbé Corblet en donne une définition inexacte et incomplète. Cet auteur dit : « *Maisiaux*, ladres blancs. Leur contact était moins dangereux que celui des autres lépreux. Ils avaient à Arras une maladrerie dans la rue qui porte le nom de *Maisiaux*. »

Maisiau ou *méseau*, *meisel*, *mesel*, signifiait simplement et sans distinction, un ladre : le mot venait du latin *misellus*, malheureux. Quant à la rue d'Arras dite des *Maisiaux*, il y a de beaux jours qu'elle n'existe plus. Elle devait son nom aux boucheries, *maisiaux*, qui se trouvaient dans le voisinage. Ce dernier mot — *masel, macel, maicel* — signifiait dans notre contrée, comme en langue d'oïl, *boucherie, halle aux bouchers*, et venait du latin *macellum* (marché à la viande), d'où l'ancien terme *machelier*, boucher. On lit dans les Dialogues pic. flam. déjà plusieurs fois cités :

« Golias le bouchier demeure delès (près) les maisiaus. »

A Amiens, l'ancienne halle spéciale, dite autrefois *les Boucheries*, qui était située à l'entrée de la rue des Tripes, s'appelait primitivement : *Maison des Maiseaux*.

A Doullens, jusqu'au commencement du XVI° siècle, la rue actuelle des Boucheries s'appelait rue des *Maiseaux*.

Il en était de même à Saint Quentin. Une ordonnance porte :

« Item que nuls ne puist vendre bœuf dehors les maisiaux. »

Le terme *machelier*, boucher, était encore en usage à Arras en 1561. A Saint-Quentin, on disait au même sens, *machecrier*, d'où le nom d'une ancienne ruelle des *Machecriers*. Ce dernier terme était un dérivé de *massacre*. A Amiens, on appelait *Le Machacre*, aussi *L'Écorcherie* (V. Daire), la petite place nommée plus tard *La Tuerie*, qui fait face à l'hôtel Morgan au bout de la rue de Condé.

MAIRQUE ou *merque*. Subst. fém. Forme picarde du français *marque*.

Nous reprendrons à son rang la forme *merque* et ses dérivés.

MAJOCQS. Ancien nom de la rue des *Majots* à Amiens. On lit dans un inventaire dressé en cette ville le 14 juillet 1670 :

« Lesquelz biens mœubles ont esté trouvés en la maison scise au dit Amiens rue des **Majocqs** »

Les formes *majocqs* et *majots* sont des corruptions d'une forme plus ancienne qui était *Mayoc*. « On avait appelé ainsi cette rue du nom d'une famille », dit le P. Daire. Il faut ajouter : « qui l'habitait. » Cette famille tenait sans doute son nom du hameau de Mayoc (près Le Crotoy), orthographié *Majoch* ou *Maïoch* en 1088 dans la *Topographie* de J. Garnier.

MAJON. Forme dans le nord du domaine picard du français *maison*, du latin *mansionem*.

> « Jamais perronnage
> N'a fait autant d' canchons (chansons)
> Que Brûle-**Majon** »
> *(Etrennes Tourq. et Lill.)*

On a relevé en langue d'oïl la forme *magion*.

La forme du Vermandois est *mason*, celle de l'Amiénois *moison*.

MALADERIE (maladrie). Subst. fém. Nom que le peuple d'Amiens et de la banlieue donne au cimetière moderne de la ville, dit *La Madeleine*. Cette dénomination provient d'une ancienne léproserie qui existait au moyen-âge sur une partie de ce vaste enclos. Au XVI⁰ siècle encore, les registres de l'Echevinage désignent ce lieu sous l'appellation de *Maladerie de la Magdeleine*. (V. *Topog.* de J. Garnier.) C'est par abus qu'on a écrit et prononcé *maladrerie*, car l'expression dérive de *malade*, et le mot *ladre*, lépreux, n'est pour rien dans la composition de ce terme : *malade* a donné *maladerie*, comme *infirme*, *hôtel*, etc., ont donné *infirmerie*, *hôtellerie*. Du reste, c'est la forme *maladerie* qu'on rencontre dans les anciens documents :

« Li maistres et li frères et tous li couvent de le **maladerie** de Pinkegny que on apele Tanfel .. » (Année 1277).
(Picquigny et ses seigneurs, par M. Darsy.)

— « Well (je veux) que si (ainsi) comme il [le maire et les échevins de Guise] ont uset qu'il puissent mettre en le **maladerie** de Guise les mésiaus de la nation de Guise... »
(Ch. de 1479, citée par Cocheris.)

— « Les maladeries sont établies es viles pour rechevoir chœux et chelles qui chient (tombent) en telles maladies de lèpre... »
(Beaumanoir.).

L'ancien règlement dressé par l'Echevinage d'Amiens en 1305 porte pour intitulé :

« Ch'est l'ordonnance et le rieule (règle) de le **maladerie** d'Amiens que le frère sain et malade et les sereurs saines et malades doivent tenir. »
(V. Rec. des Doc. inédits, par Aug. Thierry.)

On sait que *malade* vient des deux mots latins *male aptus* (mal disposé), par adoucissement de *t* en *d*.

MALADIU. Adj. Au fém. *maladiue* et dans certaines localités *maladiuse*, comme on dit *nuse*, nue, *bleuse*, bleue, etc. *Maladiu* est la forme picarde du français *maladif* : il y a eu consonnification de *if* en *iu*, comme dans *craintiu*, craintif, *poussiu*, poussif, *santiu*, bon pour la santé (du latin *sanativus*), *naïu*, natif (du latin *nativus*).

La forme *maladiu* nous vient de la langue d'oïl : seulement le suffixe s'écrivait *teus* ou *teux* et faisait au féminin *teuse* : « *Maladieuse* de goutte », écrivait Froissart, cité dans La Curne (*Lett. de Remiss.* Année 1397).

MALAIDIANT. Ce mot est donné par Corblet au sens de *infirme*. J'ignore s'il est adjectif ou substantif, ou s'il remplit les deux rôles. Dans tous les cas, il vient, à mon avis du moins, d'un ancien verbe de langue d'oïl *malaider*, *maladier*, être malade, (V. Hippeau et La Curne). Le type originaire était l'adjectif *malade*.

MALAISE (à). Locution dont le sens est : à plus forte raison. Très usitée à Amiens et dans les cantons voisins. On dit : « T'es fatigué pour avoir foit (fait) deux lieues : *à malaise* si tu n'avois foit quate (quatre) comme ten frère. »

Littéralement cette locution singulière est l'opposé de l'ancien *à aise* de la langue d'oïl que Burgny rend par *à l'aise*, commodément. Cet auteur cite à l'appui le passage suivant tiré du *Roman de la Manekine*, XIII⁰ s. :

> « Or est la Manequine à aise
> Selonc (après) l'anui et le mésaise. »

Mais au point de vue du sens, elle paraît être une locution elliptique et peut se compléter comme suit, du moins pour l'exemple donné ci-dessus : « T'es fatigué pour avoir foit deux lieues, tu serais bien plus à malaise (plus mal à l'aise) si tu... etc. » Pour l'origine de *aise*, se reporter à *aisiulé*, T 1er, page 15.

MALAN. Adj. et subst. masc. Forme picarde à Amiens du français *malin* On prononce de même *van*, vin, *matan*, matin, *man*, main, *pangne*, peine.

MALAPATTE. Subst. et adj. des deux genres. Maladroit. Mot composé dont l'élément principal est *patte* employé là pour main.

MALDIRE. Médire. On dit d'une femme : « Alle (elle) est toujours à *maldire* d' ches gens. » Ce verbe est de langue d'oïl. (V. Hippeau.) De là notre *maldisant*, médisant.

MALÉCLOS. Adj. et subst. Maladroit. C'est littéralement : *qui est mal éclos* et qui n'est pas venu au monde dans les conditions voulues pour avoir l'exercice de ses aptitudes naturelles.
Nous avons un certain nombre de composés de ce genre. J'en donne quelques-uns dont le sens s'explique de lui-même :
Malému, gros lourdaud, mauseade.
Malfoit, laid, mal conformé ; littér. *mal fait*. J'ai connu à Villers-Bretonneux un contre-maître qui s'appelait M. Malfait.
Malsoufflé, grossier, informe, disgracieux.
Malplaqué, sale, négligé ; littér, *mal crépi*.
Malvélé, gros lourdaud, disgracieux ; litter. qui est mal venu au monde, qui a été *mal vélé*.

MALEFACHON. Subst. fém. Adultère (d'après Corblet). Autrefois on entendait par *malefaçon* tout méfait quelconque. Mais pour le sens particulier relevé par Corblet, comparez l'ancienne locution *méfaire envers son mari*, c'est-à-dire ne lui point tenir loyauté matrimoniale. (V. Nicot, XVIIe s.)

Notre *malefachon* picard est composé des deux mots *male*, mauvaise et *fachon*, façon, action, fait, du latin *mala factio*.

MALEGRACE. Subst. fém. On dit : Etre en *malegrâce*, être en défaveur, en désaccord. Il en était de même autrefois. On lit dans La Curne :

« Une femme de Dauphiné se voyant estre en la malegrâce de son mari, de ce qu'elle ne lui faisait que des filles... »

Malegrâce est venu des deux mots latins *mala gratia*.

MALENTENTE (malintinte). Subst. fém. Malentendu, erreur involontaire, désunion, discorde. Les éléments de ce mot composé sont français : *male* (mauvaise) et *entente*.

MALETTE. Subst. fém. Hotte. En Hainaut, on donne ce nom au sac en toile fait en forme de gibecière à l'usage des mendiants et aussi à la pannetière des bergers et de certains ouvriers. C'est probablement par ironie que les Picards ont donné à *malette* le sens de *hotte*. Ce terme est un diminutif de *malle* lequel s'écrivait jadis *male* et avait le sens de sac en peau fixé à la selle d'un cavalier, comme on le voit dans un auteur picard du XIe siècle, Lodon de Saint Quentin :

« Firmia et faleris illorum dorsa perorna
Malas et frenis consutis stringeque habenis. »
(Cit. de Du Cange.)

— « N'i ot soummiers à coffres ne dras troussés en male. »

(Berte, XIIIe s.)

L'origine de *malle*, *male* est connue, anc. h. all. *malaha*, *malha*, sacoche, angl. *mail*, holl. *maal*, bas breton *mal*.

MALFAVEUR dans la locution *cœup d' malfaveur*, coup maladroit, coup malheureux. Ce terme est composé des deux mots *male*, mauvaise, et de *faveur* employé au sens de *chance, grâce*.

MALICHE. Forme picarde dans certaines localités du français *malice*, du latin *malitia*. Cette forme est fort ancienne :

Orgnieus veut avoir par Justiche
De tous. . s'en serviche. .
Et espant partout sen maliche. »
(Le Reclus de Molliens, Miserere, XIIe s.)

MALIGANCER. Forme picarde du français *manigancer* : il y a eu changement de *n* en *l*.

MALISTER, *marister, maristel* et *maïster*. Magister, maître d'école de village :

« L'Eglise est einne (une) boinne mère ;
Alle (elle) nourrit trois boins frères :
Ch' curé, ch' vicaire, ch' malister. »
(**Notes manusc. de G. Rembault.**)

— « O z o (on a) dit qn' no maristel i graissoit ses galoches aveuc l'huile de ch' l'horloge et d' ches cloques. »
(**Dialog. dans le Mathieu-Laensberg de 1843.**)

MALLE dans Corblet. Corruption de *marle*, marne, qui sera donné plus loin avec ses dérivés.

MALMAISON. Subst. fém. Nom que portait jadis à Amiens le lieu où se rendait la justice, le siège du Bailliage. On l'a conservé à la rue qu'on a percée dans ces derniers temps à l'ouest de l'Hôtel de Ville. Ce terme est un composé du mot *maison* dont l'origine latine est connue et du mot *mal* qui est d'origine germanique et qu'on trouve latinisé dans nos plus anciennes lois en *mallum*, au sens de *assemblée de justice* (*Loi salique*). Ce *mallum* venait du vieux saxon *mael*, loi, jugement, assemblée qui juge.

MALMETTRE (se faire). Locution répondant à : recevoir des horions, au fig. des reproches. On dit : « Prends garde à ti (toi) ; tu vos t' foire *malmette*. » Ce composé remonte fort loin.

« Toutes voies X en allèrent
Qui moult malmis en escapèrent. »
(**Philippes Mouskes, XIII° s.**)

MALOT, dans mon village et les environs *malout*, par changement déjà plusieurs fois signalé de *ot* en *out*. Bourdon, sorte d'abeille fort bruyante, grosse et courte, noirâtre, très velue : elle établit son nid sous le vieux gazon ou entre les racines des arbres. Nous tenons ce terme de la langue d'oïl.

« Tous jours doit li fumier puir,
Et tahons poindre et malox bruire,
Envious (envieux) envier et nuire. »
(**Christ. de Troyes, XII° s.**)

— « Quand li malos bruit
Sor la fleur novelle... »
(**Chrest. de Bartsch, XIII° s.**)

Dérivés : *Maloter*, murmurer, bougonner, contrarier, tourmenter.
Malotière, nid souterrain des malots.
Maloteux et *malotard*, adj., celui qui gronde toujours.

On connaît la rapidité du vol du *malot*, surtout son étourderie, car il se frappe en volant sur des objets volumineux et très visibles, tels que voitures, arbres, etc. De là probablement son nom tiré du radical néerlandais *mal*, folâtre, pétulant, sot. (V. Plantinus et Kilianus.) Le flamand actuel a l'adjectif *mal*, fou, insensé, sot, et le verbe *malen*, folâtrer, badiner. Notre terme, comme l'indique sa finale, est un diminutif. Inutile, on le voit, de s'arrêter au latin *masculus*, mâle, supposé par Corblet, puisque aucun texte de langue d'oïl n'offre *ma(s)lot*.

Malot est resté un nom de famille assez répandu dans nos contrées : les gens de mon âge ont connu M° Malot, avocat fort distingué du barreau d'Amiens.

MALSANT (malzant). Adj. et subst. Etre qui se plaît à nuire, qui aime à faire le mal, en un mot malfaisant. Se dit spécialement des enfants et de certains animaux domestiques, tels que chiens et chats qui happent dans les cuisines ce qu'ils trouvent à leur portée. Dans le Ponthieu, *malsant* a, outre le sens qui précède, celui de *escroc, homme de mauvaise foi*. Dans le Valois, il a la signification de *homme méchant, malfaisant*.

Nous avons aussi par aphérèse la forme *alsant*. Corblet dit que *malsant* est une contraction de *malfaisant*. Cela est une erreur. Dans une foule de localités, le participe présent du verbe *foire*, faire, est non pas *foisant* mais *bsant* : c'est de là, par la chute du *b* de *malbsant* que vient *malsant*.

MALSAVEUR dans la locution *coup d'malsaveur*, coup porté par maladresse, sans intention. Se dit aussi d'un accident quelconque survenu par suite d'imprévoyance, d'inattention ou de manque de savoir. Signifie de plus, en Vermandois, événement funeste, inattendu, que rien n'aurait pu détourner ; car notre poète Crinon écrit :

« Ed' sur l' terre in (on) n' put compter sur
[rien...
Tous vous (vos) vertus n' seraint (seraient)
[vous préserver
D' coeups d' malsaveur qu' l'homme l' pus hé-
[reux
Sans s'y atteinde attrape tout d'un coeup. »
(**Satyre XXIX.**)

Il est probable que notre terme *malsaveur* n'est autre chose que l'ancien substantif de la langue d'oïl *malsavoir*, ignorance.

« Et aiment mielz (mieux) le bon saumon
Que le bon livre Salomon
Et le fort vin de **malsavoir**
Que le bon livre de savoir. »
(**Citat. dans La Curne**)

La finale *eur* de notre terme rappelle l'ancien verbe *saver*, savoir, de la langue d'oïl qui a persisté dans le patois normand.

MALTERIE. Subst. fém. Lieu où l'on prépare le *malt* pour faire de la bière. Un journal d'Amiens contenait à la date du 23 avril 1884 l'annonce suivante : A louer, grand magasin voûté, actuellement occupé par une *malterie*, rue Vascosan, 27 et 20.

Ce terme, qui a toute chance de devenir bientôt français, est très usité à Lille et autres villes de la Flandre française. Il est d'importation récente dans nos contrées : c'est un dérivé de *malt*, mot d'origine germanique, angl. *malt*, all. *malz*, venus de l'ancien allemand *melzen*, se ramollir. « C'est, dit Littré, l'allemand *malz* qui a donné l'ancien français *mast*. »

MALUSANCE. Subst. fém. Mauvais usage, abus. Ce terme est composé de *male*, mauvaise, et de *usance*, usage, qui se disait en langue d'oïl pour *coutume, usage*.

MAMACE. Fromage. On dit aussi *mamache*. Ce mot est le produit d'une aphérèse avec réduplication de la syllabe *ma* du type fromage : c'est un terme enfan-

tin. La même syllabe *ma* existe seule dans *ma mo* (dans Corblet *mameau*), fromage mou. C'est encore un terme enfantin.

MAMAU. Les mères picardes disent à un tout jeune enfant qui joue avec un couteau ou des ciseaux : « Prends warde à ti, tu t' f'ros du *mamau* à ten bros », c'est-à-dire : « Prends garde à toi, tu te feras mal au bras. » Nous sommes encore ici en présence d'un terme enfantin. *Mamau* est pour *maumau*, réduplication de *mau*, mal, bobo : le *au* de la première syllabe s'est réduit à *a*.

MAMONNER. Machonner, mâcher longtemps et avec difficulté le même morceau, comme le font les personnes qui ont perdu leurs dents. De là, sans doute, le sens de *mamonner*, produire des froissures aux fruits en les pressant trop ou en les maniant sans précaution.

L'adjectif *mamon* se dit de certains fruits et légumes dont la pulpe s'est attendrie et altérée par l'effet du temps ou par la gelée : « Pemmes *mamons*, betteraves *mamons*. »

Mamonner me semble être une simple onomatopée formée d'après le mouvement des lèvres toujours très accentué *mam, mam*, de ceux qui mamonnent.

J'oubliais un dérivé ; c'est l'adjectif *mamonneux*, au fém. *mamonnoire*, qui mamonne, lequel se dit au nord d'Amiens dans le canton de Villers-Bocage.

MAN. Forme picarde chez le peuple d'Amiens du français *main*, du latin *manus*. Cette forme existait en langue d'oïl :

« De purpure donc le vestirent
Et en sa man un raus (roseau) li misdrent. »
(**Passion du Christ, x° s.**)

La prononciation *man* se retrouve dans le mot *deman*, pour *demain*, chez le peuple d'Amiens. Il en est de même à Arras :

« Louisette tu ne m' dijos pas
Equ' ch'étot d'man el fêt' d'Arras. »
(**Entret. de Mathurin, 1856.**)

MANANT. Ce terme reçoit dans Corblet une interprétation erronée. L'exemple qu'il donne est mal choisi : il saute

aux yeux que *principaux manants*
signifie là *principaux habitants*.

Au radical latin *manere*, demeurer,
habiter, d'où est venu *manant*, se rattache le mot *manandise*, habitation,
qu'on rencontre dans les documents de
notre contrée :

« ... ains se seroient allé résider ès diots sept
quartiers de prez et y auroient faict bastir plusieurs manandises. »

(Act. notar. passé à Doullens, 1579.)

MANARD-GRISARD ou simplement
grisard. Subst. masc. Goëland argenté,
dit aussi cendré ou à manteau gris.

Les diverses espèces de goëlands qui
fréquentent nos côtes sont au nombre de
onze. Toutes ne sont que de passage et
nichent dans les régions du Nord, à l'ex-
ception du *manard* qui, lui, demeure et
niche dans nos hautes falaises : de là son
nom qui se rattache au radical latin
manere, demeurer, rester, lequel avait
donné en langue d'oïl une forme *maner*,
demeurer.

MANCHE. Ce terme est féminin en picard : *courte manche*. Il en était de
même dans les temps anciens :

« Un flaël porte dont la mance est furnie
[(grosse)
Toute ert de cuevre (cuivre) et longe une
[brachie. »

De même, dans les vieux inventaires :

« Une manche à poyelle. »
(1576)
— « Une aultre cuillière à longue manche. »
(1621.)

MANCHERON. Manchon de femme.
Au siècle dernier et au commencement
du nôtre, les hommes portaient aussi le
manchon. *Mancheron* est un diminutif
de *manche*.

Autrefois, on désignait par ce terme la
garniture en étoffe ou en fourrure qui
bordait le bout des manches.

« Item une paire de mancherons et ung collet
de velloura noir. »

(Invent. à Amiens, 1539.)

— « Une paire de mancherons de satin cra-
moisy. »

(Ibid. 1575.)

Les Picards appellent aussi *mancheron*
le manche d'une charrue et cela depuis

fort longtemps ; ce diminutif se retrouve
en langue d'oïl :

« Mès trop froit ne trop chaud n'aiés,
Levés à deus mains toutes nues
Les mancherons de vos charrues.

(La Rose, XIII° s.)

MANDE. Subst. fém. Forme picarde
du français *manne*. A donné les dérivés
suivants :

Mandelette, petite manne. Dans mon
village et les environs, on appelle
ainsi la mannette peu profonde dans
laquelle on met le pain avant la
cuisson.

Mandequin, petite manne : ce terme
est un diminutif. Il a donné le dérivé *mandequinier*, vannier.

Mandelier et par contraction *mandier*,
faiseur ou raccommodeur de *mandes*.

Mandelée et *mandée*, contenu d'une
mande.

Locution picarde. On dit en parlant de
jeunes enfants vifs et toujours remuants :
« I sont éveillés comme eune (une) *mandelée* d' soiris (souris). »

Ce terme se rencontre dans la chanson
des *Brandons*, dans laquelle on demandait que la récolte des pommes soit abon-
dante :

« Braihaudez Braihaudon
Par mandelée par quarteron
Pour les enfants de nos moisons. »

La forme *mande* est fort ancienne dans
nos contrées :

« Del millier de hérenc un dénier (de droit)
de le mande. »

(Taillar, Rec XIII° s.)

— « Ghiotes li corbellières a vendu ses vans,
ses corbeilles et ses mandes. »

(Dial. pic. G., XIV° s.)

— « Quatorze mandes prisées ensenbe V
sols. »

(Invent. à Amiens, 1557.)

Mandelette n'est pas moderne. Un inventaire de 1617 dressé à Amiens porte :
« Trois petites *mandelettes*... »

Mandequin existait au XVI° siècle :

« Ung mandequin d'ozière avecq trois pein-
gniers (paniers) à bras. »

(Invent. à Amiens, 1583.)

On rencontre *mandée* au XVIII° siècle :

« Deux mandées de poires estimées X sols. »

(Invent. à Compuis, 1781.)

— « Une mandée de charbon de bois... »
(Frais et mén. dép. d'un maître de
maison, par M. de Guyencourt.)

L'origine du picard *mande* est la même que celle du françois *manne* : ancien haut allemand *manne*, panier auquel nos ancêtres ont ajouté un *d*.

J'oubliais que, dans le nord du domaine picard, existait une espèce de *mande* particulière, laquelle était une sorte de berceau qu'on désignait sous le nom de *mande à coucher les enfants*.

MANÉES. Subst. fém. pl. Au rapport de Bullet, dans son Mémoire sur la langue celtique, les Picards appellent *manées* les petites pailles ou paillettes. Ce terme existe-t-il encore dans quelque coin de notre contrée? Je l'ignore. Bullet fait descendre ce terme du celtique gallois *mán*, petit. J'ajoute que le bas breton a *mann*, rien, néant, nulle chose.

MANGON. Adj. et subst. Bredouilleur, qui parle mal et écorche, ou plutôt et littéralement, qui *mange* les mots.

Ce mot vient du latin *manduconem* employé par Apulée et Nonius Marcellus au sens de *mangeur*, dérivé de *manducare*, manger. *Manduconem* contracté régulièrement en *mand'conem*, donne *mangon* par la chute du *d* et le changement de *c* en la douce *g*. Le sens de *mangeur* justifie cette origine, car on dit d'un homme qui bredouille ou parle mal qu'il *mache* ou *mange* les mots.

Dérivés : *Mangonner*, bredouiller, parler mal.
Mangonneux. Adj. Qui bredouille.

Mangon est resté un nom de famille : nous avons vu dans ces derniers temps au ministère de l'Agriculture M. Hervé-Mangon.

MANNIER dans la locution *jouer au mannier*. « Deux joueurs, dit Corblet, se tiennent l'un près de l'autre, vont, viennent, courent. Un autre essaie de passer entre deux : il a gagné s'il y réussit. » Littéralement la locution signifie *jouer au meunier*. Il n'est pas rare de voir dans les villages deux ou trois meuniers et même plus, parcourir simultanément les rues pour y *cacher manées*. Il se peut donc que dans la présente expression, il y ait une allusion à la concurrence des *manniers* ou meuniers.

MANOIR. Ce mot n'a pas en picard le sens qu'il a en français. Nous entendons, et les notaires dans leurs annonces entendent, par *manoir*, un emplacement faisant partie de l'agglomération du village ou y touchant, que cet emplacement soit ou non chargé de bâtiments. De là les expressions usitées sur les affiches de vente : *Manoir non amasé*, emplacement nu ou simplement planté ; *manoir amasé*, emplacement où il existe des constructions. Les vieux Picards prononçaient *mangnoir* :

« Consent et accordé que lesdits Jehan Le Roy et sa femme ayent et leur appartiegnent la moictié dudit *mangnoir*, pourpris et tenement. »
(Plaids de Boves, 1508.)

On sait que *manoir* se rattache au verbe latin *manere*, demeurer.

MANON. Subst. masc. Je n'ai jamais entendu ce mot. Je le trouve dans Corblet au sens de *café extrêmement léger*, et je suppose qu'il est un des nombreux synonymes de *jacquin*, *bistoule*, *quiot pot*, etc., *tasse de café*.

J'ai entendu cent fois des paysans dire à un cabaretier : « Quoi qu' tu nous donne lò? Ch' n'est mie du café, ch'est du cafòt, du mal. » *Mal* est, par permutation des liquides *r*, *l*, la forme picarde de *marc*, dont le *c* ne se prononce pas. Je suppose que de *mal*, marc, les gens de Saint-Valery ont tiré à l'origine le diminutif *malon*, café de *mal*; de là, par permutation des liquides *l*, *n* — ancien français *marle*, aujourd'hui *marne* — le diminutif *manon*.

Dans mon village et dans les localités voisines, on appelle *manon* le gros bout d'une queue de billard, bout qui est garni d'une plaque d'os, et l'on dit : « Jouer du *manon*. »

L'origine de ce terme m'est absolument inconnue.

MANOTTE et *mannotte*. Subst. fém. Nid de chaque couple de pigeons dans un colombier, littér. petite demeure. Le colombier, selon ses dimensions, contient dix, vingt, cinquante ou cent manottes disposées symétriquement.

Manotte a pour synonyme en picard le terme *burin* dont l'origine est la même que celle de *buron*. (V. ce mot, T. Ier.) Ce terme s'emploie aussi en Artois :

> « Pour ète à l' mode...
> J'ai acaté un tiot bonnet
> D'ene mes épaul's tout drot plaché ;
> Car ch' n'est plus d'ene a' tête
> Qo'in (on) met a' calipette
> Mais bien tout au bas d' sen chignon
> Comme ein' vrai' manotte à pigeon. »
> (Fête d'Arras, 1857)

Manotte figure dans de vieilles coutumes :

> « Il est permis à chascun de faire vollet (petit colombier) sur son immeuble jusques à deux cens (cent) manottes. »
> (Nouv. Cout. gén., 1755.)

Ce terme, qui est un diminutif, se rattache, comme le mot précédent, au latin *manere*, demeurer, qui avait donné *maner* en langue d'oïl.

MANOTTE. Subst. fém. Sorte de petite mouffle ou gant sans doigt dans lequel on enferme à demeure jour et nuit, la main gauche des jeunes enfants gauchers, dans l'unique but de les obliger à se servir de la main droite.

Le radical de ce mot est le latin *manus*, main, qui est aussi l'origine du français *menottes*, liens qui attachent les mains d'un prisonnier.

MANQUEU. Subst. masc. Matin, le commencement du jour. Se dit dans le Vermandois. Les éditeurs de Crinon ont écrit ce mot *mantcheu* pour en figurer tant bien que mal la prononciation. Notre poète dit :

> « Gn' y a je n' sais quo (quoi) qu'in (or) n' sairot
> [expliqui
> Qui vous attire ou l'oume (à l'ombre) d' vou
> [clinqui (clocher)
> En vain l's affoire on l' soit i vous n'éloine :
> Rin (un) doux souv'nir de ch' couté (côté) vous
> [ramoine.
> Ch'est là qu'in (on) compte erv'nir (revenir) ein
> [bieu mantcheu. »
> (Satyre XXII.)

Je n'ose dire que ce terme, certainement très corrompu, semble, malgré ses formes nasales et gutturales, n'être autre que la représentation informe du commencement du latin *matutinum* (matin) contracté en *mat'tinum*. Cependant, on ne peut guère lui donner une autre origine.

MANTE. Ce terme a conservé dans le canton de Picquigny un des sens qu'il avait jadis en français, celui de *couverture de lit*. C'est à ce sens qu'on le retrouve dans les vieux documents :

> « Ung lit et traversin garny de plenme, une mante verde avec deulx paires de lincheulx. »
> (Invent. à Amiens, 1596.)

Mante a la même origine que *mantiau*, *mantieu* qu'on verra plus loin.

MANTEAUX ou *mantaux*. Les vantaux d'une porte ou de certains meubles.

> « Une paire d'armoires de bois de chêne à quatre manteaux.. »
> (Invent. à Amiens, 1739.)

L'initiale *m* de ce terme est une corruption de l'initiale *v* de *vantaux*, au singulier *vantail*.

MANTIAU et *mantieu*. Formes picardes du français *manteau*.

> DICTON PICARD :
> « S'l (il) foit (fait) bien (beau)
> Prends ten mantieu
> S'i pleut
> Prends l' (le) si tu veux. »

> AUTRE DICTON :
> « A Notre Dame mi fût (Assomption)
> O (on) rabote sen mantieu. »

C'est à dire : on reprend, on revêt son manteau, parce que à cette époque de la mi août les nuits sont froides et les pluies fréquentes dans nos parages.

On lit dans les anciens inventaires :

> « Ung mantieau de drap noir... »
> (Amiens, 1614.)
> — « Item un mantiau de camelot... »
> (Ibid , 1623.)

Nos formes ne sont autre chose que le vieux français *mantiel* avec consonnification de *el* en *au*, *eu*.

> « Au col li giète (jette) un mantiel gris »
> (Eracles, par Gautier d'Arras, XIIe s.)

Rappelons l'ancienne inscription gravée sur un petit monument qui se dressait en face du grand autel de Saint-Martin-aux-Jumeaux, à Amiens, et que l'on a reproduite sur l'une des façades du Palais de Justice actuel :

« Sainct Martin chy divisa sen mantel
En l'an trois cens adjoustez trente-sept. »

On sait que *manteau*, pic. *mantiau*, vient du latin *mantellum*.

La forme primitive *mantel* est restée dans le nom de famille *Mantel* qu'on trouve à Villers-Bretonneux et dans plusieurs autres localités de la Picardie.

MAQUA et *maquot*. Subst. masc. Se prononce, d'après Corblet, *matcha*, *matcho*, et signifie *piquet qu'on place au milieu de certains jeux de boule*. Je ne connais pas ce terme pour l'avoir entendu et la définition de Corblet ne permet guère de découvrir le sens particulier que peut comporter son radical. A Lille, *maqua* est un substantif qui se dit d'une femme bornée qu'on appelle en conséquence *gros maqua*. En Hainaut, on trouve *maquet*, instrument dont les enfants se servent pour crosser, jouer à l' croche. En Liégeois, *maqua* se dit pour *brimbale, levier d'une pompe, heurtoir, martinet d'une forge*. En langue d'oïl, *maque* s'est dit pour *houlette de berger* ; mais, au sens propre, il signifiait *massue* et *bâton terminé par une sorte de petite masse* : de là le diminutif *maquet* qu'on vient de voir. Au jeu, le *maquet* sert en Hainaut à chasser la boule. Mais tout cela jette peu de jour sur notre *maqua*. Prière en conséquence aux habitants du canton où ce mot s'emploie de vouloir bien nous renseigner sur la forme et l'orthographe de ce terme ainsi que sur le rôle du piquet en question.

MAQUEFER. Subst. masc. Forme picarde du français *machefer*, scorie du fer soumis au feu de la forge. D'après Brachet, *machefer* est d'origine inconnue. Littré dit : « Scheler le tire de *maquer*, mâcher, écraser ; cela est probable ; mais alors on devrait écrire *mache-fer* et non *mâchefer*. » L'étymologie étant inconnue pour l'un, douteuse pour l'autre, il est permis de faire de nouvelles recherches.

Ni *machefer* du français, ni *maquefer* du picard, n'ont d'historique, mais leur radical est le même, l'un chuintant, l'autre dur. Nous connaissons l'ancien nom de la scorie du fer. Robert Estienne, en 1549, écrivait *maschefer ou escume de fer, scoria* ; mais son vrai nom était *macheure* pour *mascheure de fer, the drosse of iron* (Cotgrave). On le nommait ainsi parce que la scorie du fer est en effet l'ordure, la saleté noirâtre de ce métal. Outre cette dénomination *machure de fer*, que le picard devait prononcer *maqure*, il en existait une autre plus énergique et tout aussi justifiée, celle de *merde de fer, the drosse of iron.* (V. Cotgrave.) Par suite d'une forte contraction *machure de fer* du français et *maqure de fer* du picard se sont réduits à *machefer, maquefer*. Quant au radical *mach, maq*, il est le même que celui du français moderne *machurer*, noircir, salir, lequel était en langue d'oïl *mascurer*, souiller, forme dans laquelle nous retrouvons le *c* dur ou *qu* du picard *maquefer* :

« A la poële noirc'» et carbouner
Trestout le vis (visage) li ont fait mascurer. »
(Aliscans, XIII° s.)

Brachet tire *machurer* de l'ancien haut allemand *masca*, lequel, d'après Burguy, signifie *réseau* : il me semble plus que difficile de passer du sens de *réseau* à celui de *ordure, tache, saleté*. Je ne suis donc pas de son opinion. Ce terme, à mon avis, se rattache au vieux néerlandais *maesche, masche*, tache, souillure, d'où *mascheren*, tacher, souiller. Si l'origine que je propose est bonne, il faut écrire *mâchefer, mâquefer*, puisque l'accent circonflexe remplace et représente le *s* étymologique du radical néerlandais.

MAQUELOTTES ou *mattelottes*. Subst. fém. plur. Grumeaux qui se forment dans la pâte de farine mal délayée. Par une assimilation fort naturelle, on appelle aussi *maquelotte* — *maclote*, dans Corblet — une flexion à la joue ou à la gencive. Les deux formes existent en Hainaut. Conférez, dans Cotgrave, l'adjectif *mattelé*, grumelé. Le mot comporte deux *t*, car il dérive de *matte* qui, au sens propre originaire, signifiait la partie coagulée du lait.

Notre diminutif est d'origine germanique, néerlandais aujourd'hui perdu *matte*, portion coagulée du lait. Pour le changement de *t* en *q*, comparez *liot*, petit, et *quiot*.

On verra à son rang le picard *matte*.

MAQUER. Mâcher, manger. Ce terme existait en langue d'oïl :

« Hé Diex ! Je ne mengai...
Et si ne puis avoir séjour (rester plus longtemps)
Si je ne bois on dorc ou masque. »
                    (**Adam de la Halle d'Arras,** XIII° s.)

— « Il de sa main propre tailloit
Le pain et mettoit devan' aus (eux)
Et les leskes (tranches) et les cantiaus...
Et devant chiaux qui ne pooient
Maskier, le pain d'amenuisoit
Et esmioit et débrisoit... »
                    (**Miracles de St-Eloi,** XIII° s.)

De même en vieux picard :

« Depuis que je sus né j'ay bien veu des ban
                                    [quiets
J'ay veu tout ploin de gens bien boire et bien
                                    [mâquier. »
                    (**Suite du Cél. Mar. de Jeannin,** XVII° s.)

Et de nos jours :

« I foit soi (soif) : buvons un cœup (coup) d' cide (cidre), pis (puis) os (nous) maqu'rons un molet (peu).
                    (**Franc-Picard, Annuaire** de 1889.)

A *maquer* se rattache le sobriquet *maque-à-part* donné aux habitants de Béhencourt qu'on accuse à tort ou à raison d'être égoïstes en ne voulant recevoir personne à leur table.

La famille de *mâquer* est considérable en picard.

Mâquard, glouton, goulu.

« Ches goulus lò quand i n' feut pos payi
                                    [(payer)
Ils aval'reint le r'venu d'eine abbayi
Cheux qu'il ont peur de preun' que eq len part
N' s'raient pos seuvés avu d' pareils maquards »
                    (**Crinon,** Sat. 1)

Mâquerie, grand repas, festin. Ce terme se rencontre dans le proverbe suivant :

« Ch'ti (celui) qui ne vo (va) point à le brairie
Ne vo point à le maquerie. »

C'est-à-dire : Celui qui ne prend pas part au deuil d'une famille ne doit pas aller à ses fêtes et repas.

Mâqueter, diminutif. Manger lentement. De là le diminutif *maquette*, petit morceau facile à manger.

« A ch' viux papa qui n'a pus qu'quid brot.
                    [quettes (quelques ebicots)
Si ch' pain est dur, in (on) li f'ra des maquettes. »
                    (**Crinon,** Sat. XVII.)

Maqueux, grand mangeur, gourmand, parasite.

Maquailler, mâcher lentement, péniblement. De là le dérivé *maquaille*, ensemble des mets composant un repas.

« Os (nous) avolmes de l' maquaille d' trente-six sortes... »
                    (**Astron. pic. Almanach** de 1812.)

Maquillonner, mâcher longtemps et avec difficulté, manger sans appétit. C'est un sous-diminutif de forme dure de l'ancien verbe *machiller* qu'on trouve dans Cotgrave. Au figure, ce verbe signifie *parler mal, mâcher* et *manger* les mots : de là *maquillonneu*, bredouilleur, qui est un synonyme de *mangon*. De la encore *remaquillonner*, remâcher, au fig. penser et repenser à une même chose.

« Nous fareins (ferions) minx. .
.. ... d' ploine (plaindre) l' triste sort
De ch' malhéreux qu'in (on) laisse là six se-
                                    | moines
Apris (après) s' seintence r'maquillonner ses
                                    | poinrs. »
                    (**Crinon,** Sat. XXI.)

D'autres dérivés de *maquer* existent encore : ce sont *démacatif, démaquer, démaquis, démaquage, démaqueu, démaquoir*, qui ont été donnés à leur rang, T. 1er, p. 105.

Ajoutons à l'égard de *démaquoir* que ce terme a aussi le sens de grande fosse qui s'est naturellement formée par les eaux sauvages sur certains territoires à une époque reculée et dans laquelle continue de se déverser l'excédent des grandes pluies.

Mâquer vient comme *mâcher* du latin *masticare*.

A *maquer* se rattache *maquoire*, forme picarde du français *mâchoire*.

« C mpère Alché os (nous) nos voirons une aune fois ; quer (car) pour à chete heure, je n' sérois pas desserrer les maquoires. »
                    (**Dial. des trois Pays. pic**, 1649.)

— « I fesoit si glinchant qu'en venant je m' rus laissé quer (choir) et je m' sus éberdelé les maquoires »
                    (**Lettre de Fr. Thuillier,** déjà citée, XVIII° s.)

Dérivé : *Démaquoirer*, **arracher** ou **casser la mâchoire,**

MAQUEREAU et *machereau*. Subst. masc. « Dans la Picardie, écrit Ménage, « *machereau* et *maquereau* signifient « rhume. » J'ignore si l'expression s'est maintenue jusqu'aujourd'hui dans nos contrées ; mais elle existe encore au nord du domaine picard. On dit en Hainaut : « J'ai attrapé un bon *macriau* », c'est-à-dire un bon rhume. Comparez *maquerné*, enchifrené, que donne Hécart.

Si l'idée de flux d'humeur, comme pour rhume, a présidé à la formation du terme *machereau*, pic. *maquereau*, son origine serait le néerlandais *mallsch*, liquide épais, radical que D'Arsy écrit sans *t* : *malsch*.

MAQUERIEU prononcé *macrieu*. Forme picarde du français *maquereau*. Nous avons ce mot au double sens de *poisson* et de *taches rouges* qui viennent aux jambes des personnes qui se chauffent longtemps et de trop près.

MAQUIGNON. Subst. masc. « Pain d'une livre environ », dit Corblet sans aucune indication d'origine. Ce terme, à mon avis, est composé des éléments suivants : *quigno*, gros morceau de pain, diminutif de *coin*, du latin *cuneus*, et *ma*, péjoratif plus ou moins justifié ici et dont je vais parler.

MAR et par apocope *ma*. Préfixe péjoratif qui figure dans plusieurs composées picards. Ce préfixe existait en langue d'oïl : il s'employait souvent seul, mais avec le rôle d'adverbe et au sens de *mal* malheureusement, à tort. On lit dans la traduction des quatre Livres des Rois, laquelle est du commencement du XII° siècle :

« *Mar averas paour* », c'est-à-dire *à tort* tu aurais peur.

« *Mar te mariras* », c'est-à-dire *mal à propos* tu t'affligerais.

L'origine de ce préfixe est incertaine. Les uns le considèrent comme une forte contraction du latin *mala hora*, à la male heure ; d'autres, et je suis de ceux-là, le tirent tout simplement de l'adverbe latin *malè*, mal, par changement, très régulier du reste, de *l* en *r*. Quoiqu'il en soit, ce dernier mot semble être le seul qui convienne pour interpréter exactement le même adverbe *mar*, qui figure à la fin d'une très ancienne épitaphe d'un seigneur de la maison d'Hangest et de sa femme :

« Chiel lius klot ong Rikorde
« Klevellere d'ong grand rekorde,
« Haenghest fot chils noemmet
« Ki reng ot apriee li kronnet MCCII.
« Empries li et kouk Engille
« Se fem ; chil fot molt fretile :
« Siet fant diz flelle ot obile
« Priez Dius (or ; onk mar vit Engile. »

« Ce lieu enclot un Richolde (ancien prénom), chevalier d'un grand souvenir (renom). Hangest fot il nommé qui rang eut après les couronnés (rois) 1202. Auprès de lui aussi conche (repose) Eugille, sa femme ; elle fut moult fertile (féconde) : sept enfants (fils) dix filles eut elle. Priez Dieu pour, onque (jamais) mal vécut Engile. »

(Lecarpentier, **Hist.** de **Cambrai.**)

Je termine par une observation.

Notre préfixe *mar* paraît, au point de vue du sens, représenter l'adjectif *mal* qui est dans le français *mal gré* (mauvais gré) picard *margré*, lequel se dit dans une foule de localités et qui nous présente le changement de *l* en *r* indiqué ci-dessus.

MARCANDER et *mercander*. Forme picarde du français *marchander*, débattre et surtout discuter le prix d'une chose. Notre forme se rencontre en vieux français :

« Por ce que cil qui marqueandent ne se puissent pas légierement escuser par yvrece... »

(**Beaumanoir**, XIII° s.)

Notre verbe se rattache au latin *mercatari* dont le participe *mercatantem* a donné *marchand*, vi. fr. *marchéant*.

MARCENAIRE et *malcenaire*. Subst. masc. Formes picardes, selon les localités, du français *mercenaire*. La seconde de ces formes nous offre le changement de *r* en *l* signalé ci-dessus ; la première a cours dans l'Amiénois et je la retrouve dans la traduction de la Parabole de l'Enfant Prodigue, laquelle fut adressée en l'an X au Ministre de l'Intérieur par la Société d'Emulation d'Amiens :

« Cambien y ot i d' malcenaires dens (dans) l' mon (maison) d' men père qui miutent (mangent) du pan (pain) tout leu sau (saoul)... »

On sait que *mercenaire* vient du la'in *mercenarius*.

MARCH. Le mois de *mars*, du latin *martius*. La forme picarde *march* toujours en usage dans la bouche des vieillards tend à disparaître devant la forme française *mars*. Notre forme a donné les dérivés *marchaimnes*, ensemble des semailles de mars, et *marsoyer*, préparer les terres pour ces semailles.

« ... deux sols tourncis pour chacun septier d'avoine et autres marchaiones. »
(Cout. de Péronne)

— « Item se trouvent six journaux de terre marsoyés d'une roye estimé cnacun journal quarante sols. »
(Invent. à Fouencamps, 1704)

Au commencement du XVII° siècle, les curés d'Amiens prononçaient et écrivaient *marche*. comme on le voit dans le Registre aux Baptêmes de Saint-Michel, année 1626. C'était du reste la très ancienne prononciation de ce mot dans notre contrée ; témoin l'inscription suivante :

« En cheste arcure (arche, voûte) gesist noeble chevaliers messires Jehan s dit le Borgne de Mangny,..... Cil Jehans triespassa li an MCCCXLVI li XV de marche. »
(Lecarpentier, Hist. de Cambrai.)

A propos de *mars*, signalons une locution bizarre dont l'origine reste à expliquer : « *Aller vir* (voir) *mars* ou *aller saluer mars.* »
Dans les villages situés au nord d'Amiens, on ne manque pas, entre amis, de rappeler en ces termes le commencement du mois qui va s'ouvrir : « Tu sais, ch'est d'main premier mars ; ches femmes iront vir Mars au bout de ch' hos *(bois)* en t'nant leu bannière (pan de chemise) dens leus dents ! » Ceci se dit à Coisy et à Villers-Bocage. Tout près de là, à Montonvillers, la formule change et l'on dit : « Pour n' point avoir d' quervures (gerçures ou crevasses à la peau) i feut s'n aller vir Mars à quatre heures du matin et pis foire trois fois l' tour de l' mare aveu s' bannière dass ses dents ! » Il paraît que des idiots ont tenté l'expérience sans succès.
Les formules en question se répètent, dit-on, depuis fort longtemps en passant de génération en génération. Les villa-

geois ne peuvent en expliquer l'origine et j'avcue que je n'en sais pas plus qu'eux à cet égard.

MARCHURE. Subst. fém. Allure, la démarche d'une personne, sa manière de marcher. Dérivé de *marcher*, comme *allure* de *aller*, *tournure* de *tourner*. Ce terme a été français ; Robert Estienne écrivait en 1549 : « Marchure, *ingressus.* »
Loc. pic. : *Se marcher bien*, marcher bien. Il en était de même en français du XVI° siècle, l'auteur cité ci-dessus écrit : « Se marcher, *incedere. Nous avons en outre l'expression *se démarcher*, faire des démarches en vue de réussir, sollsiciter.

MARDOCHÉ. Adj. « Bossué, billoté », dit Corblet. *Billoté* n'est pas français. Ici, comme en d'autres endroits de son Glossaire, cet auteur emploie par inadvertance, un mot patois pour en expliquer un autre. Ce *billoté*, synonyme du français *bossué* et de notre *mardoché*, est un dérivé du picard *billot*, petite bosse à la tête ou au front.

MARELLE. Subst. fém. Forme picarde du français *maryelle*, diminutif de *marge*, lequel vient du latin *marginem.*

MARETTE. Subst. fém. C'est un diminutif de *mare*. Pour exprimer l'idée qu'on peut semer les blés en temps de pluie tandis qu'il est bon de semer les avoines en temps sec, les Picards disent :
Blé en marette,
Aveine en pourette. (poussière, terre sèche.)
Notre diminutif est ancien. On trouve en 1448 à Domart-en Ponthieu un lieu dit *Les Marettes (J. Garnier, Topogr. de la Somme*).
Le primitif *mare* se rencontre dans plusieurs noms de famille : il y a en Picardie des *Lamare* et des *Delamare*, comme il y a des *Delarue*, des *Dupuis*, des *Delacour* et des *Lacour*, des *Dubois* et des *Dubos*, etc.

MAREU. Subst. masc. Ce terme signifie *matou* dans le Noyonnais. En Hainaut on dit *marou*. Il est probable que notre *mareu* picard n'est autre chose que *maraud* prononcé *mareu* : c'est ainsi

qu'on dit *teupe*, taupe, *heut*, haut, etc.
Le matou étant d'ordinaire assez voleur,
il n'est pas étonnant qu'on l'ait appelé
mareu, qu'il faudrait, si j'ai raison,
écrire *mareud* et que Corblet cacographie *marcux*. J'ajoute que les Picards
disent *mareuder*, voler dans les champs
et les jardins.

MARGOT. Le fou blanc, le *pelecanus
bassanus* ou *lasula alba* des naturalistes.
(*Marcotte, Ant. vert. de l'arr. d'Abbeville.*) On dit aussi *Margal*.

Ce terme est un diminutif de *Marguerite*.

On sait que *margot* est un des noms
de la pie qui est très bavarde ; de là dans
certaines localités les dérivés *margoter*,
bavarder, *margotages* (plur.), bavardages.

Nous avons, mais à un autre sens, le
terme *margotage*, genre de marqueterie
commune exécutée avec un certain succès
par des menuisiers de village. C'est une
corruption de l'ancien terme français
marquetage, marqueterie (V. Cotgrave,
C. Oudin, etc.), dérivé de *marqueter*.

MARGOTTE. Subst. fém. Forme picarde du français *marcotte*. Le picard a
conservé le *g* du latin *mergus*. On rencontre encore ce *g* étymologique au XVIe
siècle, car on lit dans O. De Serres : « Le
cep duquel on désire tirer de la race est
margoté en tout ou en partie, c'est-à-
dire préparé à donner des *margottes* ou
chevelues. » Inutile d'ajouter que nous
avons conservé le *g* dans le dérivé *margoter*, marcotter.

A *margotte* se rattache *margottin*,
très petit fagot, plus gros cependant que
notre *tolinet* picard ; son nom lui vient
du fait que ce fagot est composé de menues branches de la grosseur des *margottes*.

MARGOULETTES. Subst. fém. plur.
Testicules de l'homme et des animaux.
Nous avons aussi au même sens les formes *margolaines* et *marjolaines*, plus
anciennement *marjolles*, *marjolettes*.
Le radical de ces formes est originaire
du Nord, le sens propre est *saucisse*,
tandis que celui de *margoule*, *margoulette*, etc., est figuré.

Voyons les mots selon l'ordre des temps
et sous leurs nombreuses acceptions.

On lit dans l'*Enjollement de Coulas et
de Miquelle*, année 1634 :

« Mais qu'est chou donc aussi qu'est ainsin pen-
| drillant ?
COULAS. — Trédance ! Miquelon, ce sont mes
| marjolettes.
MIQUELLE. — Serment ! Chelo revenue à quasi
| deux cloquettes. »

— « Quel enfant !... Qué dos, qué cul, qués
| fesses...
Qué robin-turelure... et qués marjolles ! »
(Suite du célèb. Mar. de Jeannin, 1648.)

Notons en passant qu'on trouve dans
Rabelais et dans Cotgrave le mot *marjolles* au même sens que dans le passage
précédent.

Nous avons un diminutif de *marjolle* :
c'est *marjolinne* — prononcé *marjolainne* — espèce de pomme de terre hâtive
dont la forme rappelle une *marjolle*.
Notre *marjolinne* est du genre féminin.
Les marchands grainiers de Paris ont
adopté notre terme avec cette différence
qu'ils lui donnent le genre masculin : le
catalogue de la maison Vilmorin pour
1885 porte *marjolin*.

Dans le canton de Villers-Bocage, les
paysans appellent *marjolinnes* les caroncules qui pendent au-dessous du bec du
coq.

Les bergers nomment *marguelinne* —
marguelainne — l'excroissance charnue
longue d'environ cinq centimètres qui
pend en forme d'ampoule au cou de certaines brebis ou moutons.

De *margoule* nous avons tiré le diminutif *margoulette*, ganglion lymphatique
qui se développe surtout chez les jeunes
enfants sous les oreilles, la mâchoire ou
au cou. Il est évident qu'on a comparé le
ganglion à une *margoule* ou à une *marjolinne*.

Le radical de *margoule*, *marjolle*, est
le vieux saxon du littoral *maerh*, *mearh*,
aujourd'hui perdu, néerlandais des Frisons *marghe*, perdu également, dont le
sens était *saucisse*, et qui existait encore
en 1643 (V. D'Arsy) : la finale aspirée *h*
était à cette époque devenue une gutturale. Le primitif a dû être *marge*, *margue*, d'où nos diminutifs et sous-diminutifs picards.

Nous avons aussi *margoulette* au sens

de *mâchoire* et de *mouchoir passé sous
le menton et retenu sur la tête.* Le
second sens est évidemment une extension du premier : on ne met ce mouchoir
que pour protéger la mâchoire. Ce mot
margoulette, à mon avis du moins, est
composé du préfixe péjoratif *mar* et de
goulette, diminutif de *goule* (du latin
gula, gueule), pris au sens de *mâchoire
inférieure et supérieure, mâchoire.*
Comparez la locution picarde : *casser la
margoulette* et la locution populaire :
casser la gueule.

MARGRÉ, *magré* et *maugré.* Formes
picardes du français *malgré* dont l'origine
est connue. Dans la première de ces
formes le *l* de *mal* est devenu *r* ; *mau* de
la troisième qui existait en langue d'oïl a
persisté dans le français *maugréer.*

MARGUET et *maguet.* Subst. masc.
Bouc.

MARGUÈTE et par syncope *maguéte.*
Subst. fém. Chèvre; au figuré *instrument* ou *machine* — en français *chèvre*
— qui sert à élever des fardeaux ou à soulever des voitures pour en graisser les
roues.

Locutions picardes :

1° *Sauteu* ou *seuteu d'marguétes*, un
débauché, un coureur.
Synonymes : *Matou, cabri.*

2° *Herbe à maguéte*, l'herbe nommée
prêle ou *queue de cheval*, l'*equi-
setum* ou *hippuris* des botanistes.
Synonyme picard : *Feuqueuse.*

« Ches riches il ont des droles d' réderies. Li
M. de Plingré i rédoit d'on leup (loup) privé.
O z'avoit apprins ch' leup, à juer aveu eine marguette qu'étoit dins l' moison. Ch' leup i b'soit
(faisait) des bonds pard'sus chelle marguette,
l' marguette all' seutoit comme un cabri pard'sus
ch' leup ; et ch'étoit lò dins ch' gardin où qu'os
sommes que ch' M. de Plingré i venoit souveint
les vir (voir) jougler. »
(**Entret. de Jacot et de quint Mague,**
MM. inédit, Amiens, 1811.)

On parle ici de M. Pierre-François-
Théodore Pingré de Fricamps, ancien
officier qui mourut le 6 novembre 1810 à
Amiens, rue des Jacobins, des suites d'un
coup de corne de sa *marguète* : il était
âgé de soixante-seize ans et demi.

Au pays de Crinon, le *r* a disparu et
l'on dit *maguéte :*

« Tout partout ch' t' heure, s' (les) infants sont
      ches moites (maîtres)
Ch' l'infant qui vient n'est pos aitont pondu
Eq capricieux soume (comme) ein jonne d' ma-
      | guette
En atteindant qu'i les moine (mène) à l'baguette
Coume ein tchout diabe i mêt à la raison
Sen père et s' mére et tous cheux de l' maison. »
      (**Satyre X.**)

Il en est de même dans le nord du domaine picard. A Lille, on dit *maguéte.*
Mais en patois de Mons, en Hainaut, on
dit *gade*, en patois de Liège, *gate.* Il en
était de même en langue d'oïl qui disait
gade, chèvre. Ces dernières formes montrent que nos formes picardes sont composées du préfixe *mar* et d'un radical
venu du nord, vi. sax. du littoral *gaete,
gat*, bouc, suéd. *get* (*g* dur), dan. *geed*
(*g* dur), écoss. *gait*, chèvre, néerl. *gheyte*
prononcé *gaite*, flam. act. *geite.*

Quant au préfixe péjoratif *mar*, il est
suffisamment expliqué par le fait que le
bouc ne jouit pas d'une grande considé-
ration dans l'estime publique et que nos
ancêtres savaient fort bien que c'était lui
que les Juifs chassaient dans le désert
chargé des péchés d'Israël et des malé-
dictions qu'on voulait détourner de dessus
le peuple.

MARIAGE dans la locution : « Foire
(faire) *mariage* », briser par inadvertance ou volontairement quelque objet
fragile, tel que vitre, bouteille, vaisselle.
Cela se dit sans doute par antiphrase,
puisqu'au lieu de réunion, l'événement
produit la division de l'objet en plusieurs
morceaux. On dit au même sens à Amiens
et dans les environs : « Foire un *miraq* »
(miracle).

MARICHAU, *maréchau, maricha, ma-
rissau.* Subst. masc. Formes picardes du
français *maréchal* ferrant. On sait que le
maréchal ferrant devait autrefois et doit
encore, dans beaucoup de localités, savoir soigner les chevaux et faire veler
les vaches : il était une espèce d'artiste
vétérinaire.

Des gens sans ordre et souvent dépour-
vus de choses essentielles, les Picards
disent :

« Ch'est comme ch' marichau d' Saint Clair
Quand il o du carbon i n'o pus d' fer. »

« Ch'étoit (la mitre de l'évêque d'Amiens) ni
pire ni moins qu'el souffloir ed nou maricha. »
(Dial. entre deux Picards, 1823.)

MARICANCAILLE. Se dit du côté de
Ham au sens de *nielle* des blés. Du côté
de Noyon on dit au même sens *mican-
caille*, terme qui paraît être une contraction du précédent.
Origine inconnue.

MARIEU. Subst. masc. Jeune marié.

« Ses yux gros comme eine plotte
Ait' disoit ('a belle-mère) à ch' marieu :
N'affolez point trop m' quiote
Et n' fuchez point si r'veleu (animé). »
(Anc. ronde chantée à une noce, MM.)

MARION d'Amiens. Sorte de poire
d'automne, d'après le *Jardinier français*
de 1652 et 1655. J'ignore quelle est cette
poire et si elle a conservé ce nom jusqu'aujourd'hui. On sait que *Marion* est
un diminutif de Marie.

MARJOLETTE. Subst. fém. Jeune fille
(dans Corblet). Ce terme est le féminin
du français *marjolet*, petit homme qui
fait l'entendu, jeune homme élégant qui
fait le muguet, autrefois débauché, coureur. etc.
Ce mot est de la famille de *margoulette*.

MARLE. Subst. et adj. Forme picarde
du français *mâle*, du latin *masculus*.
Cette forme existait dans le vieux français :

« Si comme s'il avient qu'une feme a deux
enfans marles .. »
(Beaumanoir, XIII° s.)

— « Vous qui jugement demandes (demandez)
A moi ma parolle entendeis.
Je ai, après Dieu et nature,
Pooir (pouvoir) sour toute créature
Qui naist de marle et de femiele »
(Beaud. et Joh. de Condé, XIII° s.)

Au commencement du XVI° siècle,
Jehan Briet, de Boves, introduit une ac-
tion devant le bailli contre Mathias
Hareux :

« Adfin (afin) de avoir restitution de ung au-
gnian marle en estimation de XVI solz. »
(Plaids de Boves, 1521.)

Sous Henri IV, nos curés disaient dans
les actes *éffant marle* pour *jeune
garçon* :

« Le v° jour d'apvril an que dessus (1601) a
été faict un baptême d'un effant marle lequel a
eu nom Authoine. . »
(Montigny Nampont, Doyen. de Rue.)

PROVERBE : « Es (les) écrits ch'est des marles
et ches paroles ch'est des fumelles. »
(Sermon en proverbes, MM.)

— « Ignace se r'teurne (retourne) .. ; mais
l' v'lô tout d'ein cœup qu s' reingorge conme
ein marle d' pigeon... »
(Fr. Pic. Annuaire de 1838.)

Pour le *r* de *marle*, comparez *merler*,
mêler, du latin *misculare*, qu'on verra
plus loin.

MARLE et *malle*. Subst. fém. Formes
picardes du français *marne*.
Dérivés : *Marlière*, carrière de marne.
Marler, épandre de la marne
sur un champ.
Marlage, action de marner.
La forme *malle* s'explique par l'assimilation régressive de *r* en *l* : c'est ainsi
qu'à Franvillers et les environs on dit
paller pour *parler*.
Presque toutes les formes actuelles se
retrouvent dans le vieux français, c'est-
à-dire dans le dialecte picard qui en for-
mait partie intégrante.

« Sire, ce n'est marlière. »
(Ren. XIII° s.)

— « Gravier de blanche marle fort et dur, sur
quoi on peut fermement charier... »
(Froissart, XIV° s.)

— « L'an MCCCXVIII furent cinq acres de
terre mallées de blanc malle et fut le malle pris
au champ meisme. »

(Delisle, Agric. norm., XIV° s.)

On sait que *marne* vient du latin *mar-
gula :* diminutif de *marga*, marne (dans
Pline), par contraction en *marg'la :* le
français a changé en *n* le *l* qui a persisté
dans le picard.
La forme picarde s'est conservée dans
un nom de famille. J'ai vu dans les réu-
nions publiques de 1871 à 1877 M. Lamarle, qui fut sous-préfet en 1870 et
candidat aux élections du Conseil géné-
ral de la Somme pour l'arrondissement
de Péronne.

MARLICLOU. Je donne ce terme tel que je le trouve dans Corblet, qui le définit : « *Le dernier né d'une couvée d'oiseaux, littéralement mâle éclos.* » Cette étymologie me semble erronée; *marliclou*, à mon avis du moins, est une corruption de *mal éclos, mal éclous* dans les localités où *os* final devient *ous*. Il me paraît difficile qu'on puisse, fût-on abbé, distinguer si le dernier venu d'une couvée est un mâle ou une femelle. En tout cas, puisqu'il reconnaît dans ce terme l'élément *éclos*, il aurait dû le terminer par un *s* final et écrire *marliclous*

MARLOT et *marlout*. Subst. masc. Diminutif de *marle*, mâle, chat mâle, matou. Il y a dans la seconde forme le changement de *ot* en *out* déjà plusieurs fois signalé.

A Amiens et dans les environs, les gens du peuple assimilent au matou, animal coureur et débauché, les êtres ignobles qui se font souteneurs dans les maisons de tolérance et les appellent *marlouts*. J'ajoute que *marlot* a donné au même sens le diminutif *marlotin*.

MARMAILE et *mermaile*. Subst. fém. Forme picarde, dans mon village et dans beaucoup d'autres localités, du français *marmaille*. Je relève ces formes pour montrer une fois pour toutes que dans un grand nombre de mots la finale *aille* n'est pas mouillée et devint *aile*. Il en est de même pour la finale *euil* : *Berteul, Moireul,* pour *Breteuil, Moreuil,* ainsi que de la finale *ouille* : *andoule* pour *andouille* ; j'*moule* pour je *mouille*. Le *eil* final devient *el* : *solel, parel* pour *soleil, pareil*. Mais *il* est mouillé quand *euil, euille, aille, ouille, eil* ne sont pas en finales : *feule, feuille,* et *feuillet, couaile, caille,* et *couaillot*, homme qui attrape des cailles ; j'*veile*, je *veille*, au plur. os (nous) *v'illons* ; *andoule*, andouille, et *andouillette*. Je n'entends nullement en faisant ces observations en tirer une règle générale, je signale tout simplement des faits de langue aux phi lologues de l'école qui veut faire la topographie des patois : c'est à eux de marquer ces faits sur la carte qu'ils ont l'intention de dresser. Il y a du reste des variantes bien singulières entre des localités très rapprochées. A Cachy, on dit *boutaile, solel, parel*, etc ; à Gentelles, c'est-à-dire à un kilomètre de là, on dit *boutaille, solail, pareil*.

La seconde forme *mermaile* est remarquable par le fait que nous avons conservé à la première syllabe le *e* du radical. En effet *mermaile* se compose de la finale péjorative *aille*, devenue *aile* chez nous, et de *merme*, venu du latin *minimus*, très ou fort petit. On a dit autrefois *marmion*, jeune enfant, et plus anciennement *mermiau*, enfant en état de minorité.

« Par les grandes conjonctions
Qui se feront en mariage
Verréa troter les marmions
Tant que nul n'en vit de son aage »
(Songe creux, 1527.)

Le chapitre XXXVII des *Assises de Jérusalem* porte :

« Ci dit que por teneur (possession) qne l'on face de l'héritage (bien immeuble) de *mermiau*. »

Et plus loin :

« Se il avient que celui qui requiert héritage a esté *merme* d'aage... »

Au même radical se rattachent le français *marmot* et .. picard *mermot*, dans mon village *mermout*. Ce radical *merme* avait donné en langue d'oïl les verbes *mermer*, diminuer, rapetisser, amoindrir et *amermer*, diminuer, affaiblir. (V. Hippeau et Burguy.)

MARMOULETTE. Subst. fém. Moule de mer, coquillage bivalve comestible. Ses synonymes sont *mourle, mourlicette*.

La forme *mourle* n'est autre chose que *moule* du français avec addition der comme dans *marle*, mâle, *merler*, mêler. La forme *mourlicette* est un diminutif de *mourle*. Quant à *marmoulette*, diminutif plus régulier que le précédent, il me semble composé de *moulcette* et du préfixe *mar* que justifie suffisamment ici le peu d'estime dont jouit le coquillage en question.

Moule vient, selon les uns, du latin *musculus*, selon les autres, de l'ancien haut allemand *muscla*, angl. *muscle*, moule.

MARMOUSER. S'inquiéter, être en

peine, grogner. En vieux Picard, on di
sait *mermouser* comme on dit *mermaile*
dans mon village.

« Mon cousin, je vos veux une cose récrire
Lequelle vos fera en un caup (coup) braire et rire
Ch'est que mardy derrain Prigne épouse Jeannin.
L'euchiez vous bien cuidié? Je dis my que
         | nennin (non)
Pierrequin Hochedé le neveu de Bertaut
En est si marmouxé qu'l saute presque au haut ;
Et Toinin l'écrignier (hucher) le feseu de fre
         | nêtre,
En est si engraigné (attristé) qu'l se vent foire
         | (faire) preatre. »
         (Mar. de Jeannin)

Notre *marmouser* du patois est l'ancien français *marmuser*, *marmouser*,
murmurer, gronder. (V. Hippeau.) On le
retrouve encore aux XV⁵ et XVI⁵ siècles.

« Bien set (sait) se le mary est triste :
Il songe, il marmouse, il radote. »
         (G. Coquillart, XV⁵ s.)
— « J'ai huy oublié ma bouteille...
Par grand despit je m'en marmouse. »
         (Mytère du XVI⁵ s.)

Notre poète Crinon emploie au figuré
en parlant du temps le dérivé *marmousu,*
triste, maussade, sombre, morne.

« Aprie (après) l'hiver marmousu et si triste
L' bonne saison vient nous reinna (rendre)
         | visite. »
         (Satyre XVIII.)

Au propre *marmousu* signifie *grognon,* homme qui fait mauvaise mine
aux gens. Au féminin *marmousu* fait
marmoususe par addition de *s.* Cette
addition se retrouve dans un certain
nombre de mots : *bleuse,* bleue, *nuse,*
nue, *gouluse,* goulue, *cocuse,* cocue,
pluse, pelue, *rêluse,* fém. de *rêlu,* gentil,
bien arrangé, *druse,* drue, *barbuse,*
barbue, etc.
Marmouser est composé du préfixe
péjoratif *mar* et de *mouser,* *muser,* dont
l'origine est incertaine.

MARONNER. Murmurer, gronder, être
de mauvaise humeur. Ce mot, je le sais,
est commun au picard et à d'autres
patois. On le trouve dans Littré comme
terme populaire, mais sans indication
d'étymologie.
Maronner, à mon avis du moins, est
une forme syncopée du français *mar-
nonner,* dire ou parler à voix basse et
peu distincte ; il y a eu simple extension
de sens. Quant à *marmonner,* son origine est incertaine à moins qu'on le considère comme une corruption ancienne
du verbe type *marmouser* qu'on a vu plus
haut. En langue d'oïl, Hippeau donne sur
une même ligne *marmonner, marmuser,* murmurer, gronder.

MARONNES. Subst. fém. pl. Braies,
culottes. Dans certaines localités, on
prononce, paraît-il, *moironnes* que Corblet écrit *mouéronnes.* Cette expression
est une apocope et une corruption de
maronnières, larges culottes spéciales
aux marins ou mariniers, en langue d'oïl
et en vieux français *maronniers,* telles
que les portent encore aujourd'hui nos
pêcheurs du littoral. De là une demi-
francisation ancienne en *marinnes* au
lieu de *maronnes* que l'on voit dans de
vieux inventaires de l'Amiénois.

« Des mareines (sic, lisons marinnes) de
thoille de chanvre vieil et usé en forme de
hault de chausse. »
         (Amiens, 1593)
— « Des marines de toile, une balette... »
         (Pierregot, 1618.)
— « Une paire de marinnes de tholle noire. »
         (Amiens, 1620.)

On lit dans le *Sermon naïf d'un bon
vieux curé de village :*

« Après, quand ils ont tout widlé (bu et mangé)
L'un qnet (tombe) l'autre brondielle à terre...
L'un déloufe l' bière et les pronnes (prunes)
Et l'autre quie (cacat) dans ses maronnes. »
         (Circa, 1700.)
— ... Is (ils) prennent des vessies pour des
lainternes et pis leus queuches (leurs bas) pour
leus maronnes. »
         (Lett. pic. par L. Gossen, 1841.)

Notre poète Crinon emploie *maronne,*
culotte, au singulier :

« Si l' contintmeint les rendot tout rêtus
Ech n'étot point toujours d'êt' (d'être) bien
         | quertus
Pour leus habits i n' foulot pos d'onmolle
Mais si n'aveint rien qu'ein' maronne ed toile
Il avaint l' don, avu l' moutchi d' tros sous,
De s' divertir sans souci comm' des fous. »
         (Satyre III.)

Au nord du domaine picard, à Douai,
on dit au figuré, *ches maronnes,* les
hommes, *ches colrons,* les femmes, absolument comme on dit dans l'Amiénois
ches capieux et *ches bonnets blancs,*
pour les hommes, les femmes.

En Artois, on rencontre la locution : *Rire à maronnes déblouquées*, laquelle répond à : Rire à ventre deboutonné.

En Hainaut, on dit : « Se lever avant que le diable ait mis ses *maronnes* », se lever très tôt.

MAROQUIN. Subst. masc. Terme usité en vieux picard pour désigner la peau du corps et plus spécialement celle du ventre. J'ignore s'il est encore en usage dans quelque coin de notre contrée ; je le rencontre dans la *Suite du célèbre Mariage de Jeannin*, XVIIe s. :

« Chà, maquons à volée, enflons no maroquin ;
Boutons nous à no aise, arrièr' ches casaquine... »

MARPAIL et *marpal*. Subst. masc. Vaurien, coquin. On dit au nord d'Amiens (canton de Villers-Bocage) et ailleurs : « Ch'est un vrai *marpail* », c'est-à-dire un vrai brigand. On verra, par l'étymologie, que Corblet écrit à tort *marpaille*. On rencontre à Paris la forme *marpaud*, niais, sot, badaud, homme qui fréquente les mauvais lieux; en Normandie *marpas*, sale, bas ; en Champagne *marpaut*, voleur, gourmand ; en vieux français *marpault*, voleur, fripon (dans G. Coquillart et dans Rabelais et Cotgrave).

Le mot qui nous occupe est composé du préfixe péjoratif *mar* et d'un radical *palt* venu du nord, réduit à *pa* en normand, devenu *pail* en picard et *paut*, *pault* en vieux français, radical qui a donné en anglais *paltry*, méchant, mauvais, méprisable, en langue d'oïl *paltonier*, *pautonier*, coquin, méchant, homme de mauvaise vie, misérable, mendiant. Un radical *palt*, aujourd'hui perdu, existait dans le néerlandais au sens de *pièce*, *morceau*, comme on le voit dans Kilianus. *Marpail* signifie donc à l'origine et littéralement *vilain morceau*, *mauvaise pièce*, d'où les acceptions figurées qu'on a vues plus haut. J'ajoute qu'aujourd'hui encore les paysans picards disent d'un homme méchant ou voleur : « Ch'est un vilain morcieu d'vierne » (viande) ou bien : « Ch'est unne mauvaise pièche » (pièce).

MARQUET. Diminutif du nom d'homme Marc qu'on rencontre dans le dicton suivant :

« Georget, Marquet, Colinet
Sont trois méchants garchonnets. »

Georget désigne saint Georges (23 août), Marquet saint Marc (25 avril), Colinet saint Clet (26 avril).

Par là on veut dire que le mauvais temps qui survient d'ordinaire vers la fin d'avril cause beaucoup de dommage aux plantes.

MARQUIÉ, *marqué* et *marqui*. Subst. masc. Formes picardes du français *marché* aux deux sens de *lieu d'approvisionnement* et de *convention*, *traité conclu entre plusieurs personnes*. Dans mon enfance, j'ai entendu les vieillards dire *merqui*, forme que l'influence du français a fait disparaître. La finale wallo-picarde *i* est en usage au sud et à l'est d'Amiens ; ailleurs on a la finale *é* comme en français.

Notre forme par *c* dur ou *qu* est ancienne :

« A tous ceux qui ces présentes lettres verront et oiront Pierre Dufour garde du scel... establi en le prévosté de Foulloy pour sceler et confermer les contrats, convenances, marquiés et obligations... »

(Bail du 13 fév. 1350)

— « On planta plusieurs estcos (pieux) et avoient esté fais grans treus (trous) en l'espace de plus de deux cens piés de long depuis la maison Jehan Lefebvre jusque près de la maison des Cloquiers au milieu de la rue du marquié au fromage. »

(De Calonne, La Vie municipale au XVe s.)

On lit dans le *Bonhomme Picard*, année 1888, la curieuse annonce qui suit :

« Acatis (achetez) vos cauchures dins l' rue d' San German in face l' porte d'eche l'église n° 25 à ch' grand San Crépan si os (vous) volèz (voulez) avoer (avoir) soltie et pis boen (bon) martchi (lisez marqui, marché)... »

Adage picard :

« O (on) n'acate mie d' l'honneur das (dans) ch' marqué. »

On sait que *marché* du français et *marqué* du picard viennent du latin *mercatus*.

MARSIU (marziu), *morsiu* et *morbiu*. Exclamation et sorte de juron. S'emploie aussi pour donner plus de force à un terme injurieux, comme on le voit dans la citation suivante :

« V'là un drole d' arcaillot, que je m' sus dit !... Qué (quel) marsiu d'arlaquin ! »
(Colo Pierrot, 1789, Amiens.)

Marsiu, morsiu, morbiu ne sont qu'une déformation plus ou moins intentionnelle de l'ancien jurement *Par la mort Dieu!* si familier au roi Charles IX... Dans certaines localités situées au nord d'Amiens, notamment à Rubempré, la déformation a été moins forte et l'on entend très souvent dire *mordiu*.

MARTIAU et *martieu*. Subst. masc. Formes picardes du français *marteau*, du latin *martellus* d'où à l'origine la forme *martel*. Dans le Vermandois, où le *t* devient *qu*, on dit *marqueu*, comme on dit *couqueu*, conteau, *vainqueu*, *vantieu*, etc.

Notre plus ancienne forme est *martiau*.

« O vent soufflés (soufflets) venter
... et martiax (prononcez tiaux) ferir. »
(Lég. de St Brandaine, XIIIe s.)

— « Et chevauchièrent dusques à l'ourmiel (orme) à Gi... les carpentiers devant a (avec) boines haches trenchans et a boins martiaus. »
(Chron. de Raims, XIIIe s.)

— « Une tarelle une sarpe et ung martieau... »
(Invent. à Amiens, 1616.)

Martel, martiau, martieu sont restés des noms de famille très répandus dans tout le domaine picard.

MARTINET. Nous désignons sous ce nom en Picardie l'hirondelle de fenêtre, l'*hirundo urbica* de Linné. A Amiens, au XVIe siècle, martinet se disait au figuré pour désigner l'*escholier demourant hors du collège*, c'est-à-dire l'externe.
(Œuvres de Des Caures, de Moreuil, princip. du coll. d'Amiens, 1563.)

Martinet est un diminutif de Martin, dénomination qu'on a donnée on ne sait trop pourquoi à l'âne et à des oiseaux et qui est resté aussi un nom de famille.

MASAINGUE, *masengue, mésaingue*. Subst. fém. Formes picardes du français *mésange*. Dans mon village, on dit *esempe* (ézimpe) par la chute de *m* initial et changement irrégulier de *g* en *p*.

MASIÈRE. S. bst. fém. Bord d'un bois, d'un fossé, d'une rivière. Cette expression est métaphorique : on a considéré ce bord comme formant clôture, car en langue d'oïl *maisière* signifiait *mur*, cloison.

« Je courraie et me précipiteraie de si long que je verraie une maisière ou une bise pierre, et hurteroie si durement ma teste que j'en feroie voler les ex (yeux) et que je m'acervelleroie lor. »
(Aug. et Nicol., XIIIe s.)

Le mot qui nous occupe vient du latin *maceria*, mur de clôture en pierre sèche. C'est à des clôtures qu'il faut rapporter la dénomination de plusieurs localités : *Mezières* dans l'Aisne, *Mézières* en Santerre (canton de Moreuil), et *Mézerolles* (canton de Bernaville), dans la Somme. Ce dernier nom est un diminutif.

MASILLE. Subst. fém. Je ne connais pas ce mot, mais je le trouve dans Corblet qui dit : « *Mauvaise monnaie de cuivre.* » J'ignore l'origine de ce mot. Je constate seulement que le patois de Genève a *mâsille*, et que là, on dit d'un homme qui a de l'argent qu'*il a des mâsilles*. De même *mazille* dans le centre de la France et cela au même sens absolument qu'en Picardie.

MASON, *majon, moison* et par contraction *mon*. Subst. fém. Formes picardes, selon les localités, du français *maison*, du latin *mansionem* (demeure), par réduction de *ns* à *s*. La plupart de ces formes sont fort anciennes.

« Li viespres (soir) vient et li barons
Remainent lor danse en mason. »
(Gautier d'Arras, Eracles, XIIe s.)

— « Le renc (rang, côté de rue) de Durlame en allant à le moison de Collard de Rue, chevalier. »
(Hist. des rues d'Amiens, par Goze, année 1456.)

La forme *majon* appartient plus spécialement à l'Artois et au picard de Lille.

« Parlez donc ! Pourrotes vous m'insigner à Lille le magçon (sic, majon) d'un monsieu qui s'appelle par un nom de pichon ? »
(Hist. de M. Héreng de l' Basse Deule, XVIIIe s.)

Je donnerai à son rang la curieuse forme contractée *mon*.

La citation tirée de l'*Histoire des rues*

d'Amiens me rappelle que les noms de deux rues de cette ville se rattachent au même radical que le mot qui vient de nous occuper.

Il y a à Amiens deux rues de Metz ; l'une à l'est de l'évêché, l'autre derrière le beffroi. La première s'appelle *rue de Metz-l'Evêque*. Un honorable antiquaire qui a réuni sur la ville d'Amiens une masse de documents, M. Aug. Dubois, croit et soutient que *metz* est le même mot que *mète*, du latin *meta*, borne, limite. Cette opinion est erronée : *mète* n'a jamais pu devenir *metz*, plus que *bête* et *tête* n'eussent pu devenir *betz*, *tetz*. Ce qui trompe M. Dubois c'est que le *t* de *metz*, au lieu d'être étymologique, n'est qu'une floriture graphique de scribe, ou une pure variante orthographique.

Metz n'est pas seulement le nom de deux rues d'Amiens ; on le rencontre en composition dans plusieurs noms de villages de la Somme : *Pont-de-Metz*, *Beaumetz* et *Mametz*. Or, si l'on examine les anciennes formes, on trouve que Pont-de-Metz est dit *Pons de Mez* en 1131, que Beaumetz est dit *Belmeis* en 1133 et que Mametz est dit *Mames* en 1184. Ainsi partout jusqu'au XIII° siècle, le mot en question s'écrit *mez*, *mes*, *meis*, et on ne rencontre nulle part le *t* de la forme actuelle *metz*. La raison en est bien simple : c'est que ce mot vient du latin *mansus*, ferme, domaine, propriété rurale, qui a donné en France selon les contrées *mas*, *mez*, *meix*, chez nous *mes*, *mez*, *meis*. La finale atone *us* tombe et *ns* se réduit à *s*; enfin le son *a* s'adoucit en *ei*, *e*. A partir du XIII° siècle, ce son *ei*, *e*, est rendu par *et*, parce que le sentiment du sens primitif et de l'étymologie disparaît à mesure que les siècles se succèdent.

De ce qui précède, je crois pouvoir tirer les conclusions suivantes :

Il y a eu à Amiens, du V° au IX° siècle, deux *mansus* situés aux environs des rues de Metz et Metz-l'Evêque.

Cette dernière rue est la rue du *mansus episcopi*.

Pont-de-Metz vient du latin *pontem mansi*.

Beaumetz vient de *bellus* ou de *Belli mansus*.

Mametz vient de *malus* ou de *Mali mansus*.

Mon dire relatif au *mansus episcopi* est confirmé par le fait que le terrain occupé par l'usine de M. Cocquel et la vaste propriété de M. de Guyencourt s'appelait jadis la *Vigne l'Evêque*.

MASSAC. Subst. masc. Forme picarde du français *massacre*. Se dit d'un enfant pétulant qui casse ou brise tout, d'un ouvrier maladroit qui gâte, *massacre* son ouvrage.

J'écris ce mot comme on le prononce, parce qu'il y a eu en réalité chute des deux dernières lettres de *massacre*. Cette chute n'est pas un fait isolé : c'est presque une règle pour les mots terminés en *acre*, *acle*, *icle*, *ecte* : *massac*, massacre, *speclac*, spectacle, *mirac*, miracle, *artic*, article, *architec*, architecte, etc., etc. Je n'en donne qu'un petit nombre ; mais j'en ai fourni bien d'autres à mon ami Logie, étudiant de l'Université de Baltimore, qui ne manquera pas de les donner dans son ouvrage sur le patois picard.

On a vu sous *Maisiau* qu'à Amiens on appelait jadis *le Machacre* la petite place nommée plus tard *la Tuerie*, qui fait face à l'hôtel Morgan au bout de la rue de Condé.

MASSÈGUE. Corblet donne ce mot à son rang sans définition ni étymologie et renvoie au mot *limechon* où on le retrouve orthographié *massegne*. Je cite : « Tel est encore le jeu des momeux *massegnez*. On défendit à Péronne en 1549 d'aller de nuit momer *massègne* sous peine de dix livres. » Ce *massègue* de Corblet est une grosse erreur due en partie à l'auteur qu'il cite, M. de la Fons, qui évidemment a mal lu un vieux document. En effet, il est clair que ce mot est non pas *massegue*, mais *massequé*, c'est-à-dire *masqué*. C'était un vieil usage en Picardie d'aller *momer*, c'est-à-dire de se déguiser plus ou moins grossièrement pour aller le soir jouer quelque bon tour à ses amis ou à ses ennemis. Mais cela finissait parfois mal ainsi qu'on le voit par un document judiciaire.

« Icelloi suppliant... partist de l'hostel de son maistre... en intention de aller mommer et de

fait y ala desguisé ainsi que l'on a accoustumé faire au païs (à Thérouanne) en temps d'iver. »
(Let. de Remis., 1484.)

Momeux, qu'on a vu plus haut et que Corblet ne définit pas, représente le pluriel de l'ancien dérivé *mommeur*, individu qui *momme*, qui circule ou se montre sous un déguisement ; terme venu du néerlandais qui, d'après Plantinus et autres, avait *mommer*, masqué, en délire, au fém. *mommerse*.

Je connais à Gentelles un homme à qui on a donné comme sobriquet l'appellation de *mommeu*. Ce terme a donc persisté en patois. J'ajoute que selon toute probabilité le nom de famille Momert a la même origine.

MASUQUER, *massuquer*. S'amuser à des travaux manuels de peu d'importance, muser, aller d'un ouvrage à un autre. *Masuquier* a été employé par notre poète Crinon au sens de *travailler tout doucement*, du moins d'après ses éditeurs.

« Infin l'eoût est fini pis l' couvroine,
In (on) era l' temps d' respirer pis d' maingi.....
Et nous pourrons ed temps en temps dine
| l' s'moine
En masuquiant... »
(Satyre IX.)

Je ne puis donner sur ce mot que la conjecture suivante :

La langue d'oïl avait le terme *masse-crier*, boucher, *viande de massacre*, viande de boucherie. C'est même de là que vient le verbe *massacrer*. *Masuquer* serait-il une altération de ce dernier mot ? A-t-on pu passer du sens de découper la viande en morceaux, détailler, ce qui est un travail plus minutieux et moins fort que celui d'assommer les animaux, à celui d'exécuter un ouvrage de peu d'importance, s'amuser, muser ? Je laisse à d'autres plus compétents que moi le soin d'examiner la question.

MASURE. Subst. fém. En picard comme en français. Ce terme a le sens de *maison délabrée, chaumière*; chez nous il a en outre celui de *étendue plus ou moins considérable de terrain avec ou sans bâtiments*. De là les expressions journellement usitées dans les annonces de vente : *masure amasée ou non amasée*.

« A vendre deux mesures amasées (deux habitations), sises à Pont-Noyelles. »
(Journaux d'Amiens, 21 juillet 1889.)

De même jadis à Amiens :
« ... ont acquis une mesure non amasée. . »
(Invent. à Amiens, 1822.)

Les mesures dites de Flesserolles à Villers-Bocage se composent d'une longue suite de grands herbages plantés d'arbres et clos de haies où n'a jamais existé aucune construction.

Masure se rattache au même radical que le *mas* des Provençaux, le *mes*, *metz* des Picards, c'est-à dire au radical latin qui est dans *manere*, habiter, *mansus*, domaine rural, *mansionem*, maison.

Masure est le nom de quelques localités dites *La Masure, Les Masures*. De là aussi le nom de famille *Desmasures*, comme nous avons les noms *Desmaisons, Després, Desjardins, Desessarts, Descaures*.

Le radical *mans* qui est dans *mansionem*, maison, a donné en bas latin le diminutif *mansionile*, petite portion de terre avec une habitation. De là dans la Somme les noms de localité : *Mesnil-Bruntel, Mesnil-en-Arrouais, Mesnil-Eudin, Mesnil-Domqueur, Mesnil-Martinsart, Le Mesnil-Saint-Georges*, etc. De là aussi le nom de famille *Dumesnil* assez répandu dans notre contrée.

MAT prononcé *mate*. Adj. Fatigué, las. Le vieux picard disait *matte*. On lit dans le *Dialogue de trois paysans* au sujet des chevaux du roi, année 1649 :

« I ne sont point comme les nôtres qui mangent toujours et si (pourtant) sont bien mattes... il' sont si gras qu'i pipent, il' espautrent. »

Du reste *mat* que l'on orthographiait aussi *mathe* est du très vieux français.

« Et homs qui vit en tel mescbief
A par droit doleroux le chief (la tête)
Je l'avoie lors si endoivle (débile)
Et le cœur si mat et si foible.., »
(Froissart, Poés. XIVe s.)

D'après Brachet *mat* vient de l'allemand *malt*, faible, sans vigueur. Mais Diez pense que ce *malt* vient des langues romanes. L'origine de ce mot reste donc incertaine,

MATAN. Subst. masc. Forme picarde à

Amiens du français *matin*, commencement du jour.

« Il arrivoit drés l' **matan** harnaqulé comme ein vrai pêqueu, ein gros paquet d' lingnes (lignes) à sen dos. »

(Franc-Picard, Ann. 1889.)

Le changement en *an* des finales françaises ou picardes *in* (ain), *ain, ein, aine, ainne* constitue un des caractères distinctifs du patois d'Amiens. Je ne donne que quelques exemples ; j'en ai fourni bien d'autres à M. Logie.

Vin, *van* ; pain, *pan* ; main, *man* ; malin, *malan* ; d'main (demain), *d'man* ; qu'min (chemin), *qu'man* ; poitrainne (poitrine), *poitrangne* ; s'maine (semaine), *s'mangne* ; peine, *pangne*.

MATARAS prononcé *matara*. Subst. masc. Dénomination du roseau qu'en français on appelle *masse d'eau* ou *massette*, le *typha* des botanistes. Ses chatons veloutés sont en certains lieux utilisés pour rembourrer les matelas : il y a quarante ans on en faisait dans la vallée de Somme des coussins et des petits matelas pour les enfants. C'est par synecdoche qu'on l'a appelé *mataras* qui est la forme ancienne et primitive de *matelis*, terme qui est venu de l'arabe *matrasha*, couverture dont on garnit les bêtes de somme.

MATELOS. Prononciation picarde en certains lieux du français *matelas*. On rencontre dans les anciens inventaires les vieilles formes *materas, matras*.

« Ung **matra** garny de bourre avec ung parquaveil garny de pleume. »

(Invent. à Amiens, 1576.)

— « Ung **matera** et ung traversin garny de plume. »

(Ibid. 1594.)

MATHIUSALÈ. Forme picarde de Mathusalem dans la locution : « Viux comme Mathiusalè », allusion au personnage qui, selon la Bible, vécut 969 ans...

« I m'sanne (il me semble) avoir enteindu parler d' déluge, d' **Mathiusalè** .. »

(Fr. Pic. Ann. 1889)

On rencontre en langue d'oïl *Mathusalé*, mais pour le besoin de la rime.

« De loyal linage fu nés (né) ;
Ses (son) père ot nom **Matusalés**. »

(Rom. des sept Sages, XIII° s.)

Un membre de la vieille et noble famille des Tirel de Poix, en Picardie, reçut d'après la légende le surnom de *Mathusalem ressuscité*, parce que sa vie se prolongeait bien au delà de la limite la plus étendue : « Wion de Poix vescucent et quarante deux ans, s'estant seulement nourri de laict et de pain », dit Le Carpentier dans son *Histoire de Cambrai*. Il eut pour bisaïeul ce Waltier Tirel qui, en l'an 1100, tua involontairement Guillaume II d'Angleterre en chassant avec lui dans une forêt.

MATONNER. Verb. neut. Tourner en *matons*, se former en grumeaux. Ce terme est un dérivé de *maton*, lait caillé en grumeaux. Au pays de Crinon (Vermandois), le verbe est réfléchi et se prononce *mitonner*,

« Ch' lait échoupé à ch' fus' tourna et u'mitonne »

(Satyre XX.)

Au figuré on dit que le ciel *s' matonne* quand il se couvre de nuages légers mais très nombreux.

Maton est un diminutif venu du néerlandais *matte*, portion coagulée du lait. Il existait en langue d'oïl :

« Elias son filleul qui fo bians valetons
Mena avecques lui, . . .
Pour raporter au bos frommages et matons,
Et du boin pain levé. . . . . »

(Cheval. au Cigne, XIII° s.)

Maton est resté sous la forme *Mathon* un nom de famille assez répandu à Franvillers et dans les environs. C'est aussi le nom d'un de mes plus anciens amis, Picard d'origine, professeur à l'Association Polytechnique à Paris, depuis plus de vingt ans, officier d'Académie.

MATOUFLÉ. Adj. et subst. Très gras, extrêmement replet en parlant d'un homme, d'une femme, d'un porc, etc. « Un gros *matouflé*, une grosse *matouflée*. » Par extension se dit de quelque chose d'enflé et de mollasse qui cede facilement sous la pression du doigt.

Étymologiquement le *a* de ce terme demanderait un accent circonflexe. Ce terme est en effet de la même famille que le verbe du Hainaut *mastifier*, rendre massif. (V. Hécart.) D'un autre côté, le patois normand a *mastaflu*, gros et mal bâti. Le radical de ces expressions, radical qui existe du reste dans *masloque*, vient du Nord. néerl. *masten*, engraisser, flam. act. *mesten*, engraisser, empâter.

MATRONNE. Subst. fém. On dit en bonne part en parlant d'une femme : « Ch'est une grosse *matronne*. » En vieux picard on le rencontre au sens de *protectrice, patronne :*

« Je laisse mon âme à Dieu, le père créateur, à la glorieuse Vierge, ma matronne, à tous les saints et saintes du paradis... »
(Testam. reçu par J. Gambier, curé de Coisy, 1587.)

— « Je donne et laisse mon âme à Dieu, mon père créateur, et sy la recommande aux prières et intercessions de la glorieuse vierge Marie, ma matronne. »
(Testam. de l'an 1606, reçu par J. Gambier, curé de Villers-Bocage.)

MATROULE. Subst. fém. Femme d'une forte corpulence et d'un grand embonpoint et par suite très lourde. « Ch'est einne (une) grosse *matroule* », dit-on en parlant de cette catégorie de femmes. Notre expression est un péjoratif de *matronne*. C'est ainsi que nous avons en picard *amitroule*, péjoratif de *amitié*, *badroule*, péjoratif de *badrée*, *nicdoule*, simple, niais, péjoratif de *nicodème* dont le *o* est tombé par contraction et dont la finale *ème* s'est changée en *oule*. Dans certaines localités, la forme péjorative est mouillée et l'on dit *matrouille, amitrouille, badrouille, nicdouille.*

MAU. Subst. masc. Mal, douleur, peine, du latin *malum*.
Loc. pic. « Avoir du *mau* das (dans) s' tête. » Avoir la gourme en parlant des jeunes enfants, avoir la teigne.
« Avoir du *mau* à s' tête. » Avoir mal à la tête, avoir la migraine.
Cette forme existait en vieux picard comme en langue d'oïl :

« Au fieuchon (diminutif de fieu, fils) Robinot...
Priray Diu tant donner d'escus d'oir (d'or) en se
| tasse (escarcelle)
Qu'l puische racheter haquebute et quevau
| (cheval)
Pour cacher l'Espanol qui nous foit tant de
| mau. »
(Hist. pl. de la Jalousie de Jeannin, Prologue, XVI° s.)

— « Com il erent (étaient) à grand baudor
| (plaisir)
Et à joie au mangier assis...
A la comtesse preut un maus
Si très angousseus... »
(Amad. et Idoine, XIII° s.)

Pour exprimer l'idée que les enfants donnent bien des soucis à leurs parents, les Picards disent :

« Quiot (petit) enfant quiot maus
Grand enfant grand mau. »

Le changement de *al* en *au* est, en général, bien antérieur au patois, car celui-ci n'opère pas ce changement et dit : « Ches *générals* », les généraux ; « ches *caporals* », les caporaux, etc. De même pour *ail* : « ches *soupirels* de l' cave sont quiots », les *soupiraux* de la cave sont petits ; « ch' n'est point lò des *travels* faciles », ce ne sont pas là des *travaux* faciles.

MAUARD. Subst. masc. Goëland gris. Je donne ce mot tel que je le trouve dans Corblet. Son radical *mau* le classe dans la famille de *mauve, miaule*, que l'on verra sous *mauve*, surtout si l'on considère que l'Académie appelle le goëland *grande mouette*.

MAUCŒURANT. Adj. Qui fait mal au cœur, en parlant des odeurs, des aliments, des médicaments.

MAUCUIT, *meucuit* et *moucuit*. Adj. Mal cuit, du latin *malè coctus*. Se dit spécialement du pain. Au figuré, les Picards appellent *maucuit*, un jeune homme faible de constitution et incapable d'exécuter un travail fatigant.
Mau se retrouve en composition dans plusieurs noms de famille : *Mauduit*, mal conduit, de *malè ductus*, *Mauconduit*, etc.

MAURE, *maurre, morre, more* et *meurre*. Formes picardes du français *moudre*, du latin *molere*, même sens. Toutes ces formes, sauf la dernière, existaient en langue d'oïl, le patois ne fait donc ici, comme en bien d'autres cas, que continuer le langage d'autrefois :

« Nus (que nul) ki ait foi ne (ou) loiauté
Ne viegne maure à cel molin. »
(Wagon d'Arras, XIII° s.)

« ..... de morre ne de cuire à nos molins et à nos forgs (fours). »

(Ap. Burgny, année 1292.)

On rencontre parfois la lettre *l* qui est étymologique :

« ...... les molins de Mez (Pont-de-Metz-lès-Amiens) l'un desquels est à usage de maulre blé et l'autre est à usage de batre ou maulre escorches... .. »

(Dénombr. du Temporel de l'Abb. de St Jean d'Amiens, 1394.)

Est-ce au même radical *mol, maur*, que se rattache un terme usité en vieux picard comme qualificatif appliqué à un vantail de moulin à eau ? Je donne ce terme en laissant à d'autres plus compétents que moi le soin d'examiner la question et de déterminer le sens exact de l'expression *moleret* et par contraction *mauret* dont la finale semble indiquer un diminutif.

« ...... près du soeul et venteille *moleret* de son dict molin à eau... »

(Cartul. de Doullens, 1486.)

— « ..... Et si mettra le soeul des ventelles *maurets* où il lui plaira .. »

(Titre de fond. de deux moulins, à Bouval, 1531.)

On a vu sous *Marmaile* que la finale *ail* du français venue de la finale *aculum* devient *el* dans le patois : *suspiraculum*, soupirail, pic. soupirel. On n'est pas arrivé d'un seul bond du son *ail* qui est mouillé au son *el* qui ne l'est pas ; il y a eu un son *eil* mouillé, comme on le voit dans le mot *venteille* des deux citations qui précèdent. J'ajoute que, d'après les documents cités, la transformation de *ail* en *eil* était déjà opérée chez nous au XVᵉ siècle.

MAUVAISETÉ. Subst. fém. Méchanceté. Nous tenons ce terme de la langue d'oïl dans laquelle il était un dérivé de *malvais, mauvais* :

« E je l'laissai remeindre en la malvaistié...»

(Pseaut. d'Eadwin, XIIᵉ s.)

MAUVE. Subst. fém. Mouette à pieds blancs ou goëland cendré, le *larus canus* de Linnée. Ce mot se rattache au vieux saxon maritime *maew, maewe, meau, meu*, néerl *meeuwe*, flam. act. *meeuw*, mouette. Cette dénomination est une onomatopée tirée du cri continuel de cet oiseau (V. Kilianus) qu'on appelle *miaule, miaulin* à Boulogne sur Mer, ailleurs *miau, miaule, miolis*, toujours à cause de son cri.

MAWAIS ou *maois* (1 syll.), au fém. *maoise*. Mauvais, méchant. On dit d'un chien atteint de la rage : « Quien *maois* ». On le rencontre au sens de *méchant* dans l'*Hist. plais. de la Jalousie de Jeannin*, XVIᵉ siècle :

« Oyant (entendant) tous ches propos Jennain
| fut abori.
Et d'avoir ma (mal) pensé brayant se repentit,
Et à Pringne parlon demande à chaudes larmes
Ne fait pus le maoué (sic) ne l'écauffé gendarme.»

On lit dans une épitaphe donnée par le P. Daire :

« Chy gist Colin et sen varlest
Toudis armé toudis tout prest.
I fut tué d'un Bourguignon
Qu'il estoit bien *maois* garchon.
D'une *maoise* espée rouillée
I eut le cherveille épeurtée
S'or volez scavoir le saison
L'an mil choncq cheut et un quarteron. »

De même de nos jours dans un *Sermon picard* non daté et manuscrit :

« Fin contre fin ch'est eine *maouaise* doublure... »

Quand cz (on) o peur de ch'leu, faut point aller à ch'bos ; mais contre mauvaise fortenne (fortune) faut (il faut) foire (faire) boin cœur. »

Ce terme est une contraction de l'ancienne forme qu'avait en picard l'adjectif français *mauvais*, forme que l'on rencontre chez nous au XVIᵉ siècle :

« Cinq lincheux tant bons que *mauvois* de thoille... »

(Invent. à Amiens, 1583.)

Cette finale *ois* existait en langue d'oïl, puisqu'on trouve dans Hippeau la forme *malvois*.

Je suis bien aise, à propos des expressions *à ch' bos* qu'on vient de voir, de consigner ici une observation que j'ai faite à M. Logie, étudiant de l'Université de Baltimore.

Nous avons, en patois, outre l'article *le*, l'article *che* prononcé *ch*. *Ch* s'emploie comme article devant un nom masculin commençant par une consonne :

« Ch' maire d'Amiens », le maire d'Amiens.
« Ch' curé d' Camon », le curé de Camon.
« T'iros à ch' bos », tu iras au (à le) bois.

Devant un nom féminin commençant par une voyelle, on emploie dans certaines localités l'article *ch* et l'article *le* :

« Ch' l'église alle étoit trop quiote. » L'église était trop petite.

Au pluriel, on emploie *ches* pour le masculin et le féminin :

« Ches maires sont élus par ches conseillers municipale », les maires sont élus par les conseillers municipaux.

« Ches granges et pis ches moisons ont té brûlées », les granges et les maisons ont été brûlées.

En prenant le démonstratif *che* pour en faire un article, le picard n'a fait qu'imiter le vieux français, prenant pour article le démonstratif latin *ille* d'où l'article *le*.

MAZÉE ou *masée*. Dépôt de terre dans un endroit où l'eau a séjourné. Ce mot est un dérivé de *Mâ* dont l'étymologie a été donnée plus haut. (V. ce mot.)

MÉ. Forme du pronom personnel *moi* après l'impératif :

« Donne mé du barre », donne-moi du beurre.

Il en était de même en vieux français :

« Laissiés me, dame, aler pour Dé ! »
(**Amad. et Idoine, XIII° s.**)

MÉCANT. Adj. Forme picarde du français *méchant*. Signifie en outre *de mauvaise qualité, de mauvaise humeur, souffrant, exténué, amaigri*. La vraie prononciation exigerait qu'on l'écrivît *metquant*.

« Oz (on) alloit foire un mécant parti à ch' sé clet (individu très maigre, sec) qui s'empressoit auprès de s' femme... »
(**Franc Pic. Ann.** 1889.)

Notre forme est déjà ancienne, puisqu'on la trouve dans le dialecte picard au sens de *mauvais, méchant* :

« Li boirs roys Bauduins fu moult liés et joians
Pour les boins chevaliers nobles et conquerrans
Qui euny avoient mort (tué) les Sarrasins mes-
| quans »
(**God. de Bouillon, XIV° s.**)

Dérivé : *Mécanter*, rendre méchant, faire mettre en colère. Par suite de l'influence du français, les vieilles formes *mé quant* et *méquanter* tendent à disparaître : c'est ainsi que dans mon village on dit *méchant* et par suite *méchanter*.

Mécant, méquant, du picard, est composé de *cant, quant*, participe présent de *cair, queir, choir*, tomber, du latin *cadere* et du préfixe *me*, autrefois *mes*, lequel a un sens privatif ou péjoratif : compte, mécompte, priser, mépriser, etc. Littré dit que ce préfixe vient du latin *minus* (moins), contracté en *mes* ou *mis*; mais il ajoute qu'il est possible — et je suis de cet avis — que la particule germanique *mis*, qui a exactement le même sens, ait influé sur la forme qu'a prise *minus* dans cette sorte de composés. Quant à la forme *quant* (du latin *cadentem*), elle est la contraction de la forme primitive *quéant*, comme *marchand* est une contraction de *marchéant*.

Cette forme me rappelle un vieil adjectif picard, aujourd'hui inusité, il est vrai, mais qu'il est bon de relever pour le sauver de l'oubli.

J'ai publié, en 1842, dans les *Archives de Picardie*, un petit *Essai historique sur la commune de Saint-Riquier*. On y lit que, en l'an 1269, les religieux, seigneurs de cette ville, demandèrent au roi qu'un *petit, vieil et chieu beffroi estant trop près de leur demeure* fut ôté et un *autre* reconstruit. Le *chieu* de cette citation a le même radical *latin* que le *quant* de *méquant* : il vient du latin *caducus* et signifie *prêt à tomber, en mauvais état*. Cet adjectif existait encore au XVI° siècle dans un nom de famille, puisque le cinquante-quatrième abbé de Saint-Riquier s'appelait *Lequieu*, c'est-à-dire *le caduc, le faible*, comme d'autres s'appellent encore aujourd'hui *Lefort, Legrand, Lenoir, Leborgne*, etc.

MÈCHE. Subst. fém. Expression burlesque très usitée dans nos contrées et répondant à *possibilité, moyen*.

« Y o t'i *mèche* ? » Y a-t-il *moyen* ou *possibilité* ?

On lit dans le *Carillon d'Arras*, année 1885 :

« J' sais bien qu' ches savants s' fichent d' mi
Et cri't bien fort qu'i gn'o pont (point) mèche
D' rimer, lorsqu'in (on) n'o pont dormi
Comme euss' (eux) sus ches bancs du collèche. »

Mèche paraît être une expression métaphorique dans l'emploi que je viens d'indiquer. En français, ce terme a un grand nombre d'acceptions qui toutes signifient quelque objet formant un accessoire essentiel d'un instrument ou d'une machine, sans lequel celle-ci ne peut servir. Par exemple, s'il n'y a pas de mèche au vilbrequin, impossible de percer le trou voulu ; s'il n'y a pas de mèche à la lampe, impossible de s'éclairer ; et ainsi de suite à n'en pas finir. Si, au contraire, il y a une mèche, on peut percer et s'éclairer, etc. Dans ces conditions, le sens figuré s'explique de lui-même.

MÈCHE. Forme picarde de la première et de la troisième personne du présent du subjonctif du verbe *mettre*.

Cette forme est très ancienne :

...... « Par mon Deu Tervagant !
Miex aime je à morir sor mon droit deffendant
Qu'en lor merchi me mèche à loi de récréant »

       (God. de Bouillon, XIII° s.)

— « Adam, amaine chà mon cheval... et regarde s'il est bien ferrés. S'il ne l'est, si le maine et dis au fèvre qu'il metche les broïes fort rudes et qu'il fache quatre boins fers. »

       (Dial. pic. flam. XIV° s.)

La forme *metche* de la seconde citation est plus régulière au point de vue étymologique que celle de la première, puisqu'elle a conservé le *t* du verbe *mettre*. Mais la finale *che* appelle une explication.

Cette finale *che*, au présent du subjonctif, est régulière pour les verbes des trois dernières conjugaisons dont le participe présent est terminé par *ssant*, *sant*, comme *bénissant*, *lisant* ; il y a eu simple changement de *s* en *ch*, comme dans *chasser*, pic. *cacher*, et c'est très régulièrement que l'on dit : Que j' *béniche* (bénisse), que j' *liche* (lise), etc., etc. Il n'en est pas de même pour les verbes qui n'ont pas leur participe présent terminé en *ssant*, *sant*, tels que *dormant*, *courant*, *prenant*, *rendant*, et qui ont cependant la finale *che* au subjonctif : Que j' *dorche* (dorme), que j' *courche* (courre), que j' *prenche* (prenne), que j' *renche* (rende). Il y a là une anomalie que je tiens à signaler et qui ne peut, à mon avis, s'expliquer que par le fait suivant :

le subjonctif des verbes qui présentent cette anomalie a été formé sur le type du subjonctif des verbes terminés en *ssant*, *sant*, au participe présent. Cette anomalie et la manière dont je l'explique ont été par moi signalées à M. Logie : nous verrons sans doute ce qu'en pensent les philologues américains, quand paraîtra l'ouvrage de l'étudiant de l'Université de Baltimore.

MÉCHONNEU. Subst. masc. Forme picarde du français *moissonneur*. Ce mot est un dérivé à forme chuintante de l'ancien verbe de langue d'oïl *messonner*, moissonner. (V. Hippeau.)

MECREDI. Forme picarde, dans certaines localités, du français *mercredi* : le *r* est tombé, fait qui s'était, au rapport de Richelet, produit dans le français du XVII° siècle.

MÉDAILLES et *médales* dans la locution : « Foire (faire) des *médailles* ou des *médales* », faire de l'embarras, se donner des airs, affecter une contenance, des manières prétentieuses. Nous disons au même sens : « Foire des *mingnes* », c'est-à-dire et littéralement des *mines*.

Dérivés : *Médailleu*, faiseur d'embarras, individu qui pose, qui prend des airs affectés. Au nord d'Amiens, la forme est au même sens *médalier*, d'où le féminin *médalière*, minaudière.

Les formes *médale* et *médalier* n'ont rien d'étonnant si l'on songe qu'on rencontre la première dans le français du XV° siècle :

« ... et bien trois mille médales »

L'expression *médaille* dans notre locution picarde est une métaphore que nous tenons de l'ancien français qui l'employait au sens de *figure* pris en mauvaise part. Je ne cite qu'un seul exemple tiré de Rabelais :

« Dindenault voyant Panurge sans braguettes avecques s-s lunettes at'achées on (au) bonnet, dist de luy à ses compaignons : Voyez là une belle médaille de cocu. »

       (Pantagruel, Liv. IV.)

Du sens de *figure*, on a passé facilement à celui de *mine*, *air*, *manières*, etc. J'ajoute que l'acception metaphorique de *médaille* n'a pas été relevée par Littré, bien que les exemples ne manquent pas.

Dans mon village et une foule d'autres localités, la finale *aille* est devenue *aile*, et l'on dit *médaile*. (V. pour cette finale le mot *Marmaile*)

MÉFOIRE (méfouère). Forme picarde du français *méfaire*. De là le substantif verbal *méfoit*, mefait.

MEGNER et *mgner*, *mier* (monosyll.). Manger, au figure, dissiper.
Dérivés : *Miache*, aliment, ce qu'on mange.
Mieu, grand mangeur, glouton ; au fém. *mioire*.
La forme *megner* est fort ancienne.

« ... elle voulut donner à son mari un crapaud à megner. »
(Ch. de 1280, citée par **M. Desmaze**).

— « L'Evesque de Cambray entra, se despouilla et descaucha et but et megna. »
(**Mém. des Abbés de St-Aubert**, 1442)

— « ... et se parti sans boire et sans megner...»
(Ibid.)

— « Oiralites de cochon qu'avoyt tant désiré
Pauvre Prignon qui n'a cessé de soupirer
Tant qu'al' en ent megnié... »
(**Célèbre Mar de Jeannin**, 1648.)

— « Sn enne tave à part Jennain foit apporter
Des gros watiaus mouflus...
Des poires cuit' au four aussi rouges que sang
Forche fruits à m'nier crus... »
(Ibid.)

— « Quend o n' flatte point leu ambition...
qu'o n' les assouvit point d'argent... pour remplacher tout chan qu'il' ont mgné... »
(**Colos Pierrot**, 1799, Amiens.)

— I me sanne (semble) à vir (voir) qu' j'ai fam (faim) ; aretons ch' qui nous feut, pis os irons mier en heut comme es (les) eutes. »
(**Franc. Pic. Ann.** 1869.)

Notre poète Crinon emploie la forme *mier* :

« S'in (si on) s'affriole à mier des bons fricouts... »
(**Satyre XII.**)

On voit par les citations qui précèdent que *mgner*, *mier* sont une contraction de la forme ancienne et primitive *megner*

qu'on trouve orthographié *maigner* en dialecte picard :

« Se (si) Ricaus me femme .. caoit (tombait) en poverté, cell (cette) maison meesme ki devant est noumée elle poroit vendre et enwaigier et boire et maignier, si le mestier (besoin) en avoit »
(**Rec. de Tailliar, Testament** de l'an 1252.)

Il a existé autrefois un dérivé *meigneu* signifiant *mangeur*, *glouton*, dérivé qui s'est conservé dans le nom de famille *Lemeigneux*, le mangeur. J'ai connu pendant mon séjour à Paris, de 1846 à 1864, un chef d'institution de ce nom.

Megner vient d'une forme latine *minutare*, fréquentatif de *minuere*, sup. *minutum*, dont le sens est *mettre en morceaux*, *écraser*, et par extension *manger*. C'est la même forme que l'expression *minutio* qu'on trouve dans Quintilien au sens de *trituration*, *mastication*. *Minutare* perdant le t médial — *maritare*, marier — devient *minuare* lequel change *i* en *e* — *minutus*, menu — puis *n* en *gn* — *clinare*, *cligner* — et donne *megnuer*, *megnier*, *megner*. La forme *mgner* s'explique par la chute du e comme dans *bsoin*, besoin, *bsache*, besace, etc.

L'étymologie que je propose me semble confirmée par le fait que le *u* de la forme primitive *megnuer* s'est conservée à plusieurs temps de ce verbe :
Indic. pr. : J' *mgnue*, tu *mgnues*, i *mgnue* ;
Futur : Je *mgnuerai*, tu *mgnueros*.

Loc. pic. : « *Mié* à dettes », rongé de dettes.
« *Mié* à puches », rongé de puces.
« *Mié* à poux », rongé de poux.
« *Mié* à roule », rongé par la rouille.
« *Mié* à curés », exploité par les curés.

MÈGRE, *mègue*, *mengle* (maingle), *miègue*, selon les localités. Subst. masc. Petit lait, *serum*, qui se sépare du fromage mou. On rencontre en langue d'oïl les formes *maigue*, *mègue*, *meigue*, *mesgue*. (V. Hippeau.) La dernière de ces formes était en usage à Amiens au XVIe siècle :

« Leur enjoignons (aux sayeteurs) user de bonne empoise d'eau pure ou de cervoise sans user d'empoise faicte de mesque ou aultres choses... »

(Ordonn. de l'Eschev. 1573.)

Etymologie : Gael, *meag*, petit lait.

MEGUICHIER. Subst. masc. Forme picarde du français *mégissier*, ouvrier qui blanchit les peaux en enlevant les poils. On trouve en langue d'oïl *méguisier* :

« Baudroier, boursier, *méguisier* .. »
(Liv. des mét., XIII° s.)

A Amiens, au XV° siècle, on rencontre *mesguchier*. (*Rec. d'Aug. Thierry*, 2° vol.)

MEILLE, *meile, merle, maille*, selon les localités. Subst. fém. Nèfle. A donné le dérivé *meiller, meilier, meyer, merlier*, selon les localités. Subst. masc. Néflier. On rencontre en langue d'oïl les formes *mesle, mele, melle*, nèfle. La forme avec *r* est fort ancienne : on rencontre dans les gloses du Ms de Lille, qui sont du XV° siècle : *merlier* et *merle*. Les prévots, mayeur et échevins de Molliens-Vidame étaient tenus de présenter tous les ans à la fête de saint Simon (28 octobre) au vidame de Picquigny un panier de *merles*. (V. *Picquigny et ses Seigneurs*, par M. Darsy.)

Le picard a conservé le *m* du latin *mespilum*, tandis que le français l'a changé en *n* dans *nèfle*. Le *r* de *merle* n'est pas plus étonnant que dans *marle*, mâle, *merler, mêler*, etc.

Mellier est un nom de famille comme *poirier, pommier*, etc.

On rencontre *meille*, nèfle, dans une ancienne *fatrasie* ou coq-à-l'âne qui doit remonter à plusieurs siècles :

« Il étoit un gros chérisier
Qu'il (où il) y avoit beaucop d'*meilles*
J'y montis j'y grimpls
J'y cueillis des noisettes
Ma tante Fanie
Lalireite
Ma tante Fanie. »

Nous ne possédons de cette curieuse fatrasie picarde que quelques bribes conservées par la tradition orale dans le canton de Villers-Bocage. On y voit les *quiens* (chiens) pondre, les *glaingnes* (poules) aboyer ; les *ragnes* (grenouilles) chantent la grand'messe ; les *limachons* vont à l'offrande. Ce sont *ches cots* (les chats) qui pétrissent, pendant que *ches mouques* (mouches) à *ches* parois étouffent de rire, etc., etc. En un mot, c'est le monde renversé de la façon la plus comique et la plus inattendue. Nous serions heureux d'obtenir des lecteurs ou des amateurs du patois picard les couplets qui seraient à leur connaissance.

MÉLAN. Subst. masc. Forme picarde du français *merlan* à Amiens, où le cri des poissonnières ambulantes est : « *Melan, mélan*, qui veut des *mélans* frais ? » En langue d'oïl, on a relevé les formes *melle, mellenc, meillenc, mellan*. (V. Hippeau.) On rencontre aussi *merlanc* à côté de *mellan* au XIII° siècle dans le *Livre des Metiers* et enfin *mierlenc* dans le *Recueil de Tailliar* dont j'extrais la citation suivante :

«... et del millier de *mierlenc* quatre déniers. »

D'après Littré, *merlan* est d'origine inconnue. Diez remarque qu'il viendrait très bien d'une forme allemande *merling*, qui appartient à la mer ; mais cette forme n'existe pas et il faut porter ailleurs les recherches.

En anglais, le merlan se nomme *whiting*, litter. le blanc ; en suédois, *witing*, le petit blanc ; en néerlandais, *wytingh*, le blanc, et aussi *molenaer*, le meunier : il en est de même en flamand actuel et en bas breton. L'idée première de la dénomination de ce poisson est donc celle de blancheur : de là sa qualification *le blanc, le meunier*. Qui dit *meunier* dit blanc, *enfariné*. Or, en néerlandais, *mele, meel* signifie *farine* : de là *melen*, enfariné, blanc, et par extension *meunier*, d'où les formes de la langue d'oïl *melle, melenc* et notre forme amiénoise *melan*. Le *r* dans les formes qui le portent est adventice ou provient de la dissimilation du premier des deux *l* que présentent les formes de la langue d'oïl.

Pour le radical *mele* et le dérivé *melen* et sa signification, voir Plantinus, D'Arsy, Olinger.

Nous ne savons pas si la finale *enc* de la vieille forme *mellenc* était par nos ancêtres prononcée *an* ou *ain*. Si le son était *ain* (in), ; qu'il existe encore aujourd'hui en Hainaut où l'on dit *merlain* (merlin), les noms de famille *Melin, Merlin*, très répandus chez nous, signifieraient *merlan*, ce qui n'a rien d'étonnant si l'on songe que nous avons comme noms de famille *malot*, bourdon, *boudelot*, petit baudet, *goret*, petit porc, *agache*, pie, *conin*, lapin, *vaquette*, petite vache, *ficheu*, putois, etc.

MELON-MÉLETTE et *merlon-merlette*. Mêli-mêlo, confusion, mélange confus, mic-mac. Ces termes à finale diminutive sont des dérivés du verbe *mêler, merler*, du latin *misculare*. En langue d'oïl on se bornait à répéter le radical :

« Saïettes (flèches) et pierres réondes (rondes)
Volent antresi (aussi) mesle mesle
Con (comme) feit la pluie avuc la gresle. »
(Poëme de Cligès.)

MÈMÈ. Subst. masc. ou fém. selon les localités. Terme enfantin qui signifie *brebis, mouton* et qui est une onomatopée tirée du bêlement *mè mè* de ces animaux. Par assimilation au mouton, on a appelé *mèmè*, la fleur cotonneuse de certains arbres, le petit ver blanc qui ronge les noisettes, etc.

MÉMÈRE. Subst. fém. Grand'mère, aïeule. Se dit aussi d'une femme qui a de l'embonpoint, mais avec un adjectif : « Ch'est une grosse *mémère*. » Tout naturellement on dit *pépère* pour grand'père, aïeul et aussi pour vieillard, avec un adjectif : « Ch'est un vioux (vieux) *pépère*. » On qualifie *gros pépère* un jeune garçon bien portant et *quiot* (petit) *pépère*, un homme de petite taille et un jeune garçon dont le développement physique n'est pas en rapport avec son âge.

Mémére et *pépère* sont à l'origine des termes enfantins.

MÈN prononcé *main*. Forme picarde du français *mon*. La voyelle disparaît devant un mot commençant par une voyelle ou un *h* non aspiré : « *M'n* habit». Elle persiste quand on s'adresse à un interlocuteur et qu'on lui dit : « *Men* hom-me » à peu près au sens de : « Mon ami, mon cher ».

De même que par euphonie on dit en français *mon âme, mon avoine*, pour *ma âme, ma avoine*, de même on dit en picard avec chute de la voyelle *m'n âme, m'n aveinne*, pour *me âme, me aveinne*.

Notre forme est ancienne. Donnons quelques exemples suivant l'ordre des temps :

« Tu desllas men sac. »
(Solvisti saccum meum.)
(Psaut. d'Eadwin, XIIe s.)

— « Ensement cum à men fière. »
(Quasi ad fratrem meum.)
(Ibid.)

— « En tel manière allai à lui pour visiter men filluel. »
(St Brandaines, XIIe s.)

— « Chest mien testament fu fait par l'acort de Ernoul, men fil et men hoir. »
(Charte de 1315. Dial. du Ponthieu, par G. Raynaud.)

— « Il me prist par le main et me dist qu'il estoit tout à men commandement. »
(Mémor. des Abbés de St Aubert, 1419.)

— « Ha ! Jennin, men baron, os commettez grand vice. »
(Hist. pl. de la Jalousie de Jennin, XVIe s.)

Au XVIIe siècle, les curés picards employaient encore le pronom *men*. Un acte mortuaire du 10 juin 1677, dressé à Oisemont, rappelle le sobriquet du défunt et le qualifie *dict men roux*.

Notre *men* picard vient du latin *meum*, qui a donné en langue d'oïl *meon, mun*, puis *mon*. On pourrait croire que notre son clair *en* (ain) doit son origine aux langues du Nord, qui avaient le possessif *min*, mon. Mais nous avons plusieurs exemples du son *on* devenu *en* (ain), et cela dans le domaine picard. Le latin *homo*, homme, *hom, oms*, à l'origine au sens de *homme*, est devenu ensuite pronom indéfini sous la forme *on*. Or, dans le Vermandois et le Cambrésis, la forme du pronom indéfini *on* est *en* prononcé *ain :* le son *om, on*, du latin *meum*, a donc pu, comme celui de *homo*, devenir *en* (ain) dans nos pronoms possessifs picards *men, ten, sen*. Ce n'est pas tout.

Le son *on* de la négation latine *non* est devenu *en* dans le français *nenni*, du latin *non illud*. Dans une foule de localités picardes on dit *nen* (nain), du latin

non, et le son *on* du français *pomme* est
devenu *en* pour donner *penmes*. De
même l'adjectif latin *bonum*, qui a donné
le son *on* dans le français *bon*, a donné
èn (ain) en picard *boén* (monosyl.) qu'on
écrit d'ordinaire *boin*.

MENACHE. Sub-t. fém. Forme picarde
du français *menace*. Il en était de même
dès le XIII° siècle. On lit dans Beaumanoir : « Le bailli poura les paisibles
(pacifiques) fre (faire) garder en pàsiblaté
par les *menaches* et par les contraintes
qu'il fera as meilliex (aux quereleurs).

Notre poète Crinon emploie la forme
syncopée *mnacher*, menacer :

« Tous les nev (neuf) ans nous soms pourtant
| mnachi
Avu nou terre ed perde ch' drot d' marchi. »

(Satyre VI.)

Dérivé : *Menacher*, menacer. Le participe passé de ce verbe se
rencontre comme substantif
dans cet ancien proverbe
picard : « Les *menaches*
sont *sauvez*. » (*Trésor des
sentences dorées*.) Ce proverbe repon i à celui qui est
en usage aujourd'hui : « Un
averti en vaut deux. »

On a vu sous *Mégner* une citation qui
montre que ce verbe s'est écrit *mgner*,
parce que le *e* de la première syllabe ne
se prononçait plus à cette époque. Je
suis bien aise de prévenir le lecteur que
ce fait se reproduit dans une foule de
mots. C'est ainsi que *mcnache* se prononce *mnache* : le *e* s'écrase et disparaît.
A ces mots, il faut ajouter les suivants :
bsoin, besoin, *bsogne*, besogne, *lver*,
lever, *mner*, mener, *tnir*, tenir, *vnir*,
venir, *smenche*, semence, *smaine*, semaine, *rvir*, revoir, *rvnir*, revenir,
etc., etc.

MÉNAGE dans l'expression *banc d'ménage*, sorte d'étimier (V. ce mot.) assez
long où les gens de la campagne rangent
la grosse vaisselle et certains ustensiles
de cuisine :

« Item un banc de ménage estimé quatre
livres. »

(Invent. à Poulainville, 1792.)

MÉNAGER. Subst. masc. Petit propriétaire ou fermier dont l'exploitation
est si peu importante qu'il ne peut avoir
ni chevaux ni charrue : il fait labourer,
moyennant salaire, ses terres par un cultivateur, mais il les dépouille de ses propres mains. Ce terme est consacré dans
un arrêté du Préfet de la Somme du
7 mars 1874 relatif à la vérification des
poids et mesures.

Il est en usage à ce sens dans tout le
domaine picard : son origine est connue.

MENCAUD. Subst. masc. Ancienne
mesure de capacité pour les grains.
S'emploie encore dans le langage familier
des paysans. Le *mencaud* de Nesle était
de 23 litres 61 centilitres pour le blé, de
26 litres 26 centilitres pour l'avoine. Le
mencaud de Roye et celui de Ham avaient
une contenance inférieure de quelques
litres. La capacité varie aussi dans le
Nord, où elle est de 50 à 60 litres. On ren-
ontre la latinisation *mencaldum* au XII°
siècle dans une citation de Du Cange;
mais l'origine du mot est jusqu'à présent
inconnue.

Mencaud est aussi une mesure agraire
usitée à l'est du domaine picard (Ver-
mandoi) ; ses dimensions ne sont pas les
mêmes partout, car il y en a depuis 12
ares jusqu'à 10 ares, (V. *Statist. de
l Aisne*, par Brayer.)

Dérivé : *Mencaudée*, contenu du *mencaud*, au sens de mesure de
capacité ; mesure agraire
d'une étendue variable selon les localités.

Mencaud et *mencaudée* se rencontrent
souvent dans les vieux documents :

« Et furent despendu cinq mille cent soixante
pains fais de cinquante huit mencaux à la mesure d'Arras du blé de Sailly prisié X sols le
mencaud. »

(Dépens fais pour la feste Mgr le Evesque
d'Arras, 1328.)

— « Jou Colard sire de Haussy et jou Aélis
épeuse à meu dis signor Colard fascons savoir à
tuit ke... avons donet trois mencaldés de no
tierra (terre) geisaut en no tieroer as (aux) reli-
gieus de Premy. »

(Le Carpentier, Docum. de l'année 1198.)

— « Quiconque tient quatre mencauldées de
terre, de la terre le Seigneur, de son héritage
ou plus, il doit au seigneur quatre solz, et s'il
en tient mains (moins) de quatre mencauldées,
il n'en doitt néant. »

(Bouthors, Cout. loc. du Baill- d'Amiens.)

MENCHE, prononcé *minche*. Subst. fém. Forme picarde au nord d'Amiens et dans cette ville même du français *mèche :* il y a eu addition de *n* comme dans *manchcn*, maçon. Cette forme existait du reste dans l'ancien picard :

« Trois harquebouze à menche... »
(Invent. à Amiens, 1698.)

— « Une harquebouse à menche et une espée. »
(Ibid. 1613.)

— « Une harquebuse à menche, ung bracquet... »
(Ibid. 1622.)

Dérivé : *Amencher.* On dit à Rubempré : « *Amenche* un peu l' lampe », c'est-à-dire : « Arrange la mêche de la lampe ». Au nord d'Amiens, à Villers-Bocage, on dit *amencher* une pipe, c'est-à-dire l'emplir de tabac, l'arranger de façon à ce qu'elle soit prête à être allumée. Corblet donne à ce verbe le sens de *allêcher ;* je ne lui connais pas cette acception.

MENÉES, prononcé *mnées*. Subst. fém. pl. Outre l'acception française ordinaire, ce terme reçoit en picard celle de *ostentation, façons de plaire affectées, minauderies.* Syn. *meines :*

« Est-ch' qu'os croyez ête sauvé en foisant toutes ches meines ? neni neni.... »
(Sermon de Messire Grégoire.)

MENISON, prononcé *mnizon*. Subst. fém. Diarrhée (dans Corblet). Nous tenons ce terme de la langue d'oïl dans laquelle on le rencontre au sens de *dyssenterie, flux de ventre.* (V. Hippeau.) Joinville disait *menoison, menuison :*

« Li roys avoit la maladie de l'ost (armée) et menoison moult fort ; le soir se pasma par plusours foiz, et pour la fort menuison que il avoit, li convint coper li font (fond) de ses braies. »
(Hist. de saint Louis.)

Personne que je sache, n'a donné encore l'étymologie de ce mot, qui est, à mon avis du moins, d'origine latine. Il vient de *minutionem* par changement de *t* en *e* — *minutus*, menu — et de *tionem* en *son* — *orationem*, oraison.

On trouve dans Végèce *minutio sanguinis*, saignée : on a passé facilement du sens de *saignée* à celui de *flux de sang*, puis à celui de *diarrhée* rouge, dyssenterie.

MENOIRES, prononcé *mnouères*. Subst. fém. pl. Les deux brancards d'une charrette, d'un tombereau. Dans certaines localités le *r* s'est adouci en *l* et on dit *menoiles.* On dit *voiture à menoires* par opposition à *voiture à timon.* L'expression est déjà ancienne.

« Ung bleneau (tombereau) avec les roues et les menoires. »
(Invent. à Amiens, 1575.)

— « Item une charrette à menoires montée sur deux roues. »
(Invent. à Flesselles, 1754.)

— « Une herse à dents de fer, une chaine de menoaelle de charrette. »
(Descript. mobil. à Montigny, 1831.)

Menoire appartient à la famille du verbe *mener*, conduire, diriger, faire avancer, les *menoires* d'une voiture sont ce avec quoi on la *mène.*

MENTEU (minteu), au fém. *mentoire.* Adj. Menteur, menteuse.

Dicton picard : « Veut miux un voleu (voleur) qu'un *menteu* », sans doute parce que les voleurs sont moins dangereux que les menteurs, car on peut se garder des premiers tandis qu'on ne le peut guère des seconds.

Loc. pic. : *Cayelle mentoire*, chaire à prêcher.

On rencontre le terme *mentoire* comme substantif féminin dans un inventaire dressé à Amiens le 15 décembre 1784 :

« Deux petites paires de balance avec leur bau de fer (fléau), une mentoire et quatre petits poids de cuivre. »

Désignait-on par là la languette de balance, c'est-à-dire l'aiguille ou style perpendiculaire au fléau ? Cela est fort probable, si l'on songe que, en argot, *menteuse* signifie *langue.*

MENTIR. Outre les acceptions qu'il a en picard comme en français, ce verbe a, dans nos contrées, celle de *retarder* en parlant de la vache qu'on supposait sur le point de vêler, mais qui trompe l'attente de son possesseur pendant plusieurs jours et même quelquefois pendant plusieurs semaines.

« Comme i sont longs chez vingt jours qu'all
| maint l' vaque
Quand in (on) atteind ch' burre ! »
(Crinon, Sat. VI.)

MENTIRIE. Subst. fém. Mensonge. S'emploie souvent au pluriel. C'est un dérivé de *mentir*.

MENTONNIÈRE. Subst. fém. Les paysans désignent par ce terme le crochet inférieur de la crémaillère auquel on suspend l'anse du chaudron ou de la marmite et d'un autre ustensile de cuisine nommé *méquinette* et aussi *servante*. On le rencontre au masculin dans certains inventaires anciens :

« Une paire de pinchette, une méquinette, une cramelile à trois mentonniers… »
(Invent. à Flesselles, 1746.)

Ce terme appartient à la famille du français *mentonnet*, diminutif de *menton*, pris au figuré.

MENU. Subst. masc. Se prononce *mnu*. Quand les batteurs ont battu au fléau un certain nombre de bottes de blé et fait des bottes avec la longue paille, ils ramassent avec un rateau les épis cassés et la menue paille pour en faire une botte courte et fort petite qu'on appelle *mnu*, terme qui s'explique de lui-même. Ma cuisinière, qui est originaire de Rubempré, m'apprend que dans ce village le *mnu* s'appelle *trétin*, terme qui sera relevé à son rang.

A Amiens, on appelle aussi *mnu*, le charbon de terre presque réduit en poussière.

MENUATE. Subst. fém. J'ignore si l'on prononce *menuate* ou *mnuate*. Ce terme est le nom donné à une sorte de pâté assez recherché dans le Noyonnais et composé de porc haché, sang à boudin et oignons. Dans ses *Dictons*, M. Dutaillis dit :

« A Cuts (Oise), on fait des pâtés de même genre ; ils sont connus dans le pays sous le nom de pâtés à la menuate. »

Ce terme est un des nombreux dérivés de *menu*, du latin *minutus*.

MENUSIER et *menuserie*. Formes picardes de *menuisier, menuiserie* : se prononcent *mnusier, mnuserie*.

« Nicolas Greffuin menusier demeurant à Amiens doit à icelle succession… »
(Invent. à Amiens, 1583.)

— « Comparut… Nicolas Boquet menusier demourant à Doullens… »
(Acte not. à Doullens, 1583.)

Ce terme est encore un dérivée de *menu*.

MEQUINE, plus généralement *méquinne* (méquainne) et *méquingne*. Subst. fém. Servante, fille ou femme chargée chez autrui des travaux du ménage.

Dans plusieurs localités du canton de Moreuil, on désigne par ce terme la femme qui relève et met en place par petits tas ou *houvieux* le blé coupé par le faucheur.

« A l'appareince in (on) gn 'y) est jouliment
| r'joint (attrape)…
Si ch' n'est ch' parler et pis coire l' magnière
| (tournore)
L' méquainne alle est aussi bien que l' censière
| (fermière)
Sus (à) l' fête in (on) vot (voit) des moum'sell' à
| capiau
Qui vont l' lenn'main ramasser des cailleux. »
(Crinon, Satyre VII.)

— « Chechi foit y (il) s'en va moison de le curé
On y treuve ein ceudron tout plein de layt
| beurré
Qui cauffoit sur le fu…
Se méquainne et che clerc qui fosoient des
| rôties. »
(Suite du cél. Mar. de Jeannin, 1648.)

— « Avisons radement de dire à no méquainne
Qu'i faut cauffer le four et foire le cuisinne, »
(Ibid.)

Ce terme existé au sens de *servante* dans tout le domaine picard. Au nord de ce domaine, on l'écrit et on le prononce avec la sibilante *s* : *messkinne*. (V. Hubert.) Dans le Hainaut belge, l'expression a conservé le sens primitif de *jeune fille*. (V. Dr Sigart.) C'est à ce sens qu'on la rencontre dans les plus anciens auteurs ; les exemples abondent et je n'ai que l'embarras du choix.

« Neys (même) les jonètes meskines... »
(Le Reclus, XII° s.)

— « Illec (là) est le bele roine
Qui ambefoi (ensemble, tout à la fois) est mère
—et mescine. »

Il s'agit dans ce passage cité par La Curne, de la Sainte Vierge qui fut tout à la fois mère et *vierge*.

« Out (il y avait) el pays une **meschine**
Gente femme (femme de race noble), gente
l pucèle. »
(Chron. des Ducs de Norm., XII° s.)

— « Trois **meschines** l ot ravies...
Fille de roi ert (était) l'une pucelle
Ert il ot nom ; mult parfu bèle ! »
(Rom. de Brut, XII° s.)

On rencontre de même à une époque très reculée *mesquin* au sens de *garçon, jeune garçon* :

« Et il viel homme et li jeune **mesquin**. »
(Bono. XI° s)

Je donne cette dernière citation, parce que le substantif picard *méquine* et l'adject f français *mesquin* sont le même mot et ont en conséquence la même origine.
Quelle est cette origine?
Brachet tire *mesquin* de l'espagnol *mesquino*, pauvre, proprement esclave. Littré est de cet avis et croit que *mezquino* vient de l'arabe *maskin*, pauvre : *la série des sens est*, dit il, *pauvre, chélif puis jeune garçon, jeune fille, par suite serviteur, servante*. Il avait pourtant des doutes sur cette série, car il ajoute : « Il est singulier qu'il n'y en ait aucune trace dans les anciens textes.»
Les documents que j'ai cités montrent que le sens primitif de *mescine, meskine* (dans le *Reclus*), est jeune fille, d'où on a pu passer tout naturellement à celui de *servante* absolument comme du sens de *garçon jeune homme*, on a passé à celui de *serviteur, homme à gages*. Il en est de même pour *mesquin* dont le sens primitf est *jeune garçon* : *mesquin* est devenu un adjectif au sens de *chélif, pauvre*, comme *villain*, fermier, habitant d'une *villa*, est devenu l'adjectif *vilain*, sale, laid, avare. Ni *meschine* ou *mequine*, ni *mesquin* du français ne sont d'origine arabe. Ce terme nous vient du Nord, néerl. *maeghd*, jeune fille, et, avec le suffixe diminutif *ken*, *maeghd-*

ken, petite fille. (V. Kilianus.) Le flamand actuel dit *meyshen*, fillette, petite fille, servante. Il a conservé la série des sens. Pour le suffixe diminutif *ken*, comparez *mannequin*, du néerl. *maneken*, petit homme.
Je n'en ai pas fini avec le mot *méquinne*. Outre le sens de *servante*, il en a d'autres qui sont métaphoriques et fort curieux
Le *méquinne* est un ustensile de cuisine en forme de cercle en fer plat surmonté d'une grande anse par laquelle on le suspend à la crémaillère. On y place la cocotte ou casserole, le poellon, etc., dans lesquels on veut faire cuire des aliments. Dans certaines localités, il est désigné par le synonyme *servante*.
On dit au même sens *méquinelle*, diminutif de *méquine*. On appelle encore *méquainne* ou *tournette* une espèce de dévidoir sur lequel on place les écheveaux de fil de laine ou de lin qu'on veut mettre en bobines.
Les charrons, comme on le verra plus loin, se servaient d'une *méquine ;* mais j'ignore le service qu'elle leur rendait.

« Unne crassette (crasset, lampe) unne paire de tenailles (pincettes) une **méquine** de fer prisé X sols. »
(Invent. à Hébécourt, 1624.)

— « Item une **méquine**, une chaine de fer et deux pointes de fer, le tout à usage de charron prisé ensemble vingt sols. »
(Invent. à Flesselles, 1745.)

— « Une **méquine** adjugée à vingt quatre sols. »
(Vente mob à Coisy, 1785.)

— « ... une **mesquinette** de fer,... »
(Invent. à Amiens, 1576.)

— « Deux greilles (grils), deux broches, unne **mesquinette** à gaufrier. »
(Ibid. 1623.)

— « Une paire de chenets de fer, une **méquinette**... »
(Ibid. 1790.)

— « Une vieille marmite en fer blanc, une servante ou **méquinette** de cuisine, une boîte au sel.. »
(Descript. mob. à Montigny-lès-Amiens, 1831)

MÈRALÉGERESSE. Subst. fém. Sage-femme. Se dit à Saint-Pol (Artois) où il a pour synonyme *femme hardie*. Ce terme est une corruption de *méraleresse*, mot depuis longtemps inusité, mais qu'on rencontre parfois dans les documents anciens.

« Emmeline Hardie a esté receue à estre méraleresse par la relation de plusieurs femmes qui scavent comment méraleresses se doivent contenir en ladite science. »

(Citat. de Du Cange sous Merallus.)

A la fin du siècle dernier, M. Janvier, secrétaire de la Mairie d'Amiens, a relevé au 4e Registre de l'Eschevinage *méra leresse*, qu'il a interprété avec raison *sage femme, accoucheuse*. Son petit fils, notre compatriote et savant historien, M. Aug. Janvier, a relevé dans le registre F du même Echevinage, année 1468 :

« Mahieue femme Henry Salvois a esté receue à estre méraleresse et visiter les femmes enchaintes et recevoir les enfants nez parmy (moyennant) ce qu'elle a fait serment d'en faire bien et léalement son devoir, garder l'honneur et secret des femmes et faire tout ce que à bonne et léale méraleresse en tel cas peut et doit appartenir. »

(Hist. de Pic. Dict. hist. et archéol.)

Ces documents montrent que ce terme ne doit pas être écrit en deux mots — *mere alcresse* — comme l'a fait l'abbe Corblet. Ils montrent aussi qu'il ne répond nullement à l'idée de mère, non plus qu'à celle de nourrir, d'entretenir et d'élever ; le *alere* de Corblet n'a donc rien à faire ici. Il est fort probable que le mot en question nous est venu du Nord, d'un terme répondant à l'idée de *prudence, discrétion*, qualités exigées pour l'exercice de la profession de sage-femme : néerl. *verhelersse*, que Piantinus traduit par le latin *mulier secreta :* il y a eu changement ou corruption de *v* en *m*.

MERC. prononcé *mer*. Subst. masc. Forme picarde dans certaines localités du français *marc*, résidu des fruits écrasés ou foulés. dépôt, sédiment. Dans d'autres, on dit *mal*, par changement de *r* en *l* : « *Mal* d' café », marc de café.

MERCHAND. Forme picarde dans beaucoup de localités du français *marchand*, du latin *mercatantem*. Au féminin le *d* tombe, le *n* se double, et l'on prononce, selon les localités *merchanne, marchanne*.

Ce phénomène se reproduit dans un assez grand nombre de mots que j'ai signalés à M. Logie et dont je suis bien aise de donner quelques exemples : *monne*, monde ; *ronne*, rond ; *rotonne*, rotonde ; *vianne*, viande ; *normanne*, normande ; *flamanne*, flamande ; *allemanne*, allemande, etc, etc. De même pour l'infinitif des verbes terminés en *dre* : *renne* (rince), rendre ; *prenne*, prendre ; *ponne*, pondre ; *venne* vendre ; *fenne*, fendre ; *réponne*, répondre, etc.

Une autre lettre a le même sort que le *d* en position finale : c'est le *g*. Voici quelques exemples pris parmi ceux que j'ai signalés à M. Logie : *Bertainne*, Bretagne ; *Champainne*, Champagne ; *montainne*, montagne ; *borne*, borgne ; *ivronne*, ivrogne ; *sinne* (signe), signe ; *Gasconne*, Gascogne ; *renne* (raison), règne ; *peinne*, peigne ; *vinne*, vigne, etc. De même à l'infinitif de certains verbes terminés en *gner* : *sainer*, saigner ; *siner*, signer.

A l'infinitif, certains verbes perdent aussi le *g* et le *l* qui le suit se change en *n* : *étranner*, étrangler. Il en est de même du *b* suivi de *l* : *tranner*, trembler ; *sunner*, sembler.

MERCHI. Forme picarde très ancienne du français *merci*.

« ... Li cloistriers (les cloîtrés) ..
Sont Diu merchir ses ... (restabli). »
(Le Reclus de Molliens, XIIe s.)

MERCHIN et *mercin*. Subst. masc. Déformation picarde à Amiens et ailleurs du français *médecin :* il y a eu contraction et addition de *r*.

Citons à ce propos un bon mot inédit originaire d'Amiens et qui, d'après une co e, remonte au premier quart de notre siècle.

« ... Trois ouvriers allaient le matin à leur travail, ils aperçoivent de l'autre côté de la rue trois médecins allant aussi à leur travail. J'entendis en passant l'un des ouvriers dire aux deux autres : Buvez un mulet (peu) ches trois *mercins* io ; quand s' (ont) oisieux ils s'rassant (rassemblent) comme cho au matin, ou'est l' mort ed (de) quéqu'un ! Cho n' manque jamois »

La déformation s'est opérée aussi sur

médecine qui, au sud du domaine picard (Compiègne), était devenue *merchinne* au XII° siècle.

« Béés ! Le velk bien effraïé pour avoir perdu
une caretée de fin (foin). I ne seroit (saurait)
rien dire, i s' fra moirir, et pis après chela i nous
coutera coire pos en merchinne que tout ce qu'o
nos a dérenbé. »
(**Dialogue de trois paysans picards, 1649.**)

MERELLES. Subst. fem. pl. Se prononce *mrelles*. Ensemble des objets ou effets mobiliers qui traînent dans un appartement ; hardes et nippes de peu de valeur ; bagatelles.

Ces acceptions sont probablement métaphoriques. Au sens propre, on entend par *merelles* ou *marelles* les pierres plates qui servent à certains jeux qui portent le même nom. Ce terme est d'origine celtique, ancien gallois *mar*, pierre. Cette étymologie est confirmée par le fait que, d'après Cotgrave, on ne se servait en Angleterre comme en France que de pierres et qu'en espagnol le jeu en question s'appelle *jeu de pierres*. Du sens de *pierre*, objet vulgaire, on a passé facilement au sens que nous avons indiqué plus haut.

J'ai joué dans mon enfance au jeu de *marelles* : nous l'appelions dans mon village *jeu d'platuile* (plate-tuile), parce que notre palet était un fragment de tuile.

Au nord du domaine picard (Lille), le jeu de marelle à cloche-pied se nomme *le pied d'agache*, parce que l'agache (pie) sautille exactement comme si elle avançait à cloche-pied.

MÈREMENT. Adv. Simplement, seulement. Terme usité en Artois. On lit dans un dialogue de l'année 1814 sur la *Fête d'Arras* où les paysans se rendent en foule :

« Chacun trait a' vauque et freume s'n huis.
Cont' (contre) qui vozo (voudra) j' gauge (gage)
Qu' dens pos d'riu villange (village)
Pour tout' défense et pour gardiens
En (on) n'o laiché mèr'ment qu' ches quiens. »

Ce mot, qu'on ne rencontre pas que je sache en langue d'oïl, me semble être d'origine latine : il vient du latin *merus*, simple, pur, et du suffixe adverbial *ment*, du latin *mente*, façon, manière.

Du sens primitif *purement* au sens de *seulement* il n'y a qu'un pas.

MÉRIR. Forme picarde dans certaines localités du Vermandois, du français *mourir* : on le rencontre dans notre poète Crinon :

« Coume in vot (on voit) ch' blé...
Qui s' tape et mert (se frappe et meurt) ed'vant
| l' souleil d'Boût. »

La forme *mérir* est une contraction de la forme *moirir* (moué-rir) qui sera donnée à son rang. La réduction de *oi* (oué) à *é* n'est pas un fait isolé. On verra plus loin que *oi* (oué) la *moirille* est devenu *é* dans la forme *méroule*.

MERLE, mieux *mairle*. Telle est, d'après Corblet, une des formes du picard *marle*, mâle, du latin *masculus*. Cette forme est, par Littré, sans doute d'après Corblet, donnée comme picarde. Quant à moi, je n'ai jamais entendu dire *merle* pour *marle* et mes recherches à ce sujet n'ont abouti qu'à un résul at négatif. Si l'on dit *merle* pour *marle* quelque part, ce doit être a Abbaville où, dans la bouche des gens du peuple, le son *ar* devient *ér* : *merron*, marron, *boulevert*, boulevart ; *Domert*, Domart, etc. Il y a pourtant des exemples du changement du son *a* en *é*, *ai*. C'est ainsi qu'à Rabempré et dans plusieurs localités voisines on dit *laimpe*, lampe.

La contrée dans laquelle se trouve ce dernier village offre quelques particularités de prononciation que je suis bien aise de signaler aux philologues qui travaillent à la topographie des patois.

Au nord d'Amiens, de Corbie et d'Albert, dans une partie des cantons de Villers Bocage, Corbie, Albert, Doullens et surtout dans le canton d'Acheux, le *i* se prononce *é* et l'on dit : *M' féle*, ma fille, *m' pépe*, ma pipe, *ver* (vir, fr. voir), etc. J'ai entendu cent fois des gens jouant aux cartes dire : « *Du péque* », c'est à-lire : Du pique. Le *u* devient *eu* : *lecteure*, lecture ; *confileure*, confiture : *fremeteure*, fermeture, etc. Par contre, le son *ou* devient *o* : *lojors*, toujours ; *cor*, cour. Le *é* provenant ou *a* latin dans les substantifs et les participes passés se prononce *è*, presque *a* : *bonté*, bunté ;

fertilitè, fertilité ; j'ai *dansè*, j'ai *tè* (été)
corrigè, t'os *cantè*, tu as chanté, etc.
J'ai signalé ces faits à M. Logie qui les a
constatés *de auditu* en interrogeant ma
cuisinière qui est originaire de Rubempré.

MERLER. Forme picarde du français
mêler, du latin *misculare* : le *s* est devenu *r* comme dans *marle*, mâle, de
masculus. Notre forme est fort ancienne :

« Se (si) li lyons ert avœc vos (vous)
Por ce qu'il se merlonst à nos... »
(Le Cheval. au Lyon, XII* s.)

Les dérivés de *merler* sont nombreux.
Merlée, mêlée.

« Je n'ay warde de m'aller fourer dans ches
merlées là. »
(Dialogue de l'année 1619)

— « Mais il le conparont (paieront) s'il émeu-
vent merlée. »
(Hug. Cap. XIV* s.)

Merlage et *merlache*. Blé méteil,
litt. mélange. Il en était de même
autrefois :

« Trois cens bottes et demy tant avoine que
merlage qui font dix septiers chacun... »
(Invent. à Amiens, 1596.)

— « Soixante jarbes de merlache vendues
ssize livres cinq sols. »
(Vente mobil. à Cardonnette, 1783.)

Merlache et *Merlis*. Fourrage composé de diverses plantes telles
que : avoine, vesce, bisaille, etc.,
dont les graines ont été mêlées
ensemble au moment de l'ensemencement.

« Cent quatre vingt bottes de merlis en vesce
vendu et adjugé à raison de onze livres le cent. »
(Vente mobil. à Coisy, 1765.)

Merle-tout et *Merlinquier* (Corblet).
Individu qui se mêle de tout, qui
s'entremet mal à propos dans les
affaires qui ne le regardent pas.
La première de ces formes a été
employée par notre poète Crinon :

« In (on) n'atteind pus qu'il euche (ait) l'dous
| (dos) tourné
Pou' (pour) l' traiter... d' bête et pis d' ganache
Ed (de) merle-tout, d' bavard et d' guernou-
| teux. »
(Satyre XVII.)

Je ne connais pas la forme *merlinquier*
donnée par Corblet : en tout cas il ne me
semble pas facile de rendre compte de la
syllabe *quier*.

Autres dérivés :

Merligodage, mélange, en parlant
des aliments non solides et des
boissons. Se prend d'ordinaire en
mauvaise part,

Merligodé, mélangé, frelaté.

D'où vient dans ces termes l'élément
godage, *godé* qui implique un verbe
goder ? Je l'ignore. *Goder* serait-il une
simple corruption de *coter*, de sorte que
merligoder ne serait qu'un adoucissement de *merlicoter* ? J'avoue que je
penche pour cette dernière explication.

MERLIFIQUES. Subst. fém. Terme
burlesque par lequel on désigne les colifichets, affiquets, toutes les jolies bagatelles dont se parent les femmes. On dit :
« Bayez obelle lò (celle-là) avau (avec)
ses *merlifiques*. » Au nord du domaine
picard, en Hainaut, on emploie l'adjectif
mirlifique, mot dérisoire, pour dire
qu'une chose est admirable. On trouve
dans Cotgrave *mirelifiques*, babioles, bi-
belots, et *mirifique*, adjectif signifiant
merveilleux, *admirable*. On rencontre
dans les *Mémoires de Sully* le verbe
mirelifiquer, au sens de *parer*, *enjoliver*.

L'origine de ces formes, à leur divers
sens, est le latin *mirificus* (de *mirus* et
facio), admirable, merveilleux : nous
avons déformé le mot par l'addition de *l*,
fait qui s'était produit dans le français,
puisque, d'après Littré, on rencontre la
forme *mirlifique*, altération de *mirifique*.

MERLON. Subst. masc. Forme picarde
dans certaines localités du français
moellon : le *r* est adventice comme dans
merlot, *merlusine*, qu'on verra plus loin.

MERLOT et *merlout*. Subst. masc.
Formes picardes dans certaines localités
du français *mulot*.

MERLUSER. S'occuper, s'amuser à
faire des petits travaux par simple plaisir ou en vue d'un léger profit.

Ce mot serait composé du préfixe péjoratif *mar* et du verbe *luser*, venu du latin *lusitare*, qui, par la chute du *t*, donne *lusiare*. Le sens en ce cas serait à l'origine *mal s'occuper*, puis *s'amuser*. Je soumets la question aux hommes plus compétents que moi.

MERLUSINE. Subst. fém. Forme picarde du français *Mélusine*, sorte de fée appartenant aux contes celtiques.

MERNU, mieux *merenu* ou *merenud*. Adj. Nu, tout nu. Ce terme se rencontre plusieurs fois dans notre poète Crinon :

« Feut figurer, ch'te heure (maintenant)...
Feut l' monte à ch' dieu, è chell' fille ch' capieu...
Quand i (le père) devrot eller toat fin mernu. »
(Satyre III.)

« I (l'ivrogne) s' donne ou (au) diabe, i s'accabe
| de r'proches...
In (en) voyant...
Ses tchoais (petits) infants tous mernus coum'
| des vers. »
(Satyre XI.)

Cet adjectif n'est pas moderne. On le rencontre au XVIᵉ siècle dans Palsgrave, au XVIIᵉ dans Cotgrave et dans Howell ; au XVIIIᵉ, Bullet a relevé *mare nud*, entièrement nu, dans le patois de Besançon. Les deux éléments de notre *mernu* picard sont les deux mots latins *merus nudus* : c'est une expression comme *fin fou*, tout à fait fou, *fin bête*, entièrement bête.

MÉROTE. Subst. fém. Diminutif de *mère*, le sens est *petite mère*. Se dit aussi d'une petite fille gentille et précoce.

MEROUILLE, *méroule*, mieux et plus généralement *moirilles*, *moirile*. Subst. fém. Formes picardes selon les localités du français *morille*. Nous avons aussi au même sens le diminutif *moirillon*. La morille ne se trouvant seule, les enfants chantent, en cherchant avec soin près de celle qu'ils ont trouvée :

« Moirille, moirillon,
Si tu veux
J'truv'rai (trouverai) ten compaignon. »

On donne par dérision le nom de *moirilles* aux oreilles affectées d'engelures ou affreusement difformes.

On sait qu'en cuisant la *morille* devient noire. C'est à ce fait qu'elle doit son nom. *Morille* est un diminutif de *morc* (du latin *Maurus*), nom de peuple dû à la couleur de la race. C'est aussi de *more*, noir, que viennent les noms de famille très répandus *Morel*, *Moreau*. Notons toutefois que Brachet fait venir le mot *morile* de l'ancien haut allemand *morhila*, même sens.

MERQUE. Subst. fém. Forme picarde du français *marque*, signe, trace, empreinte. Cette forme est fort ancienne :

« E jo vendrai (viendrai)... si creme en déduit m'aûsasse (m'exerçasses) à traire a s/cun merc. »
(Rois, XIIᵉ s.)

— « Li clerc (prêtre) porte sun merc en sun le chief adès. »
(Th. le Mart., XIIIᵉ s.)

— « Drcuet Bourin a confessé avoir abattu la pièce de ma.len de deux éages merchi (marqués) de la mercque de mon seignour. »
(Plaids de Boves, 1523.)

L'origine de ce mot est germanique, vi. sax. du littoral *marc*, *maerc*, *mearc*, signe, marque.

Dérivés : *Merquer*, marquer, et autrefois *merqueter*, faire de la marqueterie.

« Deux grand platz merqués, quatre plats non merqués... »
(Invent. à Amiens, 1583.)

— « Ung buffet de noier merqueté prisé six livres. »
(Ibid. 1608.)

J'allais laisser de côté un vieux souvenir. Lorsqu'en 1823 le maître d'école de mon village nous faisait épeler, nous avions tous une *merque* (petit morceau de bois taillé en pointe) avec laquelle nous indiquions les lettres et les syllabes à mesure que nous les prononcions. La *merque* était obligatoire... parfois enjolivée et c'était à qui aurait la plus belle.

Le lecteur a sans doute remarqué dans la citation tirée des *Plaids de Boves*, le mot *merchi* (c dur) signifiant *marqué*. Un des caractères de notre patois à l'ouest et au nord-ouest d'Amiens est que le son *é* reste à peu près ce qu'il est en français : *canter*, *danser*, *merquer* (marquer); *assez*; *os cantez* (vous chantez), etc. À l'est et au sud-est, dans la grande majorité des villages situés entre la Somme et l'Avre, le son *é* devient *i* : *canti*, chanter ; *dansi*, danser ; *merqui*, marquer ; *assi*, assez ; *os canti*, vous chantez. Ce changement est dû, à mon avis du moins, à l'influence du wallon qui s'est fait sentir dans le Vermandois et le Santerre et jusques aux portes d'Amiens, puisqu'au XVIᵉ siècle déjà, à Boves, on écrivait *i* pour *é* : *merchi*, marqué.

MESSER. Dire la messe. Je prends ce terme dans Corblet qui, en sa qualité d'abbé, n'a dû le donner qu'à bon escient. C'est un dérivé de *messe*, du latin *missa*, sur l'origine duquel on a des doutes.

MESSIER, dans la dénomination composée *garde messier*, garde champêtre, ainsi dit parce qu'il garde les récoltes ou la *moisson*, dont le radical est le latin *messis*, même sens.

Je lis dans le *Franc-Picard, Annuaire* de 1855 :

« Develoy étoit garde messier. »

M'EST-AVIS (M'étavi). Subst. masc. Cette locution désigne, à Amiens, quelques vieillards des hospices et même certains rentiers ou employés retraités, à qui la fréquentation du monde n'a pu faire perdre complètement l'usage des tournures picardes. Ce nom leur vient de ce qu'ils sont, dit-on, absolument incapables de commencer une phrase autrement que par les mots « *M'est avis que*, etc. » Le *M'est-avis*, essentiellement flâneur, affectionne tout particulièrement pour sa promenade le boulevard du Mail, où il est certain de rencontrer son confrère le « *M' semble à-vir* », toujours disposé à lui donner la réplique. Ce dernier tire son nom de l'exorde qui précède chacune de ses propositions. Au demeurant, *M'est-avis* et *M' semble-à-vir* sont les plus braves gens du monde, mais leur recrutement devient difficile et leur race tend à disparaître.

MESURE, prononcé *msure*, dans la locution adverbiale : « A m'sure », parfois, de temps en temps.

« Jacques vient-i t'vir ? » — « Oui, à m'sure. »

L'origine de *mesure* est le latin *mensura*, même sens. Mais il me semble difficile de rendre compte de notre locution picarde et je laisse ce soin à des linguistes plus forts que moi.

MESUREU. Subst. masc. Se prononce *m'sureu* et signifie *arpenteur*. A part la chute ordinaire en picard, ce terme existait au même sens dans le français du XVIᵉ siècle. « *Mesureur* et cordeur de terres : *finitor, mensor* », dit Robert Estienne.

MET, ainsi orthographié dans Corblet. Subst. fem. Pétrin, maie. Dans une foule de localités, on dit *moie* (mowé). On trouve en langue d'oïl les formes *meyl, mail, mais, mai* et, ce qui vaut mieux, *maie*, puisque le terme en question vient du latin *magida* (dans Varron), par la chute du *g* et du *d*. *Met* est une forme fort ancienne :

« Il l'en fera raser toute plaine une met. »
(Alixandre, XIIᵉ s.)

On trouve dans les inventaires *mes, mais, metz, met*, etc.

« Une mes à faire pain. »
(Invent. à Amiens, 1617.)

— Une metz et une raticboire »
(Ibid., 1619.)

MÉTAIL. Subst. masc. Métal autre que l'or et l'argent. Il en était de même autrefois :

« Item ung petit mortier et un pilion de mestail. »
(Invent. à Amiens, 1493.)

— « Quatre plats d'étain et une jatte de mesmo métail. »
(Invent. à Abbeville, 1704)

Métail est aussi dans certaines localités la forme picarde de *méteil* dans le composé *blé méteil*, blé mélangé.

MÉTIER. Subst. masc. Besoin, envie. Se dit à Abbeville et ailleurs.

« Père Trinquefort il airoit métier étout
(aussi) de l' devenir, parch' qu'o li o dit qu'il
airoit un boin cœup à boire. »

(Lett. de J. Croédar, Ann. da 1888.)

L'expression est ancienne chez nous à
ce sens :

« ... J'ai métier (ne fit l'aute)
D'envoier cheti·oni toudis devant les autes.»

(Suite du Cél. Mar. de Jeannin, 1648.)

De même en langue d'oïl d'où elle nous
vient :

« Entre ses bras le prist, ce li dist en plorant :
Avés mestier de mire (médecin)... »

(Alixandre, XII⁰ s.)

On sait que *métier* vient du latin *ministerium*.

MÉTOYEN. Adj. Forme picarde dans
certaines localités du français *mitoyen*.
Nous tenons cette forme de la langue
d'oïl. On la retrouve encore au XVIIᵉ
siècle dans L'Oisel qui dit : « La marque
du mur *métoien* est quand il est chape-
ronné. » (*Instit. Coustum.*)

METTEU D' FU. Subst. masc. Incen-
diaire, littér. *metteur de feu*. A tort ou
à raison, on a donné ce sobriquet à plusieurs villages, notamment à Glisy, à
Morlancourt et à Talmas. A propos de ce
dernier village que les paysans appellent
Talmars, ma cuisinière qui est, comme
disent les Picards, *née native* de Rubempré, me communique le curieux dicton
suivant, inspiré sans doute par la méchanceté des habitants des localités voisines :

> « Talmardiers
> Fers aux pieds (galériens)
> Croite au c .
> Metteus d' fu
> Attaqués à l' porte d' l'enfer. »

MEU. Adj. masc. Forme picarde dans le
Valois et le Vermandois du français *mou*,
du latin *mollis*. C'est la forme qu'emploie
notre poète Crinon :

« Manquiant d' courage et meu comme gadriche
Oh ! dins ch'moument in (on) vourot être riche.»

(Satyre XXIII.)

Dans les environs de Compiègne, on
appelle *ver meu* (mou) la larve du hanneton.

MEUDE. Adj. des deux genres. Meilleur. S'emploie dans le Vermandois. On
lit dans les Nouvelles Lettres picardes de
P. Gosseu (Saint-Quentin, 1847) :

« Nos lois chiviles i sont un quiot cose roides,
dà,... soit dit sans mal parler...; mais pour les
rende meudes, cha n'appartient qu'à un homme
comme v'là vous. »

Nous tenons cette forme de la langue
d'oïl qui disait *meudre, meuldre, mieu-
dre, mieldre*, meilleur : le *r* de la dernière syllabe est tombé, comme il tombe
toujours en picard dans cette position :
prende, prendre ; *rende*, rendre ; *marbe*,
marbre, etc.

MEUDIRE. Forme picarde du français
maudire, du latin *maledicere*.

L'adjectif *meudit* s'emploie au sens de
funeste, désastreux :

« D'mandex li qu'ment qu'i s'est régalé dens
ches jours meudits... »

(Colo Pierrot, Amiens, 1799.)

Nous avons l'adverbe *meudiment* au
sens de *manière blâmable, regrettable*.
Notre poète Crinon écrit :

« Et s'igo a coire à m'sure einn' fille honnête,
. . . . à (elle) n' voura pos el·l'ête,
In (en) voyant i' pieu qui s' conduit meudiment
S' marier souvent pus avantageus'ment... »

(Satyre XX.)

Loc. pic. : « Ch'est d' l'argent dépeinsé
meudiment », c'est-à-dire d'une *façon
regrettable*.

MEUHES avec forte aspiration remplaçant le *v* originaire. Dans mon village et
les environs, on prononce tout simplement *meu*. Subst. fém. ou masc. selon les
localités. Mauve : la plante et sa fleur. Ce
terme vient du latin *malva*, même sens.
L'affaiblissement du *v* en l'aspirée *h* de
la forme *meuhes* se retrouve dans *hiberquin*. (V. ce mot.)

MEULER. Verbe act. et neut. Moudre.
Cette forme me paraît être particulière

au picard. Peut-être nous vient-elle de la forme de langue d'oïl *moulir*, moudre, broyer (V. Hippeau), avec changement de conjugaison.

A la même forme se rattache le substantif *meulage*, ensemble des pièces du moulin qui servent à mettre la meule en mouvement. La langue d'oïl avait au même sens la forme *moulage*. (V. Hippeau.) On rencontre *meulage* dans un procès verbal de visite d'un moulin à eau, sis à Saint-Romain, près Poix, année 1691 :

« Nous .. (experts) avons fait lever le meulage, après quoy nous avons iceluy moulin... veu et visité au doigt et à l'œil. »

MEULER. Forme picarde dans certaines localités du français *mouler*, du latin *modulari*. Il paraît qu'on dit aussi avec *r* adventice *mourler*, absolument comme on dit *mourle*, *moule*, etc.

MEULETTE. Subst. fém. Petit sac ou ventricule du veau où se forme la présure. Le mets nommé *tripes* est composé en partie de *meulette* coupée en petits morceaux. Ce terme est la forme picarde du français *mulette*.

« Mainger des tripes ch'est dins l' bon ton.
Aussi mon (chez) Guilbert, sans façon
Nous irous pour prinde eine portion
Ed (le) panche et d' meulette
Ed foie et pis d' tripette. »
(Entret. de Colas, Fête d'Arras, 1881.)

Nous avions autrefois une autre *meulette*, lequel me semble être la dénomination d'une rondelle servant à couper la pâte en tranches minces et étroites. On lit dans un inventaire dressé à Amiens en 1596 chez un marchand mercier-quincaillier :

« Item [en] une aultre boitte a esté trouvé ce qu'il s'ensuiot, assevoir plusieurs robinetz, mosquettes à chandelle, villettes (tarières) d'érain, meulette à paticher (pâtissier), rousone et aultres pilsés le tout ensemble XX sols. »

« Item six escritoires de cuivre... trois meulettes de cuivre... »
(Ibid.)

J'ignore si ce terme est encore en usage dans quelque coin de la Picardie. Il me semble avoir la même origine que *molette* (d'éperon) du français et être un

diminutif de *meule*, du latin *mola*. Le *eu* ne peut nous étonner puisque nous avons *meulin*, *meuler*, etc.

MEULIN, *melin*, *molin*. Subst. masc. Formes picardes selon les localités du français *moulin*. On appelle *meulin*, à Amiens, le retordoir et *meulinier*, le retordeur.

Loc. pic. : « Veut miux (il vaut mieux)
aller à ch' meulin qu'à
ch' médecin. »

Quand une charrette verse de façon à avoir une roue par terre et l'autre en l'air figurant une meule de moulin, on dit du conducteur qu' « il o foit (a fait) un meulin », ce qui n'est pas un honneur pour lui...

MEULON et *mulon*. Subst. masc. Petite meule de foin non bottelé. Il y a eu dans *mulon* réduction de *eu* à *u*, comme dans *fu*, feu ; *ju*, jeu, etc. Ce terme est un diminutif de *meule* (du latin *metula*), au XIIᵉ siècle *moule* :

« La moule de frument. »
(Liv. des Picau.)

MEUNIER, *magnier*, dans mon village *mogni*. Subst. masc. Espèce de hanneton dont le corselet et les ailes supérieures, au lieu d'offrir à leur surface la belle couleur brune lustrée ordinaire, sont comme chargés de poussière blanche. Cette dénomination s'explique par le fait qu'il y a une certaine analogie entre ce hanneton et le vrai meunier qui a toujours sur lui et ses habits de la poussière de farine.

MEUR. Adj. Forme picarde du français *mûr*. Cette forme existait en langue d'oïl :

« De foi et de créance enterine et meûre. »
(Berte, XIIIᵉ s.)

— « Car jà fame... si ferme cœur n'aura,
Ne si loial ne si meûr. »
(La Rose, XIIIᵉ s.)

On sait que *mûr* vient du latin *maturus*, même sens.
Dérivés : *Meurir*, mûrir.
Meurison, maturité.

Le *eu* de notre forme *meurir* se rencontre en langue d'oïl :

« Il (les fruits) ne puesnt (peuvent) es rains
| durer
Tant qu'il se puissent meûrer. »
(La Rose, XIII° s.)

Cette forme est très régulière puisqu'elle vient du latin *maturare* et que le *are* final donne *er* : *amare*, aimer. Dans le *mûrir* du français et le *meurir* du picard, il y a eu changement de conjugaison, fait qui se rencontre assez souvent chez nous, comme le prouvent *assir*, asseoir ; *séquir*, sécher ; *truvoir*, trouver ; *pruvoir*, prouver ; *seutir*, senter, etc., etc.

MEURDRIR. Ce verbe, qui est la forme picarde du français *meurtrir*, comporte chez nous le sens de *tuer* et de *meurtrir*. C'est un dérivé de *meurdre*, meurtre, assassinat, lequel est d'origine germanique ; vi. sax. du littoral *morih*, mort (*letum*) ; angl. *murda* ; all. *mord*, même sens, qui se rattachent au radical sanscrit *mar*, tuer.

Notre forme par *d* se disait en langue d'oïl :

« Quand il murdrist la gent... »
(Th. le Mart., XII° s.)

— « Sont en terre establi li juge
Por ceus (ceux) pugnir et chastoier
Qui . . . .
Murdrissent les gens et afcient. »
(La Rose, XIII° s.)

Dérivé : *Mordreu*, meurtrier, assassin. Ce terme existait en langue d'oïl sous les formes *mordreur* et *murdreur*.

MEURE ou *meurre*. Forme picarde dans certaines localités du français *moudre*, du latin *molere*. Cette forme est la même que *maure* donnée à son rang. Le son *au* est devenu *eu* comme dans *eute*, autre, *heucher*, hausser, etc.

C'est à cette forme que se rattache *meuture*, mouture (du latin *molitura*), terme qui existait du reste en langue d'oïl. Il en est de même de *meute*, mélange de son et de farine provenant de grains de qualité inférieure et destiné spécialement à la nourriture des porcs.

Ce terme n'est pas nouveau, car on le retrouve sous la forme *moute*, au sens de mouture, au XVII° siècle, dans C. Oudin.

MEURON. Subst. masc. Mûre sauvage, fruit de la ronce, la ronce elle même. Dans la vallée d'Yères, où l'on parle le picard, on dit *catimuron* ; dans le Pas-de-Calais, *catémuron*. A quoi répond l'élément *cati*, *caté* ? Je l'ignore. Aurait-on comparé l'épine de la ronce à la griffe du *cai*, chat ?

La forme *meuron* est ancienne puisqu'on la rencontre au XIV° siècle :

« Qui donroit à manger ou à boire à une personne du jus ou du noir de meurons... »
(Lett. de grâce, dans la Curne, 1300.)

Meuron est un diminutif de *meure*, forme ancienne de *mûre* dans nos contrées, comme le prouve le passage suivant d'un trouvère picard :

« Fame a la loi d'enfant qui pleure ;
Ce qu'avoir puet (peut) n'eime une meure. »
(Gautier d'Arras, XIII° s.)

Meuron était, dans mon enfance, le sobriquet des membres d'un très honorable famille de Villers Bretonneux qu'on appelait *ches quiquiouts meurons*, sans doute parce que l'un d'entre eux avait été surnommé *quiquiout meuron*, le petit *meuron*. D'autres familles, pour une raison semblable, s'appelaient *ches touilleus*, c'est-à-dire et littéralement les *mêleurs*, les querelleurs, les batailleurs ; d'autres *ches Fliponts*, du nom de baptême contracté *Philippot*, d'autres *ches niz copés* (nez coupé) etc. Il y a encore aujourd'hui *ches capuchins* ; mais, bien que plusieurs soient mes parents, j'ignore d'où leur vient ce sobriquet.

MI. Pron. pers. Forme picarde du français *moi*. Cette forme existait en langue d'oïl :

« Jà par mi ne sera içou (cela) acréanté (consenti). »
(Rom. d'Alix., XII° s.)

— « ... quar (car) sains (sans) mi ne porrés vous trouver la terre de le promission. »
(Lég. de St-Brandaines, XII° s.)

Il y a, on le voit, bien longtemps que nous disons *mi* pour *moi* ainsi que *ti* pour *toi*. *Mi* se rencontre dans la très ancienne et très curieuse locution : *De mi en ti*, signifiant *de l un à l'autre, de bouche en bouche*, en parlant d'une nouvelle qui se propage. L'auteur d'un poème picard du XIIIᵉ siècle, déjà cité, raconte que les habitants d'un village des environs de Noyon, ennuyés des prédications de l'évêque, avaient formé le projet de le tuer s'il ne quittait au plus tôt leur pays; mais leurs menaces arrivèrent aux oreilles du saint homme ; l'auteur dit :

> « De mi en ti fu si lenchiés
> Chis parlemens (propos) et avanchiés
> Qu'au saint homme avint la nouvele
> Qui mout li fu et tonne et bele. »
> (Miracles de St-Eloi.)

A Amiens, à l'heure actuelle, les gens du peuple, qui se piquent de littérature, disent *moi* (pron. *moué*). L'almanach du *Bonhomme picard* de 1880 a publié à ce propos, sous le titre de : « *Ein académicien d'ech' l' Hoquet* », la remarque suivante d'un habitant du quartier :

> « Chez nous tout l' monde i dit mi, n'y o qu' mi qui dit moè. »

Notons encore la locution « *in par mi* », en moi-même.

MIACHE. Subst. masc. Mets, aliment, mangeaille. Ce terme est une contraction du vieux substantif *megnage*, dérivé de *megner* qu'on a vu plus haut : il y a eu durcissement de *g* en *c* dans la désinence, fait presque général dans le nord du domaine picard, mais qu'on rencontre parfois aussi dans nos environs. Quant à *megnage*, ce n'est pas une forme inventée pour les besoins de la cause : elle existait en vieux français :

> « Et ly rois des ribaus ..
> As balles (barrières) est venus et dist...
> A ciaux (ceux) qui le gardoient : Vous arés dou
> | megnage. »
> (God. de Bouillon.)

MIANNER, dans certaines localités *mianner*. Forme picarde du français *miauler* : il y a eu changement de *l* en *n*. Au figuré, ce terme signifie *parler d'une voix flûtée et traînante*. On lit dans le *Bonhomme picard, Ann.* de 1880 :

> « Faut (il faut) les aouïr tous nous (nos) belles dames miauni en s'tortillant comme des quiottes miaottes (chattes) et s' disant l'eione à l'eute :
> « Men motif (pouf, tournure) est-i droit ? »

Dans la vallée de la Somme, les chasseurs au marais donnent le nom de « mionneu » au canard siffleur.

MICHE. Subst. fém. Ce terme, qui est français, a chez nous le sens de *brioche*. Au siècle dernier, La Cerne le signalait à ce sens : « *Miche*, petit gâteau en Picardie. »

Dans certaines localités, *miche* a donné le diminutif *michon*, comme *galiche*, galette, a donné *galichon*. J'ajoute que ce diminutif est devenu un nom de famille.

L'origine de *miche* est incertaine. Les uns le tirent du latin *mica*, parcelle ; les autres du flamand *micke*; pain de froment large et épais.

MICHÉ, dans bien des localités *Miqué*, dans mon village *Miqui*. Formes picardes du nom propre *Michel*. En Artois, l'expression *arc d' saint Miché*, signifie arc-en-ciel.

Le *l* final est tombé dans ces formes comme dans *raté* (rateau), autrefois *rastel*, *tiné*, autrefois *tinel*, du latin *tignellum*. J'ajoute pour justifier la forme à finale en *i* de mon village que chez moi *raté*, *tiné* sont devenus *rati*, *tini*, et que par suite de l'influence du français le nom de *Miqui*, qui était très commun dans mon enfance, a été à peu près complètement remplacé par la forme *Michel*.

De même que les noms féminins *Marie*, *Suzanne*, *Madeleine*, etc., ont donné les diminutifs *Marion*, *Suzon*, *Madelon*, de même *Miquelle* a donné le diminutif *Miquellon* : il est mort vers 1850 dans mon village une femme que j'ai bien connue et qui s'appelait *Miquellon*.

MICLOT, dans mon village *miclout*. Subst. masc. Petit marchand ambulant, petit colporteur. J'écris ce terme comme on le prononce ; mais sous cette forme il est une contraction de *miquelot*, dérivé de *Miquel*, forme picarde de Michel. Un dictionnaire allemand publié à Leipsick en 1821 donne *Miquelot*, dénomination d'individus qui, sous prétexte de pèlerinage à saint Michel, se livrent à la mendicité. Là est l'origine de notre terme picard. Dans mon enfance, il venait ici d'Amiens, des mendiants qui, pour du pain ou quelques sous, vendaient des images d'Epinal, des aiguilles, du fil, de la passementerie. Cela explique comment on a pu jadis passer du sens de *miclot*, mendiant, à celui de colporteur. J'ajoute que les mendiants d'Amiens, dont l'un s'appelait *quiot Lolle*, avaient presque toujours l'image qui représentait saint Michel terrassant le diable. Dans mon village où l'on dit *miclout*, le féminin est *miclotte*: c'est ainsi que *quiout*, petit, *sout*, sot, font au féminin *quiote*, *sotte*.

MICMAC. Subst. masc. Outre le sens français, ce terme reçoit, en picard de l'Amiénois, celui plus particulier de mélange hétéroclite d'aliments préparés sans soin, malproprement.

Etymologie connue : allemand *mischmasch* par redoublement fantaisiste, rad. *mischen*, mêler.

MIE. Adv. Ce terme répond à la négation *pas*, *point*. Placé entre *ne* et *que* dans une proposition affirmative il répond à l'adverbe *bonnement*, *simplement*.

« Foire (faire) des estatues ch'est mie difficile... Pour foire einne estatue, ch' l'esculpteu i n'o (a) mie qu'à preinne (prendre) einne grosse pierre et r'tirer cho qu'y o d' trop. »
(Bonh. Pis. Alm. de 1889.)

A Amiens et dans les environs, après la double négation *ne*,*mie*, on ajoute parfois une troisième négation :

« I gn'i o (il n'y a) mie point d' burre (beurre) dins ches soupes là. »

On dit encore et tout aussi abusivement : « I n'o *mie* rien », littér. : Il n'a pas rien. — Ce dialogue entre deux femmes d'Amiens en est un exemple :

— « Q'ment qu'al vo, Léocadie ? »
— « A n' vo point. »
— « Blé, quoi qu'al o ? »
— « A n'o mie rien, s'n homme i boit toute. »

Mie, comme bien d'autres mots, nous vient de la langue d'oïl dans laquelle on le rencontre à chaque pas.

« Et tu dis en ten (ton) cuer (cœur) que tu n'ies (es) mie dignes que tu portes l'abit de moigne. »
(Lég. de St-Brandaines, XII° s.)

— « Ha biax (beau) sire, ne les ocŸés (tuez) mie si faitement, il n'est mie coutume que nos (nous) entrocions li une l'autre. »
(Aucass. et Nicol., XIII° s.)

Mie a été immortalisé par La Fontaine dans le dicton picard :

« Biau sire leu (loup), n'écoutez mie
Mère tenchant sen fieu qui crie. »

On sait que *mie* vient du latin *mica*, miette.

Deux courtes observations à l'usage des philologues qui travaillent à la topographie des patois.

Dans l'Amiénois et le Ponthieu, les négations sont *mie* et *point* ; *pos*, pas, ne s'y emploie jamais. Dans le Vermandois et une grande partie du Santerre jusqu'à Chaulnes, *mie* ne se dit presque jamais : on se sert de *pos*, pas, et de *pont*, point.

A Conty, Amiens, Doullens et à l'ouest de ces villes, *mie* se prononce *mi*; entre la Somme et le Pas-de-Calais, il est légèrement nasalisé. Au sud de la Somme, entre Amiens, Corbie, Bray, Rosières, Moreuil et Conty, la nasalisation est, à mon avis, affreuse, puisqu'on dit *meun*.

MIÉ, dans mon village *mil*. Subst. masc. Formes picardes du français *miel*. Notre poète Crinon écrit :

« Ch'est d'après ch' mié qu'on estinme ch' vaisieu (ruche),
Ches bieux habits en' font point ch' bieu monsieu. »
(Satyre XXV.)

Quand les paysans sont en dépit, mais qu'ils n'osent employer le mot de Cambronne, ils disent tout simplement à ceux qui les ennuient : « Du *mié*. »

Gabriel Rembault a recueilli un proverbe un peu nature mais fort curieux. Le voici :

« Quand o (on) s'ainme blé (bien)
Du br.. ch'est du mié ;
Quand o n' s'ainme point
Du mié ch'est du br.. »

Notre forme se rencontre en langue d'oïl avec un *z* final :

« Li miez est fait pour qu'on le laiche. »
(Prov. du XIII° s. cité par Delboulle.)

Mié a donné en picard plusieurs dérivés.

{ [*Miesser*, rendre mielleux, doux, sucré; au figuré, faire le doucereux, le mielleux, le flatteur.

Miessé, sucré, doux : se dit surtout du cidre nouveau avant qu'il entre en fermentation.

Miesseux, obséquieux, flatteur, chattemitte.

« Ch'est un miesseu,
I porte ch' fu (feu) pis (et) l'ieu (eau). »

Avant d'aller plus loin, je veux placer ici une courte observation à propos du mot *ieu*, eau.

On dit, en picard comme en français : *Das* ou *dins ch' gardin*, dans le jardin ; *das l' mare*, dans la mare, etc. ; on emploie devant le nom l'article *che* ou *le*. Il n'en est pas de même devant *ieu*, et l'on dit sans article : *Das* ou *dins ieu*, dans l'eau.

Amiéler, entraîner, convaincre, entortiller à force de bonnes façons et de paroles doucereuses.

Emmiéler est, par antithèse, synonyme du verbe venu du mot que Cambronne jeta à la face des Anglais qui lui demandaient de se rendre...

On rencontre en vieux picard *miés* au sens de hydromel :

« Che sont les bovrages (boissons) vin... chervoise, goudale, miés, chider (cidre)... »
(Dial. flam. pic. XIV° s.)

On disait aussi au même sens *miessée* :

« Quiconque vendera miessée, il en donra (donnera) un sestier à la mesure qu'il la vendera. »
(Ch, de Nouvion en Thiérache, 1196.)

Ce terme se rencontre en bas latin sous les formes *medum*, *mezium*, dont le radical se rattache peut-être au néerlandais *mede*, breuvage d'eau et de miel; vi. sax. *medu*, même sens. Ces formes latines se trouvent dans un capitulaire du VIII° s. et dans une citation de Du Cange.

MIÉLASSE. Subst. masc. Forme picarde du français *mélasse*.

« Je faisais un échange avec quelques camarades qui préféraient les sublimes tablettes d' miélasse d' Laïde... »
(Petit Progrès de la Somme, fév. 1890.)

A Amiens, on appelle *tablette d' miélasse* une carte à jouer ou autre de même dimension, dont les bords ont été relevés de manière à former une sorte de petit plateau contenant une couche de *mélasse* recuite avec un peu de cassonnade et de farine. Cette friandise assez grossière est fort recherchée par les enfants du peuple.

Miélasse dérive de *miel* : il y a eu addition de la finale péjorative *asse*. Comme quelques autres termes, ce mot, féminin en français, est masculin en picard.

MIÉLAT. Subst. masc. S'emploie chez les Picards de la vallée d'Yères au sens de petite pluie fine et douce funeste aux blés mûrs et aux avoines. Chez les Picards de l'est, ce terme a le sens de maladie des blés qui mûrissent tardivement et sont ainsi sujets à *mieller*. Les formes *neullat* et *neplo* employées au même sens dans le Languedoc montrent qu'il y a eu chez nous changement de *n* en *m*, puisque le radical des formes en question est le latin *nebula*, brouillard : on a donné à l'effet ou maladie le nom de la cause qui est le brouillard. J'ajoute que le vieux français avait *nieble*, brouillard, comme le montre une citation de La Curne.

MIENNE. Adj. et pron. poss. des deux genres. Mien, mienne. Les Picards disent de même *tienne*, *sienne*, pour *tien*, *sien*.

« Après, o (on) zo parlé d' ches quiens. Chaqu'un o foit l' panégyrique de l'sienne « L'mienne arrête à vingt mètes. » — « L' mienne à trente.»
— Un eute (autre) o (a) un quien savant... »
(Franc Pic. Ann., 1890.)

— « Vo t-i coïre vo appétit ? — Oui, et pis vous, Jacques ? — Mi, l' mienne i vo trop bien.»
(Ann. d'Abbeville, 1888.)

Burghy attribue aux Picards l'honneur de la forme française *mien*. « Ce pronom, écrit-il, dérive de *meum* avec une diphthongaison fort régulière, ou mieux, l'on a d'abord eu *men* dont on a diphthongué le *e* avec *i*, ce qui permettrait de supposer que *mien* a été créé en Picardie. « La forme picarde *men* et l'emploi de *men*, *mun*, *mon* avec l'article donnent la plus grande vraisemblance à cette opinion. Quant à la finale picarde avec *e* au masculin, elle est due sans doute à l'influence des langues du Nord qui avaient *min, myn*, et dont le *n* final sonnait *ne*, si nous en jugeons par l'anglais qui dit et écrit avec *e* final, et au même sens que le picard, *mine*, au masculin comme au féminin.

MIER. Contraction de *megner*. (V. ce mot.)

MIETTE. Subst. fém. S'emploie en picard au sens de *un peu, un brin*, une petite portion d'une chose quelconque.

Ce terme est, on le sait, un diminutif de *mie*.

MIEULE. Pâtisserie en forme de pain d'autel, oublie.

Ce terme sera repris à son rang sous la lettre N.

MI-EUT. La mi-août, le 15 d'août.

Loc. pic. : « Notre-Dame *mi-eût* », l'Assomption.

MIEUVE. Forme picarde du français *mièvre*. Adj. Turbulent, vif, gai, étourdi, un peu libertin.

Dérivés : *Mieuvrèche*, mievrerie, turbulence.

Mieuvresse, même sens.

A Amiens, ce dernier terme se dit, au pluriel, au sens de *impertinences* dites avec esprit.

« Gn'y o point grament longtemps que j' sais qu'Lili (Louis) oh' Gausseu o prins la vaillassance (hardiesse) d' vous écrire pour vos dire des quiotes **miévrèches**... »

(**Colos Pierrot**, 1799.)

Notre adjectif se rencontre dans la *Suite du cél. Mar. de Jeannin*, déjà tant de fois cité.

« Après vint pour danser le fieu de Jean Le-
| lièvre
Qui est, à chou qu'o dit, de se folchon fort
| mièvre. »

On le rencontre enfin au XIIIᵉ siècle dans *le Renard le Nouvel*, poëme dû à un trouvère picard.

« Et li bous (bouq) y mena se klevre (chèvre)
Qui par jouennèce estoit si mièvre. »

D'après Littré et Brachet, *mièvre* est d'origine inconnue. Ce terme viendrait il d'un radical vieux saxon *maff*, aujourd'hui perdu, et dont le sens serait *pétulance* ? Dans le Berry, on qualifie *maffion* un enfant vif.

MIGNOTEMENT. Adv. Délicatement, mignonnement. Ce terme nous vient sans doute de l'adjectif de langue d'oïl *mignot*, délicat, mignon, joli, agréable, terme qui est toujours en usage dans le provençal.

Le *n* de *mignot* ne s'est pas toujours mouillé, car on rencontre en langue d'oïl la forme *minot* :

« Nature ad mut mis s'entente
Que (je) fusse bele, minnote e gente. »
(**Josaphat, circa** 1200.)

Le lecteur ne doit pas oublier qu'en picard la finale *ent* se prononce *int*.

Le radical de *mignot* et de l'adjectif plus moderne *mignon* est le celtique *min*, petit, fin, délié, mince. L'ancien haut allemand *minnia* indiqué par Littré et Brachet est ici inadmissible, par la raison que *minnia* signifiait *amour*, sens qui répugne à l'acception que l'adjectif *mignot* avait en langue d'oïl.

Vers Abbeville, on dit *mignu* et on donne à ce mot la valeur de délicat, au sens de chétif, maladif.

MILER. Viser, mirer, mettre en joue ; regarder attentivement, guigner, espionner. Ce verbe est la forme picarde du français *mirer* : il y a eu changement de *r* en *l* comme dans *tiloir*, tiroir, *armoile*, armoire, etc.

« Nous irons ensane (ensemble)
Raviser ches cranes
Nous les voirons tout comm' des cots (chats)
Miler pour abatte (abattre) ch l'ojeau (oiseau). »
(**Entret. de Jacqueline**, 1812.)

Miler, aux sens qui précèdent, a donné le dérivé *mileu*, individu qui épie et qui guigne. Gabriel Rembault a relevé le dicton suivant :

« Des acouteus (écouteurs) et pis des **mileus**
Ch'est pire qu' des voleus. »

Miler a aussi chez nous le sens de

*briller, jeter un vif éclat, avoir un poli
brillant :*

« Chu dircoten nous o foit entrer dens einne
salle iou (où) qu' toute miloit d'or et pis d'airgent. »
(Ann. d'Abbeville, 1888.)

A la même famille se rattache *miloir*,
forme picarde du français *miroir* :

« O m'o essayé m' lévite (redingote)... Je
m' sus vu dss ein grand milouaire si heut
qu' mi. »
(Mathieu Laensberg, 1890.)

Le changement de *r* en *l* dans ce dérivé n'est pas moderne, comme le prouvent
les citations suivantes :

« Ung miloir prisé douze sols. »
(Invent. à Amiens, 1575.)
— « Deulx miloirs prisés XXX sols. »
(Ibid. 1596.)

Sous l'ancien régime, il existait de bien
singulières redevances. Le propriétaire
d'un champ, sis au Mont de Bussy, terroir de Courcelles-lès-Poix, devait présenter au seigneur du lieu, le jour de la
fête du village, avant l'heure de midi,
« un *miloir* et un peingne ». S'il y manquait, il encourait une amende de
soixante sous.
(*Terrier de Courcelles*, 1699.)

MILLEUR (mi-leur). Forme picarde
du français *meilleur*. Il en était de
même autrefois :

« Non foit, non foit, i font milleur chère que
nous... »
(Dialogue de trois Paysans picards, 1640.)

Et dans les *Dialogues pic. flam.* du
XIV⁰ siècle déjà cités :

« Cateline vend le milleur très bure que on
puist mangier. »

On sait que le terme en question est le
latin *meliorem*, meilleur.

MIMINE. Subst. masc. Chat. Terme
enfantin formé par réduplication de
mine, cri par lequel on appelle un chat.

MINABE. Adj. Misérable, pauvre, qui
est en mauvais état.

« J' m'en fus rue Sant-German pour y acater
des vêtements ; mais vrai étoit trop minabe. »
(Mat. Laensberg pic. 1890.)

— « S' alle (si elle) est minabe et sen bonnet
[clabeu
L' fille el pus sage est seur' d'.....iner ch' beu. »
(Crino...., satyre VII.)

Littré donne *minable* a peu près au
même sens que *minabe* a en picard et il
le tire de *miner*, en s'appuyant sur le
passage suivant :

« ...... mit le siège devant le chastel et fut
trouvé qu'il estoit minable ; pour ce on com-
mença à miner à l'endroit d'une des tours. »
(Juvén. des Urs.)

A Boulogne, d'après M. De Seille, *minabe* signifie *qui a mauvaise mine*. Le
radical *mine* va bien ; mais pourquoi
mauvaise mine plutôt que *bonne mine*
et comment expliquer la désinence *able?*
Quant au *minable* de la citation de Littré,
il ne signifie nullement *en mauvais état*,
mais seulement *qui peut être attaqué
par la mine*, et il est impossible de
passer de ce sens à celui de *pauvre, misérable, en mauvais état.*

Je ne puis donc admettre comme étymologie de *minable*, pic. *minabe*, ni
miner, ni *mine*. Cet adjectif ne viendrait-il pas plutôt du latin *miserabilis*
par contraction en *mis'rabilis*, chute de
s et changement de *r* en *l*, puis en *n*, à
cause du voisinage du *l* de la désinence ?
Le second *r* du latin *armarium* est devenu *l* dans le picard *ormoile* et ensuite
n dans la forme *amoine* en usage dans
mon village.

J'ajoute que le changement direct de *r*
en *n* n'est pas sans exemple : le français
giroflée est devenu *ginofrée* en picard.

J'ai donné plus haut deux vers de
Crinon sur lesquels il me semble utile de
faire quelques observations. Notre poète
dit :

« Si elle est minable et si son bonnet est clabaud
La fille la plus sage est sûre de r'trainer
[ch' beu. »

Retraîner ch' beu (la poutre, la grosse
pièce de bois) au pays de Crinon et *rapporter ch' billon* (gros bâton) dans mon
village, sont absolument la même locution. Quand une jeune fille, à cause de sa
laideur, de son mauvais caractère ou de
son inconduite, revient d'un bal sans avoir
été invitée à danser, on dit d'elle — ce
qui n'est pas un honneur — qu'elle a
retraîné ch' beu ou *rapporté ch' billon*,

très probablement parce que jadis on obligeait la malheureuse à rentrer chez elle chargée d'un fort morceau de bois, *billon* ou *beu.*

MINCHE. Forme picarde de l'adjectif français *mince.*

« J'en ai vu un... Il étoit long et minche comme einne manche à fourque aveuc eunne figure en lame d'bayonnette, un nez ein (en) forme d'cornichon. »
(**Journal de Doullens**, 1887.)

Nous avions autrefois le verbe *min- cher*, hacher, couper fin et l'adjectif *minchoir.*

« Deus (deux) coutiaus vous fallent (sont né- cessaires) pour talier vo viande (aliments) ; un coutiel minchois pour minches vo porée (herbes potagères). »
(**Dial. pic. flam.**, XIVᵉ s.)

Mincher est la forme picarde du verbe de langue d'oïl *mincer*, couper en petits morceaux, diminuer.

Je suis bien aise, à propos des mots *manche* et *Doullens*, de faire ici quelques observations.

Manche de fourche est féminin en picard. Il en est de même d'un certain nombre de mots ayant la même dési- nence. On dit : Einne (une) quiote orage, einne grosse nuage, einne fameuse ou- vrage, etc.

M. l'abbé Delgove, qui a publié l'*His- toire de Doullens*, rattache au latin *dolens*, triste, le nom de cette ville. Cet auteur n'a pas vu que l'ancien nom *Dourlens*, qui est encore en usage dans beaucoup de localités, montre que cette étymologie est absolument inadmissible. Le radical de Dourlens est le celtique gaël. *dur, duor*, rivière, le même que dans Daours (nom d'un village près de Corbie), qui est *Dors* en 704, et dont le sens est *cours d'eau, rivière*. Dourlens, comme Daours, se trouve près d'un cours d'eau. C'est aussi au *dur* celtique que se rattachent les *dous* de la Normandie et par suite d'une nasalisation, le Don des environs de Montdidier et le nom du quartier de ce nom à Amiens.

Dourlens est resté sous les formes Dourlant, Dourlens, un nom de famille : c'était celui d'un chef d'institution de la chaussée Saint-Leu à Amiens, décédé il y a quelques années.

MINGNE et *minne.* Subst. fém. Forme picarde du français *mine*, air, conte- nance.

« Ch'est donc por erbeyer (regarder) sen voi- sin pa dessus s'n épeule aveuc einne maingne orgueilleuse. »
(**Astrologue pic.** 1848.)

A Amiens, on dit *mangne.*

« O (on) l' prendroit-i point pour è che grand Saint-Sauve avec s'mangne d'papier nâqué ? »
(**Petit Progrès de la Somme**, 1889.)

On rencontre *meinne, mainne*, el vieux picard.

« Vechi les deux poairins, vela les deux moai-
        | reinnes
Et no curé tout prêt. Cha foisons boene meinne »
(**Suite du cél. Mar. de Jeannin**, 1648.)

Locution picarde : « Foire des *min- gnes* », grimacer, se moquer de quelqu'un en lui faisant une grimace et, par exten- sion, faire des embarras, des gestes affec- tés, minauder.

Mine est d'origine incertaine.

MINGRONER. Murmurer, bougonner. Je ne connais pas ce terme relevé par Corblet. Serait-il un diminutif du verbe à *g* dur de langue d'oïl *manguer, men- guer*, manger, au fig. agiter les lèvres et la mâchoire, manger les mots, mur- murer !

MINCK ou *mink.* Subst. masc. Terme en usage dans le nord du domaine picard au sens de lieu où l'on adjuge au rabais les poissons frais : le lot est obtenu par la marchande qui interrompt la première la série descendante des prix en criant *minck*, mot qui vient du néerlandais *mincken*, diminuer. Ce terme est usité à Lille, à Valenciennes, à Arras. Une or- donnance de la municipalité de Lille du 25 février 1560 défendait aux poissonniers de crier *minck* avant qu'il y ait eu de la part du préposé à la vente un premier rabais. Au siècle dernier, à Lille, on nommait le fermier du *minck* minckeur.

MINNE, prononcé *mainne*. Subst. fém. Forme picarde du français *mine*. Notre *minne* est une mesure agraire et une mesure de capacité pour les grains.

« Sen père ly donny (en mariage) une vique.., et de se mère elle a un boen quartier de vigne. une minne de terre... »
(Mar. de Jeannin et de Prigne, XVII° s)

— « Quarante mainnes de bled, mesure de Grandvilliers à raison de quarante sols la mainne . »
(Invent. à la Vasquerie, 1744.)

La contenance de la *minne* variait selon les localités.

Ce terme vient du latin *hémina* par chute de la syllabe initiale, syllabe qui a persisté dans le provençal *héminée*.

MINON. Subst. masc. Toute espèce de fourrure. Au pluriel, ce terme reçoit des acceptions toutes parfaitement justifiées.

Minons. Subst. masc. plur.

1° Légers poils provenant de l'usure des étoffes et que le vent accumule sous les meubles et dans les coins des appartements.

2° Duvet de certaines moisissures.

3° Les aiguilles ténues du salpêtre des murs.

4° Graines garnies de duvet et que le vent enlève et transporte, celles des chardons, salsifis, lacerons, etc.

5° Folles fleurs de certains arbres, saules, peupliers, noyers, coudriers.

6° Passementeries veloutées pour garnir les toilettes féminines.

Minon est d'origine celtique, origine indiquée au mot *mignolement*.

MINONS. Subst. masc. pl. Vers engendrés dans les viandes mal soignées, dans les fruits, le fromage, le levain. Ce terme est un diminutif de *mine*, mite, insecte, forme qu'on rencontre en 1643 dans Louis D'Arsy qui dit : « *Mines*, subst. masc. *maeyen*, vers qui se procréent au bois, chair, fromage, pommes, poires. » Le radical picard *min* est une contraction de *maeyen*, flam. act. *maeien*, vers, mite.

MINORQUE. Qualificatif donné à la fin du siècle dernier à une espèce de serge.

« Item une veste et une culotte de serge minorque noire estimées cent sols.
(Amiens, Invent. Pétin, 16 mars 1784.)

J'ignore la signification de ce mot et son origine m'est inconnue.

MINS prononcé *min, main*. Adverbe. Moins.

Locut. : « *Pos mins* », litt. pas moins, c'est-à-dire : « Il n'en est pas moins vrai que... »

Cette forme très régulière se rencontre en ancien picard.

« A mins que de se battre à cœup (coup) de peumes cuittes... »
(Dial. des trois Paysans picards, 1649.)

Elle existait en langue d'oïl et se prononçait comme dans le picard actuel.

MINTAILLE. Subst. fém. Ancienne forme, avec nasalisation de *mitaille*, aujourd'hui en français *mitraille* : le *n* n'a rien d'étonnant si l'on songe que le patois picard dit *manchon*, maçon ; *chimentière*, cimetière, et que le français actuel *mitraille* jouit d'un *r* qui n'est nullement étymologique, puisque le radical est *mite*, ancienne monnaie en cuivre qui valait quatre oboles.

« Et se mintaille trespasse (traverse la ville) on le doit aquiter (pour le droit de travers) par quatre deniers du cent. »
(Cartul. de Doullens, circa 1800.)

MIOCHE. Subst. fém. Parcelle minime, un brin, un peu.

On lit dans le journal *Le Brouteux*, de Tourcoing, 16 nov. 1884 : « Einne (une) *mioche* au cœup », c'est-à-dire : « Une parcelle, un peu à la fois. » C'est un très vieux terme de notre contrée répondant à *miette* : on le rencontre à ce sens dans Cotgrave, D'Arsy, N. Duez, etc.

Le radical de ce mot est *mie*, lat. *mica* : il a pour synonyme *miotte* qui répond au français *miette*.

Dérivé : *Emiocher*, émietter, réduire le pain en petits morceaux.
Par une extension de sens facile à saisir, un petit enfant s'appelle un *mioche*.

« Si cha (cela, le pouf) servirot
A l' femme pour porter sen mioche
   On les approuv'rot.
Mais pourquoi s' mett' là d'sus eun' boche ?
   Cha grossit toudis ;
   Et alors je m' dis :
Faudra-t·y pour ches biaux derrières
Démonter l' dossier d' nos quayères? (chaises)
   Crions tous : Ahu ! Ahu !
   Quand i passe un faux cul.
      (Chans. du Carnaval, Lille, 1888.)

Si l'Académie admet un jour le terme populaire *mioche*, qui est masculin au sens de *petit enfant*, elle reconnaîtra, je l'espère, qu'il n'est autre chose que notre *mioche* picard, qui est féminin au sens de *parcelle, miette, petit morceau.*

Au sens de petit enfant, les Picards disent aussi *mion.*

MIOTTE. Subst. fém. Miette. Ce terme est un diminutif de *mie* dont l'origine a été indiquée.

« Cheux qu'il ont peur ed preinn' pusse qu' leu
      | part...
I n' crèv'reint pouant l' cheinture d' leus cu-
      | 'ottes ;
El pus souveint i n' récourelent qu' ches miottes
Et, seuf respect, i n' quireint pas d' gross'
      | orottes. »
      (Grimon, Satyre I.)

Dans une conférence faite le 11 juillet 1882, notre très distingué professeur d'agriculture, M. Raquet, qui est, je crois, picard, a dit en parlant des engrais que les *miottes* des tourbes avaient une précieuse valeur.

Dérivé : *Miotter*, mettre en petits morceaux. Dans mon village et dans bien d'autres existe la locution *miotter du lait*, mettre des morceaux de pain dans une tasse de lait.

Corblet a relevé *miotter* au sens de pignocher, manger lentement, miette à miette.

MI-PLEIN, dans la locution très usitée : « Laissier tout ein (en) *mi·plein* », laisser inachevé un travail commencé, laisser tout en désordre et en embarras. L'adjectif *plein* est pris ici au figuré et au sens de *accompli*, litt. *mi-fait*, à moitié fait.

MIRAQUE. Subst. masc. Forme picarde du français *miracle* : ii y a eu chute du *l* de la syllabe finale comme dans *aimabe*, aimable ; *spectaque*, spectacle ; *artique*, article, etc. *Miraque* se dit surtout et spécialement au sens de *chose surprenante, prodigieuse.* Il en était de même autrefois.

« Mais tout chelà n'est rien ; vechi d'autres nou-
      | velles
Que je vos veux conter, qui sont bieucaup pus
      | belles :
De tout ch'est un miraque... »
      (Suite du Mar. de Jeannin, 1648.)

Loc. pic. : « *Foire ein miraque* », faire un miracle, briser par maladresse ou défaut d'attention un objet fragile, événement qui cause toujours une certaine surprise.

MIRLIROT. Subst. masc. Très petite plante sauvage, à fleurs d'un jaune foncé, qui pousse en touffes épaisses dans les lieux arides ou rocailleux où elle forme une sorte de tapis moelleux. Ce n'est pas la plante nommée en français *melilot* ou *mirlirot* ; j'ignore son nom scientifique et son étymologie.

MIRLITON. Subst. masc. Plante qui a une certaine ressemblance avec le souci simple. On l'appelle aussi *gannet* à cause de sa couleur qui est jaune.

On a frappé sous Louis XV une pièce d'or valant 18 livres 10 sous et que par sa couleur on appelait *mirliton.* Serait-ce par analogie de la couleur que la plante en question aurait été appelée *mirliton?*

MIRONTON. Forme à Amiens du français *miroton*, mélange de viandes cuites réchauffées.

Origine inconnue.

MISAINGUE. Forme picarde dans les environs de Compiègne du français *mésange.*

MISÉ-LAINGNE. Subst. fém. Etoffe grossière et solide dont les paysannes se font des jupes de travail. La chaîne est en fil de chanvre ou de lin, la trame en gros fils de laine provenant le plus souvent d'effilures de tricot, ou de laines dites *peignons*.

Ce terme a pour synonyme *misère-tapée*, parce que la trame veut être tapée très fort par le peigne du tisserand.

Misélaingne est une contraction de *misère d' laingne*. Cette étoffe est ainsi dite parce qu'elle est composée de déchets, d'effilures, de *misères* de laines.

La contraction de *misère d' laingne* en *misélaingne* n'a rien d'étonnant et j'ai de cet écrasement de mots un exemple bien curieux.

Il y a à Gentelles, au sud-est du village, une mare et une rue qu'on appelle *l' ménaouette*. J'avoue que j'ai cherché cent fois sans succès l'origine de ce mot. L'an dernier j'appris d'un vieillard que, selon la tradition, il existait jadis à trois ou quatre cents mètres du village un moulin qu'on appelait *ch'* (le) *meulin as* (aux) *alouettes*. Je compris tout de suite comment et pourquoi le canton, la rue et la mare avaient reçu le nom de *ménaouette ;* ce mot est tout simplement une contraction de *meulin as alouettes*.

MISÈRE. Adj. Misérable, malheureux.

« I n'est point possibe de venir grament pus misère qu'os sommes. »
(Ann. d'Abbeville, 1886.)

Misère s'emploie comme substantif des deux genres au sens de personne très pauvre ou affligée d'infirmités graves.

Misère est encore un substantif féminin servant à désigner l'étoffe dite *misélaingne*.

« Un vieux cotillon de misère estimé quarante sous. »
(Invent. à Cardonnette, 1783.)

En troisième lieu, on appelle *misère* une chose très petite, telle qu'un insecte qui vous entre dans l'œil, ou un minuscule grain de grésil, de poussière, etc.

MISERERE. Exclamation qui répond à *miséricorde ! malédiction ! Bon Dieu !* etc. C'est le premier mot du psaume *Miserere mei, Deus,...* un appel à la miséricorde de Dieu, ce qui explique suffisamment cette exclamation. A *miserere* se rattache une curieuse locution. On dit d'un homme qui a été bien battu qu'il en a eu depuis *miserere* jusqu'à *vitulos*, par allusion à la coutume des moines qui se donnent la discipline en récitant ce psaume dont le premier mot est *miserere* et le dernier *vitulos*.

MITAINGNE. Subst. fém. Forme picarde du français *mitaine*, lequel est aussi en usage dans bien des localités.

MITAN. Subst. masc. Milieu, point central ou également distant de deux extrémités.

« Deus ch' flout qui gn'a au *mitan* d' leu village ...
(Crinon, Sat. X.)

— « Fouaites (faites) donc d' boines *réfections* (réflexions), mes chers frères. Colsissez d'ête Dieu ou Diâbe : i n'y o point d' *mitan* : i feut passer par ch' l'buis ou par ch' cassis. »
(Sermon en proverbes, MS. de ce siècle.)

— « Deux bonnes religieuses... voulant faire aller leu bourique qui n'alloit point coupèrent un juron par le *mitan* l'une disant : Bou... et l'autre : Gre d'âne ! »
(Lettre d'un paysan à son curé, 1789.)

Cette expression est déjà ancienne chez nous.

« Ung plat à laver d'érain où est empreinte une roze au *mitan* »
(Invent. à Amiens, 1567.)

— « Une cramélye à trois branchons de fer et une roze au *mitant*. »
(Ibid., 1575.)

Mitan s'emploie partout au sens du français *moitié*. Gabriel Rembault a relevé l'adage suivant qui se dit en parlant des vieillards et des enfants :

« Properté (propreté) ch'est *mitan* vie. »

J'entends dire tous les jours : « Ch'est un *mitan* d' fou », c'est une moitié de fou.

Ce terme est féminin dans le nord du domaine picard. Là on dit *la mitan*, comme les Provençaux disent *la mitat*.

« Si te (tu) m'aimos p'tite Claire,
La *mitan* comm' mi
Te t' f'ros vir' cantinière. »
(Chans. par Desrousseaux, Lille 1865)

Locution adverbiale : *Au mitan d'*
ches camps, au milieu des champs ; *au
mitan* d'ches blés, dans les blés, etc.

A mitan. A lv. A demi, à moitié. On
entend dire tous les jours : « *A mitan
seu*, à moitié saoul ; *à mitan tué*, à
moitié tué, etc. » Ces jours derniers un
paysan disait galamment à sa femme qui
avait fait une méprise dans son travail :
« Tu n'es point *à mitan* bête no dame...»
De même : « *A mitan* quemin », à mi-
chemin, etc., etc.

Mitan est-il d'origine latine ou d'origine germanique? S'il est d'origine latine,
c'est le *mitat* des Provençaux avec *n* adventice comme dans *manchon*, maçon ;
chimentière, cimetière : il vient du latin
medietatem et il a été importé dans nos
contrées à la suite des Croisades, de la
guerre des Albigeois ou par les relations
maritimes du Midi et du Nord de la
France. S'il est d'origine germanique, il
nous est venu du danois *midt*, milieu, ou
plutôt du suédois *midten*, *mittan*, milieu,
centre. Il est d'autant plus difficile de se
prononcer entre les deux origines que
j'indique, que seule la finale du mot fait
question ; car la syllabe initiale *mi* peut
venir aussi bien du radical germanique
mid, *mit* que du radical latin *med*. Par
suite nous ne savons pas s'il faut écrire
mitan ou, comme le faisaient les scribes
amiénois, *mitant*.

MITAQUELÉ (mitaclé). Adj. Tacheté,
bariolé de deux couleurs, bigarré. Se dit
souvent des vaches.

Ce terme est composé de deux éléments : *mi*, demi, moitié, et *taquelé*,
tacheté, participe de *taqueler*, fréquentatif de *taquer*, tacher. Comparez *écraseler*, écraser ; *appateler*, appater, etc.
Quant à *taquer*, c'est un dérivé de *taque*,
tache, marque, lequel est d'origine germanique, vi. fex. *taen*, signe, marque,
indice, néerl. *teecken*, même sens.

On dit *bitaquelé* au même sens que
mitaquelé, soit parce que le *m* est devenu
b, soit parce que *bi* vient du latin *bis*
comme dans *bicolore*, etc.

MITE. Subst. des deux genres. Individu
doucereux, flatteur, insinuant.

« Ein (un) ante (autre) ! disoit : « Ch' quiot
(petit) mite d' Goeuvernon ! plaint ches municipaux d' Abbeville. »
(Colo Pierrot, Amiens, 1799.)

Ce mot, qui vient du latin *mitis*, existait en langue d'oïl au sens de *doux*. Il
avait donné le diminutif *miton*, d'où
autrefois *mitonner*, adoucir, flatter, ménager quelqu'un dans des vues intéres-
sées.

MIT-EN-BOUT (le). Se prononce, selon les localités, *mitanbou* ou *mitainbou*.
Ce terme s'emploie dans la locution adverbiale d' *mitenbout*, de bout en bout,
d'un bout à l'autre, le long ; dans toute
la longueur.

« Dains (dans) ch' temps là Jésus passoit
d' mit in-bou d' ches blés ein (un) jour ed (de)
Sabot (Sabbat)... »
(Ed. Paris, Trad. de St-Mathieu, 1863.)

On sait que nous avons aussi la forme
bit-en-bout usitée depuis longtemps.

« Quand j'ai été passé l' porte (de la ville
d'Amiens) j'ai ravisé des rues tout d' biteinbout
perchées (percé-s) toutes droites »
(Dial. entre deux paysans, MS. 1750.)

Mit-en-bout est une corruption de *bout
en bout*.

MITIGÉ. Hermaphrodite ou prétendu
tel. Se dit à Amiens et a pour synonyme
mitoyen. Ce terme est le même que le
français *mitigé* avec une acception différente ou peut-être un dérivé corrompu
de *métis*, qui est de deux espèces.

MITONNAGE. Subst. masc. Savonnage
de linge fin, travail qui exige certains
ménagements pour ne pas altérer ou
déchirer l'étoffe.

« Laver, échauder,... mon âge maintenant me
l' défend. Au besoin é-j' peux core faire un petit
mitonnage d' linge fin. »
(Géd. Baril, Caquets du baquet,
1887, Amiens.)

Même origine que *mitonner*. (V. *mite*.)

MITOUNER. Forme, dans le Vermandois, du français *mitonner*, mijoter.

« S'in (on) gu-amoutrot à foire du froumage
Dins leu pension, à mitouner ch' truvage
Cuire et laver, rapiéchi des marounes... »
(Crinon, Sat. XII. Educ. des paysannes.)

MITOYEN. Même sens que *mitigé*
qu'on a vu plus haut. Cette expression
est figurée et s'explique d'elle-même.

Nos voisins les Normands qualifient
mitoyen le cidre qui est moitié de jus de
pomme et moitié d'eau.

MITRAQUE. Subst. masc. Nitrate. A
la forme *mitraque* que j'ai relevée *de
auditu* dans mon village, il faut ajouter
la forme *litraque* relevée par moi ces
jours derniers. Bien que barbares, ces
formes sont fort curieuses. Elles montrent
que pour être absolument étrangères aux
paysans, les lois qui président à la transformation des mots n'en sont pas moins
invariables. En effet, la liquide *n* n'est
devenue dans la bouche des paysans qui
me parlaient, ni une gutturale, ni une
dentale, ni une labiale, mais une liquide,
ce qui est conforme aux lois bien établies
de la permutation des liquides. D'un
autre côté, les paysans qui disent *nitra-
que*, *mitraque* ou *litraque* et changent
ainsi le *t* en *q*, se conforment à la loi
particulière aux races du nord de la
France chez lesquelles ce changement
est fréquent et presque habituel : *gastrique*, *gastrite* ; *quiot*, petit, aphérèse de
petiot, etc.

MITRER. Faire quelque chose avec
soin, travailler avec attention. Ce verbe
a donné le dérivé *mitreux*, homme at-
tentif et soigneux.

Ces deux termes ont été relevés par
Ed. Paris qui a négligé d'indiquer la localité où il les a entendus et d'en rechercher l'origine.

Mitrer est très curieux. Il vient du
latin *ministrare*, servir, s'occuper de
servir, faire attention à, exécuter, (V.
Quicherat, *Dict. lat.*) *Ministrare* contracté en *min'strare* réduit *ns* à *s*, d'où
mistrare qui donne à l'origine *mistrer*,
absolument comme *ministerium* contracté en *min'sterium* donne au Xe siècle
mistier dans le poème de Saint-Léger. La
chute de *s* réduit le mot à la forme
actuelle *mitrer*, comme elle a réduit
mestier à *métier*.

Je n'hésite pas à rattacher à *mitrer* le
dérivé *mitron*. Ce mot existe en français
au sens de *garçon boulanger*. Chez nous
on qualifie *mitron* l'homme qui, par
goût, s'occupe des travaux réservés aux
femmes, le tatillon, le *tateu d' glainnes*
(poules). Un des sens de *ministrare* convient parfaitement à notre *mitron* de
Picardie, avec d'autant plus de raison
que nous avons le dérivé *mitronner*,
faire la cuisine. Il se pourrait aussi que
mitron fût un simple diminutif d'un primitif disparu *mistre*, *mitre*, venu du
latin *ministrum*, serviteur ; il ne faut
pas oublier que nous ne connaissons pas
tous les mots dont se servaient nos aïeux
du Xe siècle.

MIUX. Adv. Forme picarde du français
mieux, ou latin *melius*. Ce terme se rencontre surtout dans une foule de proverbes.

« Veut *miux* être porquer qu' cochon »,
c'est-à-dire : Il vaut mieux conduire que
être conduit, officier que soldat, maître
que domestique.

— « Veut *miux* tenir pour sen curé
qu' pour sen vicaire », c'est-à-dire : se
mettre du côté du plus fort.

Le vieux picard disait aussi *miux*.

« Ne vou eswoagnez point, foites tout au con-
|t aire,
Riez à gueule bée, cautez, dansez au miu ;
Il est temps, n'attendez adonc qu'os serez vie »
| (vieux)
(Suite du Mar. de Jeannin, 1643)

Cette forme nous est venue de la langue
d'oïl.

« ... Li una contre l'autre de l'occire s'escrie.
Grand cos (coups) se vont douer de l'espée
| forbie,
Qui aine aine, qui miux miux... »
(Ch. d'Antioche, XIIe s.)

MOAINTIEN et *mointien*. Subst. masc.
Forme de *maintien*, tenu, habitude du
corps, usitée au nord d'Amiens, canton
de Villers-Bocage.

MOÈCHANT. Adj. Forme, dans le
même canton (Flesselles), du français
méchant.

MOÈE. Subst. fém. Mesure agraire qui
équivaut à deux hectares soixante-qua-

torze ares soixante-cinq centiares. On l'écrivait aussi *moye*.

« Les trois royrs (soles) mars, bleds et gaschières adjoustées ensemble montent à vingt-sept moyrs.. »

(Arpent. de 1539. Doc. dans Cocheris.)

Ce terme nous vient de la langue d'oïl qui avait *moîée*, lequel s'est contracté en *moée*, *moye*, *moyée*, mesure de terre pour laquelle il fallait un muid de semence. Le radical de ce terme est le latin *modius*.

MOÏANT et *mohéant*. Prép. Au moyen de, moyennant. Ce terme, relevé par Corblet, est une contraction de *moyennant*. Cette contraction doit être ancienne, car on rencontre en langue d'oïl *moyen* devenu *moen*. (V. Hippeau.)

MOFFLE ou *mofle* et dans beaucoup de localités *mofe*. Tas, monceau, petite meule de foin non bottelé. Ce terme était du genre féminin à Amiens au XVI° siècle.

« Une moffle de fin (foin). »

(Invent. 1583. Amiens.)

— « Une moffle de foing estant en la cour prisée IX livres. »

(Ibid 1596.)

Il en est de même aujourd'hui dans le Vermandois, car Crinon dit *einne* (une) *moffe*.

« Sitout (aussitôt) couchi (couché)...
« Roufl' bientout sus sen lit pos (pas) troup
| veule
Tout coumm' ein quien ed' dins einn' moff'
| d'étrule. »

(Satyre VIII.)

Cependant, au figuré, le même poète fait ce terme masculin.

« A-t-elle (la mère) l' temps ed caronier ch'l'
| étoffe
Qu'il a foulu (fallu) pour habilli ch' grous
| moffe! »

(Sat. XXIII.)

Il en est de même dans mon village et dans une foule de localités où l'on dit en parlant d'un individu qui a un certain embonpoint qu'*il est gros comme un mofe*. Du reste, on le rencontre au masculin dans une citation de La Curne.

« Laquelle fille tiroit et sachoit à un moffle ou tas de feurre estant emmy la cour d'icelluy Thomas. »

(Lett. de grâse, 1414.)

Le radical de *mofle*, *mofe* est germanique, vi. sax. *muwa*, *mowe*, tas, monceau (V. Somnerus), angl. *mow*, même sens. *Moffle* est un diminutif fort ancien; les continuateurs de Du Cange ont relevé la forme bas latin *moffula*.

MOGNEU et *mogniot*. Subst. masc. Formes picardes du français *moineau*.

MOI, prononcé *moé* (monos.) Forme picarde du français *mai* dans l'expression *mois de mai*.

« A l'appreuche des élections municipales d'dimeinche six moè, i m' vient à l'idée... »

(Journal de Doullens, 1888.)

Prov. pic. : « Raque en *moy*, poure en out », cela signifie que quand il pleut beaucoup en mai il y a de la poussière en août, ou mieux grande sécheresse.

MOI. Subst. masc. Branche d'arbre que les jeunes gens plantent sur la maison ou la grange des jeunes filles de village avant l'aurore du premier mai. Selon l'essence du bois, ce mai reçoit une interprétation flatteuse ou désagréable pour la jeune fille.

Voici quelques-unes des interprétations les plus communes :

« Moi d'épeinne (épine)
J' t'aime. »
— « Moi d' cerisier
Ch'est pour épouser. »
— « Moi d' fusain
T'es einne (une) put... »
— « Moi d' séü
Tu pues, alias : Je n' t'aime pas (plus). »
— « Moi d' sycomore
J' t'aime jusqu'à la mort. »
— « Moi d'ormieu
T'es einne pieu. »

Il y a longtemps déjà que le *séü*, sureau, n'est guère du goût des jeunes filles, comme le prouve la citation suivante :

« Lorsque l'une des filles dudit exposant nommée Jobannette vit ledit Carrouchelle elle li dit que la nuit il l'avait esmayée (orné sa maison d'un mai) et mis sur leur maison une branche de séur (sureau), qu'il n'avoit mie bien fait de ce faire et qu'elle n'estoit mie femme à qui l'on dust faire telz esmayements ne telz dérisions et que elle n'estoit mie puante ainsin que led séur le signifioit. »

(Lett. de Grâse, année 1367, dans La Curne.)

MOI du mois-d'eut, littér. *mai du mois d'août*. Subst. masc. Ce mai est une branche d'arbre ou un gros bouquet que les moissonneurs p'antent sur la dernière voiture de la récolte de blé. Le dimanche qui suit la rentrée de cette voiture, les moissonneurs sont traités à la table du fermier qui leur sert un plantureux repas nommé, selon les localités, *l' tarte, ch' réptage* ou *ch' remeulage d' feuchilles*.

MOIE. Subst. fém. Forme picarde du français *maie*, pétrin. Se prononce en une seule syllabe : *moué*. S'écrivait de même dans les vieux documents.

« Une moie servant à faire le pain. »
(Invent. à Amiens, 1596.)
— « Une moie pour faire le pain... »
(Ibid., 1618.)

On rencontre aussi les formes *moes, moiet, mouet* et parfois *maie, maye, mais, mait*.

L'orthographe actuelle du français *maie* ne date que du siècle dernier. Auparavant les dictionnaires donnaient indifféremment *maict, mect, mai, may, maye, met*.

Littré ne donne à l'historique de *maie* qu'une seule forme ancienne : c'est *mect*. On a vu sous *Lemais* qu'on trouve en picard la forme *metz*, la même à peu près que celle donnée par Littré. Ces formes avec *t* peuvent se rattacher au latin *mactra*. Mais les autres formes sans *t* se rattachent au latin *magida* qu'on trouve dans Varron au sens actuel du *maie* français et de notre *moie* picard.

MOIE. Se prononce comme le pronom personnel français *moi*. Subst. fém. Meule de gerbes, de fagots, etc. D'Arsy est le seul lexicographe qui ait relevé *moye* au sens de *monceau, tas, pile*. De son côté Du Cange nous apprend qu'il y avait chez nous une autre forme, car il dit : « *Picardi nostri maye et moies ejus moti acervos vocant.* » On rencontre en langue d'oïl *moie, moye, maye, meie, meule, monceau, tas*. (V. Hippeau.)

« Eneidus esgarde vers les prés de Nimoie
Et voit la gent de Gadres dont tous li vans
          oudole
Et viennent plus espés que nés (même) espis en
          moie. »
(Alixandre, XIIe s.)

— « Les blés des moies estoient demorés parmi les chans. »
(Villehardoin, XIIIe s.)
— « Grans moyes de tonniaus de vin... mis les uns sur les autres. »
(Joinville, XIIIe s.)

Dérivé : *Demoyer*, défaire une *moie*, en enlever toutes les bottes pour les transporter dans une grange.

Le dérivé diminutif *moyette* sera donné à son rang.

Moie vient du latin *meta*, cône, pyramide. On sait que la *moie* a en effet la forme d'un cône.

Je ne veux pas oublier que *moie* se dit au figuré d'une femme courte de taille et très grosse.

MOIGNÉ pour *moignel*, aussi *mougné* dans mon village et les environs, *moigneu moignet*, etc. Subst. masc. Formes picardes, selon les localités, du français *moineau* franc ou pierrot.

Plusieurs de nos formes se rencontrent en langue d'oïl.

« Comment dites-vous à m'ame: Va en ce mont ausi come moixiaus ? »
(Psautier, XIIIe s.)
— « Cum li moinet dehors esteient
Qui au blé aisier n'oseient. »
(Marie de Fr., XIIIe s.)

Au figuré, les Picards appellent *moigneu* un homme maigre et de petite taille et aussi un enfant chétif.

Dans une foule de localités, les paysans appellent *moignet* le *membrum virile*, comme ils appellent *caille, couaille*, c'est-à-dire *caille*, le *pudendum feminin*.

Notre mot patois reçoit à Amiens l'acception d'oiseau quelconque de volière, ce qui explique l'enseigne picarde : *A ch' rédeu d' moigneux* qu'a choisie un marchand d'oiseaux de la rue de la Nuville. Il y avait à la fin du siècle dernier à Amiens un *marqué* (marché) à *moigneux* (à oiseaux) qui se tenait à un coin de la place Saint-Martin.

Locution pic. : *Mainger comme ein* (un) *moignet*, c'est-à-dire : manger très peu. De là cette épigramme relevée par Géo. Rembault :

« I (li) maings comme un moignet
I quie comme un beudet. »

J'ai connu à Longueau, il y a quarante ans, un curé du nom de Moignet et il était originaire de Bertangles où ce nom de famille existe peut-être encore.

Dans le nord du domaine picard, on emploie la forme *mouchon* au sens de *moineau*. On trouve en langue d'oïl la forme *mousson*. Ces formes viennent, d'après Diez, du bas latin *muscionem*, diminutif de *musca*, un petit oiseau ayant été facilement dénommé d'après la mouche. De *moisson* on fit *moissonnel*, d'où par contraction *moisnel, moineau*.

« Mais à côté de *moisson* et de *moisnel*, dit Littré, on trouve dans les textes très anciens *moinet, moinel, moiniau* sans *s*, de sorte qu'on peut croire qu'il y a eu *moine* et son diminutif *moinel*, ainsi dit du passage biblique *passer solitarius in tecto*, le passereau solitaire, moine dans le toit, lequel s'est confondu facilement avec *moisnel*. »

Assurément Diez et Littré sont, en étymologie, des autorités incontestables. Je dois cependant faire observer que les diminutifs *musson, mousson, moisson* peuvent aussi se rattacher à un radical néerlandais *muss*, passereau, qui faisait et fait encore aujourd'hui au pluriel *mussehen, musschen, mussen*. On lit dans Calepinus : « *Passer*, gall. moineau ; german. *spar*, belg. *musse*. » De même dans Kilianus. Eu flamand actuel, selon les provinces, on dit *musch, mosch*, moineau, passereau. On voit que la forme primitive en *on*, soit du français soit du picard, peut se rattacher aussi bien au néerlandais qu'au latin fictif *muscionem*.

La forme *moisnel* citée plus haut est un nom de famille que portait l'un des inculpés, dans la fameuse affaire du crucifix d'Abbeville.

MOIGNOT. Subst. masc. Enfant de chœur, littér. petit moine. Se dit surtout à Amiens où l'on emploie aussi *magnot*. Notre forme avec *g* s'explique dans ce diminutif par le fait qu'on a dit jadis *moigne* pour *moine* dans notre dialecte.

« Apriés une grant piéche de tans me fu monchiet qu'il avoit pluiseurs moignes avec lui. »
(Lég. de St Brandaines, XII° s.)

— « Et y mena dez hommes (d'armes)... pour faire correption (correction, châtiment) de leurs moingnes. »
(Cartul. de Guise, 1327.)

MOIN. Subst. fém. Forme picarde dans le Vermandois du français *main*, du latin *manus*.

« Ha bein, qué bonheur ! V'là qu'ein (on) va ll reinde justiche d' forche... ; et pis j' buque deins mes moins d' contentemeint. »
(Lett. pic., par Gosseau, 1846.)

MOIRE (moué-re). Subst. masc. More ou Maure.

« A débarbouiller ein (un) moire, o (on) perd sen temps et sen savelon (savon) et o ne peut mie foire boire ein beudet si n'o point soez (soif). »
(Sermon proverbe, MS de ce siècle.)

Moire a donné chez nous le dérivé *moiricaud*, noirâtre, brun foncé.

L'étymologie du type *more* est connue de tous.

MOIRILLE. Subst. fém. Forme picarde du français *morille*.

MOIRIR (moué-rir). Forme picarde du français *mourir*.

« Hlà est vray. I vaut mieux se tenir à s' porte que de se faire moirir. »
(Ses. dial. de trois paysans, 1649.)

— « Après, i l' laiss't foir' quoir quéqu' temps sans rien dire jusqu'à qu'il eut été forché de l' foize' moirire. »
(Sat. d'un curé picard, 1754.)

— « V'là qu' tu qu'minche à m' déplaire
Ten reingne (règne) est à la fin,
Et j' crois qu'o n' tard'ro guère
A t' vir moirir ed faim. »
(Coq-à-l'âne nouveau, Amiens, 1810.)

Dicton recueilli par Gab. Rembault :

« Ch' mangnier (meunier) aide à vive (vivre) et ch' curé à moirir. »

Le son *oi* pour *o* se rencontre souvent dans le picard : *soiris*, souris, de *soricem*, *eincoire*, encore, *coirage*, courage, etc. Dans le Vimeu on dit *coichon* pour cochon.

MOIS-D'EUT VERT. Subst. masc. Dénomination de la grande et grosse sauterelle vert clair de notre contrée ; la petite sauterelle grise s'appelle simplement *mois d'eût*. Elles sont ainsi nommées parce qu'elles se montrent surtout à l'époque de la moisson ou *mois d'eût*, quand les grains sont coupés.

Dans mon village, la grande sauterelle reçoit la qualification de *moiselle*, probablement parce qu'elle est très élancée et surtout parce qu'elle semble avoir la taille fine d'une demoiselle; ailleurs on l'appelle *guevau vert*, cheval vert, à cause de sa forme qui est un peu celle d'un petit cheval.

Une observation à propos du mot *mois*, du latin *mensis :*

La diphtongue *oi* se réduit à *o* dans le Vermandois, *frod*, froid, *drol*, droit, *j'étos*, j'étois. Entre le Vermandois, la Somme et l'Avre, elle devient dans la majorité des localités *oui*, par changement du son *é* en *i*. comme dans *aimer*, *aimi*, et l'on dit *froui*, froid, *droui*, droit, *douigt*, doigt, *mouis*, mois, il *élouit*, il étoit, etc. Ailleurs, dans la Somme, *oi* se prononce *oué : froué*, froid, *doué*, doigt, il *étoué*, il étoit, *moué*, mois, etc.

MOIS DOMMAGE. Locution elliptique usitée à l'est d'Amiens et répondant à : « Mais, c'est dommage. » Au nord de cette ville, on dit : « *Moins* dommage ! » espèce d'exclamation ironique servant à exprimer un blâme à l'adresse d'un individu qui se mêle d'une affaire quand il eut dû se taire. Dans mon village, les paysans disent : « *Ma damage !* » au sens de : « C'est étonnant que... C'est drôle que... »

On rencontre *moi domage* (sic) dans le passage suivant :

« Moi domage que s' femme s' lamentoit à ch'lle époque lô, qu'i ne voloit pue cuire à sen four. »
(Franc-Picard, Bussy-les-Daours, 1858.)

MOISELLE. Subst. fém. Demoiselle. Les paysans disent en parlant d'une petite fille gentille et bien habillée : « Ch'est eine (une) quiote (petite) *moiselle*. » Ils appellent aussi *moiselle* la poupée des petites filles.

Ce terme est un nouvel exemple de la chute de la syllabe initiale.

J'oubliais que les Picards qualifient *moiselle* une fille de mauvaise vie, comme on le voit dans le passage suivant :

« Ches commissair's sont coire quicos d' cache
| de l' po lce
I sont pour bouter ordre à ches libertinages
Et pour foire enfremer ches fil' qui n' sont
| point sages ;
Mais y (ils) n'ont warde, car ches moisell' à
| just prix
Leu font caqun (chacun) par an mill' écus de
| profit. »
(Sat. d'un curé picard, 1754.)

De *moiselle* est venu le diminutif *moisillon*, dans le Vermandois *mousillon*, terme de mépris servant à qualifier une jeune fille de médiocre condition qui a de la répugnance pour les travaux ordinaires du ménage ou de la ferme et qui, au contraire, affecte le ton d'une vraie demoiselle.

« Nons (nos) mousillons ..
Veut' (veulent) à tout' forche ête (être) bour-
| geoises itout. »
(Crinon, Satyre XII.)

Moisillon a été fait masculin comme *grapillon* du féminin *groppe*, *barbillon* de *barbe*, *cendrillon* de *cendre*, etc.

MOISON. Subst. Fém. Forme picarde du français *maison*, du latin *mansionem*. Dans nos campagnes, ce mot désigne surtout la pièce où l'on fait la cuisine, où l'on mange et travaille, en d'autres termes où l'on demeure dans le jour; celle où l'on couche s'appelle *cambe*, *chame*, chambre. *Moison* s'emploie en outre comme préposition au sens de *chez* : « J irai *moison* Pierre », j'irai *chez* Pierre. Cette forme est déjà ancienne.

« Il sourna (enrichit) bien l'abéle
D'offichines (ateliers) et de moisons. »
(Gérard de Montreuil.)

— « Plusieurs églises et mo'sons (des faubourgs d'Amiens) furent arses (brûlées) et destraites »
(Citation de 1359 dans les Lettres de Dasével.)

— « ... aussi d'apporter de l'argent plein vo poquette et de tout chou qu'avez à vo moison. »
(Disc. du curé de Bersy. XVI° s)

— « Droit à l' moison Jeannin i trouve un tas...
De ches vieilles sans decta foisant les pape-
| lardes. »
(Suite du sél. Mar. de Jeannin, XVII° s.)

Proverbes picards :

A Beauval on dit des hommes que ce
sont :

« Des saints d' rue
Des diabes (diables) d' moison. »

Ailleurs on dit à peu près de même des
femmes :

« Des saintes fas ches églises
Des diabes à leu moison. »

Quand un homme entré dans une maison ne veut pas s'y asseoir, les Picards
disent :

« Il o (a) peur que l' moison calche (tombe)
sur li. »

L'acception de *moison* au sens de pièce
où l'on fait la cuisine et où l'on demeure
le jour n'est pas non plus moderne.

« Et est ce que nous avons trouvé dans ladite
maison (cuisine) ensuite nous nous sommes
transporté dans la chambre dans laquelle avons
trouvé... »

(Invent. à Fouencamps, 1704.)

— « Ladite moitié de masure se trouve amasée d'une chambre d'usage à faire une maison...
avec une autre houppe de bâtiment d'usage de
faire une chambre. »

(Partage à Flesselles, 1766.)

Dérivé : *Moisonnée*, maisonnée, famille, tous les habitants
d'une maison.

MOISSON. Subst. fém. Quantité de lait
que donne une vache ou une chèvre
chaque fois qu'on la trait. Dans certaines
localités on dit *mouchon*. (V. Corblet.)
L'ancien français disait *moulse, mouis-
son, moulson, mousson, moisson*, au
même sens. Ce diminutif se rattache au
radical latin *mulg, muls*, qui est dans
mulgere, traire, *mulsura*, action de
traire.

MOITE. Subst. masc. Forme picarde
du français *maître*, du latin *magister*,
chef de maison, d'atelier, patron. On
l'emploie aussi comme adjectif au sens de
principal, supérieur en parlant des
choses.

Proverbe relevé à Offoy (Oise) par Gabriel Rembault :

« Où qu' ch'est qu'einne (une) fouinne foit sen
nid à n' (elle ne) foit point d' tort à ses moite »,
c'est-à-dire : le voleur malin respecte le bien de
ses voisins.

Autre proverbe :

« Das eine catoire (ruche) y feut ein motte. »

Je relève dans le *Bonhomme Picard*,
almanach de 1800, le dialogue suivant
entre un mari et sa femme :

« ... J'irai.
— « Tu n'iras point.
— « J'irai et pis j'irai, morain ! J' s'rai motte
einne fois pet-êta (peut-être) ; y o (il y a) assez
longtemps qn' tu portes cu-ottes ! »

Un de mes voisins disait très souvent :
« A no moison ch' *moite* s'habil.e avu
(avec) d's épiules (epingier). »
Le *r* originaire ne tombe pas au féminin et l'on dit *moitresse*.

« Et n' vous imaginez point que l' maoise
bête lô (l'ambition) fat moitresse d' no desein .. »

(Sat. d'un Curé picard, 1754.)

MOLÉE. Subst. fém. Forme jadis usitée
à Amiens du français *moulée*, poudre
qui se rassemble sous la meule des tail-
landiers et qui est mêlée de petites parties de fer et de pierres ; on l'employait
autrefois pour préparer les étoffes destinées à être teintes en noir.

« ... ils (les teinturiers) ne useront que d'escorches et d'anneau (aune) et de mollées .. »

(Règlem. sur la Sayeterie d'Amiens, 1547.)

Molée appartient à la famille de *meule*,
latin *mola*.
On m'a plusieurs fois reproché de
comprendre dans mes Etudes un certain
nombre de mots qui, comme *molée*, ne
sont peut-être plus en usage dans le patois actuel. Mon excuse est bien simple :
l'étude de ces mots, leur signification et
leur origine sont ou peuvent être utiles à
ceux qui consultent ou lisent les documents écrits ou imprimés des siècles
passés.

MOLET. Subst. et adv. de quantité.
Petite quantité, peu.
Locution : « *Molet à molet* », peu à
peu, petit à petit.
Dict. pic. : « I n'est qu'un pequiot
(petit) *molet* d'ayude », c'est-à-dire : « Un
peu d'aide fait grand bien. »

J'ai entendu cent fois dire *quiot molet* en parlant d'un petit enfant.

« *Bete* (regarde), dit une mère en montrant son enfant, men pove *quiot molet* il est bien malade ! »

On entend dire journellement : « Un *mollet* d' burre », un peu de beurre ; « un *mollet* d' courage », un peu de courage, etc.

« Il' (ils) siront (auront) un molé d'égards pour men fiu (fils). »
            (Ed. Paris, Traduction de St-Mathieu, 1863.)

« Os (vous) n' poroites donc point nous envoyer un molet d' fraine (farine) a' liu ? »
            (Ann. de la Somme, Abbeville, 1890.)

— « In (on) n'y voyot (voyait) goutte
Quaind in (on) étot tin (un) molet rond (ivre)
In n' savot pus r'treuver s' n'ason. »
            (Dusasse de Ste-Catherine-lès-Arras, 1868.)

Molet, comme l'indique sa finale, est un diminutif dont le primitif inusité est *mole*, du latin *moles*, masse. On ne doit pas s'étonner que nous l'ayons fait du genre masculin, puisque le français *mole*, qui a la même origine, est aussi du genre masculin. Au surplus, en ce qui concerne le sens, *molet*, selon les circonstances, signifie aussi bien une masse qu'une petite quantité. Par exemple : « Ch' *molet* d'herbe fraîque », qu'on rapporte chaque jour des champs pour une vache, constitue une véritable et lourde charge. « Un *molet* » de bois, de paille ou de foin, se dit de plusieurs stères de bois, de plusieurs dizeaux de paille ou de foin. Un *gros molet*, qui se dit fréquemment, correspond à une quantité assez grande.

L'étymologie et la forme *mollet* données par Corblet me paraissent aussi injustifiables qu'inadmissibles.

MOLIN. Subst. masc. Forme picarde du français *moulin*, du latin du moyen âge *molinus*. « Si quis ingenuus in *molino* furaverit... », dit la *Lex Salica*. Cette forme est déjà ancienne.

« Une pièche de terre séant hors la porte de Noyon près le molin à vent... »
            (Invent. à Amiens, 1583.)

A la même époque, une maison de la rue St-Firmin-le-Confès portait pour enseigne : *Le Molinet*. (*Rues et enseignes d'Amiens*, par A. Dubois.)

La forme *molin* existait dans le vieux français.

« E en adrescement un molin li dona. »
            (Tb. le Mart., XII° s.)

MOLLETONS. Subst. masc. pl. Dénomination picarde des légers poils que le vent transporte et accumule dans les coins sous les meubles : c'est un synonyme de *minons*, qu'on a vu plus haut, et de *peluquins*, *pluquins*, qu'on verra à son rang.

Le diminutif *molletons* se rattache à l'adjectif *mollet*, qui est lui-même un diminutif de *mol*, mou, du latin *mollis*.

Mollet est un nom de famille à Bayonvillers, Lamotte, Villers-Bretonneux, etc.

MOLLIENT. Se prononce *molliant*. Mou, souple : c'est l'opposé de rigide, dur, et ne se dit que des choses. On dit du cuir qu'*il est mollient* quand il est devenu souple et doux à force d'avoir été tiré et manié.

Ce terme est un dérivé de *mollir*, du latin *mollire*. Au point de vue de l'orthographe *mollient*, comparer le français *émollient*.

MOLLIER. Mollir, au sens figuré de *céder, ne pas résister*. Ce terme n'est autre chose que *mollir* avec changement de conjogaison. La forme *mollier* existait en vieux français.

« Par doux parler et beau prier
Fait l'en (fait-on) dur cier (cœur) amolier. »
            (Clef d'Amour.)

MON. Subst. fém. Maison. S'emploie le plus souvent comme préposition au sens de *chez* : « J'irai *mon* Pierre », j'irai *chez* Pierre.

« Quand ein (un) ivroine (ivrogne) a laissé tout
            intchi (entier)
Avn s'n argeint sen seins (sens) mon ch' cabartchi (cabaretier). »
            (Crinon, Sat. XI.)

— « T'es sûr in (en) allant mon Minart
Ed fair' (de faire) toudis des vrais z basards. »
            (Ent. de Jacq., Fête d'Arras, 1881.)

A Lille on dit : « Je vais à *mon* Dubois », pour, « je vais à *la maison* Dubois. » (*P. Legrand*, 1856.)

En Hainaut, d'après le D' Sigart, on dit : « A le *mon* », à la maison.

On lit dans la traduction de la Parabole de l'Enfant prodigue en patois de Tournay :

« Et quand il a suïn eten (a en été) tout cont' (contre, près) de l' mon de s' père... »

Mon est, selon les localités, une contraction des différent-s formes *moison*, *mason*, *maon*, *mohon*, usitées dans le domaine de la langue picarde.

MON. Ce mot est un adjectif qu'on rencontre dans la locution elliptique *est mon*, locution que Corblet et autres cacographient *émon*. A l'origine, cette locution est affirmative et l'on dit : « *C'est mon* », c'est vrai. Plus tard, chez nous, elle devient interrogative et l'on dit : « *Est mon* ? », c'est-à-dire : Est-ce vrai ? Actuellement, l'inflexion de la voix et la place occupée par elle dans la phrase indiquent si elle est affirmative ou interrogative. Elle a cours dans la vallée de la Noye, dans les environs d'Abbeville, Péronne, Douai, en Hainaut. Tout près de nous, en Normandie, elle s'est conservée intacte, grâce à la persistance de l'adjectif démonstratif *ce*, et l'on dit : « *C'est mon* », c'est donc cela.

Dans le Vermandois, le Noyonnais et le Valois, on dit *a mon* au lieu de *est mon*, toujours au sens indiqué ci-dessus.

« Il ara pris cha pour eine gausse (gausserie) amon ? »
(Lett. pic., St-Quentin, 1846.)

— « E bé ! (Hé bien) Os (on) écrit comme o l' sait, amon ? »
(Alm. pic., par Lescot, Compiègne, 1873.)

— « Bell' presse, amon, ed (de) couchi sur el | (la) iure
D' maingi de l' soupe à l'ousaille sans burre. ..? »
(Crinon, Sat. XIII.)

Le *émon* de Corblet et des autres lexicographes est, on le voit, une cacographie. Le *amon* en est une aussi et de plus une corruption de *est mon*. Quant à *mon*, adjectif, on verra plus loin que, à mon avis du moins, il est aussi une cacographie et que pour se prononcer *mon*, il n'on doit pas moins s'écrire *mond*. Mais donnons auparavant l'historique de ce mot qui était en usage chez nos aïeux du moyen âge sous la forme *mon* et dont le sens était, à l'origine, une affirmation répondant à peu près à *vrai, certain, sûr*.

« Ci sunt... les renz le rei (du roi)...
Qui ça (ici) nu...ont à vos tramis (envoyée)
Pur saver mun (au vrai) quels gerz vos êtes. »
(Chron. des Ducs de Norm. XII' s.)

— « Jà ne l'an vuel-je tolir rien.
Tolir ? Non voir ! Ce ne faz mon (cela ne fais-je, | certes). »
(Cligès, XII' s.)

— « Compains, dist Olivier, il vous est escapés.
C'est mon (vrai, certain), se dist Rol ans... »
(Fierabras, XIII' s.)

— « Par me foi, je croy bien que c'est mon. »
(Hug. Capet, XIV' s.)

Au XVI' siècle, Montaigne disait encore *c'est mon*, c'est vrai.

« Il se repentira par après de s'y estre amusé; c'est mon; mais il s'y sera toujours amusé. »
(Livre III)

Les lexicographes du XVII' siècle, Oudin, Duez et Cotgrave, donnent la locution : *C'est mon*, c'est vrai, certainement.

L'origine de *mon* est elle latine ou germanique ? C'est une question que je pose. On peut voir là avec Diez le latin *mundum*, pur, avec une extension de sens ; mais il se pourrait aussi que ce mot ne fût autre chose que le vieux saxon *mun* que Somnerus traduit par le latin *securitas*, sûreté. Dans l'un et l'autre cas le terme en question devrait s'écrire *mond*.

MONCHÉ pour *monchel*, dans mon village *monchi*, dans plusieurs localités *moncheu*, dans d'autres *monchau*, cacographié *émochau* par Corblet. Subst. masc. Monceau, tas. Les formes de langue d'oïl étaient *monchel, moncel, monciau*. (V. Hippeau.)

« Quant aras-tu desmonchelé
Les maus (maux) ke t'as amonchelé ?
Viens tu tout mettre en un monchel ? »
(Miserere du Reclus de Moliliens.)

— « Li mort et li navrés gisoient par monchiaus. »
(Baud. de Sebourg.)

Crinon et ses éditeurs écrivent comme Corblet *émoncheu* en un seul mot par addition abusive d'un *e* initial.

« Boire à l' mêm' bèque et viv' (vivre) in (en) émoncheux (par monceaux).

(Satyre I)

Monchel vient du latin *monticellus*, diminutif de *mons*, par contraction en *mont'cellus* et changement de *c* doux en *ch*.

Plusieurs lieux-dits et un hameau situés dans la Somme portent officiellement la dénomination picarde de *Monchel*, et le diminutif *Monchelet* est celle d'un hameau dépendant de Maisnières.

La forme primitive *monchel* a persisté dans le nom de famille *Dumonchel*. La forme *monchau* se retrouve dans le nom de famille *Monchaux* très honorablement porté par un riche banquier d'Abbeville, mon collègue de la Société d'émulation de cette ville.

Dérivé : *Ramoncheler* (se), s'accroupir le plus possible, se mettre comme en un monceau, se replier sur soi-même et, par extension de sens, se courber par vieillesse ou par toute autre cause. Dans mon village on dit *reinmoncheler*. Au figuré, ce terme signifie *abimer, écraser de coups*, parce que celui qui les reçoit se baisse instinctivement.

Nos ancêtres avaient le dérivé *démoncheler*, défaire un monceau, comme on l'a vu dans la citation du Reclus de Molliens donnée plus haut. J'ignore si ce dérivé est encore en usage quelque part.

MONEUX et *monneux*. Adj. Penaud, abattu, honteux, embarrassé : c'est un synonyme de *clabeud*, clabaud. Ce terme s'emploie aussi en parlant du coq, de la poule, dont la queue a disparu à l'époque de la mue. Il signifie en outre *écourté* en parlant par exemple d'un vêtement qui paraît trop court, trop étroit et par suite trop mesquin.

« Tu fois l' capon, té v'là moneux, saquerdié ! comme un quien (chien) qu'o (qui a) s' queue copée. »

(Les quatre Gardes champêtres, 1848.)

— « En s'apercheuvant qu'il' étoient r'foits (trompés) chez flue de ch' poysan s' sont rebayés (regardés) tout ébeubie, tout moeneux, sans povoir déoleuter leu bouque. »

(Almanach de poche, Amiens, 1849.)

L'adjectif *moneux* est, je crois, particulier au patois picard. Il appartient à la famille du français *morne* : nous avons laissé tomber le *r*, fait qui s'est aussi produit dans l'espagnol *mohino*, ennuyé, fâché. En langue d'oïl on rencontre le verbe *morner*, s'attrister, s'affliger, mot venu de l'ancien haut allemand *mornan*, être triste : c'est à ce vieux verbe que se rattache le picard *moneux* au sens primitif de *attristé, penaud, déconcerté*. Quant à celui de *sans queue, écourté, mesquin*, il n'a rien d'étonnant si l'on considère que la langue héraldique appelait *mornés* les animaux représentés sans bec, sans ongles, sans griffes ou sans queue.

MONGNON. Subst. masc. Forme picarde du français *moignon*. Cette forme n'est pas nouvelle. On lit dans La Curne ce qui suit, en parlant d'une lionne dont les pattes avaient été coupées : « Elle chaüt (chut) sur ses deux *mongnons* de devant et ne se put plus ayder pour la planté (quantité) de sang qu'elle avoit perdu. »

Au nord d'Amiens (canton de Villers-Bocage), on dit *moignon*, à Valenciennes, *mognon*. Cette dernière forme s'emploie aussi dans mon village et dans les villages voisins.

L'origine du terme en question est restée jusqu'ici inconnue. On trouve bien en langue d'oïl *moing* (du latin *mancus*) au sens de *manchot* et cela dans un trouvère d'Arras :

« Tel coup donne un (à un) païen que del bras le fait moing. »

(Adenès li Rois)

C'est au radical *mang*, de *mancus*, que se rattache le nom de famille *Mangot* qui est un diminutif, mais comment passer du sens de *manchot* à celui de *moignon* ?

MONIQUINS. Sobriquet donné aux habitants de Moreuil. Ce terme, d'après Corblet « implique l'idée de gens portés au plaisir et à la dépense ». Où cet auteur a-t-il trouvé cela ? En tout cas il n'eut pas mal fait d'essayer de justifier son assertion.

A mon tour, je risque une explication.

Il y a eu pendant de longs siècles à Moreuil une abbaye de Bénédictins qu'avait fondé en 1109 le seigneur du lieu. *Moniquin* est, à mon avis du moins, un diminutif en *quin* du radical altéré *moine*, de sorte que ce sobriquet signifierait *petits moines, fils de moines*. Nos pères raillaient très volontiers les moines. J'ai entendu dans mon enfance des vieillards dire que les Corbéens étaient de très robustes gaillards parce que beaucoup d'entre eux étaient des fils de moines. L'abbaye de Saint-Fuscien a valu aux gens de ce village le sobriquet de *fius* (fils) *d' moines*.

MONNE. Subst. masc. Forme picarde du français *monde*, multitude, foule, etc.: il y a eu chute du *d* comme dans *ronne*, ronde, *benne*, bande, etc. J'ai entendu un jour au théâtre d'Amiens, un marchand tailleur dire : « Voyez donc que de *monne* il y a aux *seconnes !* » C'est cette forme qu'emploie notre poète Crinon.

> « Malhereus'ment quand in (on) foit einne (une)
> | faute
> El (le) monne i crot qu'in n'en fara pus d'eute. »
>
> (Sat. XXI.)

La locution : *N'en faire point* ou *pus d'eute*, signifie en picard : retomber dans la même faute, faire toujours mal.

Monne se dit aussi dans l'Artois.

> « Tous les jours nou qu'min est garni
> D'un tas d' geins (gens) partant pour Agny
> Tout l' monne à la flie... »
>
> (Fête d'Arras, 1888.)

MONNOIE (mon-noué, mon-nouè) et *mounoie*. Subst. fém. Formes picardes, selon les localités, du français *monnaie*, du latin *moneta*. La première existait en vieux français.

> « Je te doing (donne) congé de faire ta propre monoie »
>
> (Machab , XII° s.)

Le vocabulaire de la Bibliothèque de Douai qui est du XIV° siècle dit : « Nomnisma (sic) : *mounoie* ».

MONT, du latin *montem*, est un substantif que les Picards emploient au sens de *tas monceau*.

Locution : « Tout en un *mont* », en un tas ou ensemble. Cette locution est ancienne :

> « Leur manteaus a pris colement
> En un mont les avoit roés (j-tés). »
>
> (Octavie, XIII° s.)

> — « Li se hurtent ..
> Que trestuit (tous) quatre à terre vont
> Vœllent u non tot eu un mont. »
>
> (Amad. et Idoine, XIII° s.)

Dictons picards :

> « Saleux, Saloué (Salouel)
> Vers et Bacoué (Bacouel)
> Plachy Buyon
> Ch'est six villages tout en un mont. »

> — « Y/les, Pys, Miraumont,
> Font trois villages en un mont. »

Mont se rencontre dans l'expression figurée un peu verte : « *Mont d' bren* », qu'on applique à une personne lourde, sans énergie, maladroite, à qui tout effort répugne.

Cette expression est une injure très familière aux Picards. Un journal de Péronne rapportait il y a quelques années qu'une jeune élève d'une école communale qui avait la mauvaise habitude de l'adresser à ses compagnes avait dû pour punition copier cent fois ce qui suit :

> « Victorine D... appelle ses compagnes monts d' br... »

Mont se dit pour *monceau, tas* : « Un *mont d' blé* ». Il en était de même autrefois.

> « Ung mont de flers (fumier) prisé ung escu. »
>
> (Invent. à Amiens, 1563.)

> — « Un mont de cendre de tourbe estimé cinq livres. »
>
> (Invent à Vaux lès Amiens, 1751.)

Près d'un ancien chemin qui de Lihons passe à Marcelcave et à Cachy, il y a, entre ce dernier village et Longueau, une éminence qu'on appelle le *Mont d'Évangile*, parce que, selon la tradition, saint Firmin y serait venu prêcher la foi chrétienne persécutée dans les villes.

Mont se rencontre dans le nom de famille Dumont et dans celui de plusieurs localités : Montdidier, Wiry-au-Mont, Mont-Saint-Quentin, Montmarquet, etc.

MONTARDE. Subst. fém. Forme picarde, dans le canton de Villers-Bocage et ailleurs, du français *moutarde*.

« Os (vous) vous élusez à l' moutarde… A ch' t'heure, i n'est pas temps; ch'est de l' moutarde après dîn-r. Ch'est trop tard d' fremer ch'le écurie quand ches gou-vaux sunt échapés. »
(Sermon ch proverbes, Ms. de 1320.)

Il y a eu dans la forme *montarde* pour *moutarde* réduction de *ou* à *o* comme dans *cor*, *cour*, *por*, pour, etc., qui se disent au nord d'Amiens, puis addition de *n* comme dans *manchon*, maçon, *chimentière*, cimetière, etc.

Notre forme a été admise par Palsgrave qui donne *mountarde*.

MONTE. Subst. fém. Apparence; montre servant à indiquer l'heure.
Dicton picard :

« Ch'est comme ch' catieu d' Boves :
Belle monte, peu d' cose. »

Vues de loin, les ruines du château féodal de Boves ont encore belle apparence, grâce à la position élevée qu'elles occupent ; mais, en réalité, c'est peu de chose quand on les voit de près.

« I m' fent (il me faut) m' monte pour dimainche. Si tu n'sais point l'ereloger, j'irai vir (voir) un eute horloger. »
(Le monte d' Fanchon, Ms. de ce siècle.)

On sait que *montre*, pic. *monte*, appartiennent à la famille du verbe *montrer*, du latin *monstrare*.

MONTE A T'N ŒIL. Dénomination de l'herbe parasite nommée *cuscute*. On l'appelle aussi *paruque*, perruque, expression figurée parfaitement juste.

J'ignore l'origine de l'expression *monte-à-t'n-œil*, donnée par Corblet sans indication du lieu où elle est en usage.

MONTÉE. Subst. fém. Ce terme, qui est français, reçoit dans le Ponthieu une acception particulière : il signifie l'entrée en masse des jeunes anguilles dans les eaux de la Somme à son embouchure. Ces jeunes anguilles, longues d'environ cinq centimètres, s'appellent *montinelles*. Leur apparition a lieu vers le premier avril. (V. *Marcotte*, sous *Anguille*.)

MONTEUSE de modes. Subst. fém. Modiste. Se dit à Amiens et dans tout le nord du domaine picard.

MONTOILE. Subst. fém. Belette, la *mustela vulgaris* de Linnée. Dans mon village et dans le Ponthieu, on dit *mutoile*. La langue d'oïl avait la forme *mustoille*.
L'origine de ce mot est le latin *mustela*.

MOQUEUSE et *mouqueuse*. Adj. fém. Muqueuse, en parlant de la fièvre ainsi qualifiée.

« Avois-tu ieu (eu) par hasard quéque fièfe à la mode, la fièfe moqueuse ou l'escarlatine ? »
(Ann. de la Somme, 1889.)

MORBIU ! Exclamation et sorte de juron. Ce terme est une déformation de *mort-Dieu*. Cette déformation est ancienne chez nous.

« Par les boiaus biu ! Non ferai,
D.et li cueus (le comte) tous le destruirai. »
(Eustache li moine, XIII° s.)

L'expression *boiaus biu* pour *boyaux de Dieu* s'est conservée à Quevauvillers dans le nom de famille très curieux *Boyeldieu*, dont le sens littéral est *boyau de Dieu*.
On trouve aussi les jurons *mordinbleu*, *tesdieu*, etc.

« Reddite, mordinbleu, qtœ sunt Cæsaris Cæsari. »
(Sermon de messire Grégoire.)

MORCHEU, *morchieu*, *morcieu* et *mourcheu*. Subst. masc. Formes picardes du français *morceau*.

« Os (nous) allons mainger un morcieu… »
(Chron. pic., Amiens, 1889.)

— « I bayent (ils volent) un tiot (petit) morcheu d'étrain (paille) dins l's yux (yeux) d' leu prochain, et i n' bayent mie eune grosse bûche, poutre) qui va leus croquer (écraser) l' tête. »
(Serm. de Mes. Grégoire, XVII° s.)

On trouve dans les anciens inventaires d'Amiens les formes *morcheau*, *morcieau*. Cette dernière forme est fort ancienne.

« ... de sa main chiet (tombe) li coutiax (cou-
| teau)
Dont il doit trenchier li morciax (morceaux). »
(Amadas et Idoine, XIII° s.)

MORDAILLER (morda y-er) Mordiller.
Dans bien des localités on dit au même
sens *morsiller*. Ces formes sont des diminutifs ou des péjoratifs du verbe
mordre, du latin *mordere*.

Dans mon village et les environs, le
verbe *mordre* fait *mord* et non *mordu*
au participe passé, et l'on dit : « Ten
quien m'o *mord* à m'gamme (jambe) et à
m' cuisse. »

MORDI. Apocope de *mordiu*. Elle n'est
pas nouvelle dans notre patois. On lit
dans le *Sermon de Messire Grégoire*
déjà plusieurs fois cité :

« No bouchi (boucher) avoit acheté un grous
(gros) et gras porchea, qu'il a tué et pandu à
sen planquer (plafond en bois) dins sen fourni'.
Chés coquins y ont été durant l' catéchiane
(catéchisme); il ont copé l' tête et les quatre
gambons ; i n'y ont mordiu ! rien laissé. Ah
cha ! Si o (on) vos en avoit foit autant, chan
qu'os diriez ? »

MORDIABE dans la locution adverbiale : « *A la grosse mordiabe* », sans
façon, d'une manière peu adroite, *grosso
modo*. Il y a ici substitution du mot
diable au mot *Dieu*.

MORDURE. Subst. fém. Morsure. Ce
terme est un dérivé du verbe *mordre*.
Comparez *mentirie*, mensonge, de *mentir*, *dirie*, raconter, de *dire*, etc.

MORGAN dans Corblet , *morgant*,
morgeant, etc., dans les vieux documents à Amiens, est un terme inusité depuis longtemps. Il désignait une pièce
d'ornement en métal souvent enrichi de
pierres précieuses et de perles qui faisait
partie des ceintures d'autrefois. *Morgant*
est une corruption de *mordant* : ce nom
fut donné à la pièce de métal en question
parce qu'elle mordait pour ainsi dire
l'extrémité des objets auxquels on l'atta-
chait.

« Il confesse avoir fait plusieurs larrechins
comme d'avoir copé morgant de chainture. »
(Echev. d'Amiens, 1459.)

Claire Dupont lègue à l'église Saint-
Germain « sa cheinture en tissus large
« de cramoisi à bloucques et *morgeant*
« d'argent doré. »
(Guérard, Hist. de St Germain.)

« Ung baudré de velours viollet à bloucque et
morgant de cuivre. »
(Invent. à Amiens, 1576.)

Morgant pour *mordant* n'a rien d'é-
tonnant : on rencontre en vieux français
argant, *torgant*, etc., pour *ardent*,
tordant.

MORGUES dans la locution *foire* (faire)
des morgues : affecter des manières prétentieuses. Subst. fém. plur. On lit dans
Crinon :

« Nous mouillons... (nos demoiselles)
Pour foir' des morgu' et s' carrer tout leu sou
| (saoul)
I ont pus quer (cher) ein tchout (petit) bourgeos
Qui foat (fait) a's esbrouffes... »
(Satyre XII.)

Dans le nord du domaine picard, à
Lille et à Douai, la locution *foire des
morgues* signifie *faire des grimaces*.
Cette acception est déjà ancienne, car on
lit dans la *Suite du célèbre Mariage de
Jeannin* :

« ... Y (il) me sianne (semble)
Que je vois un jong'eu ; au moins y li ressianne
Assez bien. Waët' (regarde) un peu qués telles
| morgu' y (il) foit. »

Au nord d'Amiens (Villers-Bocage) la
locution s'emploie au sens de : agir sous
l'empire d'une forte irritation, être bourru, malmener bêtes et gens.
L'origine de *morgue* est inconnue.

MORIEN. Subst. masc. Nègre, noir.
Nous tenons ce terme de la langue d'oïl
qui l'employait comme adjectif et disait :
morien, noir, brun. (V. Hippeau.)
Pour l'étymologie, se reporter à *Moire*.

MORIR. Forme picarde dans certaines
localités du français *mourir*. Cette forme
existait en langue d'oïl.

« Por te (toi) m' vedeis (voyais) désirrer à
morir. »
(Alexis, XI° s.)

— « Vous dites que vous (je vous) fai morir. »
(Chastelain de Couoy, XIII° s.)

MORLINGUE. Subst. fém. Matière tourbeuse qu'on extrait à la drague et dont on fait à l'aide d'un moule des briquettes de tourbe. Un arrêté préfectoral du 5 floréal an XI a consacré l'expression *Tourbe de morlingue dite au moule.* « Cette tourbe sera composée de pure *morlingue* sans être altérée de mélange d'aucune terre ou matière étrangère. » Ce terme a également cours dans le nord du domaine picard où la douce *g* est remontée à la forte *c* : « Nos paysans, dit Tailliar, donnent le nom de *morlenkc* à la tourbe. »

Morlingue est d'origine germanique. Il se compose de deux éléments néerlandais dont le second est perdu depuis plusieurs siècles, savoir : *Linghene*, vieux limon, *moor*, marais bitumineux et noir. (V. Kilianus.) Notre expression signifie donc *limon, vase des marais noirs*, c'est-à-dire tourbeux.

MORMUSI. Subst. masc. Espèce de gale qui attaque le museau des brebis et qui est, dit-on, causée par la mauvaise nourriture et leur séjour prolongé au parc en saison pluvieuse. Ce terme a pour synonymes *moimuseau* et *noirmuseau*, dans le canton de Villers-Bocage ; *moimusi*, dans le Doullennais.

Mormusi se compose de deux éléments : *musé*, dans bien des localités *musi*, museau ; *moi*, altération de *moire*, noir. Cette origine est d'autant plus probable que la gale en question est de couleur brune et que l'un des synonymes est *noirmuseau*.

MORNON, dans mon village et les environs *morgnon*. Interjection et sorte de juron.

Loc. pic. : « Foire (faire) des *mornons* ou des *morgnons* », lancer des imprécations, des jurons de quelque genre qu'ils soient.

« Ch'est un bendet... ch'est un bendet, mornon !
Ecapé de ch'lycée de l' ville d' Bessrçno. »
(Ch' nouvieu Bendet d' Balâm,
Ms. de 1808.)

Mornon me paraît être composé des deux éléments *mor* pour *mort* et *non* pour *nom*, et être une double apocope de *mort diu* et de *nom de dieu* : on a laissé tomber à chaque terme le mot *diu* pour ne conserver que *mort* et *nom*. *Mornon* est donc l'équivalent abrégé de *mordiu* et de *nom de Diu*. On a dit : *Foire des mornons* en supprimant le terme *Diu*, comme on dit, en opérant la même suppression : *Foire des mille et des chent*.

MORON à Amiens, *meuron* au nord de cette ville dans le canton de Villers-Bocage. Subst. masc. Mouron, l'herbe que les botanistes appellent *anagallis*.

MORSIU (morziu). Juron et exclamation pour *mordiu*, mort Dieu. On dit aussi *morzienne*, comme on dit *mordienne*.

« Q i'est là ? — Ch'est mi ; j' sus dins ch' coffre, morsiu... »
(Alm. de poche, 1814.)

MORT, dans la locution adverbiale *à mort*, extrêmement, à l'excès, au-delà de toute mesure. On dit : « Travailler *à mort*, boire *à mort*. »

MORTE-TAQUE. Subst. fém. Morte-saison, c'est-à-dire l'époque où certains artisans et ouvriers manquent d'ouvrage. *Taque* est le même mot que *tasque* de la langue d'oïl lequel signifiait *ouvrage, tâche imposée, travail entrepris à forfait.*

On sait que *taque* vient du latin du moyen âge *tasqua*, impôt foncier.

MORTIN. Subst. masc. Individu qui est décédé pauvre et dont le trépas est annoncé par une maigre sonnerie ; jeune enfant décédé ou qui, venu au monde très faible, n'est pas viable. On appelle au contraire *gros mort*, le défunt qui a laissé de la fortune et que ses héritiers font carillonner à toutes cloches.

L'expression *mortin* est ancienne dans nos contrées. Un vieil auteur picard, Jacques Lefèvre, d'Etaples, l'a employée plusieurs fois au sens de *corps mort* d'un animal.

« Celuy qui aura touché le *mortin* d'icelles [bêtes]. »
(Bible, Lévit , ch. XI.)

Mortin est un diminutif de *mort*.

MORTUEL. Ancien adjectif employé au XVI° siècle à Amiens pour *mor-tuaire.*

« Trouvé en la maison mortuelle... »
(Invent. 1576.)

Mortuelle n'est pas *mortuaire* avec changement de *r* en *l* comme dans *tiloir,* tiroir : c'est le latin *mortualis* employé par Plaute au sens de *funèbre.*

MORVAILLON. Subst. masc. Petit enfant, petit polisson, jeune morveux.
Ce terme est, sous forme de diminutif, un dérivé de *morve.*

MORVATE. Subst. fém. Dénomination picarde du *mucus* nasal, morve.
Dérivé : *Morvatier,* jeune polisson, morveux.
Ce terme n'est pas nouveau : on le rencontre à la fin du XVII° siècle dans le *Sermon de Messire Grégoire :*

« Ein (un) jour i-n-avoit ein grous (gros) morvatier et pis deux ou trois galoriaux quertus (effrontés) qui allient (allaient) dins ches courtieus (jardins) et hochient (hochaient) tous ches pommes. »

MOTS BIGUS. Mots estropiés, barbarismes picards.
Bigu est un mot picard (V. BEGU, T. 1er, p. 37) qui se dit du mouton dont la mâchoire est mal conformée, ce qui fait qu'il a pour ainsi dire un bec et qu'il est *becu,* d'où le picard *bégu, bigu,* par adoucissement de *c* en *g. Bigus,* dans l'expression *mots bigus,* est pris au figuré et signifie *mal conformés, estropiés,* qualification très juste des mots qu'on appelle barbarismes.

MOTTELER, relever la terre en forme de petite *motte* autour de chaque pied de pommes de terre.
Ce terme est un diminutif de *motter* qui se dit au même sens et qui est un dérivé de *motte.*

Dérivés : *Motteloir,* houe en fer recourbé et assez large dont on se sert pour motteler ou butter les pommes de terre. Dans le Doullennais, on dit *remeutteler* pour *motte-ler ;* de là le substantif *remeuttelage,* action de *remeutteler* la terre aux pieds des pommes de terre.
J'écris *motte* avec deux *t* pour ne pas m'éloigner de l'orthographe française. Mais autrefois on écrivait *mote* dont l'origine est incertaine.

« Tuit chaplerent sur Aristote
Qui fu fier com chastel sur mote. »
(Bat. des sept arts, XIII° s.)

Mote avait au moyen âge le sens de *éminence, butte* faite de main d'homme ou par la nature, ainsi que celui de *principal lieu d'une seigneurie :* de là dans la Somme le nom de plusieurs localités : *La Motte-Brebières, La Motte-Buleux, La Motte-en-Santerre.*
La Motte-Brebières est la dénomination officielle d'un petit village situé sur la rive droite de la Somme, à peu près en face de Glisy et à trois kilomètres de Camon. Mais dans les environs de ce village son nom est *L' Mottelette,* diminutif de *motte.* On l'a appelée ainsi par opposition à *La Motte-en-Santerre* qui est une localité importante. C'est ainsi que *Villers - Bretonneux* s'appelle *grand Villers* et que *Villers-aux-Erables* est dit *quiot* ou *quiout* (petit) *Villers.*

MOUCADE. Terme aujourd'hui inusité et qui désignait jadis l'étoffe nommée *moquette.*

« Deux pièces de tour de liot (lit) de moucade, une pièce de courtine de moucade vert. »
(Invent. à Amiens, 1610.)

A la même époque à peu près, on disait aussi :

« Quatre aultres chaises à bras garnyes de tapisserye de diverses coulleurs et trois aultres garnyes de mousquette. »
(Ibid., 1612.)

Il y avait donc deux formes, ce qui n'a rien d'étonnant si l'on songe qu'on désigne aujourd'hui une étoffe de coton par les mots *colonnade* et *colonnette.*
L'origine de *moucade, moquette* reste à découvrir.

MOUCHETTE et *mouquette.* Subst. fém. Dénomination picarde de l'espèce de pluvier à poitrine blanche ou à collier

interrompu. On l'appelle aussi *tribaudet*.
L'origine de ces termes m'est inconnue.

*MOUCHON. Subst. masc. Moineau
franc. Pour l'étymologie se reporter à
Moigné.

*MOUCHON. Subst. fém. Ça qu'une
vache ou une chèvre fournit de lait
chaque fois qu'on la trait.
Pour l'origine de ce terme se reporter
à *Moisson*.

MOUDRE. Traire une vache, une
chèvre, du latin *mulgere*, même sens,
par changement de *g* en *d* comme dans
foudre, de *fulgur*. Ce terme est ancien.

« Kateline tient six meskines (servantes) qui
ne finent (cessent) onques de moudre ses vaques
et de laver ses cheraines (barattes) »
(Dial. pic. flam., XIV° s.)

— « Item deux jattes à moudre adjugées à
quatre sols. »
(Vente mobil. à Coisy, 1782.)

MOUFE. Subst. fém. Armature en fer
garnissant le bout des timons des voitures
ou chariots de culture. Une note du
sieur Caron, maréchal à Humbercourt,
année 1890, porte ce qui suit :

« Ressoudé la mouffe du timon, 50 centimes. »

Cette armature est ainsi dite parce
qu'elle est pour le timon comme une
sorte de gant ou *moufle*, pic. *moufe*.

MOUFETER et *mouveter*. Remuer,
bouger, au figuré parler.

« Quand tout d'un coeup... i crie... oh' Moite !...
Ch' Moite reintré, g'n'en a pas un qui bouge...
Coume à l'école in (on) l's entend pus mouf'ter
(bouger). »
(Crinon, Sat. XVIII.)

Il en est de même dans tout le nord du
domaine picard.

« I s'assyot tout près d' l'étufe (poêle), et n'y
avot pus personne qui osot mouf'ter. »
(Le Brouteux, Tourcoing, 1881.)

A Lille, à Douai, on dit *mouveter*,
faire de petits mouvements.
Mouveter est un diminutif de *mouver*
qui est une forme de *mouvoir*, du latin
movere.

MOUFLU et *moflu*. Adj. Moelleux ;
gonflé mollement ; bien levé en parlant
d'un gâteau, d'un pain. De même en ancien picard :

« Sur enne tare à part Jeannin foit apporter
Des gros watiaux mouflus... »
(Suite du cél. Mar. de Jeannin, XVII° s.)

On trouve dans un vieil auteur picard
l'expression *pain moflet* pour désigner
un pain bien levé, léger.

« Pain d'orge veut por pain moflet. »
(Gaut. de Coincy, XIII° s.)

Dans la province de Liège on rencontre
l'adjectif *moflasse*, mollasse, trop mou,
sans vigueur. Dans mon village on dit
absolument au même sens *mouflage*.
Mouflu se dit aussi en parlant d'une
étoffe douce au toucher.
Mouflu est d'origine germanique. Le
radical est le néerlandais *morwe* (prononcé *morv*), mou, tendre (V. Kilianus),
flam. act. *murw*, même sens : le *r* est
tombé comme dans *moncux* (V. ce mot),
et le *v* est devenu *f*. Ce radical existait
dans le vieux saxon du littoral *myrwe*,
tendre. (V. Somnurue.)

MOUILLERETTE. Subst. fém. S'emploie dans le Vimeu au sens de *mèche de
fouet* : c'est un synonyme de *cacheron*
et un sous-diminutif du français *mouil-
lette*. qu'on emploie dans beaucoup de
localités au sens de *mèche de cheveux*.

MOUMENT. Subst. masc. Forme picarde, dans certaines localités, du français *moment*.

« I feut cho, vois-tu ; i feut savoir toucher
l' grosse corde das (dans) ches boins mou-
ments. »
(Messager de la Somme, 1889.)

MOUQUE. Subst. fém. Forme picarde
du français *mouche*, du latin *musca*.

Gab. Rembault a relevé le curieux dicton suivant relatif à un lit qui est rarement fait ou fait seulement à la fin du
jour :

« Ch'est l' lit d' ches mouques :
O (on) l' foit quand o s'couque (souche). »

Mouque est un des quatre mots essentiellement picards qu'on a réunis dans
les deux bouts rimés suivants :

« Ein (un) ej't (chat), ein quien, einne **mouque**
Du br'.. des (dans) t' bouque (bouche). »

Quand un individu fait mépris d'une
chose ou d'une personne dont il pourrait
avoir besoin plus tard, on le lui reproche
en lui disant sous une forme proverbiale :
« Vo ! Vo ! Ches vaques sont toujours bien
aises d'avoir leu queue pour cacher
(chasser) ches *mouques.* »

Dérivés : *Emouquer,* émoucher.
Emouquoir, emouchoir.
Notre forme picarde par *c* dur ou *qu*
est ancienne.

« En son tans (temps) plute de sang plut...
Et tel planté (abondance) de mouques crût
Dout mainte gent l'engrot (de maladie) morut. »

(Brut. xii° s.)

Le Glossaire de Lille, qui est du xv°
siècle, dit : *Musca;* mousque.
Autre dérivé picard : *Mouqueron,*
moucheron ; au figuré jeune gamin. Ce
terme était, en 1832, à Saint-Riquier, un
nom de famille.

MOUQUER. Forme picarde du français
moucher, du latin *mucare,* dérivé de
mucus. On lit dans la *Loi des Ripuaires :*
« Si quis nasum excusserit ut *mucare*
non possit... » Nous avons, on le voit,
conservé en picard le *c* dur du latin.

« I voro-t-i (voudra-t-il)? qu'alle foit (dit) Madelon, en essuyant ses yox et pis en mouquant
sen nez avec sen chinoir. »

(Ann. d'Abbeville, 1890.)

Mouquer avait donné jadis le dérivé
mouquoir, mouchoir, aujourd'hui inusité. Une pièce manuscrite du commencement de ce siècle nous montre une femme
venant se plaindre au maire de son village des mauvais traitements de son
mari. Celui-ci aussitô: appelé et obligé de
s'expliquer devant sa moitié, la traite de
brayoire et prétend qu'il ne lui a donné
que quelques coups de mouchoir. « Oui,
réplique t elle, des cœups (coups) d' *mouquoir !* Os (vou:) n' savez point, Monsieur
le Maire? Ch'est qu'i (il) s' *mouque* dins
ses doigts, m'n homme ! »

Dérivé : *Emouchure,* stalactite de
glace qui pend aux toits
et aux gouttières lors d'un
dégel.

MOUR. Ancien adjectif picard qui signifiait *more* ou *moreau,* c'est-à-dire
noir foncé.

« Deulx jumenlz de poil *mour,* deulx petilz
pouliains.

(Invent. à Amiens, 1198.)

Pour l'étymologie se reporter à *Moire.*

MOURCHEU. Subst. masc. Forme picarde, dans le Vermandois, du français
morceau.

« ... l' mère...
A' s' voit réduite à sen dernier mourcheu. »
(Crinon, Sat. XI.)

MOURCHILLONNER. Mordiller. Ce
terme est un sous-diminutif de *morsiller.*
(V. ce mot.)

« Jonne poulette et pis ecir un vlux coup (coq),
Iu (ou) a bieu dire qu' ch'est des us (œufs) à
                                          | forche
In n' va pas long...
Sans qu' l'un ou l'eute ni s'en mourchionne
                                          | l' peuche (pouce). »
(Crinon, Sat. XX.)

MOURGACHER. Traiter avec dédain,
avec rudesse ; malmener, vexer. Ce terme
s'emploie surtout dans le Vermandois.
Notre poète Crinon dit :

« Pour ête héreux ch' ti-chi manque de...
Uu eute a d' tronp de s' femme qui l' *mour-
                                          | gache.* »
(Satyre XXIII.)

— « E ch'tid (celui) qui cède à s's enfants ou
                                          | ses n'veux
I put compter d'ête mal'm'né par eux...
Ch' peuvre poupa qu'in (on) tourmeinte et
                                          | mou:gache
N'est paus (pas) putout défunt qu'in preind
                                          | es plache
Et qu'à sen tour in (on) est dur'meint qu'maindé. »
(Satyre XVII.)

Mourgacher est un dérivé picard du
français *morguer* faire la morgue à quelqu'un, lui faire la grimace, le vexer. La
finale *acher* est un équivalent de la finale
française *asser : revasser, écrivasser,*
etc. Le *o* du radical *morguer* est devenu
ou, phénomène qu'on rencontre à chaque
pas dans les poésies de Crinon ou plutôt
dans le Vermandois son pays natal.

'MOURLE et au nord d'Amiens (Villers-Bocage et environs) *mourlivette*. Moule de mer, le *mytilus edulis* de Linnée. *Mourlivette* est un diminutif de *mourle* : il s'emploie aussi dans le Boulonnais. D'après Cotgrave, le vieux français disait *moucle*, du latin *musculus*. Au XIVe siècle, on rencontre la forme actuelle *moule*. (V. Ménagier.) Nous avons à cette forme ajouté un *r* comme dans *marle*, mâle, et dans bien d'autres mots.

'MOURLE. Subst. masc. Forme picarde, dans le canton de Picquigny, du français *moule*, ustensile ou instrument dont on se sert pour mouler. De là le dérivé *mourlé*, adjectif qui signifie *bien formé, parfaitement fait*. On dit en parlant d'une belle écriture qu'elle est *mourlée*. Notre *mourle* n'est autre chose que *moule* (du latin *modulus*) avec addition de *r*.

Dans mon village on emploie *moule* au sens de *visage, figure*. On dit par ironie en parlant d'un homme laid : « V'là-t-i point un biau *moule* ! »

MOURME. Adj. Morne, au fig. engourdi, endormi, c'est-à-dire lourd, lent. On dit : « Allons, bouge-te, hé ! *mourme* » : Allons, bouge-toi, hé ! endormi.

Cette forme existait déjà au XIVe siècle dans le dialecte picard :

« ... par nécessité il faut
Aidier coer (cœur) mourme. »
(Froissart Poésies.)

Mourme est le même mot que *morne* : le *n* est devenu *m* comme dans le français *charme*, du latin *carpinus*.

MOURMACHE. Adj. Maussade, boudeur, refrogne. Se dit surtout dans le Vermandois : Crinon a écrit :

« Malaise (à plus forte raison) pour un viux...
| (vieux)
Mal amiteux, bert'ien et tout mourmache. »
(Satyre XXVI.)

Le radical de ce terme est le même que celui de *moneux* (V. ce mot) et de *mourme* qu'on vient de voir. La péjorative *ache* correspond à la finale française *asser* comme on l'a vu sous *Mourgacher*.

MOURON. Subst. masc. Dans les environs de Péronne, on donne ce nom à toutes les herbes de marais, que l'on emploie comme engrais, sur les terres. Il ne s'agit donc pas ici de la plante nommée *mouron* en français. Etym. : peut-être le flamand *moor*, marais.

MOURQUI. Subst. masc. Forme picarde, au pays de Crinon, du français *mortier de maçon*.

« Sans s'inquiéter ed (de) mourichi ni d' manchon (maçon). »
(Satyre XXIII.)

Dans mon village on dit *mortii* avec la même finale en *i*. Le changement de *t* en *qu* que présente la forme *morqui* a été étudié et indiqué précédemment et il est inutile d'y revenir.

MOURRE. Subst. masc. Museau, visage. Nous tenons ce terme de la langue d'oïl dans laquelle on le rencontre au sens de *museau, groin*. (V. Hippeau.) On le retrouve encore au XVIe siècle dans Cotgrave ainsi que *mourru*, joufflu. Duez le donne au sens de *museau, muffle*.

Ce terme est d'origine germanique, néerl. *muyl*, museau, dan. *mule*, même sens : il y a eu changement de *l* en *r*.

Dérivés : *Mouronner*, mâchonner en remuant les lèvres prises au sens de museau ; au fig. parler entre les dents, murmurer, gronder.

Mouron. Se dit d'une femme qui a l'habitude de murmurer. « Baye, disait souvent un de mes voisins en parlant de sa femme, v'là coire *mouron* qui berdelle. »

MOUSE. Subst. fém. Museau, visage, moue. Au sens de *visage*, ce terme a pour synonymes *frimouse* et *ferlimouse*.

« Sa (sa) bouque alle foisoit einne mouse (mour). »
(Chron. pic., Amiens, 1690.)

Le pluriel *mouses* signifie *lèvres* et cela depuis bien longtemps déjà.

« Et en disant che mot i (il) ly rue au travers
De ses mouses à roid-bras si grand cop de revers

Qa'i cuidit quassiment ly (lui) rompre les ma-
| quoires.
J'en vis voler du cop (coup) trois dents blancs
| comme ivoire. »
(Suite du Mar. de Jeannin, 1648.)

Mouse a donné les dérivés suivants :

Mouser, faire la moue, être contrarié.

« Quand j' les vois meussades, quand j' les
vois mouser comme si ch'éteut (était) de m'
feute... »
(Hon. Lescot, Dial. fr. pic., 1885.)

— « Je (au lieu) que ch' richard qui laisse en
| Picardie
S' femme avu l'quelle i n' sairot pu courder
| (s'entendre)
Pour s'en aller mouser en Normandie... »
(Crinon, Sat. III.)

Mousard et, sans doute par apocope,
mousa, boudeur. Dans mon village, on
dit au féminin *mousoire*.

Mousiner, diminutif de *mouser*. Bou-
der, grogner.

Mousaquer, même sens.

« Apris quit' fos s'ête douné des queups,
Ches peuv's qui n'ont qu'au quiot lit pour à deux
Sont bien fourchis...
En mousaquiant dins ch' lit de s' foire einn'
| plache. »
(Crinon, Satyre XXIII)

Mousu. Mécontent, boudeur, de mauvaise humeur.

« Bonjour, Maria, o (on) diroit qu' t'os l'air
toute mousue. »
(Chron- pic., Amiens, 1889.)

Dans le canton de Villers-Bocage, le
féminin est *mousoire*. Dans mon village
et les environs, on dit *moususe* comme
on dit *nuse*, nue, *poiluse*, poilue, etc.

« Le picard *mouse*, dit Littré, est une
forme singulière. » Je crois qu'il faut la
rapporter à la langue d'oïl qui avait
mouse, *muse*, *musel* : museau, visage
(V. Hippeau), avec changement de *u* en
ou. En effet, *mouse* a signifié *bouche*,
comme on le voit dans le passage suivant
du Testament de Villon :

« Item à Jehan Raguyer je donne...
Tans qu'il vivra, ainsi l'ordonne
Tous les jours une talemouze
Pour brouter et fourrer sa mouse. »

Il est à remarquer que *moue* du français, qui est l'équivalent du *mouse* picard, a eu jadis le sens de *museau*, comme

on le voit dans les dictionnaires de
P. Canal, J. Palet, Trogney, etc. J'ajoute
que le *mouth* anglais signifie tout à la
fois *bouche*, *gueule* et *moue*. « Foire
(faire) des *mouses* », en picard, est allonger les lèvres de manière à simuler une
espèce de museau. Quant à l'origine du
muse de la langue d'oïl, elle est latine, et
ce terme, d'après Diez, vient de *morsus*,
dont l'*r* est tombé comme dans *dos*, de
dorsum.

MOUSIQUE. Subst. fém. Se dit aujour-
d'hui pour *musique*, mais seulement en
plaisantant. On rencontre cette forme à
Amiens à la fin du XVI⁰ siècle :

« Seize livres en pappier, tant de mousieque
que aultres, de plusieurs et diverses grandeurs.»
(Invent. 1595.)

MOUSQUET. Subst. masc. Forme picarde, au nord d'Amiens, du français
émouchet. Cette forme se retrouve au
XV⁰ siècle dans le Glossaire de Lille. La
forme la plus usitée dans nos contrées
est *émouquet* dont le *e* initial est épenthétique comme celui de *émouchet*.

« Et ostoirs et esmérillons
Et moult grant plenté de mouskés
Voler après les oiselés. »
(Fl. et Bl., XIII⁰ s.)

Mouquet vient du bas latin *muscetus*,
de *musca*, mouche.

MOUSSET ou *moussé*. Subst. masc.
Mousse des arbres et des pierres. Crinon
écrit :

« Pierre qui roul' n' pousse paus (pas) de
mousset. »
(Sat. XXVI.)

Cette forme s'emploie aussi à Lille et
en Hainaut ; elle paraît donc appartenir
au nord du domaine picard.

On sait que *mousse* est d'origine germanique, anc. h. all. *mos*, même sens.

MOUSTACHE. Ce terme avait autrefois
à Amiens un sens particulier qui reste à
déterminer. On lit dans un inventaire du
13 octobre 1576 :

« Ung callt de bois de chesne avecq deulx
petittes courtinnes (rideaux) et une goutière
(garniture supérieure) de moustache rouge et
bleue. »

MOUTRER et *amoutrer*. Formes picardes, dans le Vermandois, du français *montrer*, du latin *monstrare*.

« En s'éveillant tout l' monne a l' mênm' pensée,
Et moute ou (au) dogt (doigt) ch' voulen de
| l' nuit passée
Qu'in (on) n'a pu vir chependant... »
(Crinon, Sat. IX.)
— « T'es bien crii (crier), va, men peuve tchot
| (petit)...
Pis coire à t' mère amoutrer t' réconfetta .. »
(Satyre XI)

La forme *moutrer* se rencontre aussi en Artois et dans le nord du domaine picard. La langue d'oï avait *moustrer*, *mostrer*. (V. Hippeau.) La première de ces formes a persisté dans le patois montois. Le latin *monstrare* a donné *moustrer*, *moutrer* absolument comme *mon's terium* contraction de *monasterium*, a donné *moustier*, *moutier*. Quant à la forme *amoutrer*, elle est peut être ancienne ; car, au moyen-âge, un certain nombre de verbes ont reçu sans raison la préposition latine *ad* ou son équivalent français *a*. Du reste, l'addition d'une préposition est un fait assez fréquent dans notre patois. C'est ainsi, pour n'en donner qu'un seul exemple, que les paysans disent *amonter* une ferme, une fabrique, etc.

MOUVIARD. Subst. masc. Dénomination picarde du merle noir ou merle commun. M. Marcotte, dans son ouvrage, remarque que cet oiseau est craintif, défiant et solitaire. Ces defauts expliquent le sens figuré de *sournois*, *boudeur*, que reçoit le mot *mouviard* dans le nord du domaine picard, à Lille et en Hainaut. (V. Pierre Legrand et Hecart.)
Mouviard a-t-il le même radical que *mauvis* du français ? C'est une question que je pose sans essayer d'y répondre, l'origine de *mauvis* étant elle-même incertaine.

MOYEN. Adj. Outre les acceptions qu'il a en français, ce terme a chez nous celle de *faible*, *débile*. On dit d'un enfant chétif et maladif qu'il est bien *moyen*.
On trouve *moyen* au sens de *médiocre* dans le dicton suivant sur le village de Moyenneville :

Moyenneville, moyennes gens,
Grand pot au fu, n'y o rien dedans.

Le substantif français *moyen* a fourni au picard l'expression : *il n'y o point moyen d' moyenner*, pour dire qu'il n'y a pas moyen de tourner une difficulté.

MOYETTE. Subst. fém. Petite meule de récolte bottelée ou non bottelée.

« La foudre tomba sur une des moyettes qui s'enflamma... »
(Echo de la Somme, 1888.)

Ce terme est un diminutif de *moie*, meule.
J'ai oublié de donner sous ce dernier mot un dérivé qui avait cours à Amiens au siècle dernier : c'est *amoyage*, action de mettre en *moie*.

« Le 19 juillet 1741 payé à un batelier de Moreuil... ; plus payé au bacqueteur (conducteur d'un bac) des dames du Paraclet pour 150 fagots 25 sols et 4 sols d'amoyage. »
(Registre d'un Marchand de bois.)

MUCHE. Subst. fém. Cachette, petit réduit.

« I sorte (il sort) de s' muche, vo à elle et pis i li dit... »
(Chron. pic., 1889.)

Par extension nous appelons *muches* d'anciennes carrières souterraines qui ont servi ou pu servir autrefois de retraites en temps de guerre. (V. *Bouthors, Cryptes de Picardie.*)
Au XVe siècle, on prenait *muche* au sens de *cave*, *caveau*.

« Icelle chapelle... a une retraiote en manière de ung bovelet (diminatif du picard bove) ou muche qui est maçonnée. »
(Lett. de rém , 1470, Cont. de Du Cange, sous Bova.)

Muche est un dérivé de *mucher*. Il a donné le diminutif *muchette*, petite cachette, lequel est fort ancien comme on le voit par la citation suivante où il a le sens de lieu de retraite d'un animal dans un fourré :

« Je crois (que) ceste muchète
Est de beste estruite (établie). »
(Berte, XIIIe s.)

La nouvelle édition donne la forme picarde *muchette* au vers 922.
Au même radical se rattache un dérivé qui est aujourd'hui inusité mais qui s'est dit jadis dans le nord du domaine picard : c'est *muchoir*. On donnait ce nom au

pistolet de poche. Les *Placards du Hainaut* portent ce qui suit :

« Comme nous sommes informez que plusieurs de nos subjects, portent de nuict et de jour diverses sortes d'armes à feu, signamment des petits pistolets dits bidets ou muchoirs qu'ils cachent en leurs pochettes... »

(Année 1664.)

Muche se rencontre précédé du péjoratif *ca* dans *camuche*, réduit, cabane de chien. Ce terme signifie aussi *petite étable* ou réduit dans une vacherie pour y isoler le jeune veau qu'on veut engraisser. J'ai entendu des paysans qualifier *camuche* leur propre maison d'habitation en disant : « J' m'en vos (vais) à m' *camuche*. »

A *camuche* se rattache le dérivé *décamucher*. On dit d'un veau qui est sorti de son réduit qu'il s'est *décamuché*. Quand un paysan, après une maladie, sort pour la première fois, il dit qu'il est enfin *décamuché*.

On a vu sous *camuche* (Tome Ier) que ce dernier terme a donné le diminutif *carmuchotte* dans lequel le *r* est adventice.

Dans mon village et les environs, on emploie, selon les localités, le diminutif *camuchot* ou *camuchout* au sens de *très petite cachette*, et, au figuré, à celui de *petit magot, boursicot*. On sait que dans ces contrées *ot* devient *out* : *pout*, pot, *mout*, mot, *sout*, sot, etc.

MUCHER, dans mon village *mucht*. Cacher. Cette forme est fort ancienne.

« En un mostier (montier) s'ala muchier. »

(Brut., XIIe s.)

— « Cil en usent malveisement qui... ainsi le muchent ou l'apropient à eus. »

(Beaumanoir, XIIIe s.)

Loc. pic. : « I gn'y o point de meilleur chercheu que cheti (celui) qui *muche*. » Cela se dit lorsqu'un objet supposé égaré et recherché par plusieurs personnes vient à être retrouvé par celle-là même qui l'avait rangé.

On sait que les dames avaient jadis l'habitude de porter, même à l'église, un loup ou demi masque, ce qui déplaisait fort à notre Messire Grégoire : « Je ne peux mie me taire, prêchait-il, d' vir tout chan qu'os foites. Voirai-je coire entrer dins chelle moison d' Dieu tous ches d'moiselles avuc leu musiau *muché* dins ein masque d' velours treué (troué) par où alles (elles) bayent (regardent) come des cats qui guingnent par ches catières ? »

(Sermon, XVIIe s.)

La forme *mucht* s'emploie au nord du domaine picard, dans le Vermandois et jusqu'aux portes d'Amiens à l'est de cette ville.

« Il avaient l' don, avu l' moutchi (moitié) d'
De s' divertir. . . . . . . | tros sous
I s'amuseint. . . . . .
. . quitfos (quelquefois) à l' pierrette à muchi. »

(Grinon, Sat. III.)

Mucher s'emploie au sens de *couvrir*. Les mères disent à un enfant : « *Muche* te bien dins tin lit. » Il est d'origine germanique, ancien haut allemand *mûzen*, se retirer dans l'obscurité, vi. néerl. aujourd'hui perdu *mutsen*.

Dérivés : *Démucher*, découvrir.
           Remucher, recouvrir, se cacher de nouveau.

« Hiver, été, in (on) s' tourmente après ch'
                                     | temps...
Si l' souleil luit, in (on) vourot qu'i se r'muche.»

(Grinon, Satyre VI.)

La langue d'oïl avait la forme *remuchier*.

« Drois (la raison) dist c'on ne doit mie selonche remuchier. »

(Hug. Cap., XIVe s.)

Mucher se rencontre dans la locution adverbiale : *A muche ten pot*, en cachette. Cette locution s'explique par le fait que le paysan qui vendait de la boisson sans payer le droit dû au fisc ne manquait pas de dire à l'acheteur : « *Muche ten pot* », cache ton pot.

Le nom de famille Muchembled, cache-en-blé, est assez répandu en Picardie.

MUER (se). Verbe pronom. Se saisir, se troubler, changer de couleur par suite d'une émotion vive.

« Vu que j' m'étois mué, en plache (au lieu) d' vulnéraire o (on) m'o foit boire einne (une) goutte. »

(Géd. Baril, Caquets du Baquet, 1887.)

Avec une négation, « *Ne point se muer* » signifie *rester indifférent, insensible*.

Muer vient du latin *mutare*, changer : il y a eu en picard extension de sens.

MUGOT. Subst. masc. Magot, amas d'argent caché ou seulement mis en réserve, boursicaut, économies et lieu où l'on a caché de l'argent ou des choses précieuses.

« Alle (elle) avoit foit s' bourse en cachette ;
mi (moi), d' men côté, j'avois un quiot muget. »
(Ann. de la Somme, 1890.)

— « Nous n'airons pont mal dépeinsé,
Not' muget aira bien dansé. »
(Fête d'Arras, 1865.)

Dérivé : *Mugoter*, cacher son argent, former une réserve d'argent.

Le terme *mugot* existait dans l'ancien français.

« Nous descouvrimes par la révélation d'un catholique maçon le beau et ample mugot de Molan. »
(Satyre Ménippée, 1593.)

Mugoter existait aussi comme on le voit dans Cotgrave et autres lexicographes.

D'après Littré, *mugot* est d'origine inconnue. Ce terme, à mon avis, est une contraction d'un primitif *musgode* que l'on rencontre dans la *Vie de saint Alexis*, poëme du XIe siècle resté longtemps populaire :

« De la viande (aliment) qui del herbere (maison)
  | li vient
Tant en retient dont son cors (corps) en soutient ;
Se (si) lui en remaint, si l' rent as almoniers
N'en fait musgode (réserve) por son cors en-
  | graissier. »
(Strophe 51.)

Dans les remaniements du poême aux XIIe et XIIIe siècles, la forme primitive *musgode* devient *musgot, mugot*.

Musgode est un composé dont les éléments sont d'origine germanique : anc. h. all. *muzen*, cacher ; d'où le vieux français *musser*, cacher; *god*, bien quelconque. *Musgode* signifie donc à l'origine bien (quelconque) *caché* ou *mis en réserve*. J'ajoute que chez les Picards de la vallée d'Yères, *mugot* a le sens de *provision de fruits mis en réserve pour l'hiver* et qu'on laisse mûrir sur la planche, d'où *mugoter*, mettre des fruits dans la paille pour les faire mûrir. De là, par extension de sens, *faire bouillir tout doucement, faire cuire à petit feu*. Tout près de là, dans le Vimeu, à Hallencourt, on dit à ce dernier sens *migoter* :
« Il o foit (fait) *migoter* s' soupe. »

MUIAGE. Subst. masc. Fermage. S'emploie dans le Vermandois, au pays de Crinon qui écrit :

« Tout i s'y en va...
N'importe d' quo (quoi) tout i prend ch' qu'min
  | d' Péronne.
Et tout ch' l'argent d' chan qu' nous lieus (leur)
  | ons vendu
Ou (au) bont du compte i' lieus est coir rendu,
Tant pour pout-d'·vin , contrat , e qu' pour
  | muyage
Consultations et mille acrioquillages
Que l' ville all' tire à ch' village adroitement. »
(Satyre XII.)

Ce terme nous vient de la langue d'oïl. On lit dans une Lettre de rémission de l'année 1372 :

« Comme Jehan Mauclerc eust tenu à ferme ou muyage partie des terres à blés... »

On sait que les redevances des terres se payaient jadis en blé lequel se mesurait au *muids*. *Muiage* que le moyen-âge latinisait en *modagium*, est un dérivé de *muids*, lequel vient du latin *modius*. Dans l'Amiénois et le Ponthieu, on disait *muison*, au sens de redevance en grain ou en argent.

« ... summes et serons tenus de paier au dit religieux de Selicourt chascun an deus sestiers de blé et deus sestiers d'avoine à le mesure d'Araines à laquelle ils recoivent leur muison. »
(Charte de 1288, Doc. par M. De Beauvillé.)

« ... baillé à titre de ferme quatre journeux de terre à la redevance de douze septiers de bon blé de muison sain, sec et net à la mesure d'Abbeville... »
(Bail passé à La Ferté, 1745.)

« — Ung extrait en papier... portant ledit feu.., avoir baillé à ferme et muison à Jehan de Lescaille sept journeulx de terre... »
(Invent. à Amiens, 1615.)

Dans le Vermandois, on employait la forme *moison* qui y existe encore. La Coutume de cette contrée porte :

« Cens, rentes d'héritages, moisons de grains, louage de maison. »
(Art. 279.)

Cette forme se retrouve du reste dans Robert Estienne qui, à la fin du XVIe siècle, écrit : « Moison de grain : *prœstatio frumentaria*. »

Au siècle dernier à Amiens et de nos jours en Vermandois, l'expression *blé muison* ou *moison* se rencontre au sens de *blé méteil*, comme on le voit dans Brayer (*Stat. de l'Aisne*) et dans l'Almanach de Picardie, année 1776. Je ne m'explique pas le changement de sens que présente cette expression.

MULER. Mugir, meugler. Au figuré *ronfler* en parlant du vent ou d'un poêle.

Locution picarde. A propos d'une nouvelle mal rapportée, on dit : « O-z o (on a) entendu einne vaque *muler*, mais o n' sait point dns (dans) qué (quel) marais. » Dans bien des localités on remplace les mots *das qué marais* par ceux-ci : *das quelle étabe.*

Dérivés : *Muliner*, grogner, gémir, geindre. Se dit surtout en parlant des enfants.

Muloire. Adj. fém. Se dit d'une vache qui a l'habitude de *muler*.

Muloter. Chantonner, marmoter. A donné le dérivé *muloteux* qui signifie bougon et dont le féminin est *mulotoire*.

P. Gosseu, de Vermand, écrit en parlant de sa femme dont il vante l'activité et le courage :

« No dame a (elle) n' jombit pos (pas) non pas, dains no majon, à ravlier queuquer ches glinnes, da ! A (elle) nous blainquit, e nous erqueud ; et pis, l'hiver duraint, all' file a' bobinne à l' cuin d' no fu en muletaint ch' caintique. »

(Lettres pic., St-Quentin, 1847.)

Le vieux français avait *mugler*. Au XVI° siècle, Paré, que Littré cite, écrivait : « Ils mugissent comme taureaux ; ils *muglent* comme baleines. » *Mugler* vient d'un diminutif latin *mugilare*, braire, relevé dans *Philomena*, œuvre d'un anonyme du V° siècle. Notre patois a traité ce mot comme bien d'autres : il a laissé tomber le *g* et *mugler* est devenu *muler* comme *aveugler* est devenu *avuler*. C'est ainsi que *étrangler* perdant le *g* et changeant *l* en *n* est devenu *étranner* en picard. J'ai du reste signalé plus hant la chute du *g* dans un certain nombre de mots : *Boulonne*, Boulogne, *Gasconne*, Gascogne, etc.

MULETIER. Subst. masc. Dénomination picarde de la ravenelle ou giroflée jaune des murailles, le *cheiranthus cheiri* des botanistes. On l'appelle aussi *muretier* et dans certaines localités *baguettes d'or.*

Cette plante se nomme *muretier* parce qu'elle pousse et croît naturellement sur les vieux murs ou *murets :* il y a eu, dans la forme *muletier* changement de *l* en *r* comme dans *tiloir*, tiroir, *coronel*, colonel, etc.

MULQUINERIE. Subst. fém. Fabrique ou fabrication de toile très fine. Se dit dans le Vermandois. C'est un dérivé de *mulquinier*, ouvrier qui tisse les toiles fines, telles que linon, batiste, etc. Ce tisserand s'appelait jadis *meulquinier* (Abbeville), *murquinier* (Arras), *miurquinier* au XVI° siècle, *musquinier* au XV° siècle (Péronne).

Il est remarquable que la forme corrompue *musquinier* soit précisément celle qu'ont adopté les auteurs du XVIII° siècle et les lexicographes de nos jours, entre autres Littré. Son radical en langue d'oïl était *molekin*, *meulekin*, toile très fine comme le linon et la batiste dont les femmes se faisaient des coiffes auxquelles on donnait le nom même de l'étoffe.

« A grant merveille sambla fame,
D'un *meulekin* fu afublés. »

(Eustache, XIII° s.)

— « Le *meulekin* doit de toulieu une obole. »

(Taillias, Rec. XIII° s.)

Littré donne *musquinier* et, pour l'étymologie, renvoie à *musc*. C'est là une erreur, car le musc n'a rien à faire ici.

La toile fine dite *molckin*, *meulequin*, se fabriquait avec un fil tiré de l'espèce de mauve dite *alcée*, plante dont les tiges sont couvertes d'une écorce semblable à celle du chanvre. De là son nom qui était *melocina* (c dur) au VII° siècle dans Isidore de Séville. Du Cange a relevé dans un poême attribué à Alcuin :

« Tecta melocineo fulgescit femina amictu.»

Le *mulquin* de lin, c'est à-dire celui des temps moins anciens, n'a jamais été fabriqué qu'en Picardie et dans les autres contrées du domaine picard. Les tentatives qui furent faites pour étendre cette industrie en d'autres pays ont toujours échoué. Voir à ce sujet la *Statistique du Nord*, par le préfet Dieudonné.

MUNIR. Former convenablement quelqu'un à la pratique d'un métier, d'une profession. Dans mon village et les environs, ce verbe a le sens de *corriger*, *rendre obéissant*, *redresser*. Son origine est le latin *munire*.

MUNOTER. Panser un cheval, le pourvoir de tout ce dont il a besoin.

« Taindis qu'i painse et munote ses gu'veux
           ! (chevaux)
S' femme, d' sérant (près de .s), all' donne
       | l' paille à s' vaque... »
            (**Crinon**, Sat. XXVI.)

Munoter est probablement un diminutif de *munir* pris au sens de *pourvoir*, *soigner*.

MURDRE. Subst. masc. Meurtre. Cette forme existait en langue d'oïl.

« Item, se ung homme marié estoit larron et toutes les nuyts il apportast son larrecin en sa maison, sa femme n'en seroit point tenue coulpable ; mais ung homme qui tiendroit une concubine avecque luy et il fist aucun larrecin ou murdre, se concubine seroit aussi coupable que luy. »
       (**Coustumes de la comté de Guisnes, XV**e **s.**)

Pour l'étymologie, voir *meurdrir* à son rang.

MURET. Subst. masc. Mur peu élevé, assez épais, construit en argile, surmonté d'un chaperon en chaume. C'est un diminutif de *mur*, lat. *murus*.

« Ch' faseu d' muret a r'tourné sen mourtchi (mortier). »
            (**Crinon**, Sat. XXVI.)
— « Nul ne peult asseoir nouvelle solle ou muret sur rue... »
         (**Cout. d'Amiens**, Edit de 1571.)

Muret avait donné le dérivé *muretier*, maçon, comme on le voit dans le Registre des comptes de la même ville, année 1431.

MURISON. Subst. fém. Maturité, action de mûrir. Dérivé de *meurir* (V. ce mot), avec réduction de *eu* à *u* comme dans *ju*, jeu, *fu*, feu, etc.

MURLOTTE. Subst. fém. Petite meule de récolte. Ce diminutif appartient à la famille des diminutifs picards *meulon* (V. ce mot) et *mulon* : c'est donc à tort que Corblet a intercalé un *e* et écrit *murelotte*. Le *r* de *murlotte* est adventice.

MUSÉ. Subst. masc. Dans mon village et les environs *musi*, pour l'ancien diminutif *musel* qui, par changement de *el* en *au*, est devenu *museau*.

Musel existait dans la langue d'oïl.

« Et Ysengrin a si feru
Entre le pis et le musel. »
            (**Ren.** XIIIe s.)
— « Et la truie avoit un musel long et tout affamé. »
            (**Froiss.** XVe s.)
— « Pis (puis) d' saisiss'ment reste étampi à
            | s' plache
Ses bros ballants, sen musez (sic) allongé. »
       (**Pot-pourri picard, Ms.** de 1840.)

Musel, *musé* a la même origine que *mouse*. (V. ce mot.)

MUSETTE. Subst. fém. Espèce de souris, la musaraigne vulgaire, *sorex araneus*. (V. Marcotte.)

Loc. pic. : « Ronds comme des *musettes*. » Cette expression est l'équivalent de celle-ci : « Gras comme un malot. »

Ce terme se rencontre dans certains auteurs anciens. Guillaume Morel, qui était picard, écrit au XVIe siècle dans son *Thesaurus* :

« Mus araneus : Musaraigne ou musette. »

Le radical de ce diminutif est le latin *mus*, rat, souris.

MUSIAU et *musieu*. Subst. masc. Formes picardes du français *museau*.

Proverbe picard :

« I resanne (ressemble) à un leup (loup)
I cache sen musieu. »
— « Ch'est l'enseingne de l' Veillère, musieu retourné »
       (**Rues et Enseignes d'Amiens**, 1889.)

La Veillère est un quartier d'Amiens fort retiré et fort triste.

MUSIR. Forme picarde du français *moisir*, du latin *mucere*.

« ...et au soir, au liu d' mainger einne plat(e d' soupe à l'osaille musie, os (nous) porrons mier einne boinne ratatouille. »
       (**Petit Progrès de la Somme**, 1890.)

Notre forme picarde vient de la langue d'oïl qui avait *muisir*.

En Artois on dit aussi *musir*, témoin ce refrain cité par le peintre de Courrières, J. Breton, membre de l'Institut, dans son ouvrage intitulé : *La Vie d'un artiste* :

« Catt' (chauve) soris
Rapasse par chi,
T'auras du pain musi
Et de l'eau à boire,
Catt' soris tout' noire. »

MUSQUE. Je donne ce mot parce qu'on le rencontre pour *musc* dans les anciens documents.

« Les dames possèdent un miloir et un pavgne (peigne), des cotillons, des boïettes, des côtes et des corps, rouges, musques (couleur musc) bleus, jaunes.. »
(**Us et Cout. de Meigneux**, par M. Robert de Guyencourt.)

On rencontre du reste la même orthographe dans les anciens auteurs.

« Une pomme d'or pleine de musque. »
(**Delaborde, Emaux, XIV**e s.)

MUSTINER. Tromper, tricher au jeu.
Dérivés : *Mustineux*, celui qui triche.
Mustins. Subst. masc. pl.
Effets d'une tricherie.

Au nord d'Amiens (canton de Villers-Bocage), le dérivé *mustinier* signifie *individu de mauvaise foi*, qui trompe sur le poids, la qualité ou le prix d'une marchandise.

Origine inconnue, à moins que *mustiner* ne se rattache au néerlandais *mistellen*, mal compter, faire erreur sur le nombre.

MUTE et *meute*. Subst. fém. Mue des animaux. Se dit dans les environs d'Amiens. Du Cange cite l'ouvrage sur la chasse, de Frédéric II, roi des Romains, qui, au XIIIe siècle, écrivait : « Et ad singulas *mutas* mutantur colores plumagii.»

Ce terme se rattache au verbe latin *mutare*, changer. Dans le Pas-le-Calais (Saint-Pol), *mute* a le sens de *tertre*, *butte*, *tas de terre*, et a donné le diminutif *mutelotte*, petite butte. La forme *mute* existait en langue d'oïl au sens de *butte d'un tir*. C'est de ce *mute* qu'est venu le dérivé picard *muter*, former une petite butte de terre à chaque pied de pomme de terre. *Mute* est une forme de *motte* dont l'origine a été indiquée plus haut.

MUTELER. Crépir avec un mortier grossier. J'ai relevé ce mot dans la bouche d'un plafonneur : il est curieux en ce qu'il offre un changement de *l* initial en *m*, car *muteler* n'est autre chose que *luteler* donné plus haut. (V. ce mot.)

C'est probablement à un radical *mut* pour *lut* qu'il faut rattacher le terme *muttau* donné par Corblet au sens de *placage en gros :* l'auteur a pris l'ouvrage pour la matière, c'est-à-dire le mortier grossier avec lequel on l'exécute. Peut-être *muttau* pour *luttau* vient-il d'un forme latine *lutellum*, diminutif de *lutum*, boue, mortier.

Dans mon enfance, j'ai entendu appeler *mutieu* la pâtée composée de son, pommes de terre cuites et petit lait qu'on donnait aux porcs : on assimilait sans doute cette pâtée au mortier grossier avec lequel on crépit les granges et étables.

Peut-être faut-il rattacher aussi au radical *mut* pour *lut* l'adjectif *mutieux* donné par Corblet au sens de *mal habillé*, *mal fait :* on a pu assimiler l'extérieur d'un homme à un crépissage grossier, et le latin *lutosus*, avec changement de *l* en *m*, peut fort bien donner *mutieux*.

MUTERNE. Subst. fém. Petit tertre ou monticule que forme la taupe, taupinière.

Dérivé : *Démuterner*, rabattre les taupinières.

Dans le Laonnois, une clause des baux concernant les prés porte que le fermier sera tenu de *démuterner*. (V. Brayer, *Stat. de l'Aisne*.)

Le mot *muterne* est ancien et nous vient de la langue d'oïl. On le rencontre dans *Tristan*, poème publié en 1835 par Fr. Michel.

« Aseis se r'est sur la muterne. »
(XIIe s.)

— « ...... sera encores tenu par chacun an espardre et mettre à l'ouni (uni) toutes les muternes, bosches, taupières et terraulx... »
(**Bail à Doullens**, 1583.)

L'origine de *muterne* est incertaine. Viendrait-elle du latin *mucerda*, par le changement de *c* dur en *t* déjà plusieurs fois signalé et corruption de *d* en *n* ? On a fort bien pu assimiler une taupinière à un amas de crottes de souris.

MUTERNÉ et *mouterné*. Adj. Moisi, gâté par l'humidité.

Synon. pic. : *Camoisi, musi, buiilé et biulé*.

L'ancien picard disait *mutrené*.

« Les esgards ne sauraient chaque jour visiter les gueldes des teintures et les satins tirés jus (hors) du premier guelde (première teinture) en quoi se sont jà advenuz plusieurs intérêts (dommages) aux marchands et à la marchandise par ce être mutrente et camusie... »
(Régl. de la Sayet. d'Amiens, 1547.)

L'adjectif *muterné* est le participe du verbe *muterner* qui se dit au sens de *moisir* : « No (notre) flan i queminche (commence) à s' *muterner*. » D'après une communication de M. Daussy, le radical de ce verbe est l'allemand *modern*, moisir. La douce *d* est remontée à la forte *t*.

MUTERNER, Grogner, gronder sourdement, murmurer.

Dérivés : *Muterneux*, grondeur.
Muternard, même sens.

Le radical de ce mot est le latin *muttire*, grogner, gronder, murmurer. Ici encore le suffixe est, pour moi du moins, inexplicable.

MUTIAU, *mutieu* et *muquieu*. Subst. masc. « Partie du cou du bœuf qui se vend à bon marché dans les boucheries », dit Corblet. Dans mon village, on appelle *mutieu* le groin du porc vendu comme basse viande. On rencontre en ancien picard les formes *muteau*, *mutiau* au sens particulier de ragoût fait avec de la basse viande.

« Trois vièches de char X solz ; trois plact de muteau X solz ; un cochon coppé en deux XIII solz »
(Repas des Confr. de N. D. du Puy d'Amiens, 1543)
— « ... quant et quant (en même temps) sur le
| tave (table)
I vos foit apporter treize plats de bouli,
Et autant de matieu pus ganne que soucis. »
(Suite du sél. Mar. de Jeannin)

Voyons quel est dans le nord du domaine picard le sens de *muttau*. A Douai, le *muttau* est cette portion de la jambe du bœuf qui se trouve immédiatement au-dessus du jarret et qui est garnie de muscles et de tendons. A Mons, le *muttau* ou *mustiau* est un terme de boucher : il signifie *réjouissance, jarrets des bêtes de boucherie*. A Liège, on dit *musté* pour l'ancien *mustel*, et cela au sens de *réjouissance*, partie du jarret au-dessous de la jointure.

C'est au sens de *jarret, jambe*, qu'on retrouve cette expression dans les auteurs picards du moyen-âge.

« En la cuisine es (tu as) apris à canfer
Souvent mangier et ces (les) mustiaus toster
| (brûler). »
(Aliscans, XII° s.)
— « Li coups fu si de grant vertu (force) donnés
Que li mustiaus dou cheval fu coupés. »
(Adenès li Rois, XIII° s.)

Le Vocabulaire de Douai, qui est du XIV° siècle, dit : « Tibia : *mustiau*. » Ce terme avait jadis pour synonyme *souris*, muscle du bras et de la jambe, expression qui signifie encore aujourd'hui *muscle charnu qui tient à l'os du manche d'un gigot près de la jointure*.

Ces observations faites, j'arrive à l'étymologie du terme en question.

Il vient du néerlandais *muyskel*, diminutif de *muys*, souris et muscle. (V. Kilianus.) L'*s* s'est conservé dans les formes anciennes et dans le *musté* de Liège ; le *k* ou *c* dur existe encore dans le *muqueu* du Vermandois, tandis qu'il est devenu *t* dans les autres contrées. Ce dernier changement n'étonnera pas ceux qui savent que dans le nord de la France le latin *canis* a donné *chien, quien* et *tien*. On a vu du reste plus haut que le *t* devient *k* ou *c* dur dans *gastrique, bronchique*, etc., pour *gastrite, bronchite*. J'ajoute que dans l'Amiénois on dit *chairtutier* pour *charcutier*.

MUTOILE. Subst. fém. Belette. Pour l'étymologie se reporter à *Montoile*.

Je reçois parfois mais trop tard pour les insérer à leur place, des communications fort intéressantes. C'est ce qui m'arrive encore aujourd'hui relativement à un mot : un de mes correspondants, M. Robert de Guyencourt, m'écrit ce qui suit :

« Je remarque que, sous *Mitrer*, vous dites que notre *mitron* picard pourrait bien n'être qu'un simple diminutif d'un primitif disparu : *mistre, mitre*, venu du latin *winistrum*, serviteur. Eh bien, ce *mitre* a parfaitement existé. Furetière le donne, mais avec un sens particulier, celui de *bourreau*, et il ajoute que les Normands appellent le bourreau « *mon doux mitre* ». J'ai tenu à vous signaler cette curieuse signification d'un mot qui évidemment vient de *ministrum* — le bourreau avait en effet une manière à lui d'*administrer* les gens, — et non pas, car c'est là que Furetière se trompe, d'une prétendue mitre dont on aurait jadis affublé le bourreau. »

On me fait aussi observer que le mot *moucade*, signifiant *moquette*, pourrait bien dériver du nom de la ville de *La Mecque*, comme le mot *mousseline* tire son origine de la ville de *Mossoul*. De tout temps *La Mecque* fut renommée pour ses tapis. Il n'y aurait donc rien d'étonnant à ce que l'étymologie qu'on me propose soit la véritable. Elle demande cependant confirmation.

Je termine mes études sur les mots de la lettre M par quelques recherches étymologiques sur une catégorie de noms de lieu.

La *Revue des patois gallo-romains* a publié dans ces derniers temps des articles très remarquables dans lesquels elle montre que des noms de famille romains sont devenus dans différentes provinces de France des noms de lieu. Un de mes amis, à qui j'ai communiqué ces articles, me priait dernièrement d'examiner quelles sont, dans la Somme, les localités dont les noms sont ceux d'hommes ou de familles d'origine romaine. Bien que cette recherche n'entre pas dans le cadre de mes études sur notre patois, je suis bien aise de consacrer quelques lignes à cette intéressante question.

On sait que le suffixe latin *acum* signifie domaine. propriété : ainsi *Pauliacum* signifie *domaine de Paulus*. Au IX° siècle le *acum* se réduit à *ac* par la chute de la finale atone : c'est ainsi que *Drusiacum*, domaine de *Drusus*, est devenu *Drusiac* dans le Dénombrement des biens de l'abbaye de Saint-Riquier. Plus tard, le *ac*

qui a persisté dans le Midi — Martignac, Cognac, Mauriac, etc. — disparaît dans nos contrées, de sorte qu'il ne reste plus chez nous que le génitif du nom latin.

Je ne rends pas compte de la transformation des mots. Ce travail est inutile pour ceux qui connaissent les lois qui y président. absolument inintelligible pour ceux qui n'y sont pas initiés. Je note seulement que le *s* et le *t* doux donnent *s*, *c* doux, souvent *ch*.

Un certain nombre des noms qu'on verra plus loin sont célèbres ou bien connus dans l'histoire romaine. Quant aux autres, on les trouvera dans l'Index que Quicherat a mis à la fin de son Dictionnaire latin-français.

Albinus a donné *Albiniacum*, domaine d'Albinus, d'où Aubigny (arrondissement d'Amiens).

Canius a donné *Caniacum*, domaine de Canius, d'où Cagny (arrondissement d'Amiens).

Tatius a donné à l'origine *Tatiacum*, domaine de Tatius, défiguré en *Taceacum* pour *Tatiacum* en 662, d'où originairement *Taisi*, puis, par fantaisie des scribes, *Thésy* (arrondissement d'Amiens).

Florus a donné *Floriacum*, domaine de Florus, d'où Fleury (arrondissement d'Amiens).

Constantius a donné *Constantiacum*, domaine de Constantius, *Costencium* en 1069 dans une charte de Guy, évêque d'Amiens. Dans les siècles suivants, on rencontre la forme *Costency*. Le *s* de la syllabe initiale *Cons* existait encore au XI° siècle et dans les siècles suivants. Le *n* de la même syllabe existe encore dans le langage des paysans qui disent *Continchy* pour *Cottenchy*, dénomination officielle de ce village qui est de l'arrondissement d'Amiens.

Montanus a donné *Montaniacum*, domaine de Montanus, d'où Montigny (arrondissement d'Amiens).

Non loin de Montigny se trouve un village qui a la figure d'un nom d'origine latine : c'est Coisy, qui représente une forme *Cotiacum*. Ici le *acum* est ajouté à un radical celtique analogue au breton *cout*, bois, forêt. Il en est de même, d'après Cocheris, de *Sailly* dont le radical est le celtique *caill*, bois, forêt.

Lollius a donné *Lolliacum*, domaine de Lollius, d'où Lœuilly (arrondissement d'Amiens).

Carus a donné *Cariacum*, domaine de Carus, d'où à l'origine Quéry (c. *quer*, cher, de *carus*) puis, par changement de *e* en *i*, Quiry (arrondissement de Montdidier).

Clarus a donné *Clariacum*, domaine de Clarus, d'où Clairy (arrondissement d'Amiens) et Cléry (arrondissement de Péronne).

Lupercus a donné *Luperciacum*, domaine de Lupercus, d'où la dénomination officielle Louvrechy, que les paysans prononcent Louverchy, (arrondissement de Montdidier).

Mallius a donné *Malliacum*, domaine de Mallius, d'où Mailly. Il y a, dans la Somme, deux localités de ce nom, (arrondissements de Doullens et de Montdidier).

Tullius a donné *Tulliacum*, domaine de Tullius, d'où Tully (arrondissement d'Abbeville).

Drusus a donné *Drusiacum*, domaine de Drusus, *Drusiac* au ix⁰ siècle, aujourd'hui Drugy (arrondissement d'Abbeville). Pour le *s* changé en *g*, comparez le picard *infuger* et le français *infuser*.

Cantius a donné *Cantiacum*, domaine de Cantius, d'où Cauchy (arrondissement d'Abbeville).

Curtius a donné *Curtiacum*, domaine de Curtius, d'où Curchy (arrondissement de Péronne).

Brutus a donné *Bruttacum*, domaine de Brutus, d'où Brouchy (arrondissement de Péronne).

Gentius a donné *Gentiacum*, domaine de Gentius, d'où Ginchy (arrondissement de Péronne).

Pontius a donné *Pontiacum*, domaine de Pontius, d'où Panchy (arrondissement de Montdidier).

Crassus a donné *Crassiacum*, domaine de Crassus, d'où Crécy (arrondissement d'Abbeville).

Arrius a donné *Arriacum*, domaine d'Arrius, d'où Arry (arrondissement d'Abbeville).

Dulius a donné *Duliacum*, domaine de Dulius, d'où Douilly (arrondissement de Péronne).

Il y a dans la transformation des noms comme dans celle des autres mots, chute, addition et transposition de lettres.

Le *r* est tombé dans *Matigny* qui vient certainement de *Martiniacum*, domaine de Martinus.

Le *n* est tombé dans *Plachy*, de *Plantiacum*, domaine de Plancus.

Le *l* a été transposé dans Falvy, de *Flaviacum*, domaine de Flavius, qui, dans l'Aisne, a donné Flavy, dit le Martel. On a sans doute remarqué que le *r* est aussi transposé dans Louvrechy, de *Luperciacum*. Il en est de même dans Vrely (canton de Rosières), que les paysans prononcent Verly, qui vient, par changement de *n* en *l*, de *Verniacum*, domaine de Vernus.

J'aurais pu allonger cette liste de noms de lieu. Telle qu'elle est, elle montre que l'étymologie peut servir à l'histoire et à la géographie de notre pays à l'époque gallo-romaine, sans compter que ces noms constituent par eux-mêmes des antiquités aussi curieuses qu'intéressantes.

FIN DE LA DEUXIÈME PARTIE

Amiens. — Imp. T. Jeunet, 45, rue des Capucins.

OUVRAGES DE M. J.-B. JOUANCOUX

Histoire de la Langue Française
    Amiens, Imprimerie T. Jeunet . . . .   Prix : 1 fr. »»

PETITE BIBLIOTHÈQUE PICARDE

La Révolution Communale en Picardie
    Amiens, Imprimerie T. Jeunet . . . .   Prix : 0 fr. 60

Le Combat de Cachy (27 novembre 1870)
    Amiens, Imprimerie T. Jeunet . . . .   Prix : 0 fr. 60

BIBLIOTHÈQUE DE LA JEUNESSE FRANÇAISE

Jacques Bonhomme. Histoire des Paysans Français
    Paris, Librairie Centrale des Publications Populaires.   Prix : 0 fr. 60

Histoire du Progrès en France
    Paris, même Librairie . . . .   Prix : 0 fr. 60

www.ingramcontent.com/pod-product-compliance
Lightning Source LLC
LaVergne TN
LVHW011945180726
843502LV00005B/1337